南京水利科学研究院出版资金资助出版

港珠澳大桥海域水沙环境与工程效应试验研究

何杰 闫禹 高正荣 ◎ 著

河海大学出版社
·南京·

图书在版编目(CIP)数据

港珠澳大桥海域水沙环境与工程效应试验研究 / 何杰，闫禹，高正荣著. -- 南京：河海大学出版社，2023.6
ISBN 978-7-5630-7915-5

Ⅰ. ①港… Ⅱ. ①何… ②闫… ③高… Ⅲ. ①跨海峡桥－桥梁工程－泥沙冲淤－水工模型试验 Ⅳ. ①U448.19

中国国家版本馆 CIP 数据核字(2023)第 064391 号

书　　名	港珠澳大桥海域水沙环境与工程效应试验研究
书　　号	ISBN 978-7-5630-7915-5
责任编辑	彭志诚
特约编辑	薛艳萍
特约校对	王春兰
装帧设计	槿容轩
出版发行	河海大学出版社
地　　址	南京市西康路1号(邮编:210098)
电　　话	(025)83737852(总编室)　(025)83722833(营销部)
经　　销	江苏省新华发行集团有限公司
排　　版	南京布克文化发展有限公司
印　　刷	广东虎彩云印刷有限公司
开　　本	700 毫米×1000 毫米　1/16
印　　张	22.25
字　　数	372 千字
版　　次	2023 年 6 月第 1 版
印　　次	2023 年 6 月第 1 次印刷
定　　价	98.00 元

序言
PREFACE

　　港珠澳大桥是目前世界上最长的跨海大桥和最大规模的桥岛隧集群工程,也是中国交通史上技术最复杂、建设要求及标准最高的工程之一,被英国《卫报》誉为"新世界七大奇迹"。大桥跨越珠江口的伶仃洋水域,东接我国香港特别行政区,西接珠海市和澳门特别行政区,全长 55 km。伶仃洋河口湾呈"四口入海"和"三滩两槽"的地貌格局,潮汐和径流交互作用,水沙运动环境复杂。大桥上游有广州港、深圳港和中山港等珠三角重要港口,与大桥交汇的重要航道有广州港出海航道、深圳港西部港区公共航道等大型深水航道以及青州水道、九洲港航道等重要航道,是我国沿海航线最密集、船舶密度最大的通航水域之一。大桥在规划设计阶段曾面临桥位选址、主通航区设置、人工岛平面优化、桥孔合理跨距等一系列问题,工程建设期间同样面临着复杂水沙环境带来的施工难题。因此,在顺应滩槽演变趋势和减小水沙环境影响的前提下实现"桥梁与海湾和谐共处"的关键技术研究尤为重要。

　　本书作者所在的科研团队在珠江口地区开展科研工作有将近四十年历史,对伶仃洋的水沙环境和动力地貌特征有深入的认知,积累了丰富的工作经验和基础资料。在港珠澳大桥工可研阶段,科研团队开展了海床演变分析、海洋水文计算、水沙数值模拟、动床物模试验和试挖槽现场观测等多方面的研究,论述了伶仃洋的自然环境特点、总体动力架构、水沙运动特征及其相互作用关系,归纳出工程海域滩槽演变的基本特征,提供了工程所需的海洋水文设计参数,论证了大桥通航条件与相互影响关系,进行了桥隧人工岛平面形态优化,提出了桥、岛基础防护措施。在大桥主体的岛隧工程开工以来,科研团队开展了岛隧工程施工期水文分析及水动力仿真模型、东人工岛岛隧结合部沉放区掩护方案数模试验、沉管隧道 E15—E33 管节基槽局部突淤分析及岛桥结合部局部整体模型试验等专题研究,为人工岛结构安全、沉管安放、岛头掩护体设计等提供了重要技术支撑,解除了 E15 及后续管节安装期间基槽出现的泥沙异常淤积问题。伶仃洋复杂的水沙环境为港珠澳大桥的规划、设计和施工增加了技术难度,正是广大科技工作者基于对伶仃洋复杂环境的深刻认识和尊崇自然规律才促成了港珠澳大桥宏伟蓝图的构想和最终实现。

本书一共分为六个章节。第一章为前言,从大桥工程背景介绍到工程建设阶段,论述了大桥设计和建设阶段面临的水沙环境问题。第二章为工程海域的水沙环境,重点介绍伶仃洋海域的水沙特征和海床演变特性。第三章为工程建设对水沙环境的影响分析,采用数学模型的方法模拟了工程建设对伶仃洋水沙环境的影响,以及工程建设对附近水域港口、航道的影响关系。第四章为工程局部冲刷与防护措施,采用物模模型试验方法预测了桥墩和人工岛的局部冲刷以及采用防护措施后产生的防护效果。第五章则为工程效应与检验,通过工程建设前后十年间的水下地形对比,分析大桥工程总体冲淤趋势和桥岛隧局部冲刷效应,对比模型预测结果和实际工程效应。第六章为全书的工作结论和展望。

参加本书编写工作的作者有来自南京水利科学研究院的何杰、高正荣、辛文杰、徐贝贝、高祥宇、谢至正和港珠澳大桥管理局的闫禹、麦权想、李国红、李东洋等。此书是对港珠澳大桥规划、设计和施工阶段的相关水沙科学技术总结,对于解决大桥运维阶段的水沙技术问题也将发挥重要借鉴作用。谨以此书向参加港珠澳大桥海域水沙环境相关研究的科技工作者表示致敬!

2023 年 6 月

目录
CONTENTS

第一章 前言 ·· 001
  1.1 工程背景 ·· 001
  1.2 建设情况 ·· 002
      1.2.1 岛隧工程的建设 ·· 002
      1.2.2 桥梁工程的建设 ·· 006
      1.2.3 交通工程建设 ·· 009
  1.3 主要内容 ·· 009
  1.4 本书内容 ·· 010

第二章 工程海域水沙环境 ·· 012
  2.1 伶仃洋水文动力地貌 ··· 012
      2.1.1 形成过程概述 ·· 012
      2.1.2 地理地貌 ·· 014
      2.1.3 径流 ·· 015
      2.1.4 潮汐 ·· 016
      2.1.5 潮流 ·· 018
      2.1.6 风、浪与台风增水 ··· 024
      2.1.7 河口湾的三层水体结构 ·· 024
      2.1.8 泥沙特征 ·· 025
      2.1.9 水体含盐度 ··· 029
      2.1.10 径流、潮流、泥沙及盐度的相互关系 ····················· 032

I

2.2 伶仃洋"三滩两槽"演变特点、原因和机制 ·············· 033
　　2.2.1 动力—沉积地貌体系 ································· 033
　　2.2.2 三种动力—沉积地貌体系的相互作用及演变趋势 ······ 034
　　2.2.3 伶仃洋滩槽演变的特点与趋势 ······················ 036
　　2.2.4 伶仃洋滩槽演变的原因和机制 ······················ 037
2.3 港珠澳大桥桥区海床格局稳定性 ························ 040
　　2.3.1 桥区海床演变分析 ································· 040
　　2.3.2 大桥试挖基槽回淤分析 ···························· 055
　　2.3.3 桥位附近航道演变分析 ···························· 068
2.4 海床演变特征 ·· 087
　　2.4.1 微变性 ··· 087
　　2.4.2 趋稳性 ··· 088
　　2.4.3 可塑性 ··· 089
2.5 港珠澳大桥工程建设的可行性分析 ····················· 090

第三章　工程建设对水沙环境的影响分析 ················ 091
3.1 仿真模型试验 ·· 091
　　3.1.1 建模方法 ·· 091
　　3.1.2 模型处理关键技术 ································· 095
　　3.1.3 模型概况 ·· 096
　　3.1.4 模型验证 ·· 098
　　3.1.5 工可阶段方案桥墩平面概化 ······················· 121
　　3.1.6 工可阶段方案模型网格剖分 ······················· 123
　　3.1.7 桥隧工程阻水比 ··································· 125
　　3.1.8 模型采样点布置 ··································· 125
3.2 水动力环境影响模拟 ······································ 127
　　3.2.1 潮位变化 ·· 127
　　3.2.2 流态变化 ·· 133
　　3.2.3 断面流速变化 ····································· 149
　　3.2.4 航道流速变化 ····································· 153
　　3.2.5 桥位附近水面线变化 ······························ 162

  3.2.6 桥区流速变化 …………………………………………… 168
  3.2.7 断面纳潮量变化 ………………………………………… 174
 3.3 泥沙冲淤影响分析 …………………………………………………… 176
  3.3.1 伶仃洋海床冲淤变化 …………………………………… 176
  3.3.2 桥区海床冲淤变化 ……………………………………… 179
  3.3.3 航道沿程淤积变化 ……………………………………… 187
 3.4 累积性冲淤影响分析 ………………………………………………… 189

第四章 工程局部冲刷与防护措施 ……………………………………… 194
 4.1 仿真模型试验 ………………………………………………………… 194
  4.1.1 试验概况 ………………………………………………… 194
  4.1.2 试验设备 ………………………………………………… 197
  4.1.3 模型设计 ………………………………………………… 198
  4.1.4 试验方法 ………………………………………………… 204
  4.1.5 工程区原状土冲刷试验 ………………………………… 206
 4.2 人工岛周围局部冲刷及防护试验 …………………………………… 210
  4.2.1 西人工岛 ………………………………………………… 210
  4.2.2 东人工岛 ………………………………………………… 230
 4.3 桥墩基础局部冲刷试验 ……………………………………………… 248
  4.3.1 墩型方案 ………………………………………………… 248
  4.3.2 试验条件的确定 ………………………………………… 250
  4.3.3 洪水和潮流共同作用下的局部冲刷 …………………… 262
  4.3.4 波流共同作用下的局部冲刷 …………………………… 274
  4.3.5 桥墩基础局部冲刷的规律研究 ………………………… 310

第五章 工程效应检验与实践 …………………………………………… 326
 5.1 伶仃洋滩槽近期实际变化 …………………………………………… 326
 5.2 工程周边地形变化 …………………………………………………… 329
 5.3 隧道区地形冲淤变化 ………………………………………………… 332
  5.3.1 数据来源 ………………………………………………… 332
  5.3.2 监测部位 ………………………………………………… 333

  5.3.3 隧道区域冲淤趋势 ………………………………………… 334
  5.3.4 两侧泥面高程变化 ………………………………………… 337
 5.4 工程效应与数学模型试验结果对比 ……………………………… 337
  5.4.1 人工岛水域冲淤预测结果分析 …………………………… 337
  5.4.2 人工岛附近水域工程后实测淤积速率 …………………… 339
 5.5 模型试验改进设想 ………………………………………………… 340

第六章 结论与展望 ………………………………………………… 342
 6.1 主要结论 …………………………………………………………… 342
 6.2 后期展望 …………………………………………………………… 345

参考文献 …………………………………………………………………… 346

第一章

前言

1.1 工程背景

港珠澳大桥是连接香港特别行政区、广东省珠海市、澳门特别行政区的大型跨海通道,建设内容包括海中桥隧主体工程以及香港、珠海、澳门三地口岸、三地连接线。大桥全长55 km,其中主体工程29.6 km,包含22.9 km的桥梁工程和6.7 km的海底隧道,通航孔桥自西向东依次为青州航道桥、江海直达船航道桥和九洲航道桥,大桥设计使用寿命120年。港珠澳大桥主要是为了解决香港与内地(特别是珠江西岸地区)及澳门三地之间的陆路客货运输需求,建立连接珠江东西两岸新的陆路运输通道。港珠澳大桥是世界上已建成的最长跨海集群工程,是我国继三峡大坝、青藏铁路、南水北调、京沪高铁后又一重大工程,是"一国两制"框架下、粤港澳三地首次合作共建的超大型跨海通道,是在我国入海河口最多和水沙环境最复杂河口海域建设的跨海大桥工程。

港珠澳大桥横跨伶仃洋,上游有华南最大的两个主枢纽港(广州港和深圳港)以及虎门港、中山港等珠江三角洲重要港口,桥区有广州港出海航道、深圳西部港区铜鼓出海航道等深水航道以及青州水道、九洲航道等重要航道穿越,是我国沿海航线最密集、船舶密度最大的水域之一。据统计,珠江口水域船舶流量每天约4 000艘左右,每年达150万艘次。

伶仃洋是珠江口最大的河口湾,有珠江口东四口门(虎门、蕉门、洪奇门和横门)注入,湾型呈喇叭状,走向接近NNW-SSE方向,湾顶宽约4 km(虎门口),

湾口宽约 30 km(澳门至香港大濠岛之间),纵向长达 72 km,水域面积约为 2 110 km²。伶仃洋水下地形具有西部浅、东部深的横向分布和湾顶窄深、湾腰宽浅、湾口宽深的纵向分布特点,水下地形呈"三滩两槽"的基本格局,伶仃洋东西两侧动力差异明显。伶仃洋的悬移质含沙量具有深槽小、浅滩大,东部低、西部高,枯季清、汛期浑等主要分布特征,多年平均含沙量介于 0.1~0.2 kg/m³。悬沙运动主要由湾内向外海输送,净输沙量平均为 570 kg/(m·d)。伶仃洋河床质的粒径具有中滩粗、边滩细,湾顶附近较粗、湾口一带较细的分布特点,航槽和下游深水区的床沙中值粒径一般为 0.005~0.01 mm,西滩和东滩的底质中值粒径大部分在 0.01 mm 以下,但在蕉门口、横门口以及交椅沙、公沙、拦江沙等处河床质明显粗化,中值粒径可达 0.1~0.5 mm。

港珠澳大桥横跨的伶仃洋水域是珠江入海的重要泄洪纳潮通道,也是珠江三角洲地区入海的重要海上通道,因此跨海通道应与水利、水运和谐发展。大桥工程规模巨大,对珠江河口湾的动力地貌影响十分复杂。工程前期虽做了大量的科研工作,但实际情况和预测结果会有所偏差。在大桥建设过程及建成后,对大桥工程周边水域的海洋水文环境和水下地形变化进行跟踪观测,可以检验工程前期模型的试验结果,更有利于开展大桥工程与珠江口动力地貌演变的相互关系研究。

1.2 建设情况

港珠澳大桥主体工程由粤港澳三地共同建设,全长 29.6 km,采用桥岛隧组合方案,建设内容主要包括岛隧工程、桥梁工程和交通工程。

1.2.1 岛隧工程的建设

港珠澳大桥的岛隧工程是整个项目的控制性工程,包含约 6.7 km 沉管隧道和两个桥隧转换人工岛,主要施工工序包括人工岛成岛、沉管隧道基础处理、管节工厂化制造、管节浮运沉放和管节最终接头等五部分。

(1) 东、西人工岛

东、西人工岛设计为蚝贝形,每个岛面积约 10 万 m²,基本功能是实现海上桥梁和隧道的顺利衔接。人工岛的建设不仅涉及外海无掩护条件下,在深厚软土地基上构筑岛壁结构、形成陆域以及加固软基等大量复杂工程的设计和施工,同时还需要提供稳固的深基坑支护结构,并优质快速地现浇岛上段隧道,形成沉管隧道安装对接条件,以确保整个工程的施工进度,其海上施工难度大,沉降控制要求严格。

人工岛工程是岛隧工程的先导工程,其建设具有以下特点:

① 按要求工程需在18个月内为首节沉管提供安装对接条件。而在外海深水、无掩护及深厚软土地基等条件下修筑安全可靠的人工岛,其建设工期极为紧迫。

② 隧道人工岛内需提供一个地处外海,结构安全、可靠,具备高可靠度止水能力及海中防台能力的深基坑干施工环境,以此保障岛上段现浇隧道施工的优质和高效。

③ 人工岛是沉管隧道安装对接的基点,也是岛上隧道和建筑结构的支撑,同时还是实现隧道基础纵向刚度均匀和协调的重要一环,因此对人工岛的工后沉降要求严格。人工岛修筑需回填约20 m厚松散砂,且下卧有30~50 m软黏土,快速密实回填砂及加固深厚软土地基并高标准地控制沉降是一巨大的挑战。

④ 工程所在水域为珠江口航运咽喉区段,是我国海上交通最繁忙、通航环境最复杂的海域,安全管理难度大;工程横向穿越中华白海豚保护区,环保要求也十分严苛。

人工岛在国内首次采用深插钢圆筒作为临时岛壁并兼做深基坑围护结构,可系统解决工期、稳定、止水、环保等问题。该技术在快速、安全并可靠地形成岛隧工程全面建设的基石的同时,还能全面降低珠江口因通航环境复杂而带来的项目管理风险,有效地保护珍稀的中华白海豚,并为全面系统地优化隧道基础设计施工方案,实现隧道基础的纵向刚度均匀性和协调性创造有利条件和奠定坚实的基础。

从2011年5月15日在西人工岛打下第一个钢圆筒,到2011年12月7日东人工岛第120个钢圆筒振沉完毕,用时不足7个月,实现"当年开工当年成岛"的建设目标。

(2) 沉管隧道地基基础

港珠澳大桥沉管隧道属深埋厚软基长大海底隧道,实现6km长隧道基础的纵向均匀沉降控制,对确保港珠澳大桥岛隧工程的工期和质量起着至关重要的作用。港珠澳大桥沉管隧道具有管节长度长、水深大、管顶回淤厚、岛隧结合部受力和施工复杂、地基软弱且不均匀、沉降控制难等特点,且隧址区穿过中华白海豚保护区的核心区域,因此沉管隧道基础处理方案设计成为岛隧工程建设技术难度最大的关键问题之一。对沉管隧道而言,差异沉降是造成沉管管段间漏水的关键因素,而差异沉降的控制与管段间剪力键、止水设施的设置以及剪力键的承载能力密切相关。

港珠澳大桥沉管隧道处于外海深水、深厚软土地基的施工环境,采用天然地基会出现工后沉降及差异沉降大的问题,而采用钢管支撑桩,水下施工难度大且费用高,通过深入比选研究后,创新提出了从PHC刚性桩、高喷柔性桩、挤密砂桩(SCP)复合地基逐渐过渡到天然地基的地基及抛石+碎石垄的组合基床方案。实践证明,复合地基处理方案是合适的,不仅为现场施工解决了难题,而且沉降控制效果理想,绝对沉降及差异沉降满足设计要求。

基础施工质量是地基沉降控制的关键因素之一,基础施工包括基槽开挖、抛石夯平、碎石垫层铺设及清淤。在项目实施前,国内外尚无外海区域50 m水深下50 cm的开挖精度施工设备及工艺,无专用抛石及水下振动锤夯实技术,无水深超过50 m、整平精度±3 cm的设备及工艺,无深水清淤技术。因此开展精挖、抛石夯平、碎石垫层铺设及清淤设备、工艺及技术的研发,形成精细化施工成套技术。

(3) 管节工厂化制造

沉管预制厂位于珠海市桂山岛,距离隧道轴线约13 km。2条流水线同时生产,每70 d生产2个管节。预制厂包括管节生产区、浅坞区和深坞区。隧道沉管段由33个管节组成,其中直线段管节28个,曲线段管节5个,曲率半径5 000 m,沉管混凝土28 d强度等级为C45,56 d强度等级为C50,采用全断面浇筑工艺施工,单节段(22.5 m)混凝土方量约3 413 m³,总量约87万 m³,单节段钢筋最重约1 000 t。

港珠澳大桥沉管隧道管节数量多、截面尺度大、管节控裂要求高、自然条件差且进度十分紧迫。经充分的研究论证,沉管采用工厂法预制,以保证管节预制质量和工程整体进度。

2010年底建设队伍进场,到2012年2月2日预制工厂建成,历时14个月;从2012年5月7日管节预制开工,到2016年12月26日完成全部28节直线段管节和5个曲线段管节制造。两条生产线经过55个月的艰苦奋战,浇筑了上百万方无裂缝的混凝土。

（4）管节浮运、沉放

隧道标准管节体量大，自重约 80 000 t，管节数量多达 33 节，隧道长度超 6 km，无论管节数量还是隧道总长皆位于世界同类工程前列。

沉管安装现场远离大陆，为外海无掩护作业区域，现场受台风、热带气旋、短时雷暴等恶劣天气影响大，且安装期需跨越多个台风季节，施工风险大。施工水域位于珠江口航道运输繁忙的水域，日船舶交通量达 4 000 艘次，属水上交通安全事故频发敏感区，施工干扰大。施工区域处于外海，孤岛施工受材料设备运输条件、水电供应、作业场地及防台等因素影响较大，施工条件差，也限制了施工效率的充分发挥。

预制完成的管节在工厂浅坞内进行一次舾装，后经起浮、横移至深坞内系泊存放并进行二次舾装。采用 12～13 艘大马力拖轮，将沉管逐节浮运至安装位置，将锚缆与预抛的大抓力锚连接完成系泊作业，利用安装船将管节沉放至预先铺设好的碎石基床上，与人工岛暗埋段或已安管节完成对接，然后进行回填及管内作业。

针对作业窗口精细化预报需求，建立了沉管安装保障系统，包括现场保障和后方保障两个子系统，可提供工程区中长期水文气象预报、临近水文气象预报、沉管安装和对接作业窗口期水文数值预报等服务内容。

首创了可精确调节的沉管对接导向系统、数控沉管拉合系统、水力压接系统、远程集中操控的压载水系统、测控系统等，形成了信息化的沉管安装集成操控系统及工艺。首次自主研发制造了集系泊定位、沉放对接、远程操控、监测监控等综合功能于一体的信息化沉管施工装备，实现了外海深水条件下，大型沉管的水下高精度无人沉放对接。

沉管隧道管节的浮运、沉放是从 2013 年 5 月 2 日开始的。由于没有成熟经验可借鉴，管节的首次沉放安装整整花费 96 h，也正因为有了这种"摸着石头过河"的工作，为后续作业累积了宝贵的经验。由于面临外海、深水深槽的建设条件，深槽复杂流场、泥沙回淤、异重流、异常波等问题不断涌现，如 2014 年 E10 管节安装出现意想不到的偏差，2015 年 E15 管节沉放遭遇基槽回淤、边坡滑塌的难题，历经三次浮运两次返航，最后才浮运、沉放成功。

（5）管节最终接头

最终接头位于 E29-S8 与 E30-S1 节段之间，并与它们相连接，实现隧道贯通。E29 至 E30 起讫桩号为 K7+728～K7+374，全长 354 m，水深 －32～－24 m。

港珠澳大桥沉管隧道最终接头所处工程地质条件和环境条件复杂,初步设计阶段最终接头采用止水板法,主要依靠潜水完成水下工作,需要连续的、适合潜水作业的时间周期。港珠澳大桥沉管隧道最终接头处于外海环境,受潮流中大、中、小潮变化,深槽紊流,东岛岛头绕流,冬季寒潮等复杂天气因素影响,很难找到满足潜水作业的连续长周期时间,潜水水下作业存在断断续续的风险。同时最终接头处于回淤环境,回淤强度为 1～2 cm/d,最终接头如果长时间在水下施工可能会带来超标的回淤,清淤作业将影响施工进度。因此,结合本项目所处环境及工期要求,提出并研制完成整体式主动止水最终接头技术。

最终接头采用倒梯形钢壳混凝土三明治结构,陆上工厂制造完成钢壳,并在钢壳内灌注高流动性混凝土形成三明治结构,然后选择作业气象窗口,运输最终接头到位,采用大型浮吊吊装下沉就位后,顶推内藏在最终接头内的千斤顶系统压缩临时 GINA 止水带,实现与海水隔离,抽排结合腔水,快速实现主动止水。管内形成干作业环境后,再在管内施工,使最终接头与其两侧已沉沉管结构连接,实现隧道贯通。

2014 年初,最终接头方案设计工作启动。两年半内,历经 50 多项专题研究、百余次攻关会议、10 多次专家咨询会、数十次验证试验和调试演练、推翻了十多个方案后,终于在 2016 年 6 月技术专家组第九次会议才正式审议通过。新的方案采用创新工法,首创钢壳混凝土"工厂化预制、现场安装"整体化施工工法,化现场浇筑为工厂化制造,化被动止水为主动式压接止水,化人工作业为机械化作业,大大提高了工效,减低了水下作业强度,确保了施工质量,更降低了现场作业风险,创新性地构建了整体式主动止水最终接头结构系统,并形成相应计算理论、设计方法和施工成套技术。2017 年 5 月 2 日,重达 6 000 t 的最终接头合龙段起吊并精确安装到位,历时 6 年 4 个月,港珠澳大桥沉管隧道得以胜利贯通,岛隧项目进入附属工程建设阶段。

1.2.2 桥梁工程的建设

港珠澳大桥主体桥梁工程全长 22.9 km,包括青州航道桥、江海直达船航道桥、九洲航道桥三座通航孔桥及非通航孔桥,全桥下部结构采用钢管复合桩基础、埋置式承台、单墩的设计方案,上部结构深水区采用钢箱梁结构、浅水区采用钢混组合梁结构的设计方案。桥梁工程采用工厂标准化生产、大型装配化施工,以缩短海上现场作业时间,降低外海施工风险,保证质量和工期。深水区非通航孔桥埋置式墩台共122个(最大吊重约3 343 t),浅水区非通航孔桥埋置式墩台共62个(最大吊重约2 370 t),全部在预制场进行整体预制,由大型浮吊运输至施工现场进行安装。箱梁采用大节段整孔逐跨吊装,钢箱梁共128跨,标准节段长110 m,吊装重量最大4 000 t;组合梁分幅设置,共148片,标准节段长85 m,单片梁吊装重量约2 000 t。

为满足珠江口防洪纳潮和阻水率要求,桥梁承台埋入海床面以下。三个土建施工标段根据自身的设备状况,本着安全、经济的原则,分别采用了大圆筒干法安装、分离式柔性止水和双壁钢围堰三种不同的方案,为承台与桩基连接创造了良好的干施工环境。

大桥基础采用钢管复合桩,桩身上段为钢管混凝土结构,下段为钢筋混凝土结构,钢管内壁在桩顶12.6 m范围设有10道剪力环,钢管外壁在桩顶设有2道剪力环。钢管沉桩施工分别采用了固定导向架和移动导向架,其中移动导向架沉桩是采用在定位船上设置的导向架和大功率液压振动锤对钢管桩进行整体振动下沉,以确保施工总体精度和高效率。

非通航孔桥采用埋置式全预制墩台。从2012年6月到2015年4月,190个墩台在中山和东莞基地制造完成。制造过程采用了墩台预制液压模板系统、三维模拟技术及劲性骨架定位系统,为确保耐久性使用了不锈钢筋和环氧涂层钢筋,并采取严格的工厂化管理措施,保证了墩台预制质量。

桥梁上部结构用钢量达42万t。2012年7月和8月,钢箱梁制造两个标段相继开工,按照"车间化、机械化、自动化、信息化"的制造理念,研制了智能化的板单元组装和焊接机器人专用机床,打造了国际首条钢结构板单元制造自动化示范生产线,突破传统工艺,应用先进制造技术,使得生产效率提高了30%以上,工厂产能增加2.5倍,焊接质量大幅提升。工艺方面制定了无码化装焊、机械化焊接及无损工装件设计,并引进了相控阵检测技术,实现了车间化总拼装和防腐涂装作业,相比传统制造工艺,焊缝质量稳定,一次探伤合格率99.9%以上。钢箱梁安装采用大型浮吊整孔吊装,模块化设计吊具,吊装到位后通过三维千斤顶调位系统,确保安装线形及拼装精度满足设计要求。

三座通航孔桥桥塔吊装是桥梁工程重点控制性工程之一。青州桥结型撑吊装,需将重达254 t的钢结构吊装至距承台159 m高的桥塔顶部,完成钢结型撑毫米级精度与混凝土塔厘米级精度的高空对接(钢结构之间采用高强螺栓连接、钢结型撑与混凝土塔柱连接采用剪力键焊接);江海桥钢塔安装,需将重 2 600 t 高 105 m 的超大异形钢塔整体段稳稳地安放在钢结构底座(Z0 节段)上,通过 M24 高强螺栓连接,错边量不能超过 2 mm;九洲桥钢塔安装,因受澳门机场航空限高的影响,吊装设备不能超过 122 m,而九洲桥上塔柱塔顶设计高程为 120 m,难度很大。

为确保青州桥结型撑超高吊装施工安全,专项研发并制造了的塔顶起吊系统,通过塔顶起重机、塔式起重机以及支撑支架、限位钢管等相互结合的方式,顺利完成了结型撑的安装。为避开航空限高的影响,九洲航道桥采用了海上吊装＋梁上竖转的安装工艺,先用 2200T 浮吊把九洲桥钢索塔上塔柱平吊至桥面,搭设钢管支架和滑移装置,通过千斤顶、钢绞线等进行钢塔竖转提升,完成安装。

江海桥钢索塔整体段加上吊具,整体起吊重量已达 3 100 t,需通过两艘大型浮吊(海升号和正力号)进行抬吊施工,在空中完成 90°的竖转动作,随后由海升号单独吊装前移,并安装到位。该工艺为国内首创,施工难度大、危险性高,其主要技术难点如下:钢塔竖转过程中由于姿态变化,钢塔吊具需具备 360°旋转的功能;设备的起重能力与吊点位置密切相关;钢塔设计为异形不对称构造,钢塔倾斜就位后须施加水平力使钢塔呈竖直状态;吊装就位后,钢塔整体段与 Z0 基础段临时匹配需要在海洋不利环境下保持稳定。经过对施工方案的不断打磨、反复的专家论证研讨、多次的吊装演练,在参建各方的共同努力下 3 座海豚钢塔最终顺利完成安装,屹立于伶仃洋上。

根据工业化建造理念,箱梁现场安装采用"长线法"控制技术,浮吊整体安装效率大幅提高。2013 年 6 月,CB05 标和 CB03 标分别完成了首个预制墩台海上运输及现场安装,开启了海上装配化作业新阶段;同年 12 月 2 日,首片组合梁架设成功;2014 年,首跨钢箱梁成功吊装,桥梁工程全线桩基础全部完成;2015 年,预制墩台安装全部完成,九洲桥扬帆矗立,青州桥"中国结"在 163 m 高的塔上熠熠生辉,江海桥钢塔如海豚出水,栩栩如生;2016 年 4 月 11 日,青州桥成功合龙;5 月 14 日,重达 2 600 t 的 138#海豚塔成功实现 180°翻身,6 月 2 日 138#海豚塔在两艘起重船的抬吊下实现空中竖转,下放安装到位,至此七座桥塔全部完成安装;2016 年 6 月 29 日,主体桥梁工程全线合龙。

1.2.3 交通工程建设

港珠澳大桥交通工程具有涉及专业种类多、专业间接口多、边界条件复杂、标准要求高等特点,建设内容包括管理养护设施、监控、收费、通信、交通安全设施、综合管道、供配电、照明、通风、火灾检测报警联动、消防、景观照明、供水、环保节能、防雷接地、排水设施、结构健康监测、预留预埋设施等。

为实现对南海海洋环境下服役的工程技术状况进行长期观测与规律性分析,建设了桥区海洋环境监测、海洋工程材料腐蚀监测、工程结构健康监测等 3 个专项系统,由此构成了桥—岛—隧集群设施结构安全长期观测技术体系。其中,海洋动力观测系统分别布置在青州桥北侧和西人工岛旁,共设置长期监测站点 4 处,覆盖桥、岛、隧和桥位上、下游水域,主要观测内容为桥区水域的波浪、潮位、流速流向和水体含沙量等海洋环境动力要素。工程材料腐蚀观测试验场位于西人工岛救援码头东侧,设大气区、浪溅区、水位变动区和水下区等四个典型腐蚀试验平台,面积 150 m^2,试验站涵盖了典型海水环境所有腐蚀分区,能够满足野外观测场地的要求,现有混凝土暴露试件 2 100 余件,钢挂片 308 片。

1.3 主要内容

港珠澳大桥工程所在的伶仃洋海域,在工程实施后,海区的潮位变化总体呈现出"高潮位降低、低潮位抬高"的变化特点,但变幅相对较小,一般都在 1 cm 以下。工程后西滩的潮差减幅比东部深槽略大,体现了非通航段群墩阻力对浅水区潮波传播的影响。工程后在非通航桥段上下 1 km 范围内潮流流态略有调整,东、西两人工岛对局部潮流场的改变比较显著,无论涨潮还是落潮,在其背水面都会形成回流区,影响范围大约在 1.5 km 以内。东、西人工岛之间水域的涨、落潮流均有所增强,桥区段主槽流速平均增幅在 0.05 m/s 左右。受人工岛挑流作用,在其两侧局部流速明显增大;非通航桥段桥孔间流速略趋增强,桥墩背水面一侧局部流速有所减小,但增减幅度都不大。

伶仃洋西滩的潮流动力相对较弱,桥区附近流速流向在工程实施后有所变化,但总体呈略趋减弱状况。离大桥稍远处,潮流场基本保持不变。主通航区潮流增强范围纵向距桥一般不超过 5 km,再远处的潮流场在工程后的变化已十分微小;工程后,西槽作为主流区的基本格局没有明显改变,伶仃洋潮动力的横向分布态势也没有大的调整。从大桥建成前后伶仃洋海床泥沙回淤强度的变化来看,淇澳岛至内伶仃岛一线以北水域的海床冲淤变化受大桥工程影响很微弱,广州港南沙港区以及深圳的大铲湾、赤湾和蛇口港区的泥沙回淤基本不受大桥工程影响;大桥线位附近水域的海床冲淤变化受大桥工程影响较大,各通航孔航道的沿程泥沙回淤与建桥前相比均出现减小趋势,其中通航孔间航道的泥沙回淤减小幅度最大。伶仃航道主通航区段的沿程回淤分布在建桥后呈减轻趋势,桥线位附近航段的泥沙淤积减少比较明显,大桥工程对伶仃航道回淤的影响主要集中在桥位上下游各 4.0 km 范围。铜鼓航道沿程淤积分布受大桥工程的影响程度比较轻微,在与伶仃航道交汇处 4.0 km 航段的泥沙回淤略有增加。当广州港出海航道浚深到 17.0 m 后,建桥后桥区段航道泥沙回淤与建桥前相比仍有小幅度的减轻,但大桥工程对航道的泥沙回淤影响也主要集中在桥轴线上下游 4.0 km 范围以内。

从桥轴线沿程地形在工程前后的变化来看,桥墩间以及两人工岛间的桥轴线沿程地形均出现不同程度的冲深,主通航区桥轴线沿程地形平均冲深 0.32 m/a,青州航道通航孔平均冲刷 0.22 m/a,江海直达船航道和九洲航道通航孔分别冲深 0.24 m/a 和 0.07 m/a。非通航区 110 m 跨和 85 m 跨桥墩间地形也出现了 0.28~0.43 m/a 的冲刷深度。伴随着桥墩间水深增加、过水断面加大,相应的桥墩阻水比出现不同程度的减小,大桥建成后沿桥轴线的阻水面积比较建桥时有所减小。通过对大桥工程建成 3 年间海床冲淤变化模拟的分析表明,因大桥工程引起的海床冲淤变化幅度在逐年缩小,随着时间推移,其累积性影响将趋于弱化和消失。

1.4 本书内容

本书从论述工程规划和项目建设过程所涉及的水沙环境问题开始,重点关注工程建设产生的水沙环境效应,采用数学模型和物理模型的试验手段模拟工程效应,进而采用工程产生的实际效应进行对比分析,并进行经验总结。

本书一共分为六个章节。第一章为前言,从大桥工程背景介绍到工程建设阶段,论述了大桥设计和建设阶段面临的水沙环境问题。第二章为工程海域水沙环境,重点介绍了伶仃洋海域的水沙特征和海床演变特性。第三章为工程建设对水沙环境的影响分析,采用数学模型的方法模拟了工程建设对伶仃洋水沙环境的影响,以及工程建设对与附近水域港口、航道的影响关系。第四章为工程局部冲刷与防护措施,采用物理模型试验方法预测了桥墩和人工岛的局部冲刷以及采用防护措施后产生的防护效果。第五章则为工程效应与检验,通过工程建设前后十年间的水下地形对比,分析大桥工程总体冲淤趋势和桥岛隧局部冲刷效应,对比模型预测结果和实际工程效应。第六章为全书的工作总结和展望。

第二章

工程海域水沙环境

2.1 伶仃洋水文动力地貌

2.1.1 形成过程概述

珠江三角洲是由西江、北江、东江、流溪河及潭江等河流长期共同建造的一个湾内复合型三角洲。根据第四纪地层^{14}C年代测定分析,它至少在2万多年前就已开始形成了。其前期的发展,主要受世界海平面波动的控制,经历了一段较复杂的演变。至距今5 000~6 000年前,三角洲的成陆面积还很小,现在成陆的三角洲地区,在当时基本上还是一个水域宽阔的海湾。当时番禺、顺德、中山、古井及斗门等处的低山、丘陵以及众多的岛丘,都是海上大大小小的岛屿。以后,由于海平面波动趋向稳定,河口堆积增快,三角洲不断扩展,海湾逐渐缩小,才形成了今日河网发达、口门众多的珠江三角洲。据本区发现的文化遗址的年代鉴定和^{14}C年代测定的结果,距今2 000年左右,三角洲才具相当的规模,其滨线大致在江门、天河、顺德、番禺、石楼及黄埔一线;公元10世纪推进到睦洲、外海、小榄、大黄圃、潭洲上村及黄阁一线;公元14世纪,即与南边的五桂山、牛牯岭连成一片,此时东江三角洲亦发展到麻涌、大步及道滘附近;至17世纪,便形成了今日八大出海口门的三角洲基本形势(图2.1)。

由于西江和北江是形成珠江三角洲的主体,二者径流强,来沙多,所以西、北江三角洲部分,在湾内自西北向东南呈一扇形迅速推进;而其东、西两侧,因河流短小,径流来水来沙少,淤积速度相对缓慢,故此,海湾东、西的边缘至今仍未被填满,暂时变成潮流作用相对强劲的珠江河口湾和潭江河口湾。从三角洲形成发育与海湾演进的整体观来考虑,珠江三角洲既包括强径流、弱潮流的西北江三角洲和东江三角洲,也包括强潮流、弱径流的珠江河口湾与潭江河口湾。至于陆上三角洲部分,从地貌、沉积的角度分析,它又属于一种复杂的地貌综合体——有低山、丘陵、孤丘及台地、阶地的冲积-潮积平原。大致上,西北江三角洲的黄埔、番禺、顺德、天河及江门一线以北的地区及东江三角洲的新塘、道滘一线以东的地区为河流泥沙沉积为主的平原,两线以南及以西的地区,则为潮流沉积为主的平原。

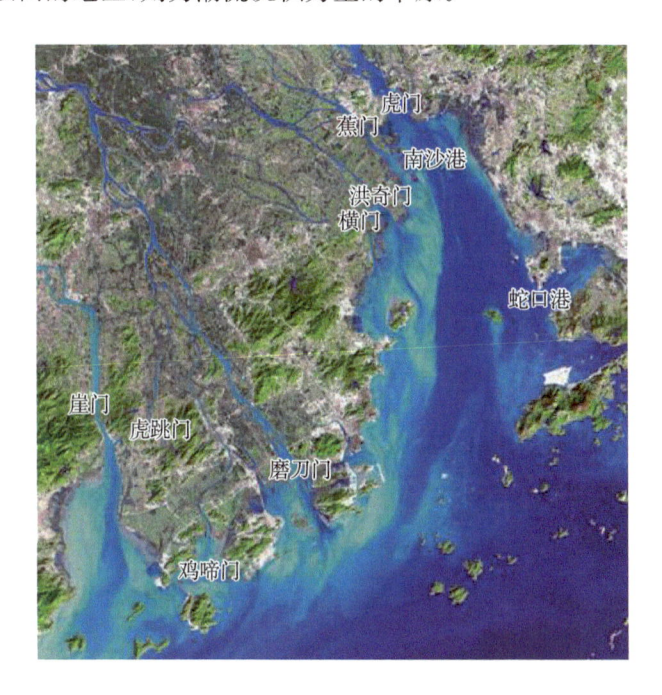

图 2.1　珠江河口形势图

根据不同时期的海图分析得出,目前伶仃洋"三滩两槽"大格局是 1901 年以后才开始明显形成的。在此之前,东、西两侧浅滩已经存在,但伶仃洋中部水深绝大部分皆大于 5 m,其间虽有一些水深 3~5 m 的浅段,但面积甚小,如北部的拦江沙在 1898 年的海图上为仅长约 11 km、宽 500~600 m、水深 3~5 m 的长条状水下沙脊,在 1907 年海图上该沙脊长约 10 km,北段略有淤高,部分水深小于 3 m。从 1883 年到 1907 年,矾石浅滩遭受冲刷,形成宽 2~3 km 的中槽,这时矾石浅滩与拦江沙是不相连的。1907 年以后,中槽萎缩消亡，矾石浅滩与拦江沙连成一体，浅滩迅速淤长，5 m 等深线包围的浅滩面积由 1883 年的 54.3 km²，扩展到 100.2 km²。以后浅滩仍继续向东、向南扩大，到 1974 年中滩面积达 116.5 km²，从 1883—1974 年每年递增约 0.68 km²，是伶仃洋浅滩淤积发展最快之时。

2.1.2 地理地貌

伶仃洋是珠江口东部四个口门（虎门、蕉门、洪奇门和横门）注入的河口湾。湾型呈喇叭状，走向接近 NNW-SSE 方向，湾顶宽约 4 km（虎门口），湾口宽约 30 km（澳门至香港大濠岛之间），纵向长达 72 km，水域面积 2 110 km²。

伶仃洋湾顶由沙角和大角山对峙形成峡口，湾口面对万山群岛天然屏障；东部沿岸多湾，由北往南有交椅湾、大铲湾、深圳湾；西岸由北往南多滩，蕉门、洪奇门和横门的出口附近堆积着许多浅滩；中部有淇澳岛和内伶仃岛扼守湾腰，东南有暗士顿水道经香港的汲水门水道连接维多利亚港，湾口西南侧有洪湾水道与磨刀门河口相通。习惯上，把赤湾、内伶仃岛、淇澳岛、唐家湾一线以北的伶仃洋水域称为内伶仃洋，以南水域称外伶仃洋。

伶仃洋水下地形具有西部浅、东部深的横向分布趋势和湾顶窄深、湾腰宽浅、湾口宽深的纵向分布特点，滩槽分布呈"三滩两槽"的基本格局，三滩指西滩、中滩和东滩，两槽指东槽和西槽。伶仃洋内"三滩两槽"是海洋动力地貌长期作用的结果，这种格局还将长期存在下去。

东槽又称矾石水道，位于东滩和中滩之间，由川鼻水道经丫仔山、大铲岛、赤湾西侧、铜鼓岛东侧，向东流入香港暗士顿水道；西槽又称伶仃水道，位于中滩和西滩之间，由川鼻水道经舢板洲东侧和内伶仃岛西侧，再由大濠岛与桂山岛之间深槽流入外海，该深槽长期以来作为广州港的出海深水航道一直在使用和维护。东滩沿东岸呈条带状分布，紧靠东槽的东侧；中滩又称矾石浅滩，夹于东槽和西滩之间，形状为南宽北窄狭长状；西滩位于西槽以西，面积广阔，由于被蕉门南北汊道、洪奇门和横门延伸汊道分割，形成几条平行排列的水下沙脊，由鸡抱沙浅滩、孖沙浅滩、沙仙尾滩、进口浅滩、横门浅滩等大小浅滩构成。

伶仃洋周围和它的水下地质地貌情况：北岸和东岸为花岗岩和黑云母片麻岩构成的丘陵山地，海拔在 300～500 m，沿岸有狭长的海积平原，地势低平。西岸，横门以北为珠江三角洲平原，河网密布，松散沉积物厚达 40～50 m。横门以南，是海拔 200～400 m 的山丘，主要由燕山期花岗岩构成。这些丘陵山地迫近海洋，只有中山市南朗至唐家湾沿岸，有狭长的滨海平原和沙堤。在伶仃洋河口湾有不少花岗岩和变质岩岛屿散布其间，如龙穴岛、舢板洲、横门山岛、大铲岛、小铲岛、内伶仃岛、淇澳岛和大濠岛等；在湾口和湾外，群岛罗列，如万山群岛、大蜘洲、小蜘洲、桂山岛等，它们海拔多为100～400 m。伶仃洋由于岛屿屏障，对衰减波浪能量、减弱潮流作用、加速河口湾内的淤积都有一定影响。

2.1.3 径流

珠江水系主要由西江、北江和东江组成，根据《广东省水资源》统计，珠江流域河川水资源总量为3 360亿 m³，其中出海径流3 260亿 m³。西江年径流量2 300亿 m³，北江510亿 m³，东江257亿 m³，三角洲诸河293亿 m³，分别占全流域年径流总量的68.5%、15.2%、7.6%和8.7%。其中东部四个口门——虎门、蕉门、洪奇门、横门汇入伶仃洋后注入南海。由四个口门进入伶仃洋的平均流量约5 663 m³/s，径流总量约1 742亿 m³/a，约占珠江出海总量的53.4%，其中虎门603亿 m³，蕉门565亿 m³，洪奇门209亿 m³，横门365亿 m³，分别占进入伶仃洋径流总量的34.6%、32.4%、12.0%和21.0%。图2.2—图2.4分别为西江高要站、北江石角站和东江博罗站1980年以来历年流量变化，由图可以看出，虽然各年的流量不等，但总的趋势变化不大。

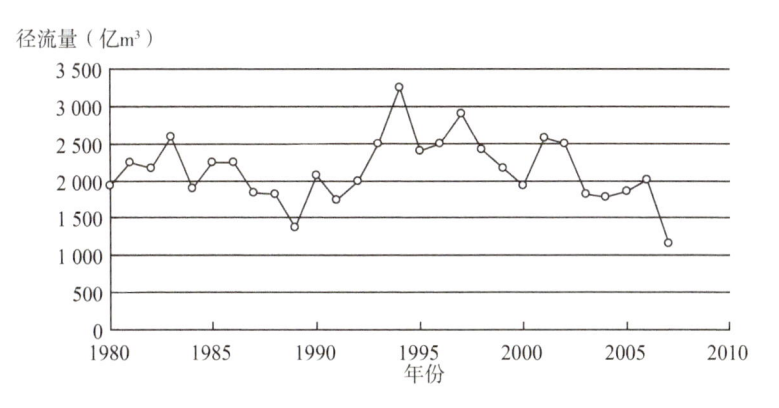

图2.2　西江高要站径流流量历年变化

珠江径流丰富，但径流年内分配极不均匀，汛期4—9月约占全年径流总量的80%，6—8三个月则占全年总量的50%以上。

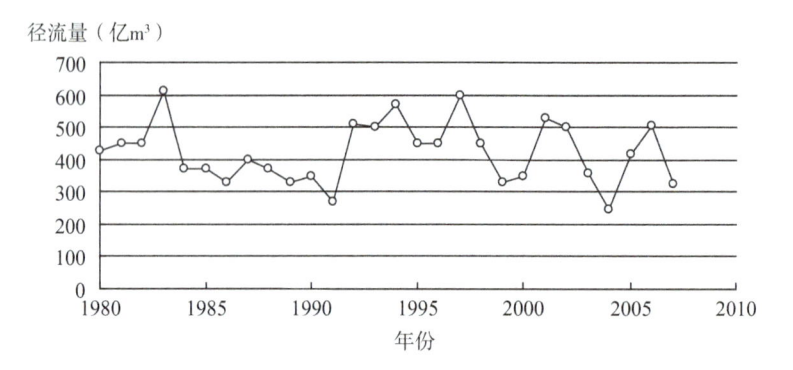

图 2.3　北江石角站径流流量历年变化

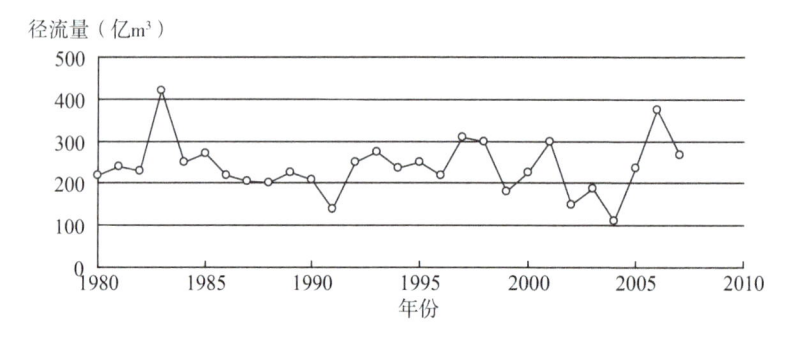

图 2.4　东江博罗站径流流量历年变化

2.1.4　潮汐

伶仃洋的潮汐类型属不规则半日混合潮型,即每个太阴日出现两次高潮和两次低潮,潮高和潮历时存在明显的不等现象,特别是在某些时段,还会出现全日潮。汛期高潮位东部高于西部,低潮位则相反;涨潮时海平面向西南倾斜,落潮时向东南倾斜;枯水期无论高低潮位,东部均略低于西部,海平面向东南倾斜。

伶仃洋为弱潮河口,潮差较小,平均潮差为 0.86~1.69 m,最大潮差为 2.29~3.36 m。潮差特点是由东向西逐渐递减,由湾口向湾顶逐渐递增。

根据 2007 年 8 月 13—14 日及 16—17 日对伶仃洋内不同站点进行的潮位同步测量资料分析,得到四个口门的潮位过程(见图 2.5),由图可见,大虎站的潮位过程早于横门、蕉门站约 2 h 左右,而板沙尾站最晚,这可能由于板沙尾站位于洪奇门水道口门较上游所致。由图还可以看出：四个口门的最低潮位值相差不大，但最高潮位值有所差别，以大虎站最高，蕉门次之，横门站再次之，板沙尾站最低。这与这四个口门的径流、潮流强弱有关，资料表明，潮汐作用强弱依次为虎门、蕉门、洪奇门、横门，其山潮比分别为 0.26、1.74、2.16、2.75。虎门是以潮汐作用为主的口门，其他三个口门则以径流作用为主。

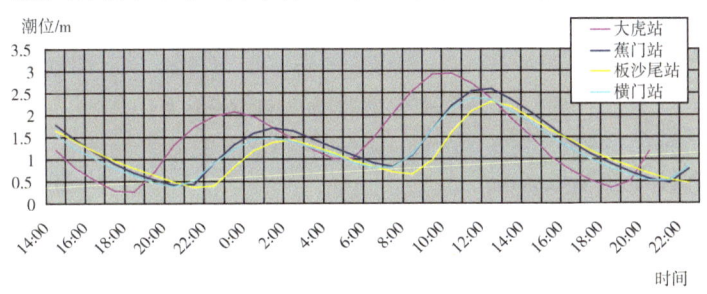

图 2.5　2007 年 8 月 13—14 日四大口门潮位过程线

伶仃洋四口门的多年平均涨潮量为 2 843 亿 m^3，其中虎门、蕉门、洪奇门、横门分别占 80.5%、11.4%、3.4%、4.7%；多年平均落潮量为 4 585 亿 m^3，其中虎门、蕉门、洪奇门、横门分别占 63.0%、19.4%、6.7%、10.9%；多年平均净泄量为 1 742 亿 m^3，其中虎门、蕉门、洪奇门、横门分别占 34.6%、32.4%、12.0%、21.0%。

图 2.6 为 2007 年 8 月 13—14 日沿伶仃洋纵向分布各潮位站点的潮位过程线。由图 2.6 可知，伶仃洋从口门的大万山岛站向内河河口的虎门站，潮位逐渐升高。图 2.7 为不同站点最高潮位的连线，其中横坐标为伶仃航道的桩号，虎门位于桩号 80 左右，由图可见，潮位在虎门附近达到最大值。

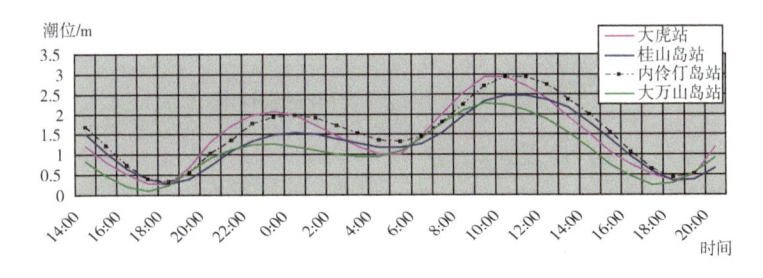

图 2.6　2007 年 8 月 13—14 日伶仃洋纵向分布各潮位站点潮位过程线

根据整理后的实测潮位资料，大虎站最大潮差为 2.62 m，平均潮差为

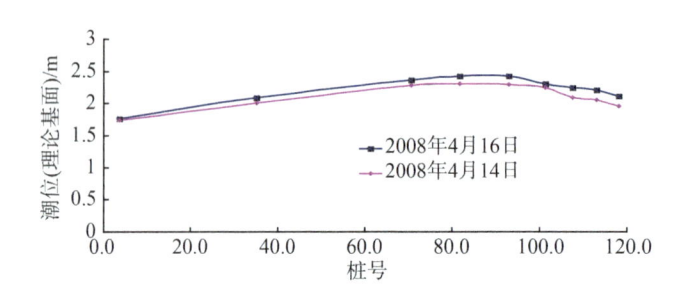

图 2.7　伶仃洋不同站点最高潮位沿程变化

1.85 m；内伶仃岛站最大潮差为 2.51 m，平均潮差为 1.52 m；桂山岛站最大潮差为 2.17 m，平均潮差为 1.21 m；大万山岛站最大潮差为 2.02 mm，平均潮差为 1.12 m。可见，从外海大万山到虎门，沿程潮差呈递增变化。

2.1.5　潮流

(1) 四大口门潮流特征

根据 2007 年大中潮的实测资料，伶仃洋四大口门的涨、落潮平均流速，涨、落最大流速统计值见表 2.1 至表 2.4。由表可知：虎门 3 个站之间的涨、落潮最大流速值差别较大，平均流速有一定差别，但大、中潮相应的涨、落潮平均流速相差不大(表 2.1)；蕉门 3 个站之间的涨、落潮最大流速值差别很小，平均流速几乎相等，说明分布较为均匀，除大、中潮间的最大涨潮流速有 0.15 m/s 差别外，其余的相差不大(表 2.2)；洪奇门 2 个站之间涨、落潮流速，无论是平均值还是最大值，都相差很大，但大、中潮的特征值统计相差不大(表 2.3)；横门 2 个站涨落潮流速的平均值也相差不大，大、中潮相应的涨、落潮平均流速也基本相近(表 2.4)。

表 2.1　虎门潮段平均流速统计表　　　　　　　　　　　单位：m/s

测站	2007 年 8 月 13—14 日大潮				2007 年 8 月 16—17 日中潮			
	涨潮平均	落潮平均	涨潮最大	落潮最大	涨潮平均	落潮平均	涨潮最大	落潮最大
虎门 1 站	0.55	0.59	1.16	0.93	0.59	0.57	0.84	0.88
虎门 2 站	0.52	0.54	0.96	1.09	0.50	0.61	0.96	0.99
虎门 3 站	0.44	0.58	0.74	0.91	0.46	0.59	0.76	0.91
平均	0.50	0.57	0.95	0.98	0.52	0.59	0.85	0.93

表2.2　蕉门潮段平均流速统计表　　　　　　　　　　　　　单位:m/s

测站	2007年8月13—14日大潮				2007年8月16—17日中潮			
	涨潮平均	落潮平均	涨潮最大	落潮最大	涨潮平均	落潮平均	涨潮最大	落潮最大
蕉门1站	0.31	0.49	0.63	0.81	0.27	0.52	0.54	0.76
蕉门2站	0.33	0.49	0.69	0.82	0.34	0.51	0.55	0.81
蕉门3站	0.34	0.48	0.74	0.81	0.31	0.49	0.54	0.76
平均	0.33	0.49	0.69	0.81	0.31	0.50	0.54	0.78

表2.3　洪奇门潮段平均流速统计表　　　　　　　　　　　　单位:m/s

测站	2007年8月13—14日大潮				2007年8月16—17日中潮			
	涨潮平均	落潮平均	涨潮最大	落潮最大	涨潮平均	落潮平均	涨潮最大	落潮最大
洪奇门1站	0.35	0.80	0.72	1.41	0.37	0.79	0.61	1.35
洪奇门2站	0.44	0.53	0.82	0.81	0.42	0.53	0.75	0.79
平均	0.40	0.66	0.77	1.11	0.40	0.66	0.68	1.07

表2.4　横门潮段平均流速统计表　　　　　　　　　　　　　单位:m/s

测站	2007年8月13—14日大潮				2007年8月16—17日中潮			
	涨潮平均	落潮平均	涨潮最大	落潮最大	涨潮平均	落潮平均	涨潮最大	落潮最大
横门1站	0.26	0.39	0.54	0.59	0.28	0.38	0.49	0.55
横门2站	0.26	0.31	0.55	0.63	0.29	0.42	0.52	0.61
平均	0.26	0.35	0.55	0.61	0.29	0.40	0.51	0.58

比较四个口门的涨、落潮平均流速(表2.5),可知涨潮流速从大到小的排列为:虎门→洪奇门→蕉门→横门,落潮流速的排列为:洪奇门→虎门→蕉门→横门,可见洪奇门的径流动力较强。

表2.5　四大口门潮段平均流速统计表　　　　　　　　　　　单位:m/s

测站	2007年8月13—14日大潮				2007年8月16—17日中潮			
	涨潮平均	落潮平均	涨潮最大	落潮最大	涨潮平均	落潮平均	涨潮最大	落潮最大
虎门	0.50	0.57	0.95	0.98	0.52	0.59	0.85	0.93
蕉门	0.33	0.49	0.69	0.81	0.31	0.50	0.54	0.78
洪奇门	0.40	0.66	0.77	1.11	0.40	0.66	0.68	1.07
横门	0.26	0.35	0.55	0.61	0.29	0.40	0.51	0.58

(2) 伶仃洋内潮流特征

伶仃洋水域总体为落潮流大于涨潮流,东、西槽涨潮平均流速大致相近,落潮流速则一般是西槽大于东槽。受上游径流影响,伶仃洋潮波涨潮历时普遍要小于落潮历时,洪季尤为明显。据统计,涨潮历时一般为5~6 h,落潮历时一般为6~8 h。伶仃洋虽然潮差不大,但在喇叭状岸线幅聚效应与上游河网纳潮量巨大的条件下,潮流动力仍比较强劲。湾腰以北潮流基本为往复流,以南水域潮流形态介于往复流与旋转流之间。涨潮平均流速一般为0.4~0.5 m/s,落潮平均流速一般为0.5~0.6 m/s。东槽涨潮流较强,枯季尤为明显,西槽落潮流占优,汛期更为突出。无论涨潮还是落潮,湾内纵向流速分布均呈由湾口向湾顶逐渐增大的趋势。

表2.6为伶仃洋2007年两次实测潮流资料的统计结果。由表2.6可知:伶仃洋水域总体为落潮流大于涨潮流,东、西槽涨潮平均流速大致相近,落潮流速则一般是西槽大于东槽。

表2.6 潮段平均流速统计表　　　　　　　　　　单位:m/s

测站	2007年8月13—14日大潮				2007年8月16—17日中潮			
	涨潮平均	落潮平均	涨潮最大	落潮最大	涨潮平均	落潮平均	涨潮最大	落潮最大
伶仃1站	0.29	0.46	0.47	0.77	0.24	0.41	0.37	0.71
伶仃2站	0.41	0.61	0.7	1.12	0.37	0.53	0.66	0.98
伶仃3站	0.52	0.44	0.97	0.92	0.49	0.37	0.82	0.73
大濠岛站	0.52	0.44	1.03	0.92	0.37	0.37	0.95	0.70
矾石站	0.41	0.54	0.72	0.99	0.37	0.48	0.61	0.88
铜鼓航道站	0.43	0.51	0.73	1.04	0.42	0.45	0.78	0.86
西滩站	0.38	0.45	0.61	0.99	0.36	0.48	0.6	0.88
抛泥地站	0.48	0.54	0.93	1.38	0.32	0.64	0.6	1.43
珠海站	0.42	0.43	0.75	0.92	0.32	0.50	0.52	0.93
外海1站	0.15	0.29	0.32	0.58	0.23	0.22	0.38	0.43
外海2站	0.21	0.18	0.34	0.41	0.32	0.21	0.54	0.52

伶仃洋的潮流流向基本上为较稳定的南北向往复流。东、西槽的潮流流向与深槽走向基本一致;东部浅滩涨潮流经大铲岛附近后沿岸线平行上溯,略有偏向东槽的趋势;西滩因受海区地形和口门来水的影响,涨落潮流与主槽有一定交角,涨潮流介于330°~350°,落潮流介于120°~160°。图2.8和图2.9给出了2003年伶仃洋海区各垂线实测大、中潮流矢量分布变化的情况。图2.10和图2.11给出了2007年伶仃洋海区各垂线实测大、中潮流矢量分布变化的情况。

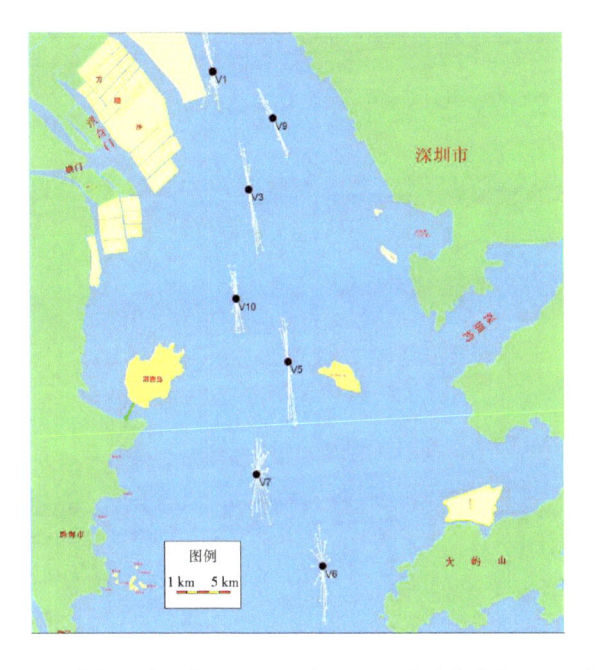

图 2.8　伶仃洋海区各垂线实测大潮流矢量分布变化(2003 年)

图 2.9　伶仃洋海区各垂线实测中潮流矢量分布变化(2003 年)

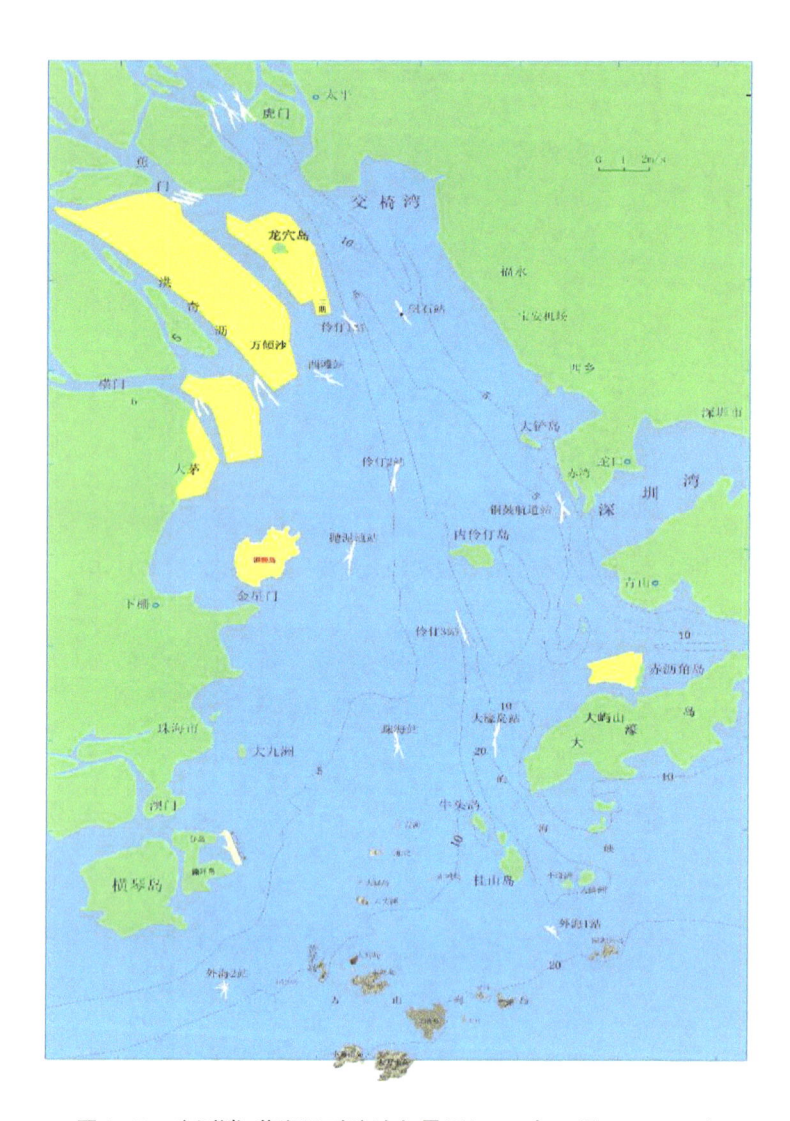

图 2.10 实测涨、落潮逐时流速矢量图(2007 年 8 月 13—14 日)

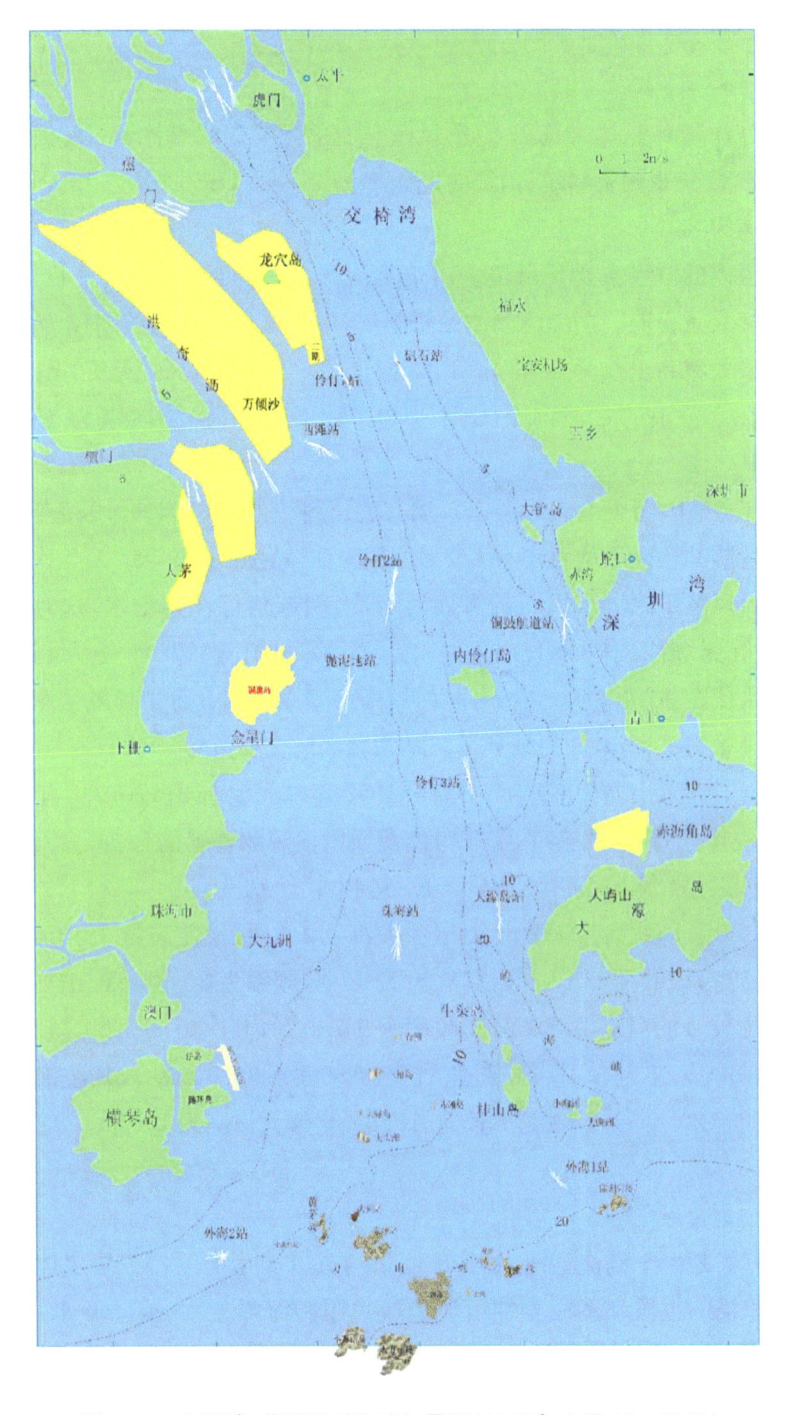

图 2.11　实测涨、落潮逐时流速矢量图(2007 年 8 月 16—17 日)

2.1.6 风、浪与台风增水

伶仃洋属南亚热带海洋性季风气候区,全年盛吹偏东风,根据赤湾站 1967—1985 年观测资料统计,E 向风频率为 23.4%,SE 向风为 14.2%,实测最大风速为 30 m/s。

海区内的波浪主要是风浪。由于湾口岛屿棋布,湾内浅滩连片,因此外海涌浪多衰减变弱。据赤湾测波站资料统计,该处全年平均波高仅为 0.2 m,台风时最大波高也仅为 1.92 m(1983 年 9 月 9 日,瞬时风速是 30 m/s,风向为 NNW)。波浪的常波向是 SSE,其次是 SE 和 S;强波向则为 SSW、SW 和 W。

每年 6—10 月常有台风袭击。据有关资料统计,在 1949—1980 年间在广东沿岸登陆的台风平均每年有 6.2 次,在珠江口登陆的每年约 1.3 次。台风登陆或台风位于深圳市以西的海面时,都会引起伶仃洋内增水,这时潮位骤升,超过正常潮位,增水水位由外向内递增。据 1961—1975 年资料统计,平均相对增水值在横门站为 0.43 m,蕉门站南沙为 0.61 m;而实测风暴潮的极值增水赤湾站为 1.5 m,虎门站和蕉门站为 2.30~2.43 m。

根据对大万山岛(1991 年 10 月—1992 年 9 月)、桂山岛(1992 年 4 月—6 月)和内伶仃岛(1992 年 7 月—9 月)短期风浪观测资料的分析,大万山岛在观测期间的常风向为 N、E 和 SE,其频率分别为 14.96%、17.01% 和 20.83%,月平均波高为 1.2 m,月最大波高 4.1 m,极值波高为 6.4 m,波浪方向频率最高为 SE 向(39.9%),其次为 ESE 向,频率为 30.3%;桂山岛在观测期间出现较多的风向为 SSW,其频率为 17.17%,其次为 E、ENE,频率同为 9.54%,最大风速为 SSW 向,风速大于 7 级(大于 17.1 m/s),其波浪频率最高为 SE 向(20.6%),其次为 NE 向(18.8%),最大波高为 2.0 m。

2.1.7 河口湾的三层水体结构

伶仃洋是一个潮流型河口湾,该河口湾具有典型的河口三层水体结构特征。河口湾的上段和下段分别由河流淡水团和海洋盐水(或陆架水)团所控制,而河口湾的中段则是河水与海水混合和相互作用形成的混合水(又称冲淡水或河口水)作用的区域。中段混合水控制区域的大小及其水体物理性质(包括盐度和温度等)很不稳定,它们随着涨落潮和径流量的改变而时刻变化，其主要特点是密度梯度大，正、斜压力较强，以致表层水流受正压力影响表现为以下泄流为主，而底层则受斜压力影响呈现为上溯流优势。河口湾的下段（大桥在这里横穿而过），夏季受南海北部大陆架海底上升流的影响，中、底层的高盐陆架水团呈楔形从海向陆切入，在拦门沙前缘斜坡作爬坡状产生涌升流（图 2.12），而其上覆之冲淡水层（盐度<30）却为下泄流优势，它们漂浮在陆架水团之上急速向海排泄，此称为"羽状流"或"河口羽"。不过，这属丰水期的情况，冬季枯水期时则为另一番情景。

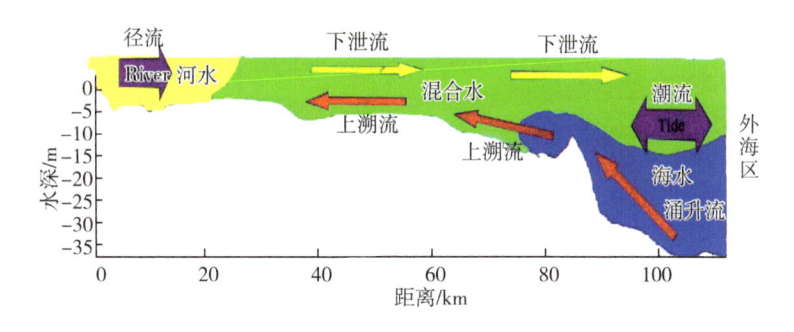

图 2.12　河口湾的三层水体结构

2.1.8　泥沙特征

由于珠江径流量大，虽然含沙量较低，但输沙量仍然可观。根据 1954—1998 年实测资料的统计，珠江流域多年平均输沙量为 8 872 万 t，其中西江高要站为 7 217 万 t，北江石角站为 579 万 t，东江博罗站为 262 万 t，分别占珠江流域总输沙量的 81.4%、6.5% 和 3.0%。

进入伶仃洋的泥沙主要来源于陆域，海域来沙很少。资料分析表明，每年进入珠江三角洲的泥沙约有 80% 输出口门外，约 20% 留在河网区内。八大口门多年平均输沙量为 7 098 万 t，其中东四门为 3 389 万 t，占输出总沙量的 47.7%，西四门为 3 709 万 t，占 52.3%。在东四口门的输出沙量中，虎门 658 万 t、蕉门 1 289 万 t、洪奇门 517 万 t、横门 925 万 t，分别占东四门总输沙量的 19.4%、38.0%、15.3% 和 27.3%。

自从改革开放以来，随着国内经济建设的迅猛发展，工程用沙大量增加，在珠江河道内取沙的现象大量出现，使得向河口（伶仃洋）输送的泥沙数量大大减小。近年来，河道内取沙已受到政策的限制。但由于上游植被保护的增强,以及水利工程的修建,也使得输入河口的泥沙呈现减小的趋势。图 2.13 至图 2.15 分别为西江高要站、北江石角站和东江博罗站 1980 年以来年输沙量变化。

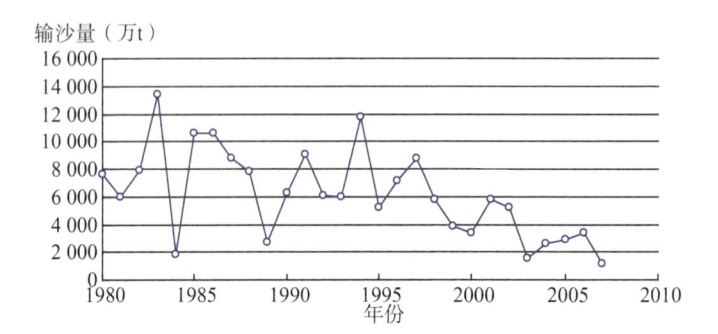

图 2.13　西江高要站输沙量历年变化

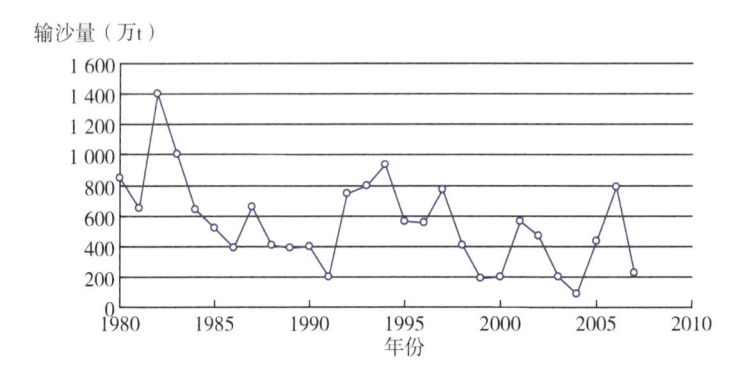

图 2.14　北江石角站输沙量历年变化

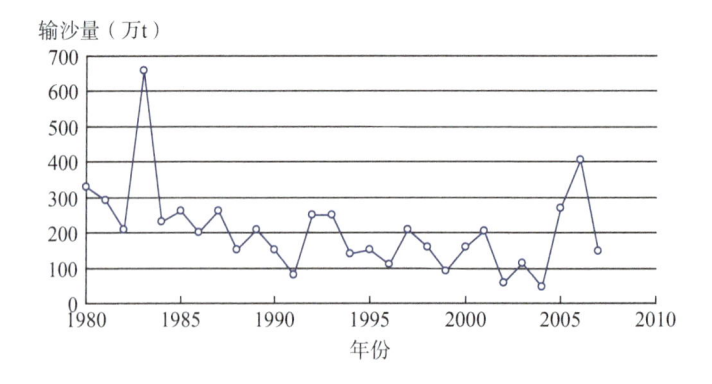

图 2.15　东江博罗站输沙量历年变化

输沙量的年内分配极不均匀,汛期(4—9月)平均输沙量占年输沙总量的88%~96%。最大月输沙通量常出现在6或7月,其值可占全年的40%。珠江水科所根据1978年以来所能收集到的历史水文资料,对伶仃洋实测含沙量作了分区统计,如表2.7所示。由表可以看到,内伶仃洋含沙量在0.12~0.2 kg/m³,其中西滩含沙量大于东滩,中滩介于二者之间;西滩含沙量大于两槽;东槽含沙量小于西槽含沙量;西槽含沙量上段大于下段,中段又大于下段,东槽亦是上段大于中下段;靠近湾外的水域含沙量最小,在0.04~0.08 kg/m³。1986年以来多年遥感影像信息得出的枯季和洪季遥感悬沙分布图(图2.16和图2.17)进一步说明上述结论的合理性。

表2.7 伶仃洋实测含沙量统计表(1978—2003) 单位:kg/m³

区位	表层 潮段平均	表层 潮段最大	中层 潮段平均	中层 潮段最大	底层 潮段平均	底层 潮段最大	垂线 潮段平均	垂线 潮段最大
西部近口	0.160 7	0.580 6	0.190 6	0.661 3	0.214 8	0.741 9	0.195 3	0.745 3
西滩	0.149 5	0.586 9	0.192 4	0.578 8	0.231 6	0.650 0	0.191 2	0.578 8
中滩	0.115 9	0.197 6	0.130 6	0.217 6	0.154 6	0.261 4	0.133 7	0.217 6
东滩	0.081 0	0.168 4	0.083 9	0.170 0	0.095 6	0.175 4	0.094 4	0.171 3
川鼻水道	0.090 6	0.186 2	0.113 6	0.215 4	0.171 6	0.359 3	0.121 1	0.252 9
西槽上段	0.115 8	0.330 6	0.151 8	0.543 2	0.215 3	0.873 9	0.159 0	0.501 2
西槽中段	0.093 1	0.249 7	0.119 3	0.285 4	0.214 7	0.452 4	0.138 1	0.285 9
西槽下段	0.012 0	0.026 8	0.019 9	0.036 0	0.041 7	0.080 9	0.040 77	0.154 6
东槽上段	0.105 4	0.188 2	0.118 3	0.231 4	0.163 7	0.277 7	0.125 4	0.229 0
东槽中下段	0.057 2	0.179 1	0.070 5	0.210 7	0.109 2	0.242 3	0.072 6	0.210 7
铜鼓海区	0.025 2	0.087 3	0.035 4	0.124 1	0.065 8	0.170 3	0.046 7	0.140 2

流域来沙量的年际变化也极不均匀,其变幅东江最大,北江次之,西江最小。据实测资料统计,西江高要站历年最大和最小输沙量的变幅为7.8倍,北江石角站为15.4倍,东江博罗站为17.8倍。来沙量与径流量的年际变化基本相应,即丰水年多沙、枯水年少沙。

根据珠江水文水资源勘测中心和长江水利委员会水文局长江下游水文水资源勘测局的实测资料分析,伶仃洋海域水体悬移质的中值粒径一般为0.002~0.017 mm,其中大潮粗些,中、小潮细些,但差别不大。床沙的中值粒

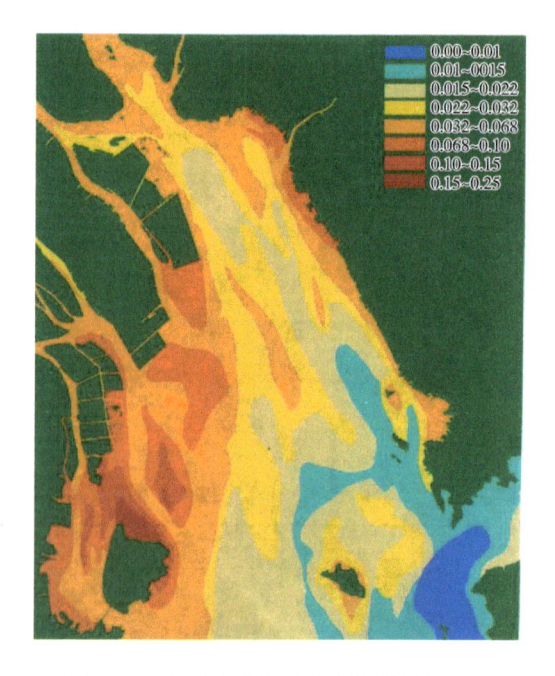

图 2.16 枯季遥感悬沙分布图(单位:mm)

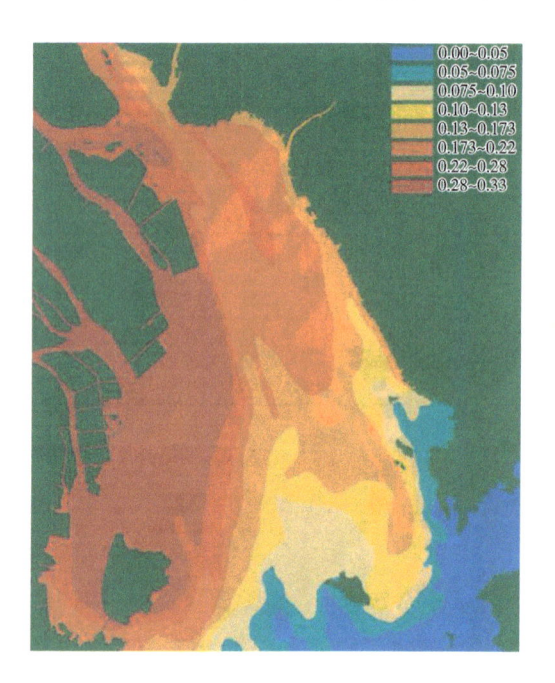

图 2.17 洪季遥感悬沙分布图(单位:mm)

径变化范围在 0.002~0.64 mm,有北粗南细、东粗西细、槽粗滩细、峡粗湾细等空间分布特征。

伶仃洋表层沉积物类型有粗砂砾、中砂、细砂、粉砂、砂质黏土和粉砂质黏土及黏土质砂等经分析可以看出伶仃洋沉积物分布具有如下特征:

(1) 由湾顶向外沉积物由粗变细,出伶仃洋后再由细变粗,即由横门、洪奇门和蕉门口附近的中细砂至广大范围的粉砂质黏土为主,至万山群岛附近变为细砂,至担杆列岛附近变为粗砂砾。

(2) 内伶仃洋东部沉积物较细,西部较粗,东部以粉砂质黏土为主,西部有较大片的细砂与黏土质砂的分布。

(3) 伶仃东、西航槽因受潮流冲刷,底部出现有不连续的砂砾、中细砂和硬黏土的分布。

2.1.9 水体含盐度

在珠江径流与南海潮波的综合作用影响下,伶仃洋水体的含盐度大小具有枯季大于洪季、底部大于表层、下游大于上游、东部大于西部等不同的时空分布特征,并具有半日周期和半月周期的变化规律。

根据实测水文资料绘制的伶仃洋湾口内外水域不同季节的盐度纵向分布可知,伶仃洋河口湾在湾口地带的水体结构形式,随着一年中注入湾内径流量多寡的季节性变化,在不断地进行适应和调整:冬季很少受径流的影响,水体盐度很高(31‰~33‰),并呈"垂直均匀"状态(图 2.18);春、秋两季明显受径流注入的影响,水体结构呈"部分混合"状态,表层余流向海和底层余流向陆的河口(净)环流现象开始出现;至夏季径流量最大时,水体结构调整成"高度分层"状态,河口(净)环流作用(即表层下泄流和中、底层的上溯流及涌升流)亦随之加强(图 2.19)。河口(净)环流作用最强的部位在大桥位置附近的底坡地形的转折段即涌升流的上涌处,该处实测表层最大下泄流流速达 1.94 m/s,余流方向向海,速度大于 0.4 m/s;中、底层最大上溯流流速达 1.4 m/s,余流方向向陆,流速为 0.24 m/s。

伶仃洋的水体含盐度随潮位的涨高而增大,又随潮位的退落而减小,其变化的趋势和周期与潮位基本一致;此外,还有由朔月到望月的半月周期变化,朔望月潮差大,盐度较高,上下弦月潮差小,盐度较低。

(a) 低高潮

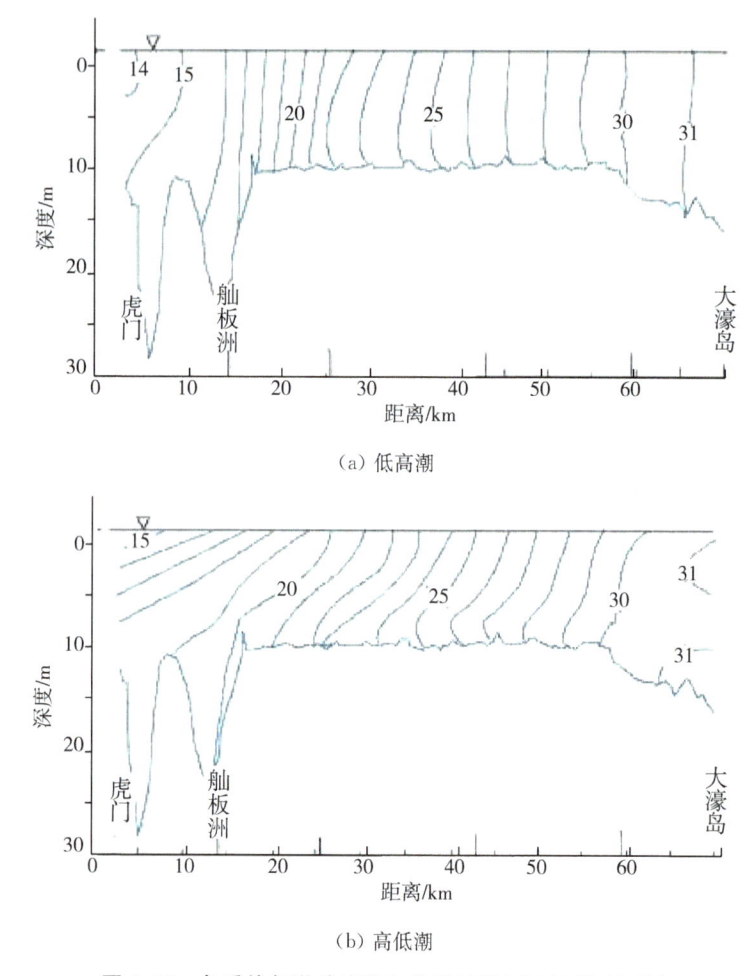

(b) 高低潮

图 2.18 冬季伶仃洋盐度纵向分布(1991 年 12 月 19 日)

在平面上,根据盐度的变化可分为以下两部分。

(1) 内伶仃岛以北海区

内伶仃洋受径流影响较大,盐度等值线呈 NE—SW 向分布。所以在 E—W 方向上,存在着盐度梯度,即东部的高于西部,在一个潮周期内,盐度等值线在平面分布上是有变化的。落潮时,东西方向上盐度差值减小,涨潮时则增大。盐度在季节上的变化是:洪季,在西北部四个口门附近为淡水所占据,盐度值小于 1‰,而在东南部如矾石浅滩到赤湾附近,表层盐度为 16‰~20‰,底层则可达 28‰。枯季,整个内伶仃洋都被盐度值大于 3‰ 的冲淡海水所充占,陆架上高盐海水循西槽入侵可达内伶仃岛以北,循东槽入侵则到大铲岛附近,这时的盐度值表层为17‰~32‰,底层则为20‰~34‰。从平面和垂直分布上来说,枯季的盐度梯度比洪季的要小,所以从咸淡水混合和分层情况来看,在内伶仃洋洪季海水呈缓混合,似分层状,枯季则为强混合。

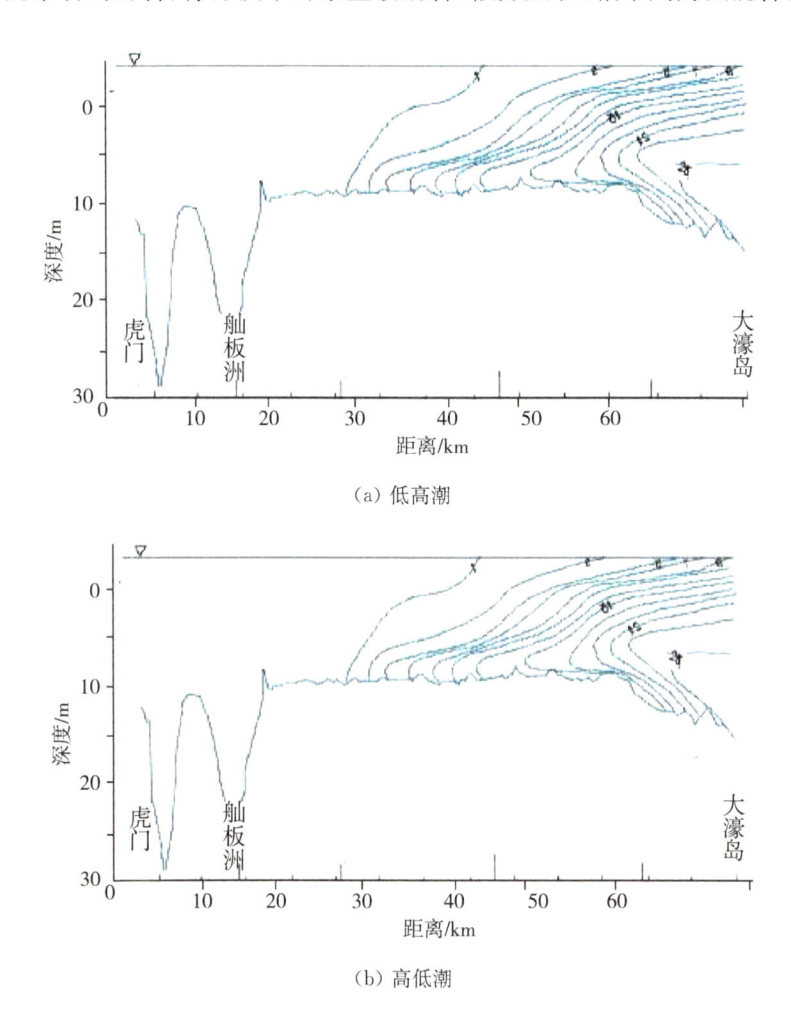

(a) 低高潮

(b) 高低潮

图2.19 夏季伶仃洋盐度纵向分布(1992年7月16日)

(2) 内伶仃岛以南海区

内伶仃岛以南海区潮流作用强,大部分水域受高盐陆架水团控制,含盐度明显高于北部海区。铜鼓浅滩水域因东、西槽存在涨落潮相位差以及径流与冲淡水的混合影响,其盐度分布比较复杂。该水域枯季时表、底层盐度都大于30‰,最大可达34‰(图2.20);洪季因受西部下泄的径流挤迫,涨潮时表层盐度为16‰～24‰,等值线成楔状指偏向内伶仃岛东侧,而底层盐度为29‰～34‰,等值线的楔尖指向内伶仃岛西边(图2.21)。

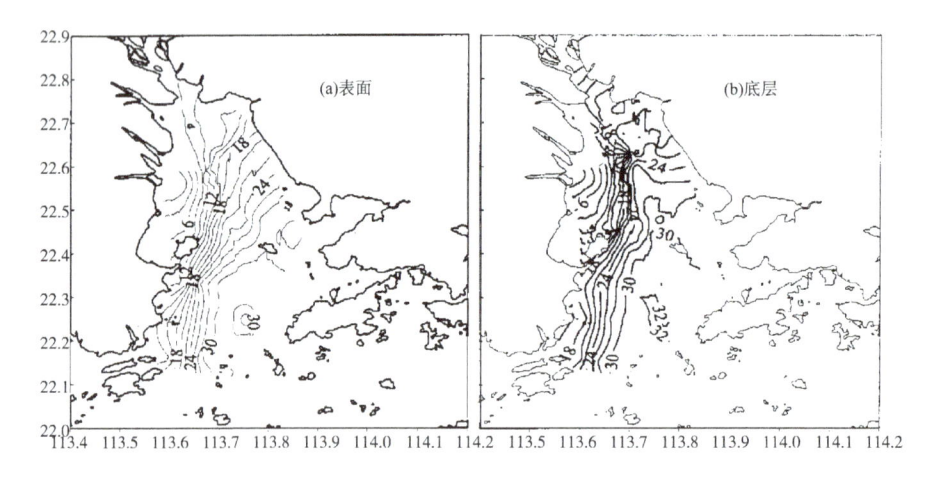

图2.20 珠江河口湾枯季表底层盐度分布状态

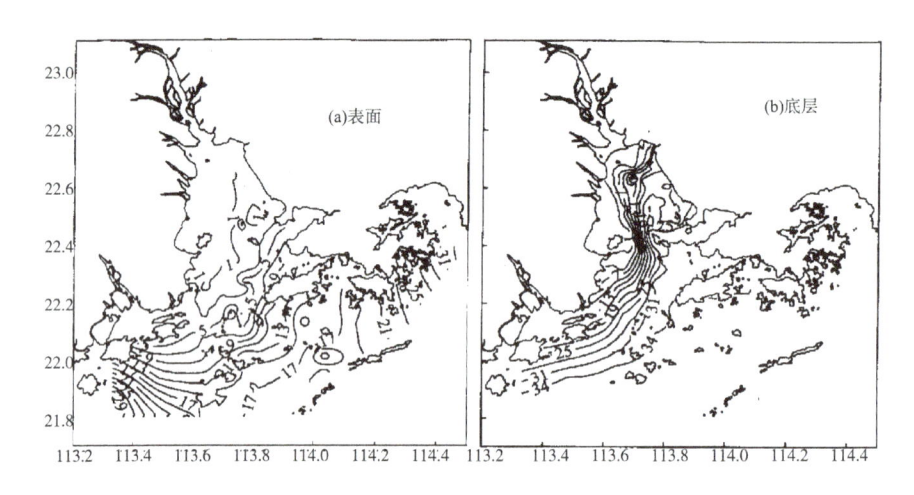

图2.21 珠江河口湾洪季表底层盐度分布状态

2.1.10 径流、潮流、泥沙及盐度的相互关系

影响伶仃洋河口湾的水动力因素,除风和波浪外,主要有三个方面。
(1) 径流动力作用

珠江东四口门(虎门、蕉门、洪奇门和横门)汇入伶仃洋的径流量为1 742×10^8 m³,约占珠江八大口门总水量的60%,主要控制伶仃洋西北部区域。夏季随着径流量的增加及受湾外西南沿岸(海)流的影响,径流可向伶仃洋东南部及香港海域扩散;冬季当径流量锐减时,沿岸(海)流方向已转为从东北流往西南,故此时伶仃洋西北部的淡水径流仅贴岸往西南方向扩散。

(2) 潮汐动力作用

伶仃洋潮汐系数 F 值大于 1 而小于 2,如澳门为 1.35、内伶仃岛为 1.28、赤湾为 1.21、舢板洲为 1.77 等,说明伶仃洋潮汐属混合潮型,但是日潮不等现象显著,为不正规半日潮的混合潮型。虽然其平均潮差不足 2 m,属弱潮河口,但由于河口湾的涨潮量大($2\,843\times10^8$ m^3),潮波向里变形,潮差沿程递增,湾顶最大潮差可达 3.16 m,潮流作用亦较强。伶仃洋的潮汐动力从大屿山(香港)东西两侧的湾口地带进入,虎门以下的河口湾东半部分主要受潮汐动力作用的控制。

(3) 陆架底部上升流(或称涌升流)的入侵作用

夏季南海北部大陆架海域由于特殊的海洋水文气象环境,存在明显的海底上升流的作用,其表现形式是低温(<25 ℃)、高盐(盐度 33～34)的陆架水团从底部向陆地运动,它们每年从 5 月起向陆移动靠拢,7—8 月间可侵入到伶仃洋湾口地带,9—10 月向海退缩。7—8 月间大量径流离岸向海排泄,使河口湾的密度梯度加大,斜压力增强,这更促进了底部上升流向湾内的入侵和涌升。

其他还有沿岸(海)流的动力作用。它们基本上在湾外活动,主要是对河口湾外泄之表层"羽状流"(或"河口羽")扩散的趋势和方向产生一定的影响。

2.2 伶仃洋"三滩两槽"演变特点、原因和机制

2.2.1 动力-沉积地貌体系

径流、潮流及海底上升流这三种动力因素配合三层水体构造与河口泥沙长期相互作用,形成伶仃洋独特的动力-沉积地貌体系(图 2.22)。

(1) 西北部径流动力-沉积地貌体系:指伶仃洋西北部蕉门、洪奇门和横门三口门径流动力控制及影响的区域,即伶仃洋西部水深小于 5 m 的浅滩区(西槽),沉积物主要是淤泥质砂和砂质淤泥。

(2) 中北部潮汐通道动力-沉积地貌体系:指伶仃洋中北部区域由虎门潮汐通道的涨落潮动力作用控制形成滩槽沉积地貌体系,包括川鼻水道—矾石

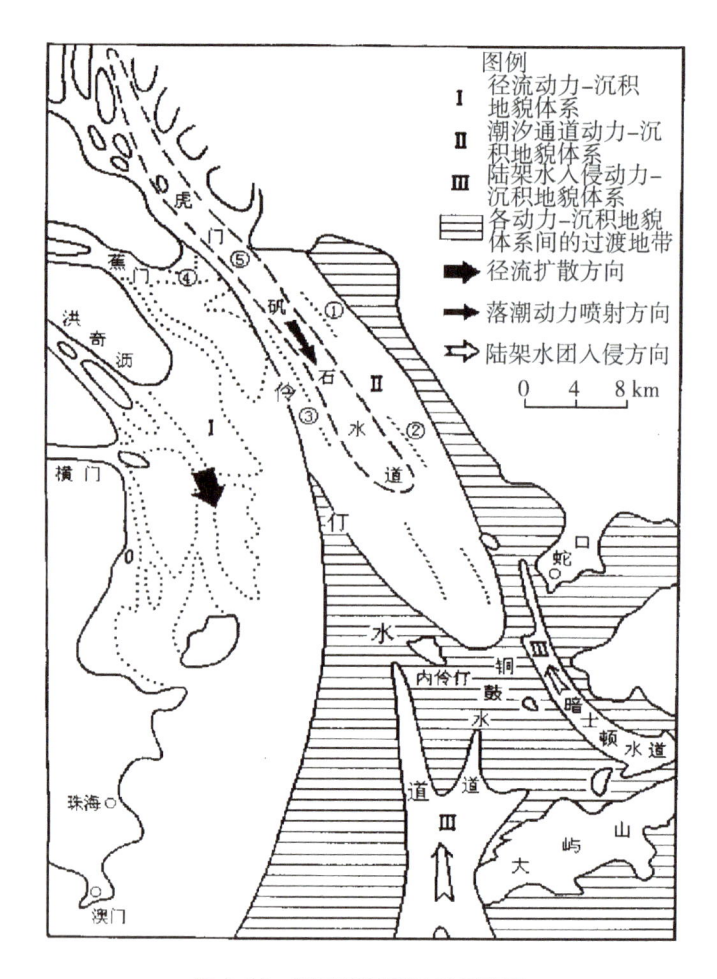

图 2.22 河口湾沉积地貌示意图

水道及其以东、以南的诸浅滩,如交椅沙、公沙、拦江沙及矾石浅滩等。

(3) 东南部靠近湾口地带的陆架水入侵动力-沉积地貌体系:指内伶仃岛—赤湾半岛以南的伶仃洋区域,该区域夏季受南海底部低温、高盐陆架水入侵涌升控制的影响,沉积(或淤积)作用很微弱或甚至还会发生微冲现象,因而形成并保持着良好的深槽地貌。这些深槽包括伶仃水道的下段、铜鼓水道的下段和整个暗士顿水道。

2.2.2 三种动力-沉积地貌体系的相互作用及演变趋势

上述三大动力-沉积地貌体系各有各的控制区域和范围,但它们之间是相互作用和相互影响的。伶仃洋的动力过程,实际就是这三种动力体系随着径流的增减、潮汐的涨落和陆架水从底部楔入(或涌升)或退缩而相互作用和运动的过程;伶仃洋的演变则是上述三种沉积地貌体系随着各自动力体系的增强或削弱而发展或衰退的过程。总的来讲,伶仃洋三大沉积地貌体系有如下发展演变趋势:

(1) 西北部径流动力控制的西滩区域,是伶仃洋河口湾淤积发展最快的地区,加之人工大规模围垦的影响,该区域河口延伸及成陆速度很快,每年达160 m 以上,西滩的现代沉积速率较快,据历史海图资料对比较 $^{210}P_6$ 法测定,北段横门、洪奇门分流河口的浅滩区沉积速率高达 3.0～5.0 cm/a,而南段仅 1.0～2.0 cm/a。

(2) 中北部虎门潮汐通道沉积地貌体系的滩和槽目前普遍呈冲刷状态。这主要有两个主要原因:一是半个多世纪以来蕉门外凫洲水道的不断发展扩大,使川鼻水道的落潮量加大且动力轴线东移,相应川鼻水道的深槽地形断面亦趋于向窄深方向发展且深泓位置东迁,矾石水道亦因此而冲刷扩大;二是近二十多年来的人工挖沙,也造成了该区滩槽泥沙的大量损失,据珠江水利委员会科研所对 1984 年、1999 年和 2001 年测图资料的对比计算,川鼻—矾石水道这 17 年河槽容积共扩大 $115×10^4$ m³,冲刷深度平均超过 2 m。

(3) 南部陆架水入侵控制的深槽沉积地貌体系,有两种不同的表现状态:暗士顿水道近乎不冲不淤,相当稳定。伶仃水道近百年来淤缩显著,主要是受西滩扩淤的影响。如 1889 年时其 10 m 深槽顶端位置曾伸至内伶仃岛以北 20 km 处,1971 年时 10 m 深槽顶端位置却后退至内伶仃岛以南 8.8 km 处,82 年间 10 m 深槽退缩了 28.8 km,平均每年后退 351 m。因此伶仃水道的深槽不仅变浅了,而且深泓位置略有向东位移的变化。

自 20 世纪 70 年代以来,伶仃水道作为广州港的出海航道被不断挖深维护,使该深槽由萎缩转为渐趋稳定,1996—1997 年伶仃洋航段水深由 8.6 m 增加到 10.5 m,1998—2000 年出海航道全段水深达到 11.5 m,2004 年伶仃洋航段又增深至 13.0 m,2005—2006 年出海航道全段水深达到 13.0 m。2007 年伶仃洋出海航段又增深至 15.5 m。十余年时间,仅通过疏浚挖槽,使出海航道增深 6.9 m,航道等级由原来的 2 万 t 级提升到 10 万 t 级,见图 2.23。此外,深圳港已在铜鼓海区开挖底宽 180 m、底标高 17 m 的深水航道,届时在桥上游东北一侧将出现一条沟通暗士顿水道与大濠水道的深槽。

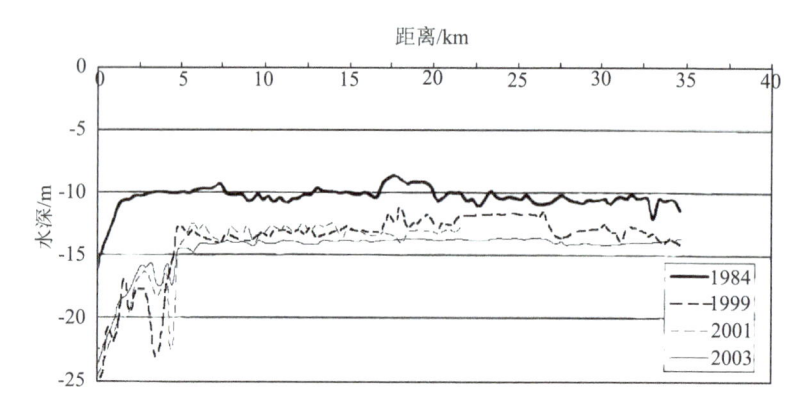

图 2.23　伶仃洋航道水深历年变化示意图

2.2.3　伶仃洋滩槽演变的特点与趋势

伶仃洋总体上可以划分为"三滩两槽",平面上由西到东依次为西滩、西槽、中滩、东槽、东滩。西滩由蕉门、洪奇门和横门的动力共同塑造了口外海滨;中滩包括北部虎门外的拦江沙和南部的矾石浅滩;东滩为北起虎门沙角经交椅湾,南止于大铲湾的一条呈西北走向的滩地;西槽和东槽是介于西滩与中滩、中滩与东滩间的深槽。伶仃洋滩槽的历史演变具有以下基本特征:

(1) 伶仃洋滩槽分布长期维持"三滩两槽"的格局,近百年来无大的变化。

(2) 西滩迅速向东南方向扩展,中滩明显向东扩展,东滩部分滩段向西略有扩展;西槽逐渐缩窄,东槽基本稳定。

西滩淤长速度从历史上看并非连续的,而是有阶段性的,其中以 1883—1907 年和 1936—1953 年这两个阶段最快。西滩淤长的速度既受上游水沙的控制,又受口门地形的影响,近期西滩泥沙东扩趋势逐渐减缓,其泥沙淤积区由原来的北部和中部转向南部,如淇澳岛以南的大片浅滩。

中滩在不断扩展。1883 年时中滩横向宽度仅为 1~2 km,经过近百年的发育演变,中滩明显加长加宽,尤以矾石浅滩最为明显,其由 1883 年 5 km 发展到 1974 年的 10 km。但现在中部浅滩的北端表现为轻微蚀退,内伶仃岛南部浅滩淤积明显。这表明伶仃洋北部和中部的沉积动力环境已处于某种均衡状态,但南部仍有淤积趋势。

东部浅滩有冲有淤,相对较稳。

西槽趋于缩窄,东槽以冲刷为主。受西部浅滩不断向东南方向淤积的影响,西槽明显萎缩,且中滩拦江沙西侧有从西滩扩散来的泥沙物质,从而导致西槽日渐缩窄。近年来根据西槽所在的伶仃航道回淤量和疏浚量的调查分析,西槽萎缩的趋势有所减弱;东槽总体上表现为冲刷,但其各槽段冲刷程度不一,中下段冲刷明显,上段则较稳定。

(3)四大口门的年输沙总量约有60%留在伶仃洋内,使伶仃洋日益淤浅和缩小,海床逐渐抬高,其沉积速率估计平均为每年2.4 cm。

2.2.4 伶仃洋滩槽演变的原因和机制

综合分析表明,在伶仃洋的滩槽演变过程中,自然因素起到主导作用,而人类活动在近期正逐步增加其影响程度。自然因素主要包括地质构造、地形地貌、河流动力、潮流作用、盐水入侵以及柯氏力作用等;人类活动主要表现为围海造陆、取水挖沙、筑港建桥、疏浚抛泥等涉水工程。

2.2.4.1 地质构造因素

伶仃洋及珠江三角洲基底地层古老,根据其沿岸的山丘及岛屿岩石推断伶仃洋海湾基底主要为震旦系和古生代变质岩。这些古老地层构成了珠江三角洲及伶仃洋基底地貌发育的基础,经过侏罗纪至白垩纪的燕山运动,产生花岗岩浸入活动并产生断裂。断裂构造对珠江河口三角洲的形成和发展起控制作用。至早第三纪末,珠江三角洲古海湾的地貌轮廓已基本定型;尔后经过新构造运动,主要河道依基底地貌的谷地发育,从而为晚更新世以来珠江三角洲的沉积与发育演变奠定了基础。珠江三角洲第四纪经历了三次海进、三次海退的沉积旋回形成了河网型三角洲。这种特殊类型的河网型三角洲对以后的伶仃洋滩槽发育演变产生一定的影响。

2.2.4.2 地形因素

伶仃洋内,花岗岩和变质岩岛屿散布,有大小岛屿约350个。这些岛屿横排成行,对潮流进退、径流宣泄、泥沙沉积都有一定的影响。尤其以大濠岛、内伶仃岛、淇澳岛对伶仃洋的滩槽演变趋势影响最大。由于大濠岛的存在,使涨潮流从其两侧上溯,在其北侧相碰,产生潮浸峰,引起泥沙大量沉积,形成铜鼓浅滩。据测定,尽管铜鼓浅滩一带海水含沙量在伶仃洋内为最小,但淤积却较强。内伶仃岛对中滩的发育演变起控制作用。尽管伶仃洋属于弱潮河口,但由于湾口宽广、进潮量大,当潮流从口外向湾内推进时,因内伶仃岛、踏石角及淇澳岛的存在,使过水断面缩窄,且使潮流分三股水流向湾内推进,以赤湾与内伶仃断面为主,从而冲刷出东西两槽。涨潮主流在内伶仃岛两侧上溯过程中,所携带的泥沙在内伶仃岛向虎门方向堆积伸展。淇澳岛阻止了落潮流的下泄,从而使由金星门水道进入的潮流绕过淇澳岛右转归入西槽下段,形成一较小的顺时针方向的环流,而在淇澳岛附近发生淤积。因此,伶仃洋的地形、地貌分布对伶仃洋的滩槽演变发育产生巨大的影响,是形成"三滩两槽"和铜鼓浅滩的直接原因。

2.2.4.3 潮流与径流作用

潮流与径流是伶仃洋滩槽发育演变的两大主要动力。两者互为消长,共同支配着伶仃洋的水流、泥沙运动,塑造着伶仃洋的水下地形。

(1) 径流作用

径流作用的强弱主要体现在河流输水、输沙量的大小上。伶仃洋的四个入海口门来水来沙情况明显不均衡。位于浅滩区的蕉门、洪奇门和横门年径流量为 137×10^8 m³,占上口门年总径流量的 76.4%,输沙量占 80% 以上,而虎门年径流总量为 42.3×10^8 m³,来沙量 5.55×10^6 t,分别占上边界的 23.6% 和 20% 左右。这种径流的分布造成西部以径流作用为主要动力,来水来沙丰富,淤积作用强。在洪水时期,径流作用造成的横向比降使西部的泥沙物质东扩到拦江沙等地区,而东部来水来沙较少,径流作用弱。

(2) 潮流作用

伶仃洋的潮汐类型为不规则半日潮,落潮历时大于涨潮历时。伶仃洋的平均潮差在 1.08(横门)～1.69 m(大虎),根据戴维斯的河口分类标准,属于弱潮河口。由于口外宽阔及伶仃洋内地形、地势的影响,潮流作用强烈。伶仃洋是一个喇叭型河口湾,从赤湾—唐家湾断面(宽 30 km)到上游 40 km 处的大虎断面(宽 4 km)沿程每千米的收缩率为 0.65。潮波在上溯过程中受岸边收缩与底摩阻的双重作用发生变形,表现为潮差沿程增大;在柯氏力和西岸径流的影响下,潮流主动力区偏东。在伶仃洋入海口门中,虎门属于潮流型河口,山潮比只有 0.17,表现为潮汐能量强,咸水上溯远;而西岸的蕉门、洪奇门、横门基本为径流型河口,山潮比均大于 1.5,其中横门的山潮比高达 5.76,河流作用明显,潮流动力较弱,咸水上溯距离短。由于伶仃洋潮流运动的主方向与西岸三个口门的走向相差 45°～90°,使得进出这三个口门的涨落潮流流向发生较大偏转,导致西滩泥沙随着落潮流有向东南方向输运的趋势。

2.2.4.4 柯氏力效应

柯氏力是一种次生力,柯氏力效应只对运动的物体产生影响,其规律是南半球左偏,北半球右偏。当潮波自外海向伶仃洋传播,受柯氏力影响,涨潮流主要沿东部上溯,在较强潮流的长期作用下,形成东部的深槽区;落潮挟沙水流由于呈西偏运动,导致西部浅滩的发育加剧。根据余流资料分析:西槽表层和中层以下泄流为主,且大于东槽;东槽中层和底层则以上溯流为主,且大于西槽。东槽主要受控于潮流,西槽是潮流和径流的主要通道。这是伶仃洋东冲西淤的主要动力特征之一。

2.2.4.5 盐水入侵

盐水入侵可产生密度流。密度流的产生对伶仃洋泥沙淤积产生重要影响,因此,许多学者视其为河口区三大动力之一。伶仃洋的盐水入侵程度因东西部径流、潮流及底部地形的不同而不同。东槽主要接纳虎门水道分流水量,径流作用较小,槽宽 3～4 km,水深较大,潮流量亦较大;西槽接纳虎门分流水量和西北部三口门来水来沙,径流量大。因此,盐水入侵东槽比西槽更为深远,东槽在洪季涨憩时楔端可达川鼻水道和矾石水道之间,落憩时退到大铲岛,而西槽受径流影响,涨憩、落憩的盐水入侵距离均比东槽小。在受盐水楔控制的东槽北端呈冲刷趋势,而在变动区(大铲岛附近)则发生浅滩淤展(矾石浅滩);在西槽及西部浅滩区,水体本身含沙量就大,在盐淡水混合环境下絮凝作用增强,加速了滩槽的泥沙堆积。

2.2.4.6 人类活动的影响

从珠江三角洲发展速度的阶段性变化中可以看到人类活动对伶仃洋滩槽发育演变的影响。通过对垂向沉积速率和横向伸展速率的地貌学研究表明,珠江三角洲平原的沉积速率具有随时间加快发展的趋势,特别是到了近现代,人类活动日益频繁,进一步加大了三角洲与河口区的沉积速率。

现阶段,人类活动对伶仃洋滩槽演变的影响主要表现在以下几方面:

(1) 边滩围垦

大范围围垦会明显缩减潮棱体,河口湾的潮动力被削弱,使海床的淤积加快,对保持滩槽的稳定性不利;符合河口治理规划的适度围垦,可使口门入海水沙的流路有序,有利于改善河口湾的输水输沙环境。目前伶仃洋的围垦活动主要集中在西滩,且在水利部门制定的河口规划治导线的指导下有序进行,目前看来,并未对伶仃洋西部的滩槽格局带来不利影响。

(2) 无序挖沙

近年来在珠江三角洲各水道内的大量取沙,改变了河网区河道的输水输沙特性,有些河道的水面比降发生了很大变化,从而影响到各入海口门的水沙平衡条件;又如近年来在伶仃洋北部川鼻水道附近海域的大量挖沙,使伶仃水道(西槽)的涨潮动力比过去明显增强,同时还诱发高盐陆架水团向虎门方向的入侵上溯,从而使伶仃洋的动力平衡环境有所改变。

(3) 大规模填海工程

在20世纪90年代之前,位于伶仃洋东南部的铜鼓海区滩槽分布一直比较稳定,到了1994年,铜鼓西槽中部出现了局部浅段(该浅滩的形成可能与深圳港抛泥有关),把铜鼓西槽一分为二,其中铜鼓西槽南半段深槽头部向东北偏转,使铜鼓岛西侧切滩后与暗士顿水道贯通,形成了铜鼓西槽新格局;铜鼓岛以西海域出现大范围的冲刷,铜鼓西航道轴线上的水深全线增深;沙洲岛与大濠岛之间出现大面积淤积,铜鼓东槽萎缩。这种冲淤变化究其原因,可能与香港兴建赤鱲角新机场,实施大规模的围海造陆有关。

(4) 航道疏浚与抛泥

航道疏浚分为开挖性疏浚和维护性疏浚,如广州港出海航道的伶仃洋西槽航段自20世纪90年代以来由原来底标高-8.6 m被逐渐加深至-9.5 m(1997年)、-10.5 m(1998年)和-11.5 m(2000年),到2005年9月,该航段形成底标高为-13.5 m的深水航槽。航道加深可增强水流动力,但也会改变盐淡水混合状态;维护疏浚可减缓航槽回淤,但抛泥弃土又可能影响周边环境。因此,对于疏浚工程,要合理规划才有利于滩槽稳定。

2.3 港珠澳大桥桥区海床格局稳定性

2.3.1 桥区海床演变分析

港珠澳大桥桥区位于伶仃洋南部海区,桥区西侧海床主要位于西部浅滩的下部,内有九洲航道;桥区东侧水深较大,内有伶仃航道、铜鼓航道和青州航道,上游不远处是中部浅滩(矾石浅滩)的下缘。

2.3.1.1 历史演变

近百年来，伶仃洋河床演变的显著特点是西滩外延，在1861—1883年的地形图（图2.24）中，在淇澳岛下缘向下游10 km处，西部水下5.0 m等深线距离岸线约5 km左右，10.0 m等深线距离岸线约17 km左右，10.0 m等深线顶端上抵横门所对应断面；而在1936年的海图中，虽然5.0 m等深线距离岸线没有多大变化，仍约5 km左右，但10.0 m等深线距离岸线较远，已达约21 km左右，等深线顶端在淇澳岛略上游处；在1953—1955年的海图中，5.0 m等深线已离岸线约15 km左右，10.0 m等深线与1936年相比没多大变化，距离陆地岸线为21 km，但等深线顶端已下移至淇澳岛略下游处。这说明桥位附近的西部海区的海床在历史演变中呈现逐渐淤高。

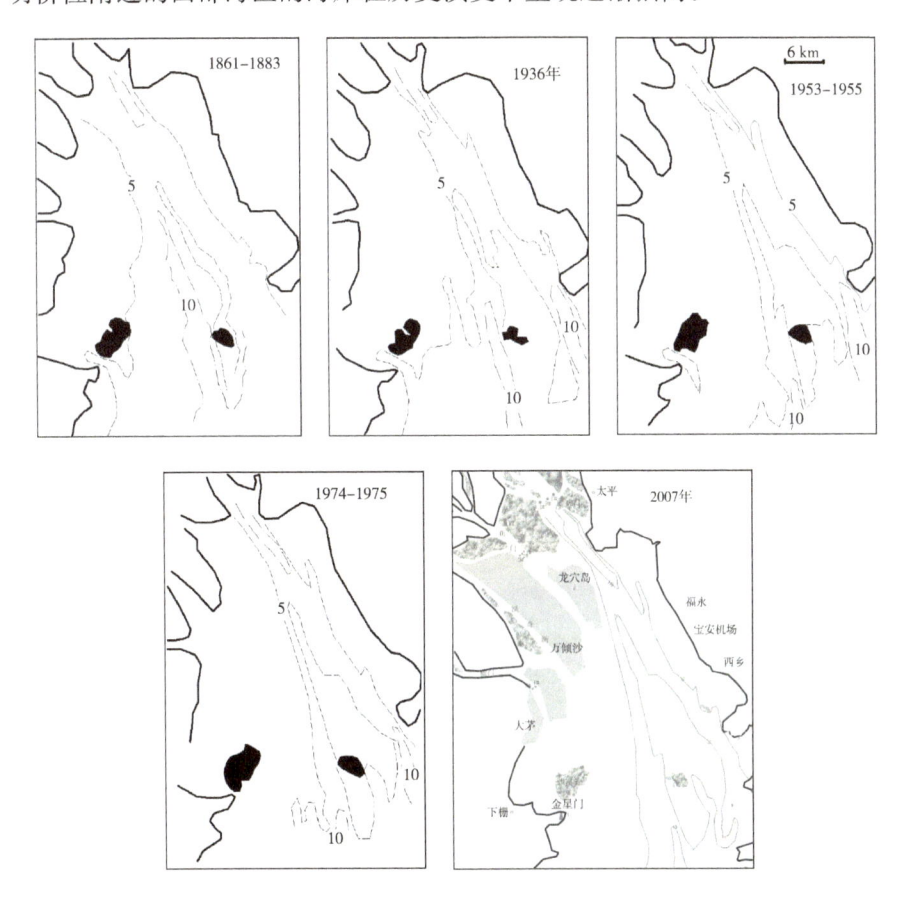

图2.24 不同时期地形图

桥位东侧海床，其演变主要受伶仃水道、铜鼓水道和矾石浅滩的演变的影响。伶仃水道在 1883 到 1954 年间 10.0 m 等深线的表现为东移和下挫,对比 1883 年、1936 年和 1954 年的矾石浅滩的演变可以发现,矾石浅滩主要以横向展宽为主,如内伶仃岛附近 5.0 m 等深线以上的浅滩宽度由 1883 年的 5 km 左右发展到 1954 年的 10 km 左右。但浅滩的下移并不明显,说明桥位东侧海区变化不大。

2.3.1.2 近期演变

(1) 桥位附近流速变化

① 2009 年实测流速变化分析

图 2.25、图 2.26 分别为枯季桥位断面大、小潮流速流向平面分布图,测量时间为 2009 年 3 月 27 日—28 日及 4 月 2 日—3 日,图中 CL01、CL02 在桥位线上游,CL03、CL04、CL05、CL06、CL07、CL08、CL09 七个测点在桥位线上,CL10、CL11 二个测点在桥位线下游。由图可见,此水域内涨落潮以往复流为主,且与所在的航槽走向一致,反映了地形与水流的相互作用关系;桥位东侧的流向较为一致,桥位西侧的流向较为发散;落潮流速的流向较为一致,涨潮流速的流向较为发散;大、小潮相比,大潮的涨落潮流向一致性较好,小潮流向的发散性较大。

图 2.25 2009 年 3 月 27—28 日桥位断面大潮流速流向平面分布图

图 2.26 2009 年 4 月 2—3 日桥位断面小潮流速流向平面分布图

表 2.8 为图 2.25 中大潮涨、落潮平均流速的统计情况,表中数据说明了在测点 CL01、CL03、CL04(香港侧水域)涨潮流速大于落潮流速,测点 CL02、CL05、CL11(伶仃航道及附近水域)落潮流速大于涨潮流速,测点 CL06、CL07、CL08、CL09、CL10(其他水域)落潮流速与涨潮流速基本相同。

表 2.8 桥位海域 2009 年 3 月 27—28 日(大潮)潮流统计资料　单位:cm/s

测点	3月27日落潮平均	3月27日涨潮平均	3月28日落潮平均	3月28日涨潮平均	全潮平均落潮平均	全潮平均涨潮平均
CL01	43	50	32	45	38	48
CL02	69	56	69	49	69	53
CL03	45	49	41	58	43	54
CL04	51	58	44	53	48	56
CL05	74	47	66	51	70	49
CL06	52	49	47	47	50	48
CL07	46	49	53	48	50	49
CL08	36	33	34	38	35	36
CL09	23	26	18	24	21	25
CL10	62	68	50	47	56	58
CL11	58	48	51	44	55	46

2009年3月27日—28日及4月2日—3日在CL01至CL06以及CL10、CL11测点均给出了垂线上6点的流速分布值,图2.27为这些测点在最大涨落潮流速时的垂线分布情况,由图可见:①落潮最大流速大于涨潮最大流速;②落潮流垂线流速分布中,上下层水流流速相差较大,涨潮流则较为均匀;③各测点垂线流速分布形态相差较大。

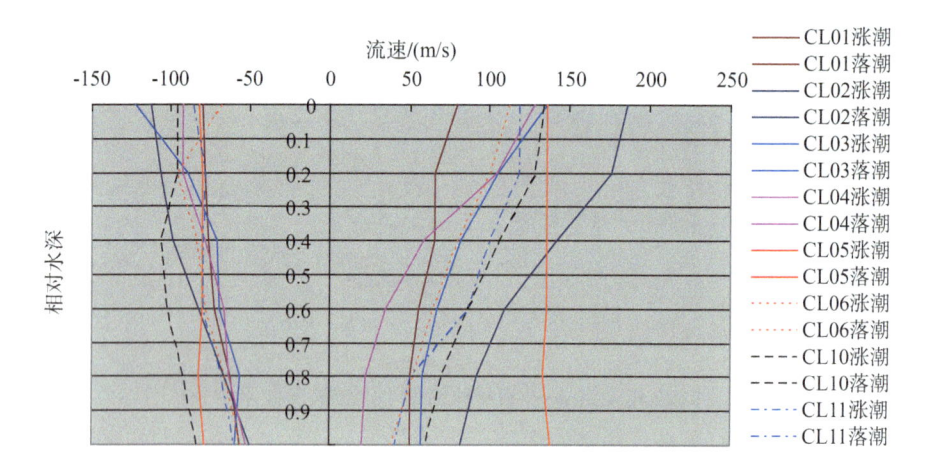

图2.27　2009年3月27—28日不同测点最大涨落潮垂线流速分布

图2.28为CL05测点在3月27日—28日间不同测时的垂线流速分布情况,由图可见,此测点的流速分布较为均匀,涨潮过程中有时(19:00)垂线底部流速较大;转潮时,表面水流先转,而后底部流速再转,落潮过程中有时(12:00)垂线中间段流速较大。

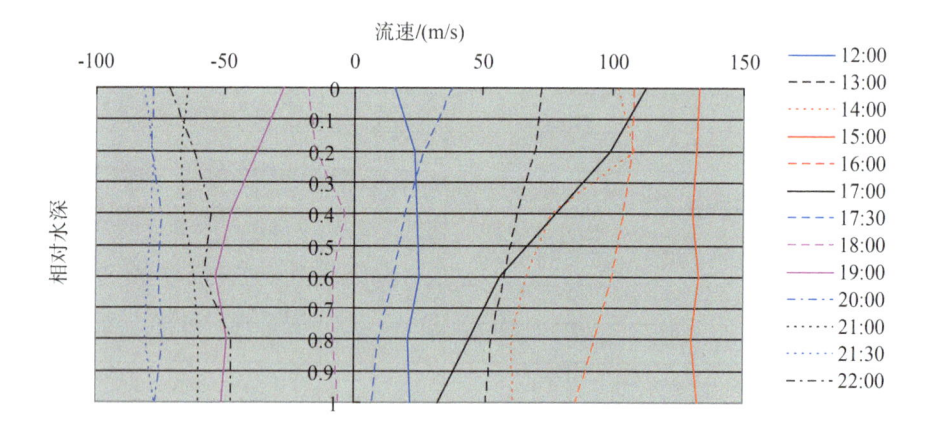

图2.28　2009年3月27—28日CL05测点不同测时的垂线流速分布

图 2.29 为 2007 年 8 月实测潮流流速垂线分布,图中列出了伶仃 3#、大濠岛站、珠海站以及外海 1# 站的实测流速分布,各站点的具体位置见图 2.11,其中大濠岛站、珠海站位于桥区附近。由图可见,不同站点的流速分布有较大差别,位于桥区附近的大濠岛站、珠海站涨落潮流速的垂线分布基本相同,但涨潮和落潮垂线流速分布则有较大差别,涨潮流速表现为底部流速大,表面流速小,落潮时表现为中间流速大,表底流速小。底部流速的增大,可以阻止泥沙在海床上的淤积。

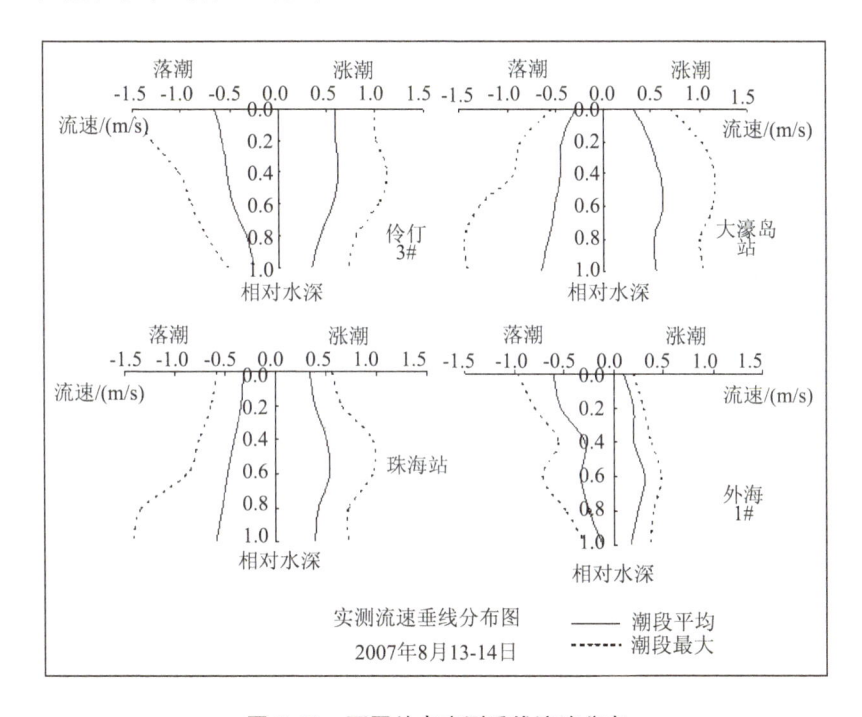

图 2.29 不同站点实测垂线流速分布

图 2.30、图 2.31 分别为洪季桥位断面大、小潮流速流向平面分布图,测量时间为 2009 年 6 月 22 日—23 日及 6 月 16 日—17 日。由图可见,洪季时桥位附近水域内涨落潮仍以往复流为主,大潮时流速较大,小潮时则较小。表 2.9、表 2.10 分别为图 2.30、图 2.31 中大潮和小潮涨落潮平均流速的统计情况。

比较表 2.8 与表 2.9 可知,枯季大潮与洪季大潮的两个潮波中,第一个潮的落潮流速洪季大于枯季,第一个潮的涨潮流速洪季小于枯季,但第二个潮波的落潮流速枯季大于洪季,涨潮流速则洪季大于枯季,但也有个别点除外,如 CL03、CL07 及 CL09 则为枯季大于洪季。

图 2.30 2009 年 6 月 22—23 日桥位断面大潮流速流向平面分布图

图 2.31 2009 年 6 月 16—17 日桥位断面小潮流速流向平面分布图

比较表 2.9 与表 2.10 可知,洪季大潮与洪季小潮的两个潮波中,第一个潮的落潮流速大潮均大于小潮,第一个潮的涨潮流速除少数点(CL05、CL06、CL11)外,也是大潮大于小潮,但第二个潮波的落潮流速除个别点(CL11)外,大潮小于小潮,涨潮流速则大潮远大于小潮。

表 2.9　桥位海域 2009 年 6 月 22—23 日(大潮)潮流统计资料　单位:cm/s

测点	6月22日落潮平均	6月22日涨潮平均	6月23日落潮平均	6月23日涨潮平均	全潮平均落潮平均	全潮平均涨潮平均
CL01	52	40	20	57	36	49
CL02	89	35	12	60	51	48
CL03	69	35	16	51	43	43
CL04	63	47	13	55	38	51
CL05	82	42	21	62	52	52
CL06	71	41	14	62	43	52
CL07	59	34	16	47	38	41
CL08	50	36	20	39	35	38
CL09	34	20	10	21	22	21
CL10	94	53	10	63	52	58
CL11	60	39	27	48	44	44

表 2.10　桥位海域 2009 年 6 月 16—17 日(小潮)潮流统计资料　单位:cm/s

测点	6月16日落潮平均	6月16日涨潮平均	6月17日落潮平均	6月17日涨潮平均	全潮平均落潮平均	全潮平均涨潮平均
CL01	15	27	20	29	28	18
CL02	24	33	33	34	34	29
CL03	15	32	29	33	33	22
CL04	17	34	36	36	35	27
CL05	23	43	40	38	41	32
CL06	15	49	25	37	43	20
CL07	21	25	23	25	25	22
CL08	18	21	20	22	22	19
CL09	15	10	19	11	11	17
CL10	21	36	42	31	34	32
CL11	31	44	19	30	37	25

由表 2.8 至表 2.10 可知:测点 CL02、CL05、CL11 在三次测量中,落潮平均流速大于涨潮流速;而其他测点在三次测量中,有的涨潮流速大于落潮流速,有的则是落潮流速大于涨潮流速。

② 2004年实测流速变化分析

图2.32至图2.34为2004年6月份实测的大、中、小潮流速和流向分布图,图中测点是2004年港珠澳大桥原设计的南北桥位线,由图可见:①各测点流速和涨落潮方向基本为往复流,且与所在的航槽走向一致。②大、小潮相比,大潮的涨落潮流向一致性最好,小潮流向的发散性较大。③由表2.11及图可以看出,除个别测点外,大部分测点的落潮流速大于涨潮流速。这与2009年测点表现出的涨潮流大于落潮流趋势略有差别,表明该海域在不同时间、不同位置的涨落潮流速会有差别。

图2.32　桥位断面大潮流速流向平面分布图(2004年6月)

图2.33　桥位断面中潮流速流向平面分布图(2004年6月)

图 2.34　桥位断面小潮流速流向平面分布图(2004 年 6 月)

表 2.11　桥位海域实测的涨落潮平均流速分布　　　　　　　　　单位:cm/s

测点	小潮 2004.6.11—6.12 涨潮	落潮	大潮 2004.6.19—6.20 涨潮	落潮
SW1	30	27	37	37
SW2	30	34	38	38
SW3	25	37	30	35
SW4	25	31	36	34
SW5	17	23	25	33
SW6	16	18	24	28
SW7	23	33	43	43
SW8	22	26	26	34
SW9	21	23	35	30

(2) 桥位附近含沙量变化特征

① 2009 年实测含沙量变化分析

2009 年在对桥位附近进行潮流测量的同时,也对其含沙量进行了测量,根据 2009 年 3 月 27—28 日、6 月 16—17 日、6 月 22—23 日的实测资料,统计得出各测次落潮、涨潮和全潮平均的含沙量结果见表 2.12 至表 2.14。

从表中可以看出:桥位附近水体的含沙量很小,三个测次中,平均涨落潮含沙量最大值不到 0.3 kg/m³。两个大潮过程相比较,枯季水体含沙量较小,而同为洪季,大潮含沙量大于小潮含沙量。在同一测次中,不同测点水体的含沙量也有较大差别。

表 2.12　桥位附近海域 2009 年 3 月 27—28 日(大潮)含沙量统计资料

单位:kg/m^3

测点	3月27日落潮平均	3月27日涨潮平均	3月28日落潮平均	3月28日涨潮平均	全潮平均 落潮平均	全潮平均 涨潮平均
CL01	0.043	0.042	0.042	0.04	0.042	0.041
CL02	0.039	0.042	0.035	0.039	0.037	0.041
CL03	0.033	0.032	0.031	0.032	0.032	0.032
CL04	0.037	0.04	0.041	0.035	0.039	0.038
CL05	0.047	0.046	0.045	0.05	0.046	0.048
CL06	0.043	0.041	0.04	0.042	0.042	0.042
CL07	0.036	0.04	0.034	0.036	0.035	0.038
CL08	0.052	0.058	0.047	0.049	0.05	0.053
CL09	0.041	0.044	0.046	0.047	0.044	0.046
CL10	0.045	0.046	0.044	0.045	0.045	0.046
CL11	0.042	0.043	0.042	0.039	0.042	0.041

由表 2.12 可知,2009 年 3 月 27—28 日实测的桥位附近海域枯季大潮含沙量,涨落潮过程基本相近,相差很小。全潮平均下落潮平均含沙量与涨潮平均含沙量之差最大为 0.003 kg/m^3,CL08 测点含沙量最大,为 0.053 kg/m^3,CL03 测点含沙量最小,为 0.032 kg/m^3。

表 2.13 为 2009 年 6 月 22—23 日实测的桥位附近海域洪季大潮含沙量。与枯季大潮所不同的是,洪季大潮涨落潮过程的含沙量有较大差别,如 CL05 测点的第一个落潮流的含沙量为 0.211 kg/m^3,涨潮流的含沙量为 0.083 kg/m^3,二者相差 1 倍有余。全潮平均下落潮平均含沙量以 CL05 测点含沙量最大,为 0.118 kg/m^3,CL10 测点含沙量最小,为 0.036 kg/m^3。

表 2.14 为 2009 年 6 月 16—17 日实测的桥位附近海域洪季小潮含沙量。此测次含沙量远小于洪季大潮的含沙量;除 CL03 以外,大多测点也小于枯季大潮的含沙量。从表中可以看出:水体涨落潮含沙量有所差别,相对值没有洪季大潮大,但也没有枯季大潮那么小。全潮过程统计,落潮平均最大含沙量为 0.045 kg/m^3,最小含沙量为 0.025 kg/m^3;涨潮平均最大含沙量为

$0.045\ kg/m^3$,最小含沙量为 $0.024\ kg/m^3$。

表 2.13　桥位附近海域 2009 年 6 月 22—23 日(大潮)含沙量统计资料

单位:kg/m^3

测点	6月22日落潮平均	6月22日涨潮平均	6月23日落潮平均	6月23日涨潮平均	全潮平均落潮平均	全潮平均涨潮平均
CL01	0.063	0.086	0.029	0.03	0.046	0.058
CL02	0.083	0.091	0.023	0.031	0.053	0.061
CL03	0.082	0.071	0.033	0.057	0.058	0.064
CL04	0.083	0.084	0.041	0.056	0.062	0.07
CL05	0.211	0.083	0.024	0.027	0.118	0.055
CL06	0.144	0.058	0.032	0.035	0.088	0.047
CL07	0.133	0.059	0.023	0.036	0.078	0.048
CL08	0.083	0.06	0.055	0.066	0.069	0.063
CL09	0.045	0.109	0.075	0.042	0.06	0.076
CL10	0.044	0.045	0.028	0.03	0.036	0.038
CL11	0.063	0.047	0.031	0.025	0.047	0.036

表 2.14　桥位附近海域 2009 年 6 月 16—17 日(小潮)含沙量统计资料

单位:kg/m^3

测点	6月16日落潮平均	6月16日涨潮平均	6月17日落潮平均	6月17日涨潮平均	全潮平均落潮平均	全潮平均涨潮平均
CL01	0.023	0.033	0.028	0.021	0.026	0.027
CL02	0.024	0.034	0.032	0.036	0.028	0.035
CL03	0.052	0.036	0.038	0.038	0.045	0.037
CL04	0.046	0.032	0.03	0.036	0.038	0.034
CL05	0.027	0.017	0.03	0.034	0.029	0.026
CL06	0.03	0.033	0.034	0.036	0.032	0.035
CL07	0.026	0.021	0.024	0.027	0.025	0.024
CL08	0.042	0.028	0.024	0.029	0.033	0.029
CL09	0.026	0.046	0.045	0.043	0.036	0.045
CL10	0.038	0.033	0.037	0.035	0.038	0.034
CL11	0.033	0.027	0.029	0.029	0.031	0.028

表 2.15 为图 2.31 至图 2.34 测点中平均含沙量的统计结果。由表可知,

桥位附近水体的含沙量均很小，最大的也只有约 0.035 kg/m³。就各测点而言，SW6 最大，SW5 次之，而这二点均在西侧的滩地上，水深较浅，潮流的掀沙作用较大；就涨落潮而言，落潮的含沙量略大于涨潮的含沙量，再加上涨落潮流速的差异，观测期间有一定的泥沙被输送到外海；就潮型而言，大潮的含沙量大于中潮，中潮的含沙量大于小潮，反映了潮流对海床的作用。从图 2.16 和图 2.17 也可看出，在铜鼓海区，以内伶仃岛附近水域含沙量最高，枯季时为 0.02~0.06 kg/m³，铜鼓浅滩次之，为 0.02~0.04 kg/m³，铜鼓海区下段更低为 0.01~0.02 kg/m³，大濠水道、暗士顿水道最低，为 0.01 kg/m³ 以下；洪水时相应区域的含沙量较枯水期大 0.02 kg/m³ 左右。

表 2.15 桥位附近海域 2004 年 6 月平均含沙量统计　　　单位：kg/m³

测点	小潮 涨潮	小潮 落潮	中潮 涨潮	中潮 落潮	大潮 涨潮	大潮 落潮
SW1	0.009	0.009	0.008	0.008	0.012	0.008
SW2	0.008	0.008	0.006	0.007	0.015	0.013
SW3	0.007	0.007	0.006	0.008	0.013	0.011
SW4	0.007	0.008	0.013	0.007	0.012	0.025
SW5	0.009	0.010	0.006	0.007	0.017	0.018
SW6	0.011	0.015	0.013	0.017	0.035	0.029
SW7	0.007	0.006	0.011	0.009	0.011	0.020
SW8	0.007	0.007	0.011	0.010	0.009	0.010
SW9	0.007	0.007	0.008	0.011	0.011	0.019

（3）桥位附近地形变化

选取 1954 年、1964 年、1974 年、1989 年、1998 年、2001 年、2004 年及 2009 年海图对工程海区的近期滩槽演变进行比较分析，桥位附近 2 m 等深线随不同年份有所变化，变化范围为 1~1.5 km，既有冲刷后往岸边后退的过程（如 1954—1964 年），也有淤积扩展的过程（如 1974—1989 年），还有基本没有变化的情况（1964—1974 年）。自 2001 年以来，2 m 等深线向岸边方向移动了约 500 m 左右，表现为冲刷态势。桥位附近 5 m 等深线随不同年份有所变化，而靠西部海区边缘的基本没有变化，较为稳定；但西部浅滩靠伶仃水道的向下沙体，则有所发展，主要表现为沙体向下（南）延伸，由图可知，1998 年、2001 年和 2009 年的 5 m 等深线下延均已穿过桥位线；介于伶仃航道与铜鼓西航道间的矶石浅滩尾端 5 m 等深线没有明显的变化，但其东侧铜鼓东、西航道间的 5 m 等深线有一定的上移趋势（上移约有 1 km），而其另一侧的等深线变化不大，说明铜鼓浅滩有萎缩态势。桥位附近 10 m 等深线随不同年份变化不大，2009 年的等深线有所展宽是与伶仃航道人为拓宽浚深有关，同样，在桥位上方 2009 年新增的 −10 m 槽，是新开挖的铜鼓航道。

2.3.1.3　风暴潮和特大洪水对工程区海床稳定性的影响

在前文中已介绍了风、浪及台风增水的情况。李平日等研究者根据大量历史文献和地方志记载，着重整理了明代以来珠江口地区的台风记录。图 2.35 为 1470 年至 1883 年的台风发生频率，其中，1790 年至 1879 年共 89 年期间是记载最多的时期，平均每 10 年有 7.5 次。统计表明，台风活动大概 50～80 年为一个周期。图 2.36 记录了 1884 年至 1993 年期间的珠江口台风频率。20 世纪 60 年代和 70 年代为台风的高峰期，每年大约 2.1 次。统计表明台风活动具有 17 年和 50 年两个周期。

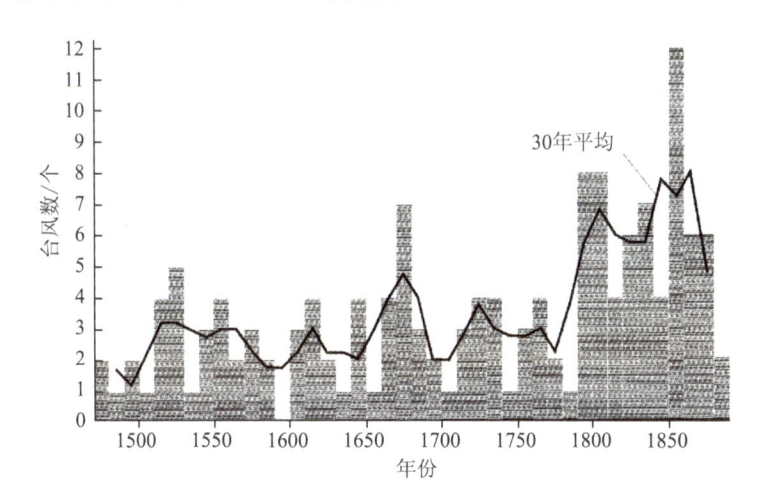

图 2.35　1470—1883 年珠江口地区台风发生频率

现代观测发现 2 m 以上的波浪可搅动起 25 m 水深海底的淤泥。珠江口内的水深大部分在 25 m 以内，因而在强台风期间海底沉积物受搅动的可能性很大。

2009 年桥区试挖基槽选择在桥隧人工岛西岛东侧海床平均标高 −9.5 m 的水域，槽底宽 21 m，槽底长 100 m，槽型为东西走向（与隧道轴线一致），挖

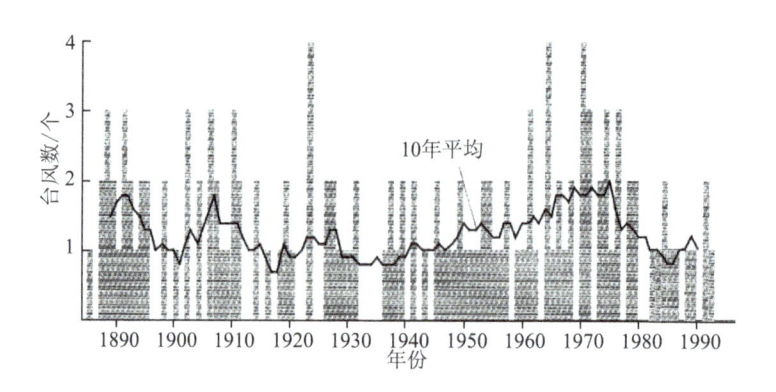

图 2.36 1884—1993 年珠江口地区台风发生频率

深至底标高 -21 m 处。基槽从 2009 年 2 月份竣工观测以来一直到 10 月 13 日，其间经历了两次台风袭击。检测结果表明，基槽内没有出现明显回淤现象。

台风期间由于强风的牵引作用，造成表层水流发生变化。当风速超过 10 m/s 时，表层水流的流速和流向基本受强风所控制，流速与风速基本呈正比关系。因此在台风期间，水流基本由强风所控制，水流显著增强，无论是表层还是底层水流都比正常时的流速大几倍，水流的流向也随风向而改变。

可见，风暴潮对桥位附近海区的影响程度主要与风暴的强度及所在海区的水深有关，在相同风暴强度下，其对桥位西侧海区的影响要大于对桥位东侧海区的影响。但由于缺乏风暴潮前后海区的地形对比资料，因此未能直接分析风暴潮产生的影响。考虑到桥区所在的伶仃洋湾外有一系列岛屿（如万山群岛）掩护，对外海传来的风暴会有一定的阻挡作用，作为桥区主航道的大濠水道槽宽水深，风暴对海床的影响也会比较小。珠江口虽是台风频发区，但伶仃洋能长期保持"三滩两槽"的基本格局，伶仃深水航道多年来并没有发生台风"骤淤"而碍航的实际情况，说明风暴潮对本海区的水下滩槽分布没有明显的破坏作用。

如前所述，伶仃洋是一个潮优型的河口湾，潮汐动力远远强于径流动力，潮流是塑造和控制河口湾滩槽格局的主要动力因素，特大洪水所增加的径流动力与伶仃洋巨大的纳潮量相比仍然较小，河口湾的水动力环境并不会有特别异常的改变。大洪水会把较多的泥沙带入伶仃洋，也会使河口盐淡水混合程度和影响范围发生较大变化，因此在短时间内滩槽的冲淤分布可能会发生一些改变,但随着正常水文条件的恢复,变化的水下地形也会逐步调整过来。伶仃洋水下地形的历史变化证明本区域不会出现异常水情下滩槽大冲大淤的"动乱"局面。

2.3.1.4　桥区海床冲淤演变的发展趋势

桥区所在海域的演变受制于伶仃洋的总体演变,许多学者对伶仃洋的演变进行了研究,虽然所得的淤积速率有所不同,但对于伶仃洋处于缓慢淤积过程的观点基本是一致的。因此,虽然从近期桥位附近海区的演变趋势分析来看海床冲淤变化不大,但从长远来看,桥位处海床总的发展趋势应是以缓慢淤积为主。

(1) 桥区西段

西段浅滩在自然状态下属微淤环境,海床相对较稳定。珠江河口径流虽主要经由这里向海排泄,但径流动力至此已与潮流动力融合而消能,淡水至此亦已与盐水混合形成了混合水,故此区段不论径流或潮流的动力作用均不强,不会造成该处海床的大幅冲淤变化,海床稳定性较好,但需注意桥位上游西滩靠近伶仃水道处沙舌的下移变化。

(2) 桥区东段

桥区东段海区的海底高程一般都在 -5 m 以下,水深较大,水流亦较强,并有伶仃水道深槽与铜鼓浅滩分汊水道在此汇聚,高盐陆架水常年由此入侵和上涌,是侵蚀冲刷的主要地段。该水域水动力环境的主要特征是洪季呈高度分层状态,上层水体以"河口羽"的形式漂浮在中、底层高盐陆架水之上迅速向海排泄,其最大流速可达 2 m/s,中、底层水体以上溯流为主。近期演变分析可知,海床冲淤变化幅度不大,处于相对稳定的状态,如其上游的滩槽不发生较大的改变,这种状态应能保持下去。

2.3.2　大桥试挖基槽回淤分析

2.3.2.1　试挖槽位置与边坡设计

试挖槽选择在桥隧人工岛西岛东侧海床平均标高 -9.5 m 的水域,槽底宽 21 m,槽底长 100 m,槽型为东西走向(与隧道轴线一致),挖深至底标高 -21 m,相对开挖深度平均为 11.5 m。试挖槽边坡比分别取 1∶5、1∶6(南侧)和 1∶8、1∶10(北侧),东西两端纵向边坡比则均取 1∶10。试控槽的开挖尺度及观测点布置见图 2.37。试挖槽于 2008 年 12 月 22 日开始施工,历时

45天,于2009年2月6日全部完工。经现场验收,试挖槽交付观测使用,以支撑大桥工程在全面开工前能分析掌握桥区深槽回淤规律。

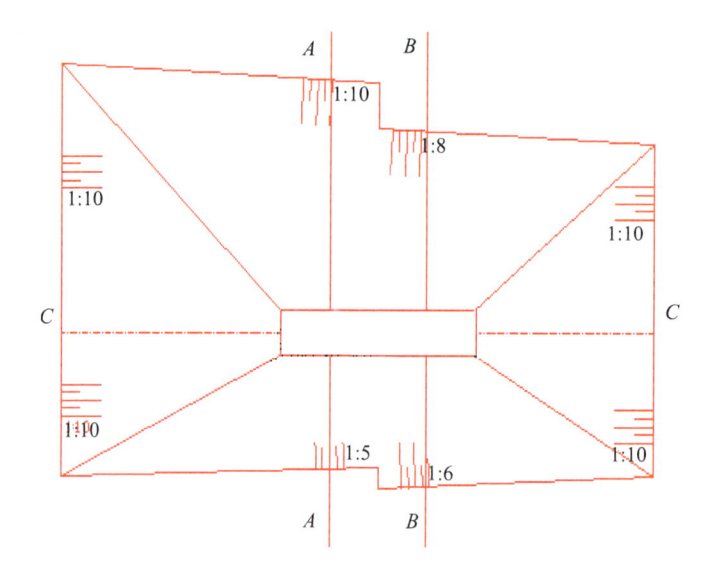

图2.37 试挖槽工程尺度及观测点分布示意图

2.3.2.2 试挖槽水深测量

2009年2月6日试挖槽施工完成之日,中交广州航道局有限公司组织进行了多波束和双频测深仪的交工验收测量。

水下地形测量的范围为:南北方向约600 m,东西方向约800 m,基槽、不同坡比边坡及边坡外约200 m宽水域均被覆盖。成图比例为1∶1 000。

2月15日和23日,对试挖槽进行了两次多波束和双频测深仪的水深测量。

3月2日、10日、26日和31日,对试挖槽进行了4次多波束和双频测深仪的水深测量。

4月11日,对试挖槽进行了第8次多波束和双频测深仪的水深测量。

5月8日和27日,对试挖槽进行了第9、第10次多波束和双频测深。

6月13日,对试挖槽进行了第11次多波束和双频测深。

7月9日和24日,对试挖槽进行了第12、第13次多波束和双频测深。

8月8日、9月9日、9月24日和10月13日,对试挖槽进行了第14、第15、第16次和17次多波束和双频测深。

在17组测量资料中，前9组（从2月6日到5月8日）代表春季3个月冲淤情况，中间6组（从5月8日到8月8日）代表夏季3个月冲淤情况，后4组（从8月8日到10月13日）资料代表秋季2个月冲淤情况。

2.3.2.3　试挖槽回淤分析

(1) 槽底高程回淤变化

以基槽为中心向周围延伸为东西向300 m，南北向150 m的矩形区域，采用5 m等距剖分出1 800个正方形网格（60×30），进行水深数据读取。水深数据采用多波束测量资料，共16个测次，基面以最低理论潮面起算。图2.38至图2.46为每相隔约1个月，实测试挖槽内的地形图，将各次得出的平均水深点绘成随时间变化的关系曲线，同时也对槽内最大水深和最小水深点进行了统计，具体见图2.47。

为进一步说明挖槽内淤积变化情况，在试挖槽内选取了三个剖面，断面位置如图2.37所示，其中A-A、B-B剖面位于涨落潮方向，C-C剖面为挖槽长轴，与A-A及B-B垂直。根据资料，将2009年2月6日试挖槽以来的淤积过程分为三个阶段：第一阶段为春季（2月6日—5月8日），水深资料见图2.48(a)、图2.49(a)、图2.50(a)，第二阶段为夏季（5月8日—8月8日），水深资料见图2.48(b)、图2.49(b)、图2.50(b)，第三阶段为秋季（8月8日—10月13日），水深资料见图2.48(c)、图2.49(c)、图2.50(c)。为便于观察，将2月6日、5月8日、8月8日及10月13日四组资料点绘在一起进行比较，结果见图2.48(d)、图2.49(d)、图2.50(d)。

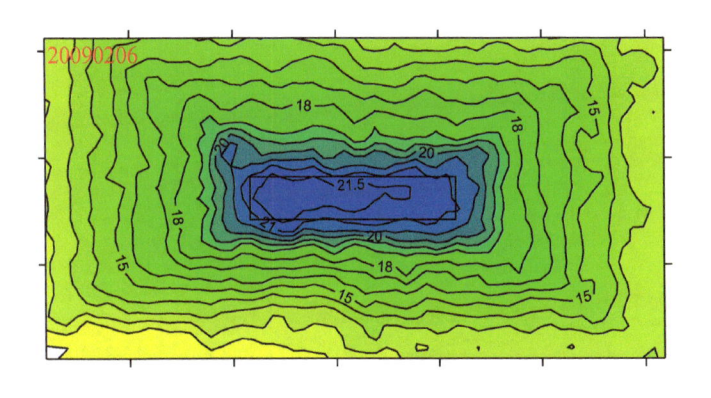

图2.38　2009年2月6日实测地形(m)

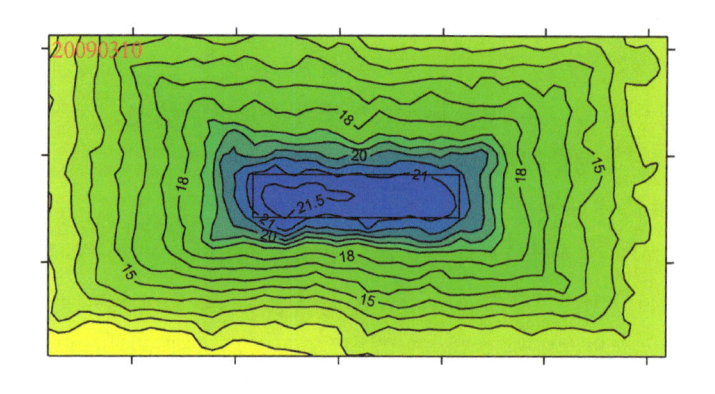

图 2.39　2009 年 3 月 10 日实测地形(m)

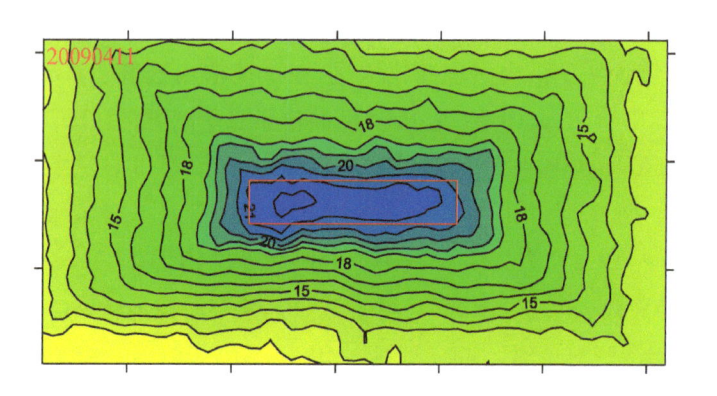

图 2.40　2009 年 4 月 11 日实测地形(m)

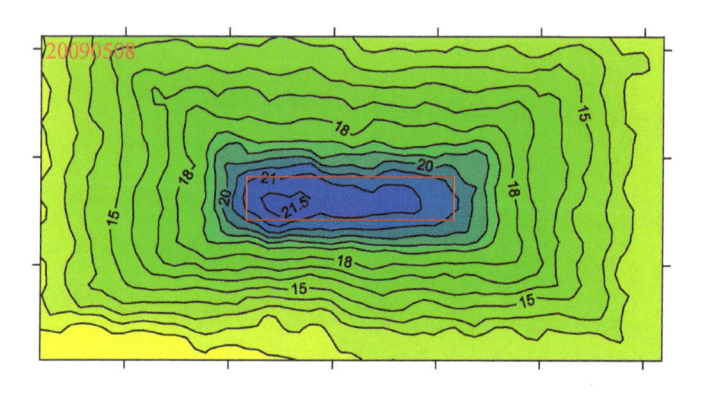

图 2.41　2009 年 5 月 8 日实测地形(m)

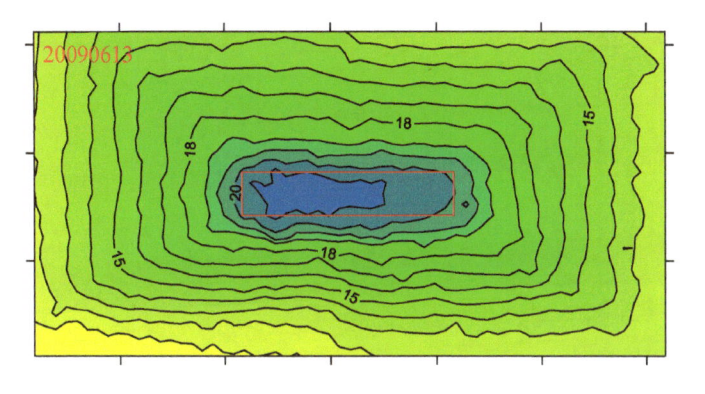

图 2.42　2009 年 6 月 13 日实测地形(m)

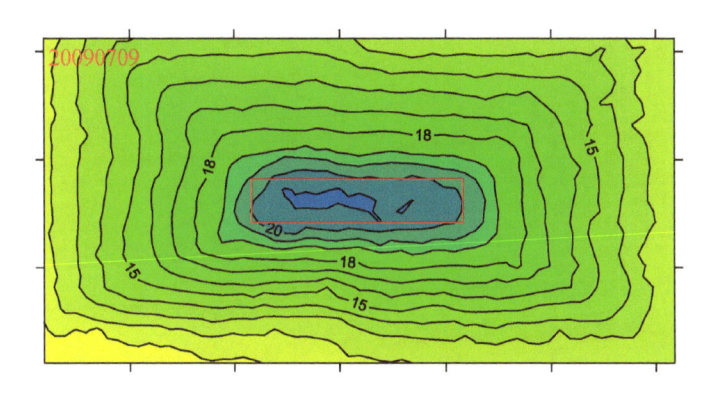

图 2.43　2009 年 7 月 9 日实测地形(m)

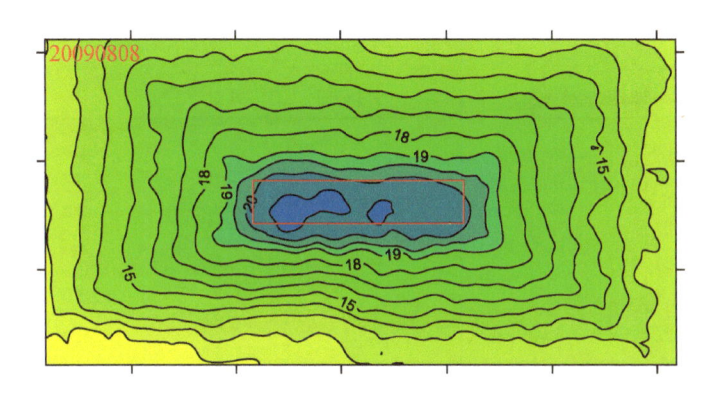

图 2.44　2009 年 8 月 8 日实测地形(m)

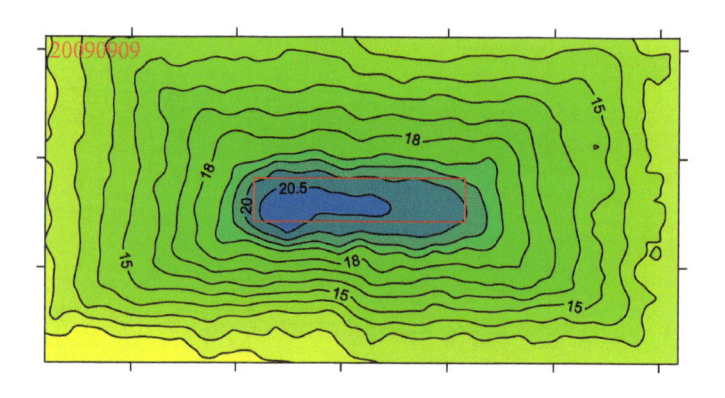

图 2.45　2009 年 9 月 9 日实测地形(m)

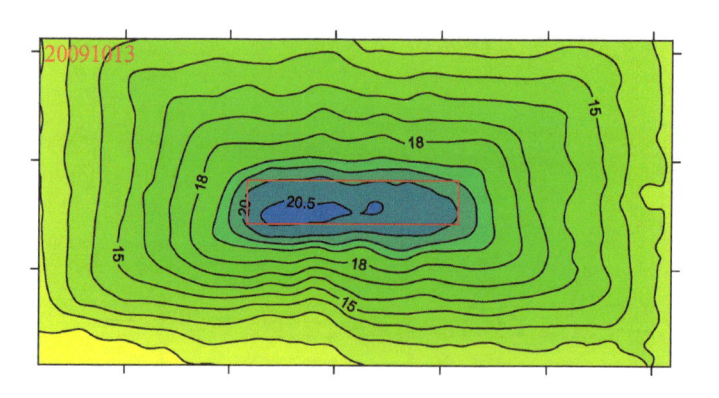

图 2.46　2009 年 10 月 13 日实测地形(m)

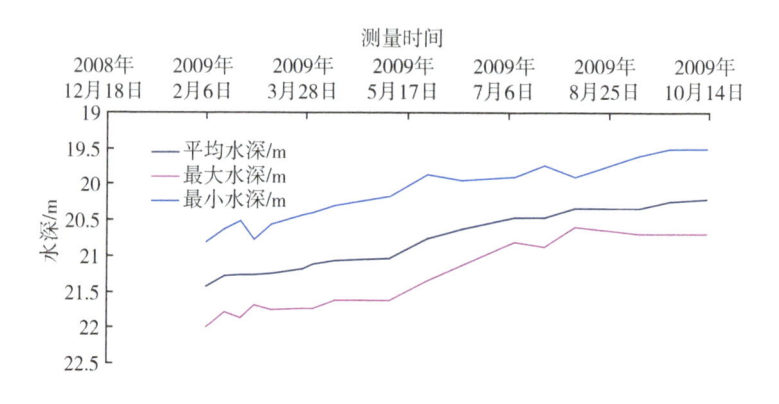

图 2.47　挖槽槽底高程随时间变化

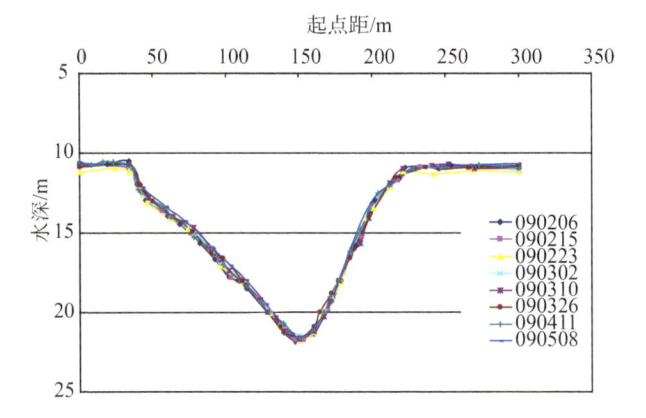

图2.48(a) 2009年2月6日—5月8日挖槽内A-A断面水深历时变化

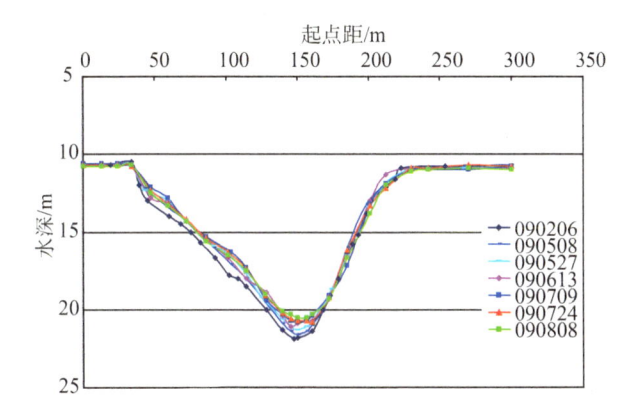

图2.48(b) 2009年5月8日—8月8日挖槽内A-A断面水深历时变化

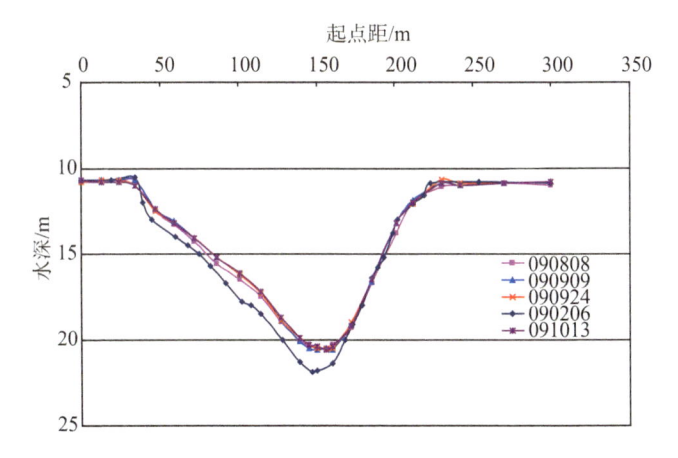

图2.48(c) 2009年8月8日—10月13日挖槽内A-A断面洪期水深变化

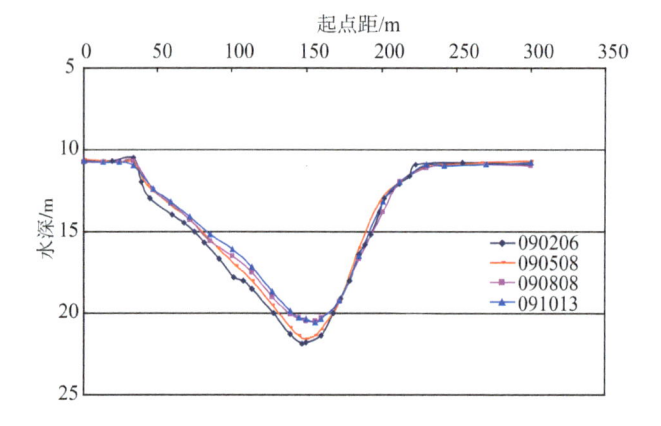

图 2.48(d)　挖槽内 A-A 断面不同时间内水深变化

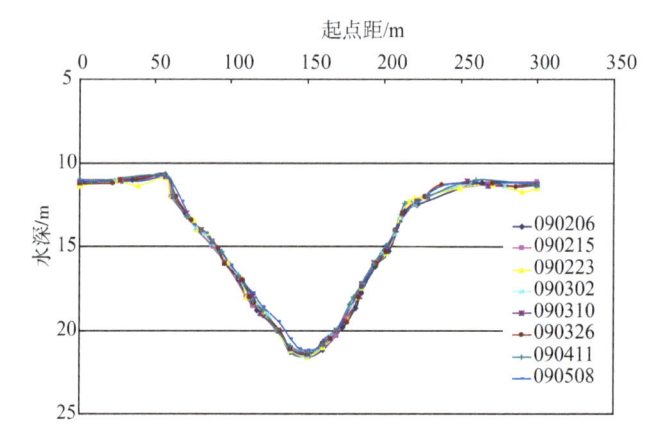

图 2.49(a)　2009 年 2 月 6 日—5 月 8 日挖槽内 B-B 断面水深历时变化

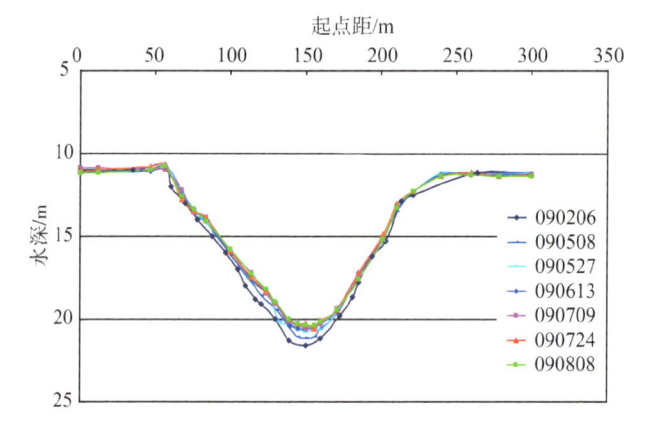

图 2.49(b)　2009 年 5 月 8 日—8 月 8 日挖槽内 B-B 断面水深历时变化

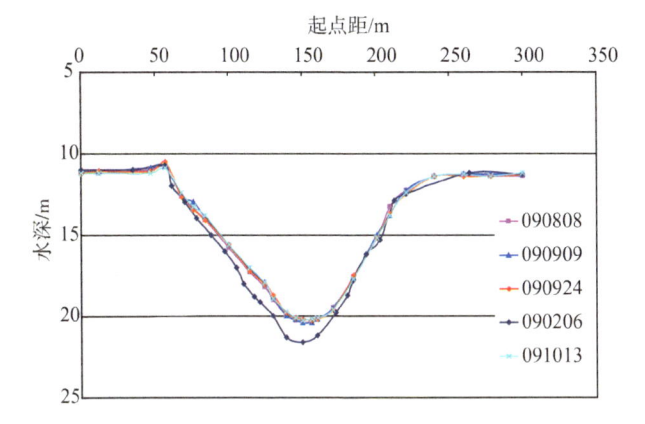

图 2.49(c) 2009 年 8 月 8 日—10 月 13 日挖槽内 B-B 断面洪枯期水深变化

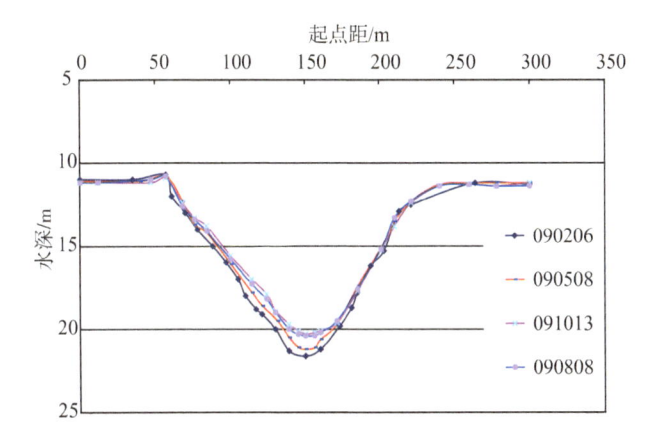

图 2.49(d) 挖槽内 B-B 断面不同时间内水深变化

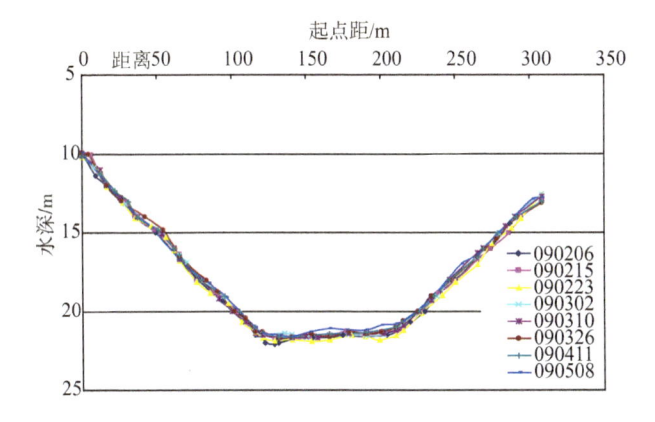

图 2.50(a) 2009 年 2 月 6 日—5 月 8 日挖槽内 C-C 断面水深历时变化

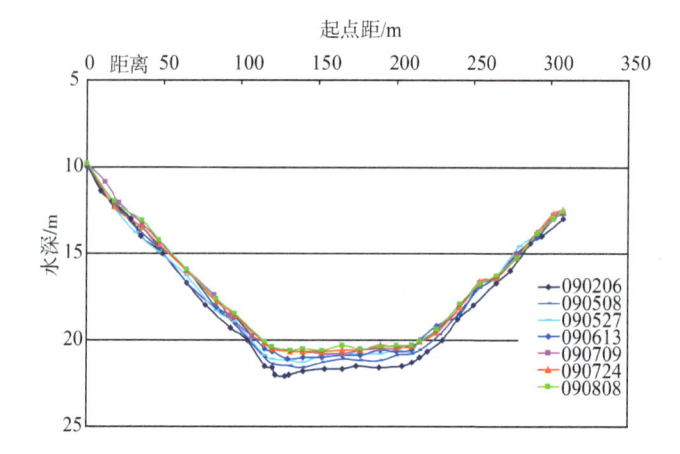

图 2.50(b) 2009 年 5 月 8 日—8 月 8 日挖槽内 C-C 断面水深历时变化

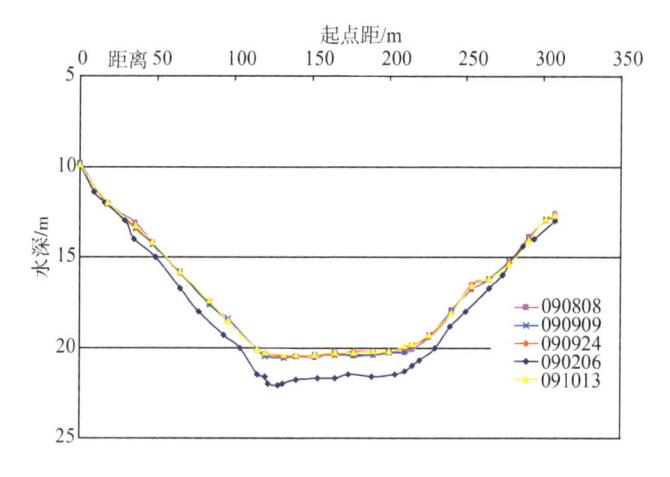

图 2.50(c) 2009 年 8 月 8 日—10 月 13 日挖槽内 C-C 断面水深变化

比较各图中等深线的形态变化可见：

① 试挖槽刚成槽时(2 月 6 日,见图 2.38)的实测资料表明,断面形状与设计基本符合,基槽被－21 m 等深线全覆盖,超过－21.5 m 的水深亦占了基槽约 2/3 区域,表现为槽西侧较深,东侧较浅。经过 7 个半月的水沙作用,虽然槽底整体淤高,但仍保持西侧较深,东侧较浅状态,说明槽底淤积较为均匀。

② 如果以 5 月初作为季节分界线,此前 3 个月认为是春季,伶仃洋水体较清,泥沙淤积较小,累计淤积厚度为 0.40 m,平均月淤积厚度约为 0.13 m;此后 3 个月(5 月 8 日到 8 月 8 日)为夏季,已进入汛期,流域来沙增多,基槽

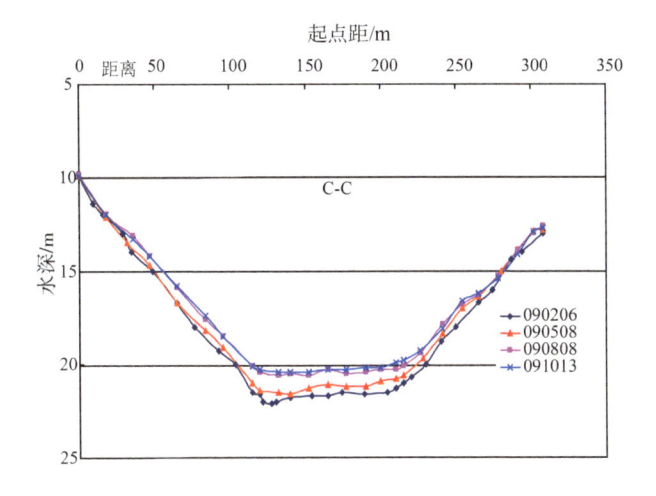

图 2.50(d)　2009 年挖槽内 C-C 断面不同时间内水深变化

回淤也相应变大，累计淤积厚度为 0.70 m，平均月淤积厚度约为 0.23 m；从 8 月 8 日以后为秋季，从 8 月 8 日到 10 月 13 日测图表明，此间槽底淤积了 0.12 m，相当于每月淤积厚度为 0.06 m。

③ 淤积分布时间上表现为不均匀，如夏季的 5 月 8 日到 5 月 27 日这段时间淤积最大，近半个月淤积了 0.27 m，较平均一个月的淤积量还大，可见其他时间的淤积要小得多，如秋季的 8 月 8 日到 9 月 9 日间仅淤积 0.001 5 m，而 9 月 9—24 日淤积了 0.10 m。

④ 虽然槽底淤积较为均匀，但边坡的淤积则差别较大，由图 2.48 至图 2.50 可见，挖槽南北向边坡中，北侧边坡淤积较大，而南侧边坡淤积较小甚至有所冲刷；挖槽的东西侧边坡的淤积强度相近，西侧边坡较东侧边坡略大；槽底一侧的边坡淤积大，滩顶一侧的边坡淤积小。

（2）试挖槽边坡回淤分析

对图 2.37 中的三个剖面进行了边坡变化分析，其中 A-A、B-B 剖面位于涨落潮方向，A-A 剖面两侧边坡比为 1∶10 和 1∶5，B-B 剖面两侧边坡比为 1∶8 和 1∶6，C-C 剖面为挖槽长轴，与 A-A 及 B-B 垂直，两侧边坡比均为 1∶10。

图 2.51 至图 2.56 分别为三个断面两侧边坡的在 2 月 6 日、5 月 8 日、8 月 8 日及 10 月 13 日的坡面变化情况，将图中各测次坡面的坡比采用最小二乘法，求得结果汇总于表 2.16 中。

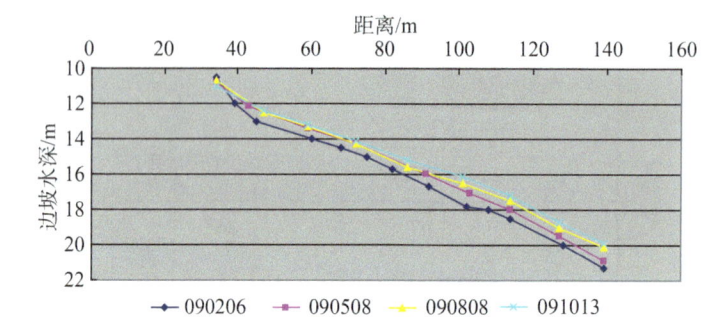

图 2.51 A-A 断面北侧边坡历时变化

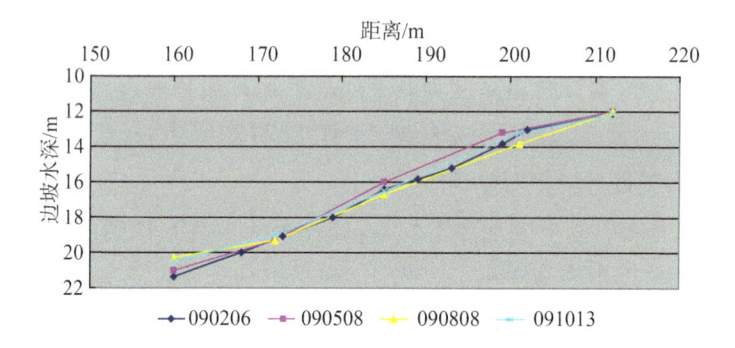

图 2.52 A-A 断面南侧边坡历时变化

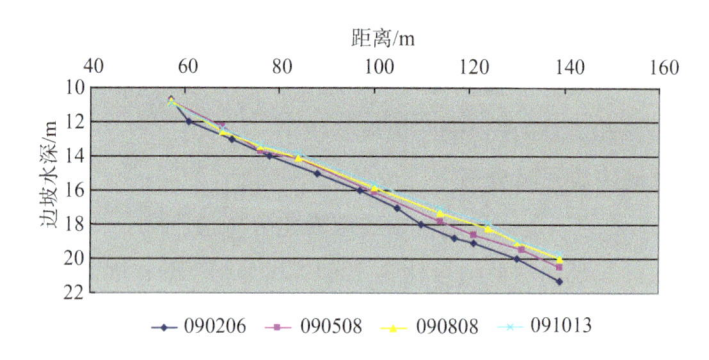

图 2.53 B-B 断面北侧边坡历时变化

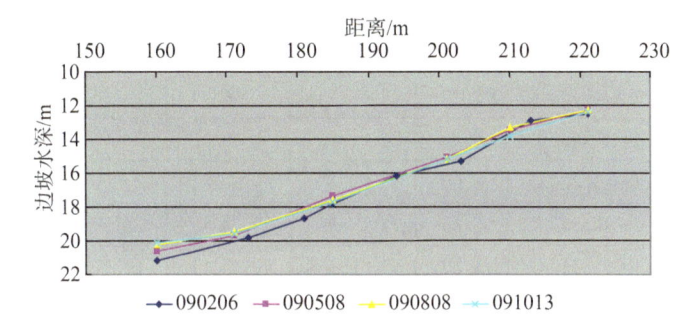

图 2.54　B-B 断面南侧边坡历时变化

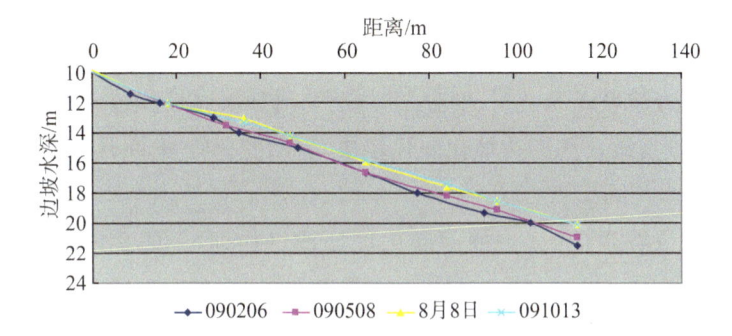

图 2.55　C-C 断面西侧边坡历时变化

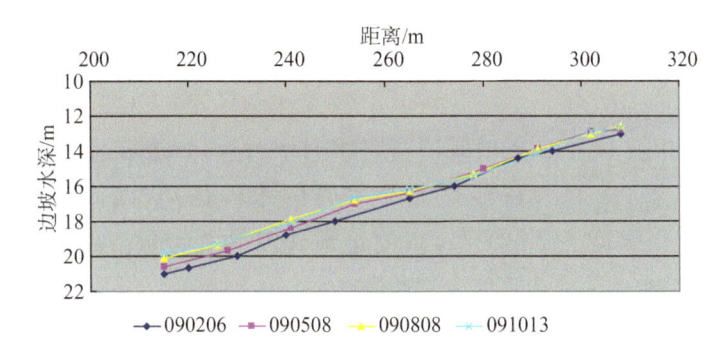

图 2.56　C-C 断面东侧边坡历时变化

表 2.16　基槽边坡比历时变化

日期	A-A 北侧	A-A 南侧	B-B 北侧	B-B 南侧	C-C 西侧	C-C 东侧
2月6日	1∶10.75	1∶5.27	1∶8.11	1∶6.57	1∶10.36	1∶11.21
5月8日	1∶10.98	1∶5.43	1∶8.63	1∶7.01	1∶10.62	1∶11.46
8月8日	1∶11.82	1∶6.00	1∶9.32	1∶7.24	1∶11.33	1∶12.33
9月24日	1∶12.29	1∶5.86	1∶9.53	1∶7.47	1∶11.59	1∶12.82
10月13日	1∶12.41	1∶5.86	1∶9.55	1∶7.49	1∶11.51	1∶12.74

由图及表可知：

① A-A 剖面两侧边坡比为 1∶10.75 和 1∶5.27，B-B 剖面两侧边坡比为 1∶8.11 和 1∶6.57，C-C 剖面两侧边坡比为 1∶10.36 和 1∶11.21，基本达到了设计的要求。

② 挖槽边坡表现为淤积，槽底淤厚较大，滩顶淤厚较少或不淤，这使得边坡有一定程度变缓。先期边坡比变化较快，后期变化较慢，9月24日与10月13日边坡基本相同。

③ 南北边坡变化：试挖槽南侧边坡比成槽初期(2月6日)为 1∶5.27(A-A 断面)和 1∶6.57(B-B 断面)，北侧边坡比成槽初期(2月6日)为 1∶10.75(A-A 断面)和 1∶8.11(B-B 断面)；经过 8 个多月的水沙作用，到了 10 月 13 日，南侧边坡比变为 1∶5.86(A-A 断面)和 1∶7.49(B-B 断面)，北侧边坡比变为 1∶12.41(A-A 断面)和 1∶9.55。以百分比计算，北侧边坡的变化幅度大于南侧边坡的变化幅度，B-B 断面的变化幅度大于 A-A 断面的变化幅度。

④ 东西边坡变化：试挖槽成槽初期(2月6日)西侧边坡比为 1∶10.36，东侧边坡比为 1∶11.21；经过 8 个多月的水沙作用，西侧边坡比变为 1∶11.51，变化幅度为 11.05%，东侧边坡比变为 1∶12.74，变化幅度为 13.63%，可见东侧的变化幅度大于西侧。

2.3.3　桥位附近航道演变分析

港珠澳大桥横跨伶仃洋，沿途跨越的航道主要有(由西向东)：九洲航道、江海直达船(轮)航道、青州航道、伶仃航道。原来还有铜鼓航道，现铜鼓航道上移，在桥位上游纳入伶仃航道。桥位附近航道演变分析共分三个部分，分别为桥位及附近上下游航道断面变化、断面年淤积率变化以及航道容积变化。

2.3.3.1 断面变化

为进一步分析桥位附近航道的演变情况,在所研究海区附近的伶仃航道取了7个断面,在青州航道取了5个断面,在江海直达船航道取了3个断面,在九洲航道取了3个断面,另加每条航道纵向剖面,总计22个断面,各断面布置见图2.57。

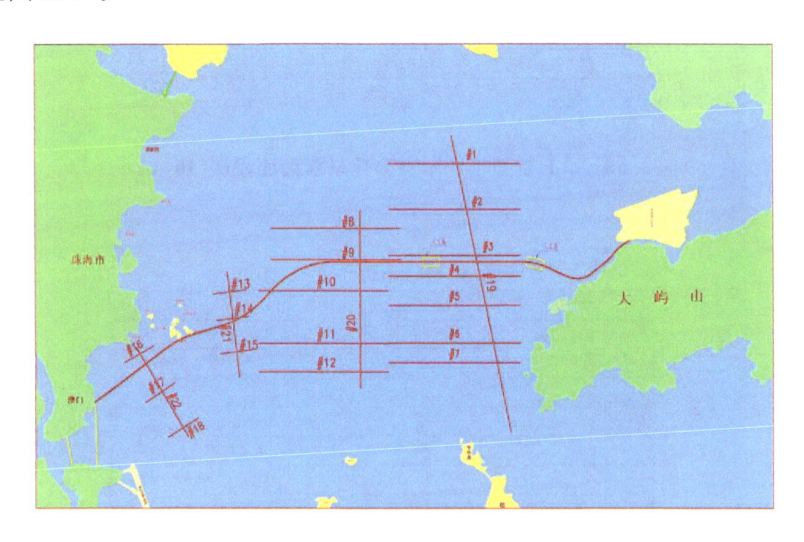

图2.57 断面布置桥位附近航道

(1) 伶仃航道

从位于伶仃航道段的7个断面变化图(♯1断面至♯7断面,见图2.58至图2.64)和纵剖面变化图(♯19断面,见图2.65)中可以看出:离深槽较远的西侧滩地上,冲淤变化不明显,冲淤值也不大(小于1 m),在邻近深槽的西侧滩面上,则各个断面深度都发生了变化,变化范围在1~3 m,其中♯1断面中右侧新增的深槽是新开挖的铜鼓航道所在位置。由断面图可以看出,♯1断面深槽平均水深为12 m左右,♯2断面、♯3断面的深槽平均水深为14 m左右,♯4断面深槽平均水深为16 m左右,♯5断面、♯6断面、♯7断面的深槽平均水深已大于16 m。由于目前伶仃航道水深要求为15.5 m,因此在♯1断面至♯3断面之间均可见2009年的等深线较其他年份低出许多(尤其以♯2断面最为明显),这是人工疏浚所致。

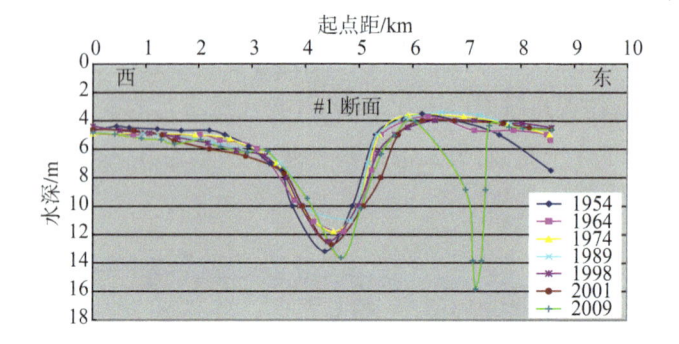

图 2.58　♯1 断面平均水深变化及断面面积（×10⁴ m²）

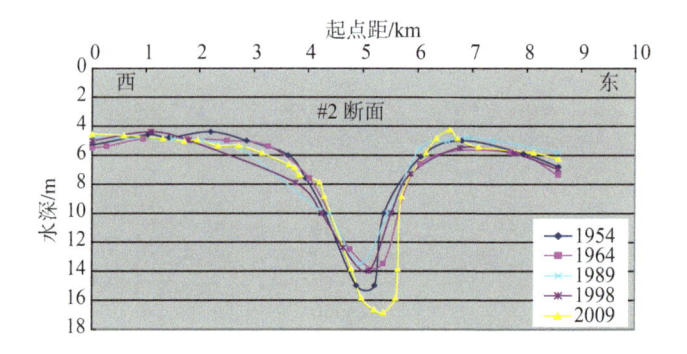

图 2.59　♯2 断面平均水深变化及断面面积（×10⁴ m²）

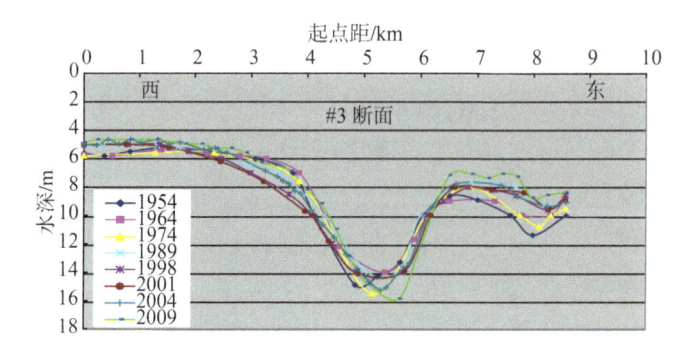

图 2.60　♯3 断面平均水深变化及断面面积（×10⁴ m²）

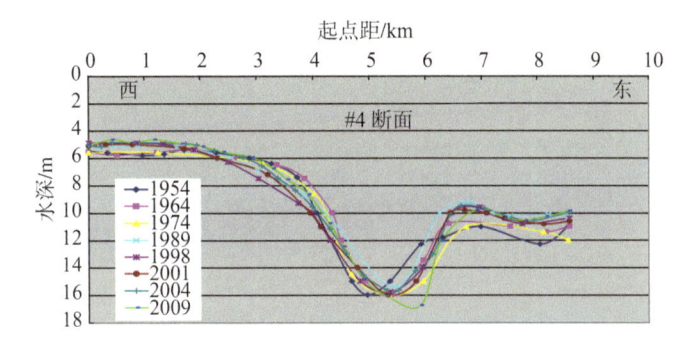

图 2.61　#4 断面平均水深变化及断面面积（×10⁴ m²）

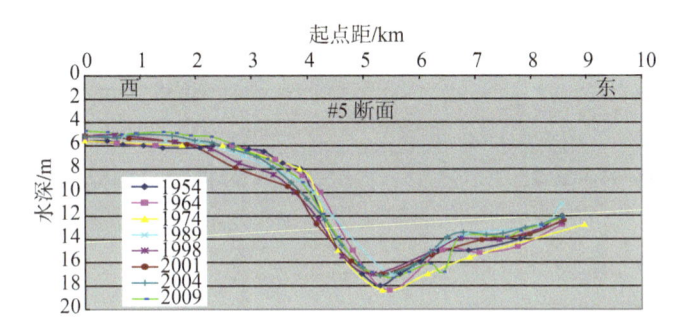

图 2.62　#5 断面平均水深变化及断面面积（×10⁴ m²）

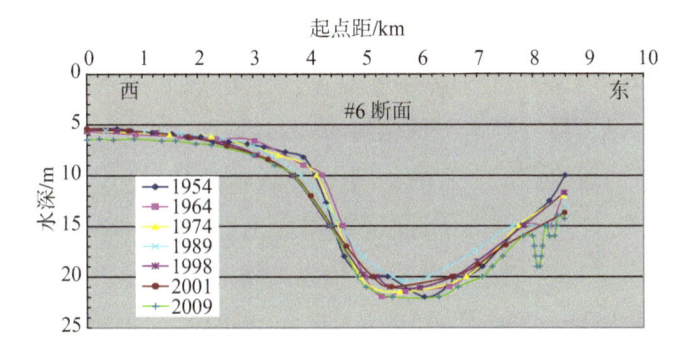

图 2.63　#6 断面平均水深变化及断面面积（×10⁴ m²）

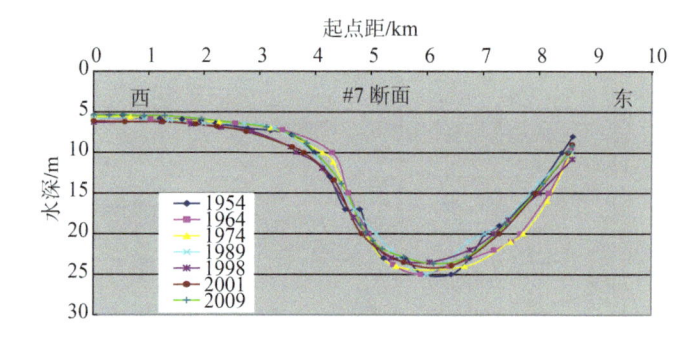

图 2.64　♯7 断面平均水深历年变化及断面面积($\times 10^4$ m²)

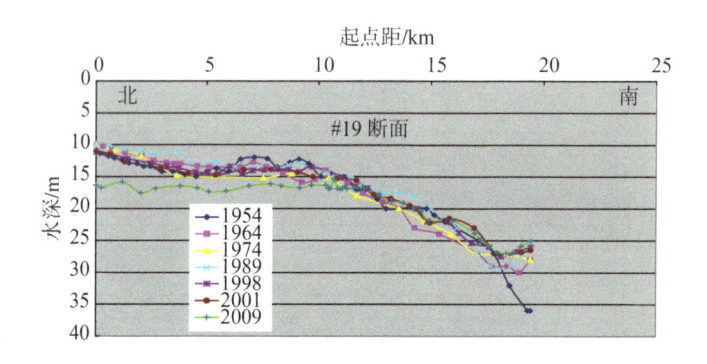

图 2.65　♯19 断面平均水深历年变化及断面面积($\times 10^4$ m²)

为进一步说明各断面不同年份冲淤变化情况,计算各断面的面积,统计结果汇总于表 2.17。由表 2.17 可知,不同年份断面面积也在不断变化。从 1954 年到 2001 年,♯1 断面微增 0.18×10^4 m²,变化幅度为 3.48%,而在 2001—2009 年断面继续扩大,面积增加了 0.49×10^4 m²,变化幅度为 9.16%,其中伶仃航道的疏浚占了一定的比例;♯2 断面在 1954—1998 年,断面面积有所扩大,但在 1998—2009 年,断面面积变化不大,从♯2 断面的图上(图 2.59)可以看出,2009 年航槽内水深有较大的增加;♯3 断面和♯4 断面的过水面积无论在 1954—2001 年,还是从 2001—2009 年都有缩小的趋势,其中 2001—2009 年♯3 断面缩小了 11.05%、♯4 断面缩小了 1.12%,说明此处海床呈淤积态势;♯5 断面至♯7 断面从 1954 年到 2001 年断面面积不断变化,而在 2001—2009 年面积有一定程度的减小,其中 2009 年♯5 断面、♯7 断面较 1954 年均有所减小,减小幅度为 3.11% 和 2.30%,而♯6 断面 2009 年断面面积较 1954 年增大值仅为 $0.08×10^4$ m²,增大幅度为 0.75%。因此可以认为,伶仃航道所经过的桥区附近水域,近五十多年来深槽过水断面变化很小,属于稳定的状态。短期(2001—2009 年)看来,略呈淤积趋势。

表 2.17 伶仃航道不同年份下各断面面积计算   单位:$×10^4$ m²

断面号	1954	1964	1974	1989	1998	2001	2004	2009
#1	5.17	5.21	4.96	4.89	5.17	5.35		5.84
#2	5.73	5.97		5.70	6.07			6.02
#3	7.44	7.16	7.36	6.97	7.29	7.33		6.52
#4	8.14	7.97	8.28	7.53	8.05	8.02	7.75	7.88
#5	9.31	9.30	10.10	8.82	9.33	9.54	9.01	9.02
#6	10.60	10.70	10.60	10.40	10.90	11.00		10.68
#7	11.30	11.50	11.60	11.00	11.60	11.60		11.04
#19	33.90	34.40	34.70	32.00	33.40	33.30		36.50

(2) 青州航道

青州航道位于港珠澳大桥桥位中部,在桥位附近选取 5 个横断面和 1 个纵剖面,如图 2.57 所示,5 个横断面的编号分别为 #8 断面至 #12 断面,纵剖面的编号为 #20 断面。其中 #9 断面大部分和桥轴线重合,#10 断面与桥轴线相交,不同年份下各断面变化见图 2.66 至图 2.70,纵剖面形状见图 2.71。无论从横断面(#8 断面至 #12 断面)还是从纵剖面(#20 断面)来看,1954—1998 年,各年份间的变化很小,且无单向冲淤的发展趋势,但 2001 年与 2009 年的海床高程有明显的淤高趋势,尤其以 2009 年较为明显,见图 2.66 及图 2.67。由表 2.18 可知,从 1954 年到 1998 年,#8 断面、#12 断面、#20 断面面积均有所扩大,面积增大值分别为:$0.11×10^4$ m²、$0.07×10^4$ m² 及 $0.05×10^4$ m²。#9 断面、#10 断面、#11 断面面积则有所缩小,缩小值分别为:$0.04×10^4$ m²、$0.24×10^4$ m² 及 $0.07×10^4$ m²。从 1998 年到 2009 年,青州航道中的 5 个横断面和 1 个纵断面面积均表现为缩小,其中有 2001 年、2004 年断面资料的 #10 断面、#11 断面、#12 断面均表现为断面面积减小的态势,说明进入 21 世纪后,青州航道在桥位附近呈淤积趋势,具体原因有待进一步分析。

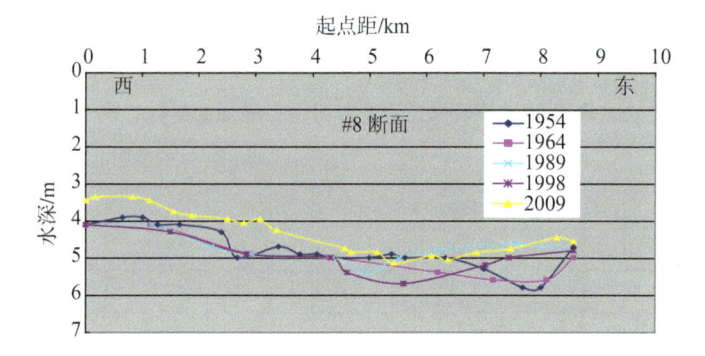

图 2.66　♯8 断面平均水深历年变化及断面面积（×10⁴ m²）

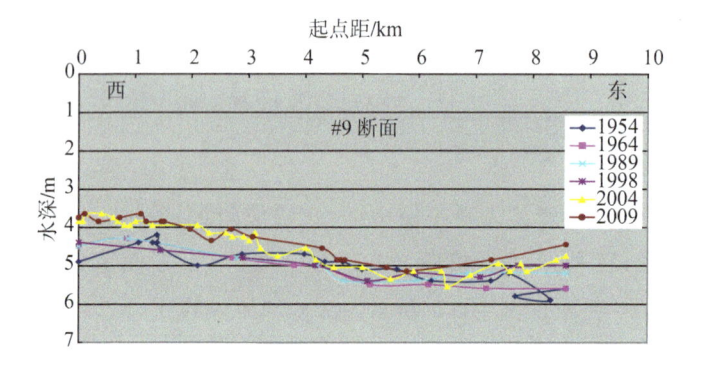

图 2.67　♯9 断面平均水深历年变化及断面面积（×10⁴ m²）

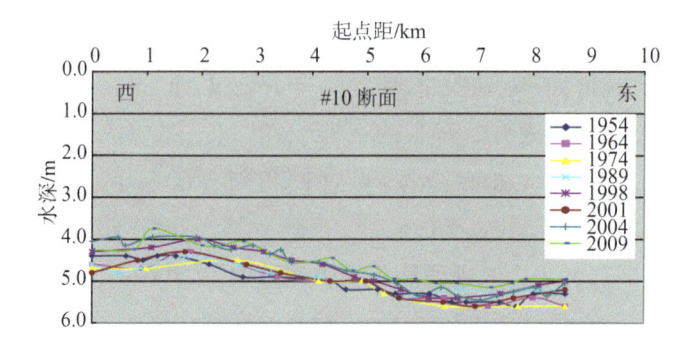

图 2.68　♯10 断面平均水深历年变化及断面面积（×10⁴ m²）

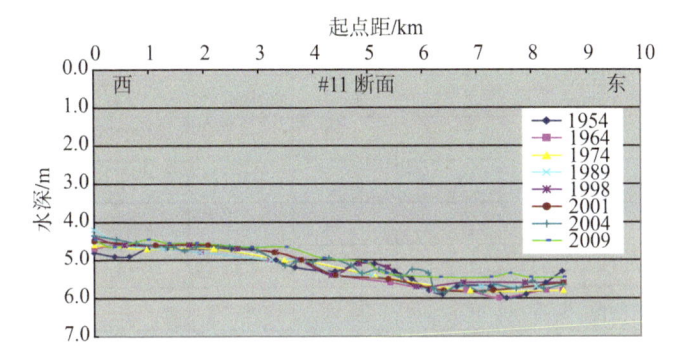

图 2.69　#11 断面平均水深历年变化及断面面积（$\times 10^4$ m²）

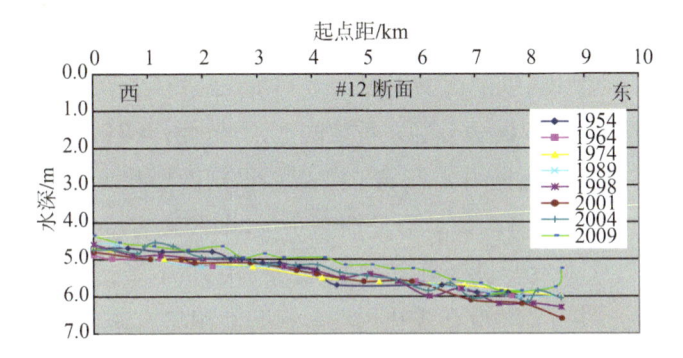

图 2.70　#12 断面平均水深历年变化及断面面积（$\times 10^4$ m²）

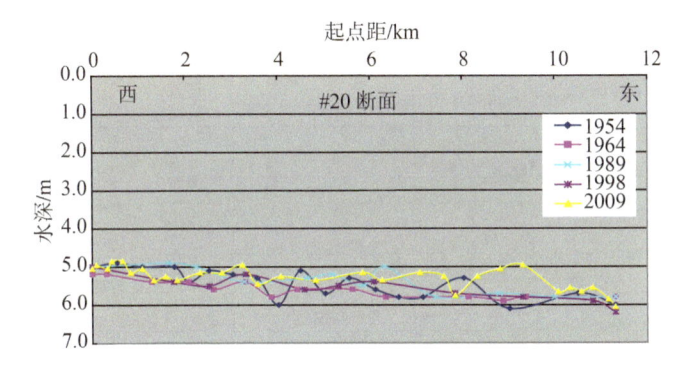

图 2.71　#20 断面平均水深历年变化及断面面积（$\times 10^4$ m²）

表 2.18　青州航道不同年份下各断面面积计算　　　单位：×10⁴ m²

断面号	年份							
	1954	1964	1974	1989	1998	2001	2004	2009
♯8	4.12	4.25		4.05	4.23			3.73
♯9	4.28	4.36		4.26	4.24		3.98	3.84
♯10	4.29	4.30	4.34	4.24	4.05	4.26	4.00	3.92
♯11	4.46	4.53	4.67	4.48	4.39	4.44	4.39	4.27
♯12	4.59	4.68	4.64	4.64	4.66	4.73	4.58	4.38
♯20	6.22	6.39		6.44	6.27			5.96

（3）江海直达船航道

江海直达船航道位于桥位西部，伶仃洋西滩下游侧，在桥位附近选取 3 个横断面和 1 个纵剖面，如图 2.57 所示，3 个横断面的编号分别为♯13 断面、♯14 断面和♯15 断面，纵剖面的编号为♯21 断面。其中♯14 断面位于桥位附近，♯13 断面与♯15 断面分别在桥位的上、下游侧，♯21 断面为航道轴线。不同年份下各断面变化见图 2.72 至图 2.74，纵剖面形状见图 2.75。从图中可以看出：航道所在的各断面地形呈西高东低，即浅滩有一定坡度，而这一情况自 1989 年以来愈发明显。由表 2.19 可知，从 1954 年到 1998 年，♯13 断面、♯14 断面面积基本上没有变化，♯15 断面面积略有减小，总体来说变化不大；♯13 断面至♯15 断面从 1998 年到 2009 年断面面积缩小值分别为：$0.11×10^4$ m²、$0.15×10^4$ m² 及 $0.14×10^4$ m²。说明进入 21 世纪后，江海直达船航道在桥位附近呈淤积趋势。

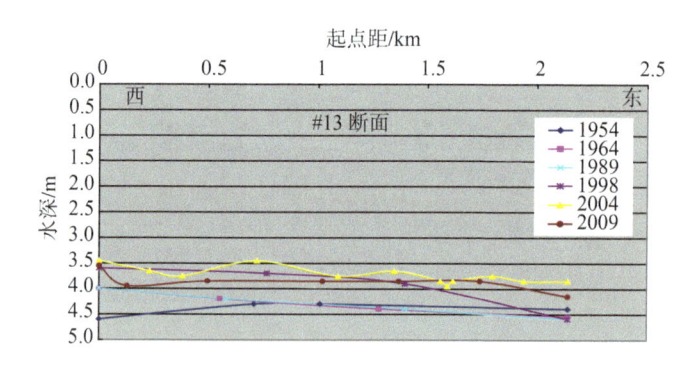

图 2.72　♯13 断面平均水深历年变化及断面面积（×10⁴ m²）

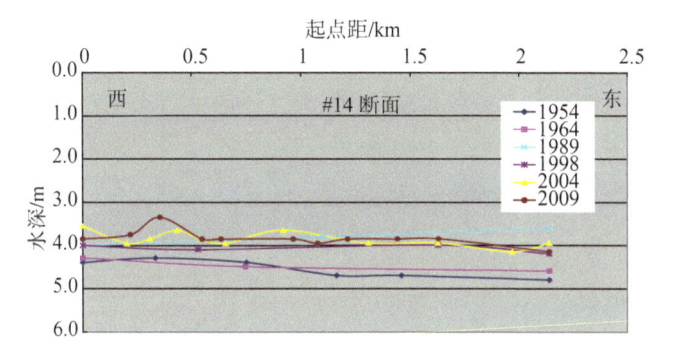

图 2.73 ♯14 断面平均水深历年变化及断面面积（×10⁴ m²）

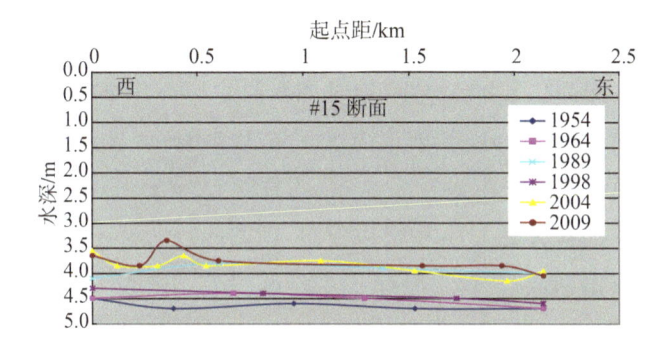

图 2.74 ♯15 断面平均水深历年变化及断面面积（×10⁴ m²）

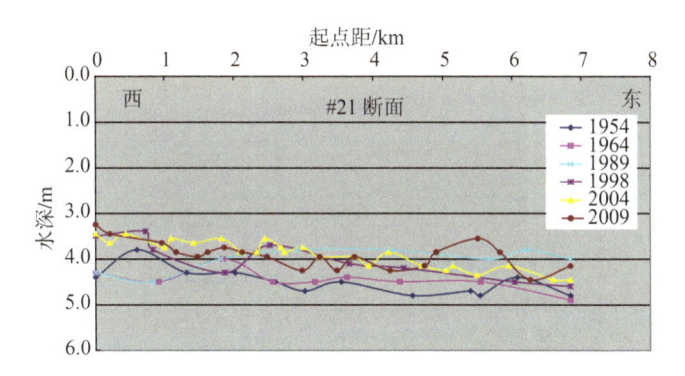

图 2.75 ♯21 断面平均水深历年变化及断面面积（×10⁴ m²）

表 2.19　江海直达船航道不同年份下各断面面积计算　　单位：×10⁴ m²

断面号	年份					
	1954	1964	1989	1998	2004	2009
♯13	0.94	0.92	0.92	0.94	0.79	0.83
♯14	0.98	0.96	0.81	0.97	0.79	0.82
♯15	1.00	0.97	0.84	0.95	0.83	0.81
♯21	3.07	3.05	3.07	2.80	2.69	2.69

(4) 九洲航道

九洲航道位于桥位西部，在桥位上游和下游各取一断面（♯16 断面和♯18 断面），两桥位中间取一断面（♯17 断面），结合航道的纵剖面（♯22 断面），总共为四个断面，见图 2.76 至图 2.79。从图 2.76 中可以看出，航道轴线位于断面起点 1.2 km 左右，断面起点水深在 1.5 m 左右，而在距起点 2.2 km 的断面终点，水深都在 3.0 m 以上，航道内水深除 1989 年的 4.5 m 最深外，大多在 3.5 m 左右，但也有年份，航道内水深与边滩没有明显差别；从图 2.77 中可以看出，断面起点水深在 2.5 m 左右，而在距起点 2.3 km 的断面终点，水深都在 3.0 m 以上；从图 2.78 中可以看出，断面起点水深在 3.5 m 左右，而在距起点 2.3 km 的断面终点，水深都在 4.0 m 以上。由表 2.20 可知，从 1954 年到 1998 年，除♯16 断面面积有 0.06×10⁴ m² 的淤积外，♯17 断面、♯18 断面及♯22 纵断面的面积的冲淤变化不大（<0.03×10⁴ m²）；而从 1998 年到 2009 年，3 个横断面中，♯16 断面和♯17 断面的面积有所增大，♯18 断面的面积有所减小，但增大和减小的幅度都非常有限，可以认为没有变化。

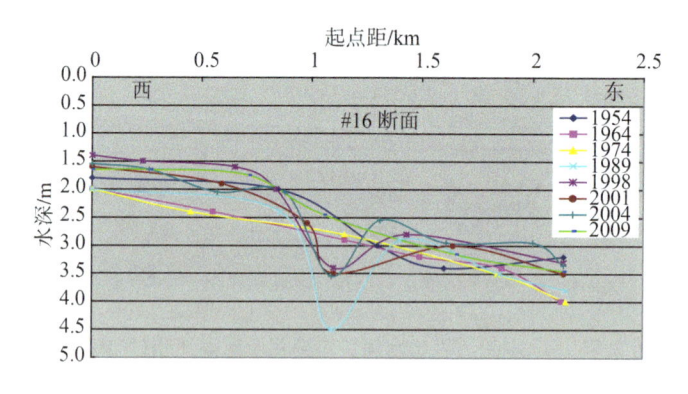

图 2.76　♯16 断面平均水深历年变化及断面面积（×10⁴ m²）

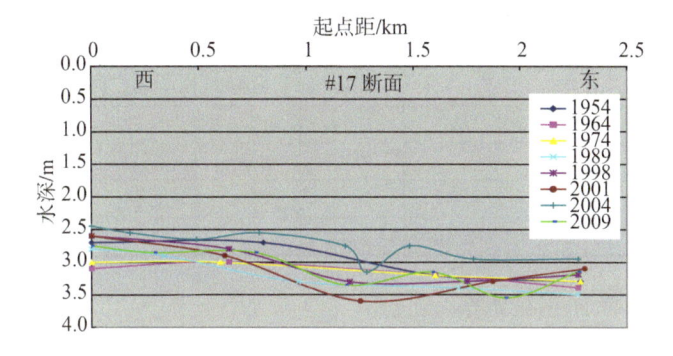

图 2.77　♯17 断面平均水深历年变化及断面面积($\times 10^4 \ m^2$)

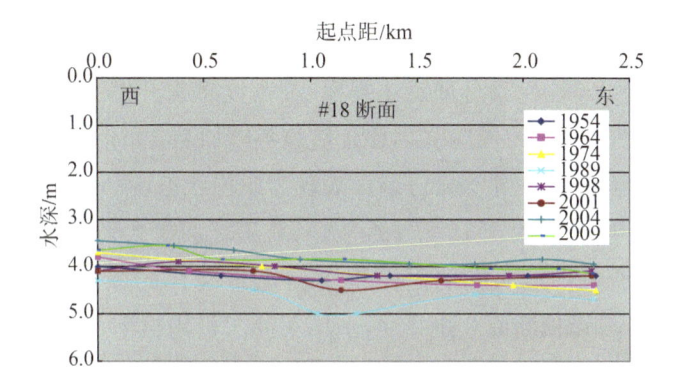

图 2.78　♯18 断面平均水深历年变化及断面面积($\times 10^4 \ m^2$)

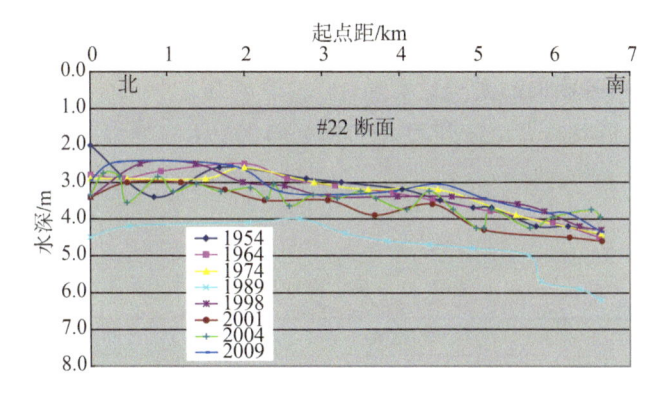

图 2.79　♯22 断面平均水深历年变化及断面面积($\times 10^4 \ m^2$)

表 2.20　九洲航道不同年份下各断面面积计算　　　单位:×10⁴ m²

断面号	年份							
	1954	1964	1974	1989	1998	2001	2004	2009
♯16	0.55	0.61	0.61	0.59	0.49	0.52	0.53	0.52
♯17	0.67	0.71	0.71	0.73	0.69	0.73	0.63	0.71
♯18	0.98	0.99	0.97	1.08	0.95	0.98	0.88	0.90
♯22	2.15	2.14	2.15	3.05	2.16	2.45	2.31	2.09

2.3.3.2　断面年淤积率

之前讨论了不同年份等深线和断面积的变化情况,除了 1989 年资料中个别断面的地形数据有异常外,其他各组次之间断面变化并不很大,并没有明显冲刷或淤积的趋势。分析认为,影响该海区冲淤的因素很多,而当地的地形变化又不是太大,为了便于比较,将选取相隔时间较长的 1954 年至 1998 年以及 1998 年至 2009 年(伶仃航道小规模、高密度多次开挖)的资料对断面冲淤变化进行分析。由表 2.21 可知,伶仃航道各断面从 1954 年至 1998 年有冲有淤,从 1998 年至 2009 年大部分断面表现为淤积状态,而♯1 断面面积扩大与 2008 年伶仃航道增大至 10 万 t 级航道,航道断面扩大到宽 230 m,深度增加至 15.5 m 有关,♯19 纵剖面面积增加也是同样的原因。青州航道在 1954—1998 年,5 个横断面 3 淤 2 冲,平均年冲淤量均很小,但在 1998—2009 年,5 个横断面均表现为淤积,且平均年冲淤率较 1954—1998 年有较大的增加,最小的♯10 断面也有 2.4 倍,因此可以认为青州航道自 1998 年以来桥区断面有一定的淤积。江海直达船航道 3 个横断面,在 1954—1998 年冲淤变化很小,最大的仅 0.001×10⁴ m²/a,纵剖面相对更大,为 0.006×10⁴ m²/a,1998—2009 年,各断面的淤积量有所增大,最大在♯14 断面,为 0.014×10⁴ m²/a。九洲航道共有 3 个横断面,在 1954—1998 年间冲淤变化很小,最大的仅 0.001×10⁴ m²/a,1998—2009 年,有 2 个断面面积扩大,1 个断面缩小,但总体来讲变化不大。

表 2.21　各断面冲淤统计

所在位置	断面号	1954—1998 年		1998—2009 年	
		断面积冲淤变化 (×10⁴ m²)	平均年冲淤率 (×10⁴ m²/a)	断面积冲淤变化 (×10⁴ m²)	平均年冲淤率 (×10⁴ m²/a)
伶仃航道	♯1	0.00	0.000	−0.67	−0.061
	♯2	−0.34	−0.008	0.05	0.005

(续表)

所在位置	断面号	1954—1998年 断面积冲淤变化 ($\times 10^4$ m²)	1954—1998年 平均年冲淤率 ($\times 10^4$ m²/a)	1998—2009年 断面积冲淤变化 ($\times 10^4$ m²)	1998—2009年 平均年冲淤率 ($\times 10^4$ m²/a)
伶仃航道	#3	0.15	0.003	0.77	0.070
	#4	0.09	0.002	0.17	0.015
	#5	−0.02	0.000	0.31	0.028
	#6	−0.30	−0.007	0.22	0.020
	#7	−0.30	−0.007	0.56	0.051
	#19	0.50	0.011	−3.10	−0.282
青州航道	#8	−0.11	−0.003	0.50	0.045
	#9	0.04	0.001	0.40	0.036
	#10	0.24	0.005	0.13	0.012
	#11	0.07	0.002	0.12	0.011
	#12	−0.07	−0.002	0.28	0.025
	#20	−0.05	−0.001	0.31	0.028
江海直达船航道	#13	0.00	0.000	0.11	0.010
	#14	0.01	0.000	0.15	0.014
	#15	0.05	0.001	0.14	0.013
	#21	0.27	0.006	0.11	0.010
九洲港航道	#16	0.06	0.001	−0.03	−0.003
	#17	−0.02	0.000	−0.02	−0.001
	#18	0.03	0.001	0.05	0.005
	#22	−0.01	0.000	0.07	0.006

注：表中正值代表淤积，负值代表冲刷。

2.3.3.3 水体容积变化

为了进一步说明桥位附近海床的变化情况，将港珠澳大桥桥位所经过的九洲航道、江海直达船航道、青州航道、伶仃航道的交汇段以及桥位上游的伶仃航道一段、原铜鼓航道一段和矾石浅滩尾端浅滩段等划分成七个区域（图2.80），各区域所对应的航道（浅滩）及相应的水面控制面积见表2.22。对各区域历年的水体容积进行统计计算，结果如表2.23所示。由该表可知：从1954年到2009年，1区（九洲航道所在水域）1954年、1964年、1989年三年的容积逐渐增大，从0.93×10^8 m³增加到1.04×10^8 m³；但从1989年至1998

年,该区淤积较大,容积从 $1.04×10^8$ m³ 减少到 $0.91×10^8$ m³,变化幅度为14.3%;1998 年至 2009 年,水体容积变化不大,仅增加 $0.01×10^8$ m³;1954 年与 2009 年相比,水体容积相近,仅有 $0.01×10^8$ m³ 缩小,变化幅度为 1.1%。2 区(江海直达船航道)1954 年、1964 年、1989 年、1998 年、2009 年的容积增加和减少相间,1964 年较 1954 年增大,1989 年较 1964 年缩小,1998 年又较 1989 年增大,2009 年较 1998 年缩小,但总体呈缩小的趋势,除了 1998 年到 2009 年变化较大外,其余各次均变化不大;2009 年较 1954 年容积缩小了 $0.12×10^8$ m³,变化幅度为 10.3%;变化最大的是 1964 至 2009 年,此段时间该区淤积了 $0.14×10^8$ m³,变化幅度为 10.3%。3 区(青州航道所在水域)从 1954 到 1964 年容积增加了 $0.20×10^8$ m³,变化幅度为 4.56%;1964 年到 2009 年容积逐减减小,此段时间该区容积减小了 $0.40×10^8$ m³,变化幅度为 8.7%。4 区(伶仃航道与铜鼓航道交汇段)容积变化与 2 区类似;1964 年较 1954 年增大了 $0.16×10^8$ m³,1989 年较 1964 年缩小 $0.31×10^8$ m³,1998 年又较 1989 年增大 $0.25×10^8$ m³,2009 年较 1998 年缩小 $0.44×10^8$ m³,但总体呈缩小的趋势,2009 年较 1954 年容积缩小了 $0.34×10^8$ m³,变化幅度为 5.19%。5 区(桥位上游伶仃航道)1954 年与 1964 年的容积相同;1964 到 1989 年容积有所缩小,这是此处海床淤积所致;1989 到 1998 年容积扩大了 $0.25×10^8$ m³,变化幅度为 5.40%;1998 年到 2009 年容积继续扩大,由 $4.88×10^8$ m³ 增大至 $4.92×10^8$ m³,这其间有伶仃航道浚深的因素。从 1954 到 2009 年 5 区容积扩大了 $0.21×10^8$ m³,变化幅度为 4.46%。6 区(桥位上游的铜鼓航道)1954 年到 1964 年容积缩小了 $0.17×10^8$ m³,1964 年到 1989 年容积缩小了 $0.18×10^8$ m³,1989 年到 1998 年容积增大了 $0.13×10^8$ m³,但 1998 年到 2009 年容积又缩小了 $0.16×10^8$ m³,此段时间的缩小与铜鼓航道改道有关。7 区(桥位上游矾石浅滩下端)在 1954 年、1964 年、1989 年三次测量中容积减小,其中 1964 年较 1954 年减小了 $0.23×10^8$ m³,1989 年较 1964 年又减小了 $0.10×10^8$ m³,但在以后 1989 年、1998 年及 2009 年的测量中,此区容积又逐渐增大,1998 年较 1989 年增大了 $0.06×10^8$ m³,2009 年较 1998 年增大了 $0.14×10^8$ m³。比较 1954 年和 2009 年 5 区的容积,可以得出 2009 年较 1954 年减小了 $0.13×10^8$ m³,变化幅度为 7.93%。

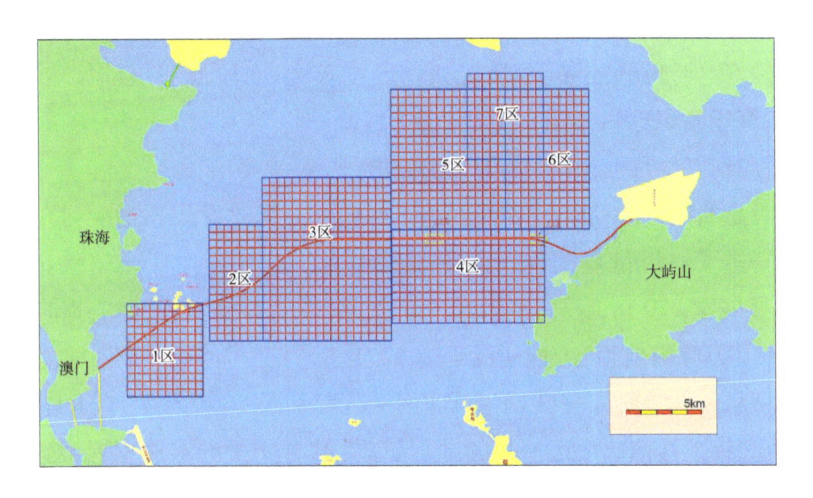

图 2.80　桥区附近计算区域划分

表 2.22　七个区域位置及控制范围

区域	位置	控制面积(km²)
1区	九洲航道所在桥位区域	30
2区	江海直达船航道	26.25
3区	青州航道所在桥位区域	89.25
4区	伶仃航道与铜鼓航道交汇所在桥位区域	60
5区	桥位上游伶仃航道	67.5
6区	桥位上游铜鼓航道	49.5
7区	桥位上游矾石浅滩下端	27.5

表 2.23　不同年份下不同区域容积计算　　　　单位：$\times 10^8$ m³

年份	1区	2区	3区	4区	5区	6区	7区
1954	0.93	1.16	4.39	6.55	4.71	3.32	1.64
1964	1.01	1.18	4.59	6.71	4.71	3.15	1.41
1989	1.04	1.08	4.51	6.40	4.63	2.97	1.31
1998	0.91	1.11	4.43	6.65	4.88	3.10	1.37
2009	0.92	1.04	4.19	6.21	4.92	2.94	1.51

通过上述分析并结合该海区的动力环境与沉积特征可以认为，桥位附近

海区的海床近期相对稳定。西段底层动力作用较弱，属微淤的淤积环境，海床稳定性好，但淤泥（或黏土）质沉积物厚度较大；东段属底层陆架水入侵控制环境，海床淤积更微甚至表现为冲刷状态。

2.3.3.4　伶仃航道 2008 年回淤分析

为满足船舶进港需要，同时也为三期航道工程建设积累经验，广州市政府先期安排了航道试挖工程。试挖航段由南沙港区至伶仃洋口外，全长约 66 km，按底宽 230 m、底标高 −15.5 m、边坡 1∶5 设计开挖。广州港出海航道三期（10 万吨级航道）工程建设于 2007 年 12 月交付使用。

南京水利科学研究院（以下简称"南科院"）基于 2008 年 1 月、4 月及 9 月以及 2009 年 1 月四次航道测量的地形资料，结合相关的水文资料，对伶仃航道的年内回淤变化进行了分析，得出了航道冲淤变化。伶仃航道走向及各桩号布置如图 2.81 所示。

（1）断面冲刷深度和淤积厚度

通过对 2008 年 1 月和 4 月的相同断面的平均水深进行比较，可以得出其间的冲淤变化：KP0 到 KP16 断面，槽内以淤积为主，断面平均淤积厚度为 0.45 m；KP17 到 KP50 断面也是以淤积为主，断面平均淤积厚度为 0.36 m；KP51 到 KP58，以冲刷为主，冲刷深度为 0.15 m 左右；KP59 到 KP63，以淤积为主，断面平均淤积厚度为 0.08 m 左右。整个航段（KP0 到 KP63）断面平均淤厚 0.30 m，其中：KP17 到 KP58 断面的平均淤积厚度为 0.26 m，整个疏浚航段（KP17 到 KP63）断面平均淤积 0.24 m。

2008 年 4 月和 9 月的水深比较结果表明，此时段内河段以冲刷为主，淤积断面较少，淤积段有 KP19 至 KP21，KP43 至 KP46，以及 KP50 至 KP60 间的间隔断面。为便于比较，将断面划分 4 月和 1 月相同，得出 9 月和 4 月间的冲淤为：KP0 到 KP16，以冲刷为主，断面平均冲刷深度为 0.22 m；KP17 到 KP50 断面也是以冲刷为主，断面平均冲刷深度为 0.17 m；KP51 到 KP58，冲淤相间，断面平均冲刷深度在 0.01 m；KP59 到 KP63，以淤积为主，淤积厚度在 0.92 m。整个航段（KP0 到 KP63）断面平均冲刷深度为 0.08 m，其中：KP17 到 KP58 断面的平均冲刷深度为 0.14 m，整个疏浚航段（KP17 到 KP63）平均冲刷深度为 0.03 m。

2008 年 9 月与 2009 年 1 月的水深比较结果表明，KP0 到 KP21 以冲刷为主，断面平均冲刷深度为 0.25 m；KP22 到 KP26 以淤积为主，平均淤积厚

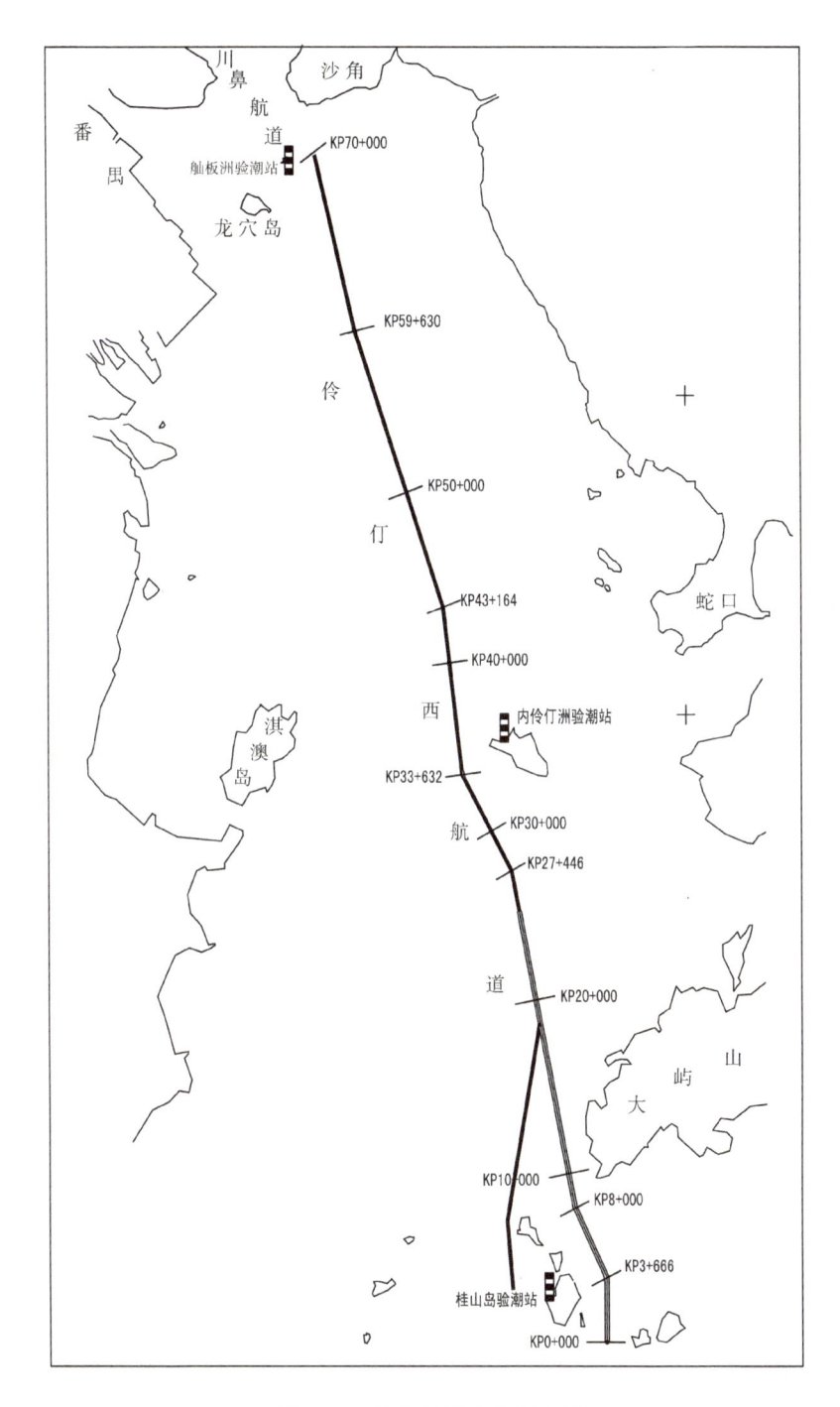

图 2.81 伶仃航道走向示意图

度达 0.13 m；KP27 到 KP31 略有冲刷，平均冲刷深度为 0.02 m；KP32 到 KP58 以淤积为主，平均淤积厚度达 0.16 m；KP59 到 KP63 以冲刷为主，断面平均冲深为 0.23 m。整个航段（KP0 到 KP63）断面平均没有冲淤，其中：KP17 到 KP58 断面的平均冲刷深度为 0.09 m，整个疏浚航段（KP17 到 KP63）平均淤积厚度 0.06 m。

将 2009 年 1 月和 2008 年 1 月的水深进行比较，可以得出其间的冲淤变化：KP0 到 KP7 冲淤相间，以冲刷为主，但量很小，平均冲深 0.06 m；KP8 到 KP50 以淤积为主，淤积厚度为 0.24 m；KP51 到 KP55 以冲刷为主，冲刷深度为 0.05 m；KP56 到 KP63 以淤积为主，淤积厚度达 0.52 m。整个航段（KP0 到 KP63）断面平均淤厚 0.21 m，其中：KP17 到 KP58 断面的平均冲刷深度为 0.21 m，整个疏浚航段（KP17 到 KP63）平均淤积厚度 0.27 m。

(2) 航道冲淤量

与断面冲淤变化相对应，计算了 2008 年 1—4 月、4—9 月，2008 年 9 月—2009 年 1 月以及 2008 年 1 月—2009 年 1 月的淤积量，统计结果表明伶仃航段可分为四段，桩号分别为 KP0—KP17、KP17—KP50、KP50—KP58 以及 KP58—KP63，各段的淤积量分述如下：

① KP0—KP17，此段在 2008 年 1—4 月淤积了 178.6×10^4 m³，4—9 月间冲刷了 86.6×10^4 m³，2008 年 9 月—2009 年 1 月冲刷了 68.9×10^4 m³，2008 年 1 月与 2009 年 1 月一年左右的时间里，此航道呈现淤积，但淤积量不大，累计淤积仅为 23.1×10^4 m³。由于此航道段水深较大，冲刷和淤积都不会影响航道的正常通航，故此段冲淤量对于航道维护可不予考虑。

② KP17—KP50，此航道段在 1—4 月份淤积了 267.9×10^4 m³，4—9 月冲刷了 125.4×10^4 m³，2008 年 9 月与 2009 年 1 月间淤积了 54.3×10^4 m³，2009 年 1 月与 2008 年 1 月一年左右的时间里，此航道呈现淤积，累计淤积为 196.8×10^4 m³。

③ KP50—KP58，此航道段在 1—4 月冲刷了 22.4×10^4 m³，4—9 月冲刷了 4.6×10^4 m³，2008 年 9 月与 2009 年 1 月间淤积了 30.1×10^4 m³，2008 年 1 月与 2009 年 1 月一年左右的时间里，此航道呈现淤积了 3.1×10^4 m³，可见此航道段每次测量的冲刷性质不同，洪季基本保持冲淤平衡，因此航道维护工作量较小。

④ KP58—KP63，此航段长度虽然只有 5 km，但其冲刷变化与前述航段

不同,2008 年 1—4 月淤积了 15.8×10^4 m^3,洪季 4—9 月份淤积量为 84.8×10^4 m^3;2008 年 9 月与 2009 年 1 月间冲刷了 16.5×10^4 m^3,2008 年 1 月与 2009 年 1 月一年左右的时间里,此航道呈现淤积,累计淤积仅为 83.7×10^4 m^3。

可见,伶仃航道枯季(2008 年 1—4 月以及 2008 年 9 月—2009 年 1 月)以淤积为主,非疏浚段淤积量为 109.7×10^4 m^3,疏浚段淤积量为 329.2×10^4 m^3;洪季(2008 年 4 月—9 月)以冲刷为主,非疏浚段冲刷量为 86.6×10^4 m^3,疏浚段冲刷量为 45.6×10^4 m^3。2008 年一年间非疏浚段淤积量为 23.1×10^4 m^3,疏浚段淤积量为 283.6×10^4 m^3。

2.4 海床演变特征

伶仃洋海床具有"微变性、趋稳性、可塑性"三个重要特征。

2.4.1 微变性

由图 2.82 可知:近百年来伶仃洋始终保持"三滩两槽"地貌的基本格局,这是漏斗状湾型和内伶仃岛、淇澳岛等湾内岛屿与潮流、径流(泥沙)、柯氏力及盐淡水混合等河口动力长期相互作用的结果。目前,虽然上游来沙量与盐水入侵位置有所变化,但控制河口形态的主要动力因素和边界约束条件并无性质上的改变,伶仃洋"三滩两槽"的地貌格局和冲淤演变仍处于正常状态。

虽然伶仃洋"三滩两槽"的地貌格局保持不变,但各滩槽还是有冲淤变化的。如西滩以淤涨为主,随着西滩的淤高,其淤积速率会减缓,同时泥沙淤积区由原来的北部和中部转向南部,如淇澳岛以南的大片浅滩;中滩历史上有明显加长加宽的现象,近期中滩北段(细长条淤积体)表现为基本稳定,南段(内伶仃岛附近海域)浅滩均呈逐年淤浅并有向东发展的趋势;东滩平面呈狭长状,随时间变化表现为冲淤相间,但冲淤量均不大,总体上比较稳定。可见,伶仃洋"三滩两槽"地貌的总体格局长时间内保持不变,但各滩槽在不同动力因素的作用下,仍在进行着缓慢的消涨变化,因此伶仃洋呈现出"微变性"特征。

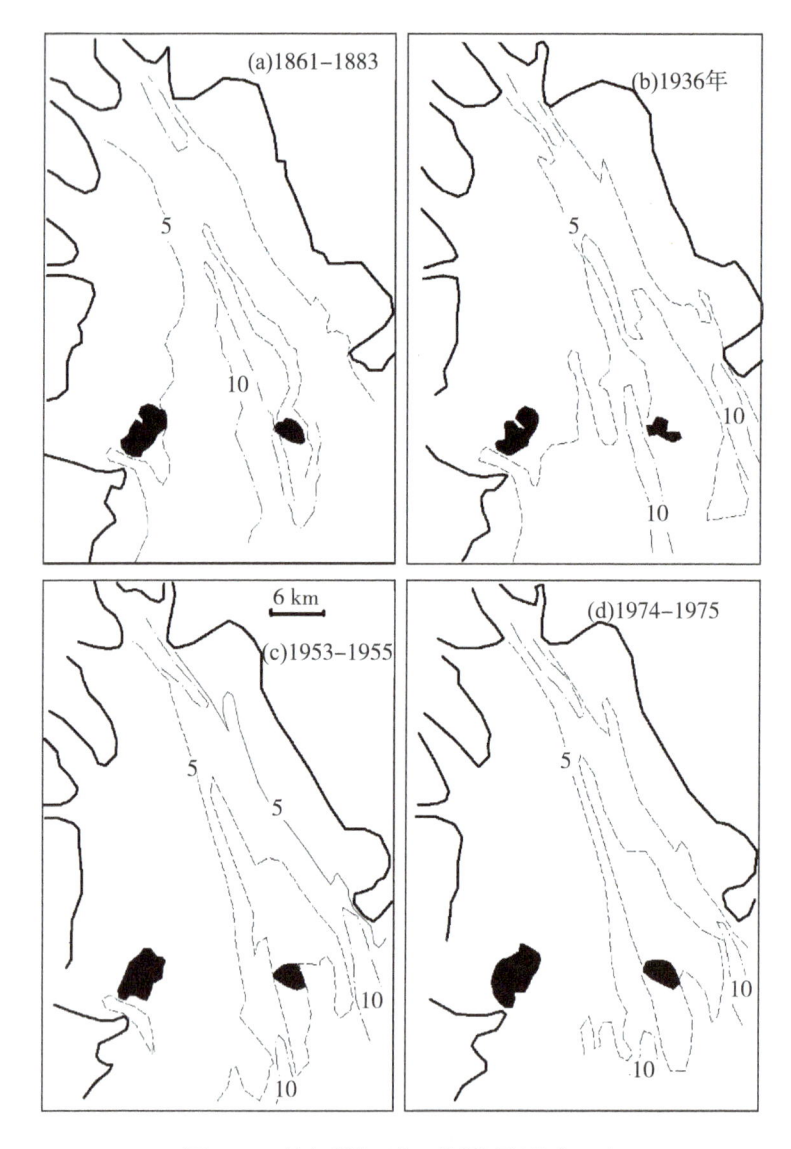

图 2.82　伶仃洋"三滩两槽"格局(单位:m)

2.4.2　趋稳性

图 2.83 为伶仃洋近期(1976—2011 年)水下 5 m 线的对比图。由图可见,西滩呈微淤状态,并向东南方向扩展;伶仃水道整体上相对稳定,平面位置受西滩淤高东扩的影响,宽度有所缩小,垂向水深逐年增加,这些主要受人工疏浚、拓宽的影响;中滩呈微淤状态,平面上在伶仃水道一侧变化不大,在

矶石水道一侧有所淤长;东槽变化较小,受中滩向东淤涨的影响,东槽下段宽度有明显缩窄;东滩形态总体稳定,受岸线开发影响,浅滩面积有所缩小。

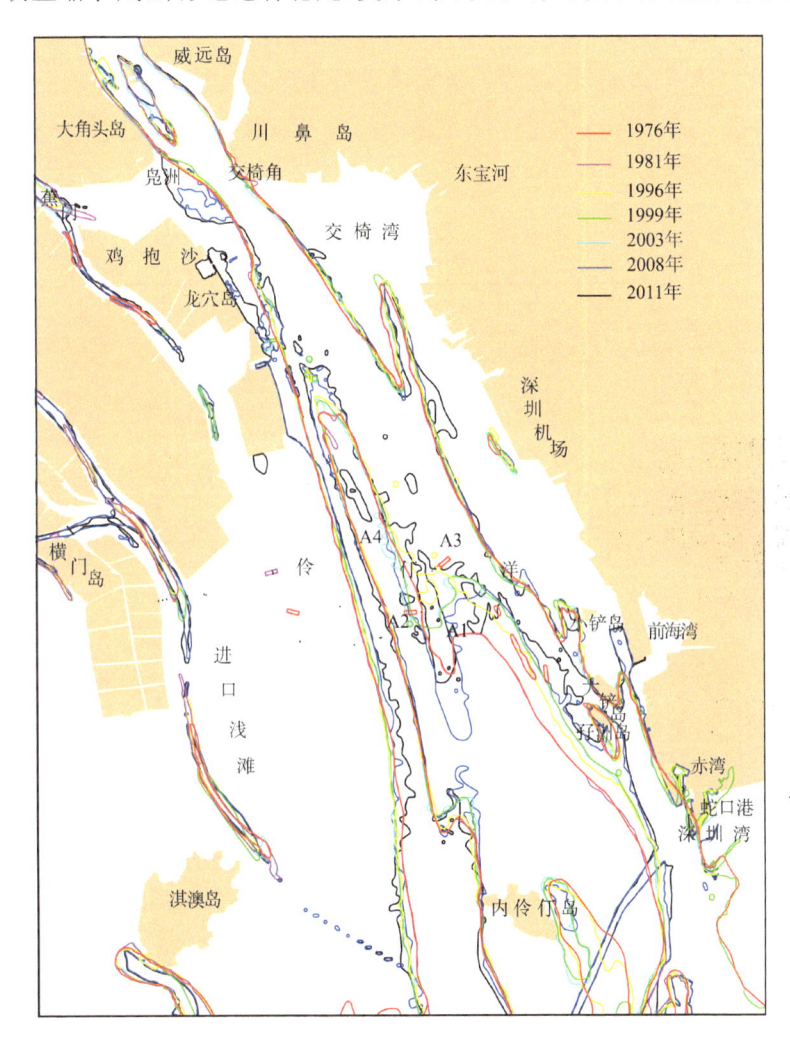

图 2.83　不同时间 5 m 等深线对比

2.4.3　可塑性

伶仃航道多年来不断浚深(图 2.84)且能长期保持稳定,浚深后的航道回淤量变化不大,表明该河口湾具有良好的可塑性。伶仃航道多年来没有发生过因台风或大洪水引发碍航"骤淤"的工程实践,表明风暴潮与大洪水对本海区的水下滩槽分布不会带来破坏性的影响,这还可从港珠澳大桥试挖基槽的测量资料中得以说明:2009年桥区试挖基槽选择在桥隧人工岛西岛东侧海床平均标高-9.5 m的水域,槽底宽21 m,槽底长100 m,槽型为东西走向,挖深至底标高-21 m。基槽从2009年2月份竣工观测以来一直到2009年10月13日的检测结果表明,在经历了两次风暴袭击后,基槽内没有出现明显回淤现象,如图2.37所示。航道浚深和试挖基槽不因台风而出现大量回淤,也说明该河口湾具有良好的可塑性。

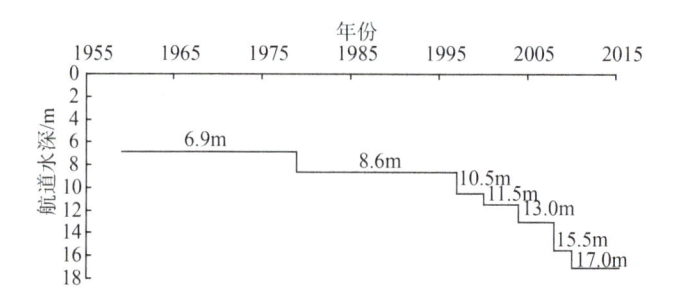

图2.84　不同年份下的伶仃航道水深

2.5　港珠澳大桥工程建设的可行性分析

（1）伶仃洋水下地形具有"三滩两槽"的总体格局,这一格局已有百年历史,且会在相当长时间内继续存在。伶仃洋水下地形的历史演变表明,即使出现异常水情或异常气象条件,河口湾内也不会发生滩槽大冲大淤的局面。

（2）桥区附近水域海床冲淤变化不大,西段浅滩海床呈微淤环境,东段深槽海床相对比较稳定。桥区各通航孔附近水深过去50年间变化很小,近10年来略趋淤浅但幅度很小。

（3）在-10 m水深处开挖至底标高-21 m的沉管隧道试挖基槽,由2009年2月至10月,历经洪枯季8个多月时间,其间还遭遇2次台风,槽内平均淤浅1.23 m,扣除0.29 m的浮泥层,试挖基槽的回淤厚度并不很大,且边坡保持良好,表明工程海区的海床具有相当的稳定性。

（4）伶仃洋海床具有的"微变性、趋稳性、可塑性"三个重要特性决定了伶仃洋能够承载港珠澳大桥工程,即从海床稳定性角度,在伶仃洋建设港珠澳大桥是切实可行的。

第三章

工程建设对水沙环境的影响分析

3.1 仿真模型试验

3.1.1 建模方法

(1) 控制方程

在笛卡尔直角坐标系下，根据静压和势流假定，沿垂向平均的二维潮流、悬沙基本方程可表述为如下形式：

连续方程：

$$\frac{\partial \zeta}{\partial t}+\frac{\partial}{\partial x}[(h+\zeta)u]+\frac{\partial}{\partial y}[(h+\zeta)v]=0 \qquad (3.1)$$

动量方程：

$$\frac{\partial u}{\partial t}+u\frac{\partial u}{\partial x}+v\frac{\partial u}{\partial y}-f \cdot v+g\frac{\partial \zeta}{\partial x}-\frac{\tau_x^s-\tau_x^b}{\rho_\omega(h+\zeta)}=\varepsilon_x\left(\frac{\partial^2 u}{\partial x^2}+\frac{\partial^2 u}{\partial y^2}\right)$$

$$(3.2)$$

$$\frac{\partial v}{\partial t}+u\frac{\partial v}{\partial x}+v\frac{\partial v}{\partial y}+f \cdot u+g\frac{\partial \zeta}{\partial y}-\frac{\tau_y^s-\tau_y^b}{\rho_\omega(h+\zeta)}=\varepsilon_y\left(\frac{\partial^2 v}{\partial x^2}+\frac{\partial^2 v}{\partial y^2}\right)$$

$$(3.3)$$

悬沙扩散输移方程：

$$\frac{\partial}{\partial t}[(h+\zeta)s] + \frac{\partial}{\partial x}[(h+\zeta)us] + \frac{\partial}{\partial y}[(h+\zeta)vs] + Fs \\ = \frac{\partial}{\partial x}\left[k_x(h+\zeta)\frac{\partial s}{\partial x}\right] + \frac{\partial}{\partial y}\left[k_y(h+\zeta)\frac{\partial s}{\partial y}\right] \tag{3.4}$$

河床变形方程：

$$\gamma_0 \frac{\partial \eta}{\partial t} = Fs \tag{3.5}$$

将平面二维水沙运动方程写成如下的向量表示形式：

$$\frac{\partial U}{\partial t} + \nabla E = S + \nabla E^d \tag{3.6}$$

这里 $U = (d, du, dv, ds)^T$，d 为全水深，$d = h + \zeta$（h 为水平面以下水深；ζ 为潮位）

$$E = (F, G),\ 其中\ F = \begin{pmatrix} du \\ du^2 + gh^2/2 \\ duv \\ dus \end{pmatrix},\ G = \begin{pmatrix} dv \\ duv \\ dv^2 + gh^2/2 \\ dvs \end{pmatrix} \tag{3.7}$$

其中 u，v 和 s 分别表示 x，y 方向的流速和水体含沙量。

水流和泥沙运动方程的紊动扩散项表示为：

$$E^d = (F^d, G^d),\ 其中\ F^d = \begin{pmatrix} 0 \\ \varepsilon_x d\partial u/\partial x \\ \varepsilon_x d\partial v/\partial x \\ k_x d\partial s/\partial x \end{pmatrix},\ G^d = \begin{pmatrix} 0 \\ \varepsilon_y d\partial u/\partial y \\ \varepsilon_y d\partial v/\partial y \\ k_y d\partial s/\partial y \end{pmatrix} \tag{3.8}$$

式中：ε_x、ε_y 分别为 x、y 方向的水流涡黏系数，这里取各向同性，即 $\varepsilon_x = \varepsilon_y = \varepsilon$，可表示为 $\varepsilon = kdU_*$，其中 U_* 为摩阻流速，表示为 $U_* = \dfrac{n\sqrt{g(u^2+v^2)}}{d^{1/6}}$。

k_x、k_y 则为 x、y 方向的泥沙紊动扩散项系数，根据 Eider 经验公式有：

$$k_x = 5.93\sqrt{gn}\,|du|/d^{1/6} \tag{3.9}$$

$$k_y = 5.93\sqrt{gn}|\mathrm{d}v|/d^{1/6} \tag{3.10}$$

源项 **S** 表示如下：

$$\boldsymbol{S} = \boldsymbol{S}_0 + \boldsymbol{S}_f = \begin{pmatrix} 0 \\ S_{0x} + S_{f_x} + fv \\ S_{0y} + S_{f_y} - fu \\ -F_s \end{pmatrix} \tag{3.11}$$

式中：S_{0x}、S_{0y} 分别是 x、y 方向的倾斜效应项即河床底部高程变化；

$S_{0x} = -gd\partial z_b/x$，$S_{0y} = -gd\partial z_b/y$，$z_b$ 为河床底面高程；

S_{f_x}，S_{f_y} 则是 x、y 方向的底摩擦效应项

$S_{f_x} = -\dfrac{gn^2 u\sqrt{u^2+v^2}}{d^{1/3}}$，$S_{f_y} = -\dfrac{gn^2 v\sqrt{u^2+v^2}}{d^{1/3}}$，其中 n 为曼宁系数，

f 为柯氏系数，$f = 2\omega\sin\Phi$，ω 表示地转速度，Φ 为当地地理纬度；

F_s 为床面冲淤函数，可用下式表示：

$$\begin{aligned} F_s &= -\alpha\omega(\beta_1 \cdot s_* - \beta_2 \cdot s) \\ \beta_1 &= \begin{cases} 1(u \geqslant u_c) \\ 0(u < u_c) \end{cases} \quad \beta_2 = \begin{cases} 1(u \geqslant u_f) \\ 0(u < u_f) \end{cases} \end{aligned} \tag{3.12}$$

式中：α 为泥沙的沉降几率；ω 为泥沙沉速；s_* 为水流挟沙率；u_c 为泥沙起动流速；u_f 为泥沙悬浮流速。

$$s_* = 0.07\frac{u^2}{g\omega(h+\zeta)} \tag{3.13}$$

$$\omega = \omega_0 k_f \frac{1+4.6s^{0.6}}{1+0.06u^{0.75}} \tag{3.14}$$

$$u_c = \left(\frac{H}{d}\right)^{0.14}\left(17.6\frac{\gamma_s-\gamma}{\gamma}d + 6.05\times10^{-7}\frac{(10+H)}{d^{0.72}}\right)^{1/2} \tag{3.15}$$

$$u_f = 0.812 d^{0.4}\omega^{0.2}H^{0.2} \tag{3.16}$$

$$\gamma_0 = 1\,750 d_{50}^{0.183} \tag{3.17}$$

床面糙率采用下式：

$$n = n_0 + n' \quad (3.18)$$

式中：n_0 指沙粒糙率，与床沙质粒径有关，n' 表示附加糙率，与海床的相对起伏度变化对应，一种简单的表达式为：

$$n' = \frac{k_n}{(h+\zeta)} \quad (h+\zeta \geqslant 0.5 \text{ m}) \quad (3.19)$$

式中：k_n 的取值范围一般为 0.01～0.02，根据不同的水下地形可选择相应的 k_n 值。

（2）计算方法

采用有限体积法对水沙方程进行离散求解，实质就是以单元为对象进行水量、动量和沙量的平衡，物理意义清楚，可以准确地满足积分方程的守恒，计算结果精度较高，且能处理含间断或陡梯度的流动。

为了实现和计算上的方便，统一采用三角形单元对计算区域进行离散，并将单一的网格单元作为控制元，物理变量配置在每个单元的中心。

将第 i 号控制元记为 Ω_i，在 Ω_i 上对向量式的基本方程组（3.6）进行积分，并利用 Green 公式将面积分化为线积分，得

$$\frac{\partial}{\partial t}\int_{\Omega_i} U \mathrm{d}\Omega_i + \oint_{\partial \Omega_i} (E \cdot \vec{n_i} - E^d \cdot \vec{n_i})\mathrm{d}l = \int_{\Omega_i} S \mathrm{d}\Omega_i \quad (3.20)$$

式中：$\mathrm{d}\Omega_i$ 是面积分微元，$\mathrm{d}l$ 是线积分微元，$\vec{n_i}=(n_{ix},n_{iy})=(\cos\theta,\sin\theta)$，$n_{ix}$、$n_{iy}$ 分别代表第 i 号控制元边界单位外法向向量 x、y 方向的分量。

沿单元边界线积分可以表示为三角形各边积分之和：

$$\oint_{\partial \Omega_i}(E \cdot \vec{n_i} - E^d \cdot \vec{n_i})\mathrm{d}l = \sum_{k=1}^{3}(E_k \cdot n_k - E_k^d \cdot n_k) \cdot l_k \quad (3.21)$$

这里 k 表示三角形单元边的序号，$E_k \cdot n_k$ 和 $E_k^d \cdot n_k$ 分别表示第 k 条边的对流项和紊动项的外法线数值通量，l_k 为三角形第 k 条边的边长。

式（3.21）的求解分为三个部分，一是对流项的数值通量求解，二是紊动项的求解，三是源项中底坡项的处理。对流项基面数值通量的求解格式有多种，这里采用 Roe 格式的近似 Riemann 解。浅水方程的紊动黏性项采用单元交界面的平均值进行估算，底坡源项采用特征分解法处理。

3.1.2 模型处理关键技术

（1）初边值问题

实际流体流动都属于混合初边值问题。初始条件一般设定为静水，所带来的误差随时间增加很快衰减。边界条件主要分为两类：陆地边界和开边界（水边界）。边界条件的好坏直接影响到计算的稳定性和结果的精度。

边界条件：主要是由已知状态 U_L 推求未知状态 U_R。开边界可分为急流开边界和缓流开边界，在边界处给定水位过程 $\zeta = \zeta_R$ 的情况下，未知状态的确定方法如表 3.1 所示。

表 3.1 开边界物理量给定

流态类型	出入流开边界	
	缓流	急流
边界条件	$u_{n,R} = u_{n,L} + 2(\sqrt{gD_L} - \sqrt{gD_R})$ $u_{\tau,R} = 0$	$u_{n,R} = u_{n,L}$ $u_{\tau,R} = 0$

陆地边界采用镜像法，设想边界外面存在一个对称的虚拟控制体，即 $D_R = D_L$，$u_{n,R} = -u_{n,L}$，$u_{\tau,R} = u_{\tau,L}$，其中 u_n，u_τ 分别代表单元法向和切向的流速。该方法缺点是将陆边界作为内部边界处理，利用静压假定但未做修正，适用于边界单元的流速近似与固壁平行的情况。若同时考虑壁面的摩擦阻力，模型中将位于壁面处单元的摩阻项变为：

$$S_{f_x} = -gdu\sqrt{u^2+v^2}\left(\frac{n_b^{3/2}}{d} + \frac{n_w^{3/2}L_k}{S_i}\right)^{4/3} \tag{3.22}$$

$$S_{f_y} = -gdv\sqrt{u^2+v^2}\left(\frac{n_b^{3/2}}{d} + \frac{n_w^{3/2}L_k}{S_i}\right)^{4/3} \tag{3.23}$$

式中：n_b、n_w 分别为河床底部和边壁（建筑物壁面，模型中取水泥面糙率0.011）的糙率，S_i 为第 i 个单元的面积，L_k 为第 k 条边的长度，该边标识为固体边界。

（2）动边值问题

在进行潮汐河口潮流模拟时，涨落潮过程中计算水域区域范围在不断地变化。动边界处理的方法主要有两类：一类为变网格法，另一类为固定网格法。变网格法处理非常复杂，计算量大，因而采用的较少。固定网格法处理动边界的方式有多种,常用处理方法有"窄缝"法、"冻结"法及"最小水深"假设等方法。本书采用 Sleigh,Gaskell 提出的限制水深的方法处理动边界问题。限制水深法处理动边界时,把网格分为干、湿和半干三类:网格水深 $h<h_1$ 时为干网格,h_1 可取 0.000 1 m;网格水深 $h_1<h<h_2$ 时为半干网格,相邻单元界面上只有流量的通量而没有动量通量,h_2 取为 0.000 5 m;网格水深 $h>h_2$ 时为湿网格。

浅水方程在处理动边界问题时其实就是解决干湿单元间如何进行有效转换的问题,湿单元在向干单元转换时比较容易处理,而在干单元转换为湿单元的过程中,应对发生水量交换的干、湿单元进行水量的重新分配,保证计算单元间的水量平衡,从而有效地模拟出干湿单元间的转换过程,反映出边滩水流的真实运动过程。

3.1.3 模型概况

在河口海湾的平面二维潮流计算中,针对计算域内岛屿较多、岸线曲折、边界复杂的特点,采用三角形网格对计算域进行剖分是非常合适的。采用三角形网格剖分计算域,既可以克服矩形网格锯齿形边界所造成的流动失真,也可以避免生成有结构贴体曲线网格的复杂计算和其他困难。因此,为了更好地拟合珠江口的形状以及桥墩和人工岛的形状,采用的网格均由三角形单元组成。珠江口计算域内共划分 56 244 个三角单元,并对各主要航道所经工程水域和港珠澳大桥工程附近水域网格进行加密,根据桥墩概化的最小尺度,桥区加密网格的最小边长为 2.0 m。外伶仃洋海域水面宽阔,可加大网格单元尺寸,计算水域网格剖分效果如图 3.1 所示。

模型计算域覆盖整个珠江口河口湾,北起虎门口,南至大万山岛以南 5 km 处,西边界设在珠海的炮台山,东边界止于香港汲水门。模型覆盖范围东西向 51 km,南北向 108 km,控制面积 3 877 km²,平面坐标采用北京 54 坐标系。模型共由 9 个开边界控制,伶仃洋南部开阔海域采用潮位控制,东侧香港汲水门,西侧磨刀门水道,北端的虎门水道、焦门水道和洪奇门水道以及横门水道则采用潮位加流量的控制方式。模型水深采用新测的伶仃洋水域 1∶30 000(珠江基面高程)的水下地形图插值得到(图 3.2)。

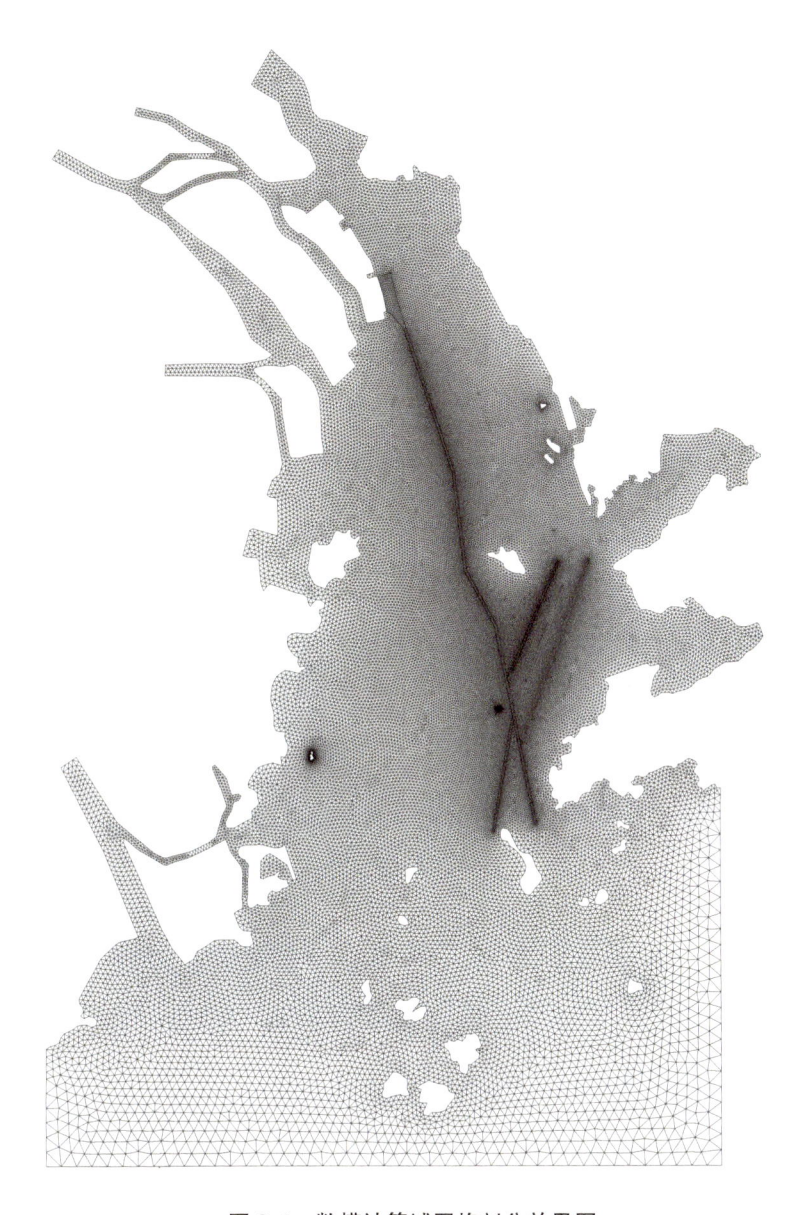

图 3.1 数模计算域网格剖分效果图

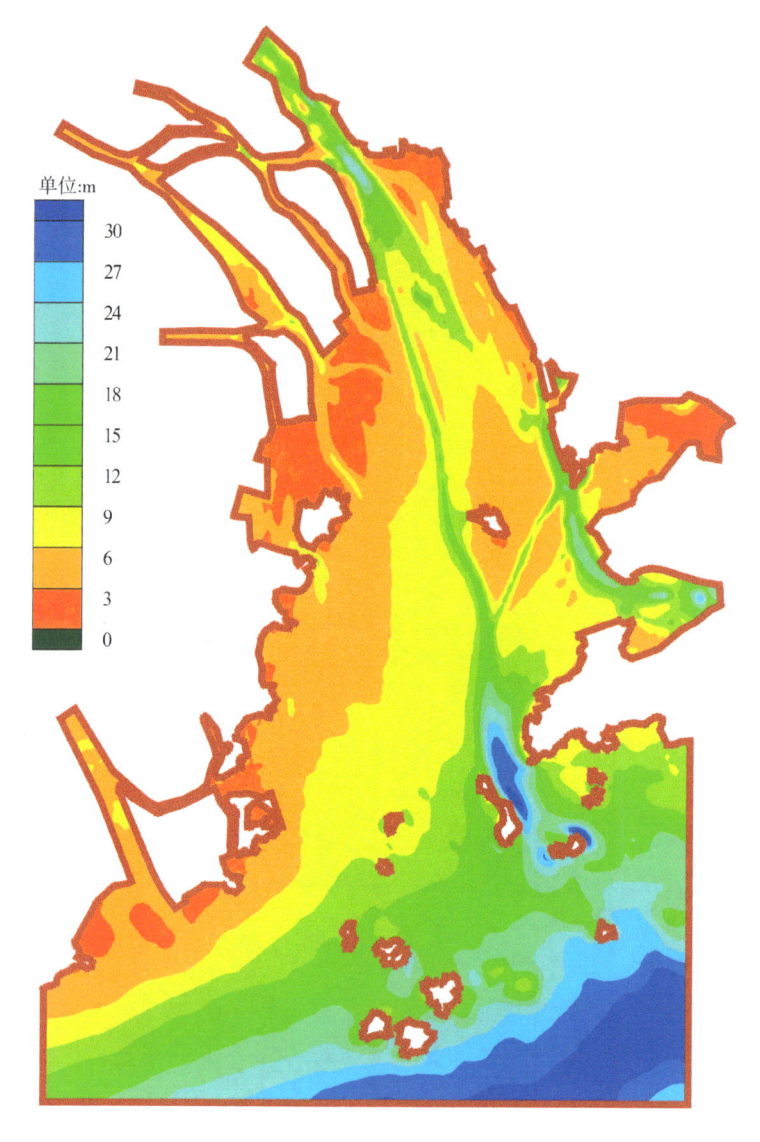

图 3.2　伶仃洋水下地形分布示意

3.1.4　模型验证

潮流泥沙数学模型与天然相似的条件，主要取决于模型计算出的潮流场和含沙量场与实测结果的吻合程度。本模型对汛期大潮水情（2007 年 8 月 13—14 日）和枯季大潮水情（2009 年 3 月 27—28 日）两组水文泥沙实测资料进行了验证计算。汛期大潮水情组合有 9 站潮位和 15 条垂线的流速、流向、含沙量资料可供模型验证[位置见图 3.3(a)]，枯季大潮水情组合有 11 站潮位和 11 条垂线流速、流向、含沙量资料可供模型验证[位置见图 3.3(b)]。试挖槽水域的水下地形采用试挖槽竣工后 2 月份实测的地形资料。

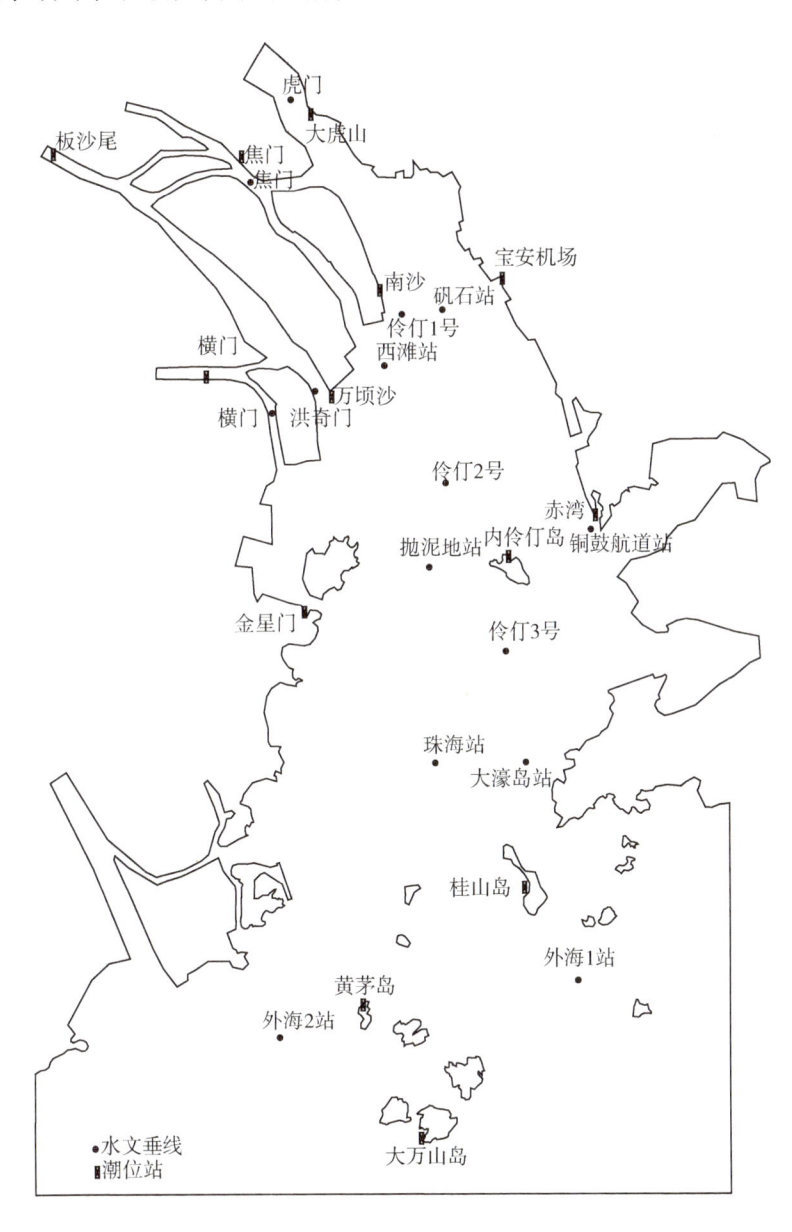

图 3.3(a)　洪季大潮水文测验站点示意

（时间：2007 年 8 月 13 日—14 日）

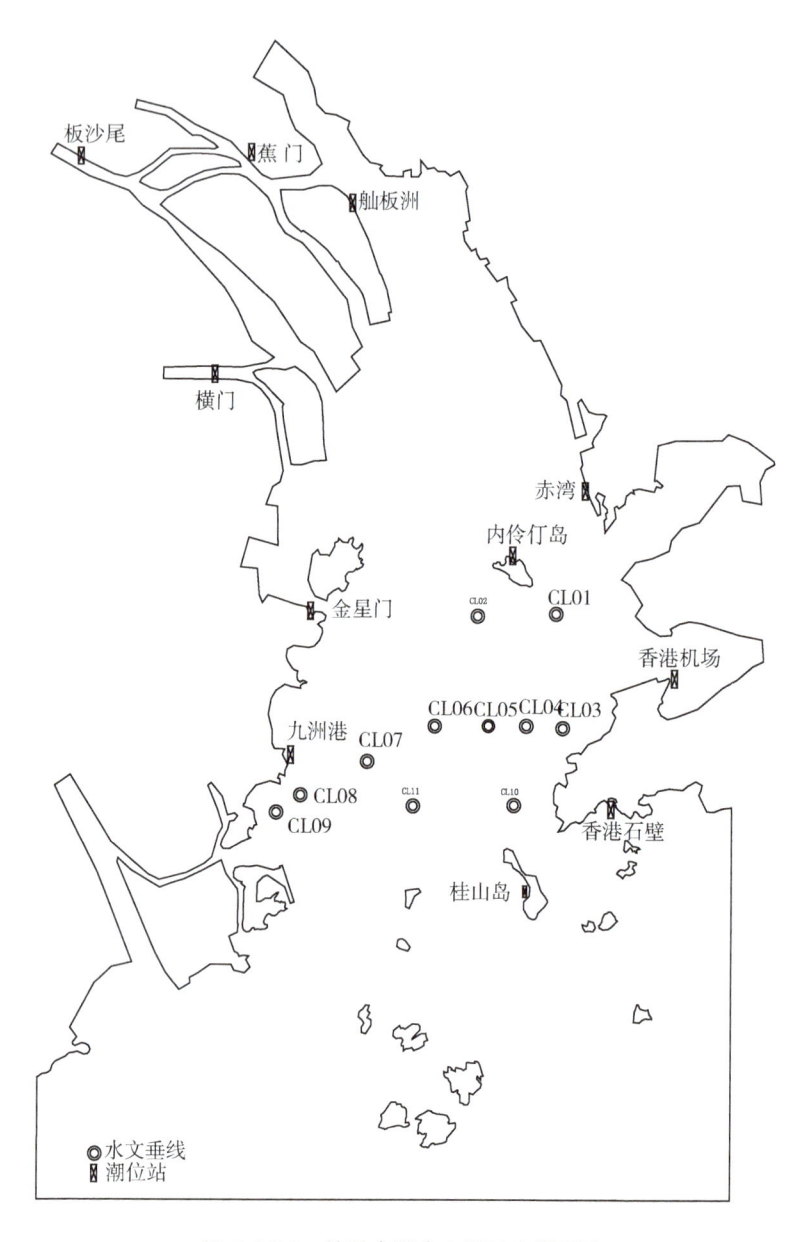

图 3.3(b) 枯季大潮水文测站布置示意

(时间:2009 年 3 月 27 日—28 日)

(1) 水沙验证

图 3.4 是模型采用汛期大潮潮型对 9 个验潮站实测潮位的验证结果，图 3.5 给出了该潮型各条垂线流速和流向过程计算与实测的对比结果，图 3.6 给出了部分垂线含沙量过程模型与实测的对比结果。从这些图中点和实曲线的线型以及峰谷位置比较来看，模型所模拟的各站潮位过程与天然情况比较吻合，模型计算出的各条垂线的流速大小、流向变化及含沙量过程形态与实测结果基本趋于一致，验证结果符合模拟规程的精度要求。

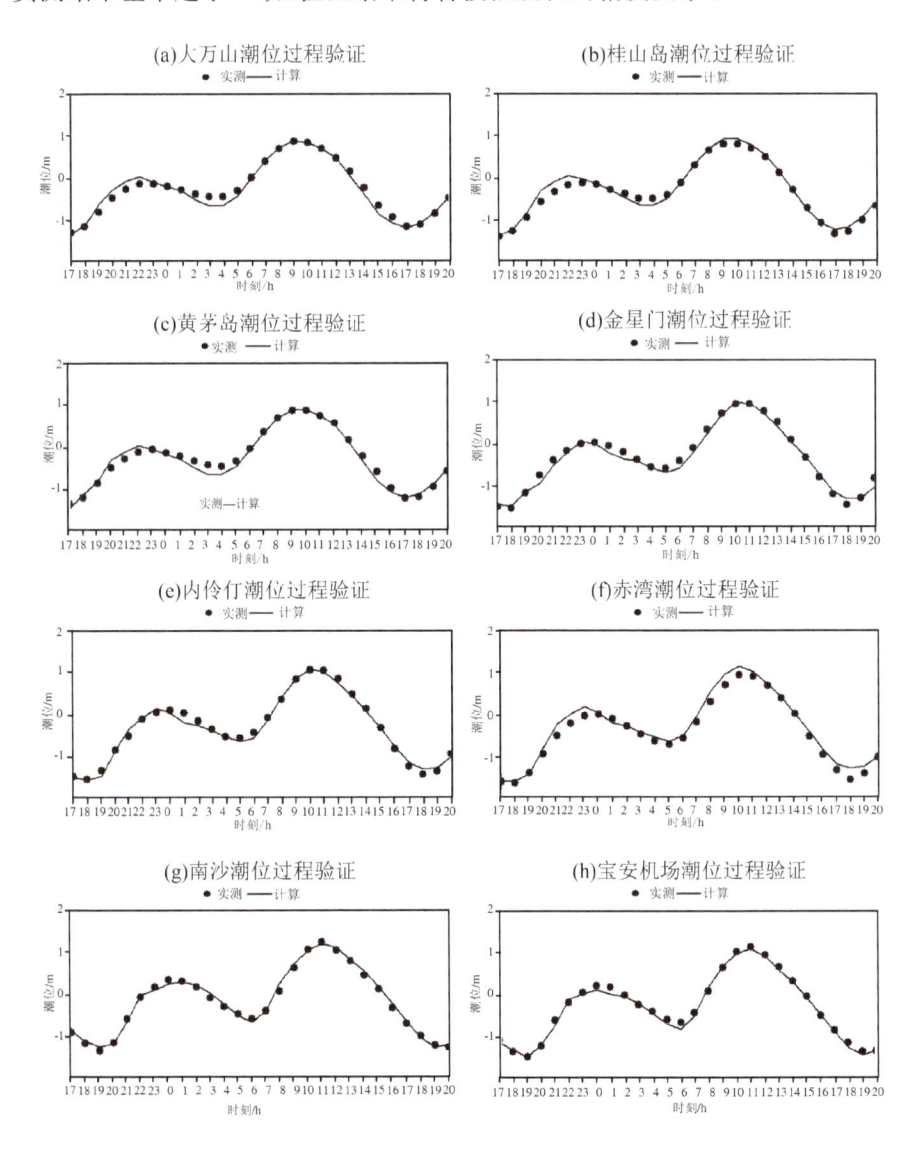

(a) 大万山潮位过程验证　　(b) 桂山岛潮位过程验证
(c) 黄茅岛潮位过程验证　　(d) 金星门潮位过程验证
(e) 内伶仃潮位过程验证　　(f) 赤湾潮位过程验证
(g) 南沙潮位过程验证　　(h) 宝安机场潮位过程验证

(i) 大虎山潮位过程验证

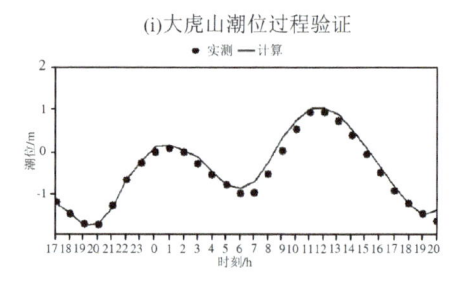

图 3.4　汛期大潮各验潮站潮位过程验证

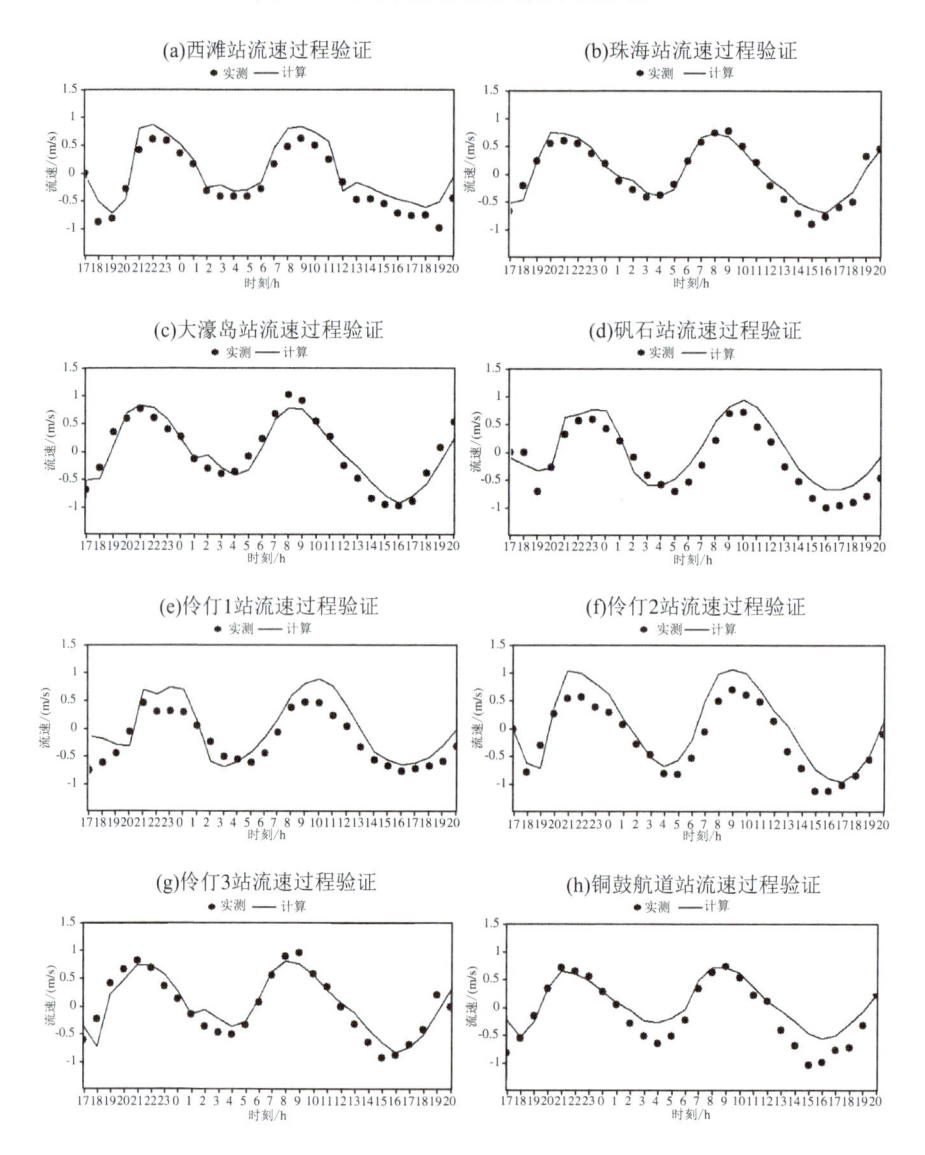

(a) 西滩站流速过程验证　　(b) 珠海站流速过程验证

(c) 大濠岛站流速过程验证　　(d) 矾石站流速过程验证

(e) 伶仃1站流速过程验证　　(f) 伶仃2站流速过程验证

(g) 伶仃3站流速过程验证　　(h) 铜鼓航道站流速过程验证

(i)外海1站流速过程验证

(j)外海2站流速过程验证

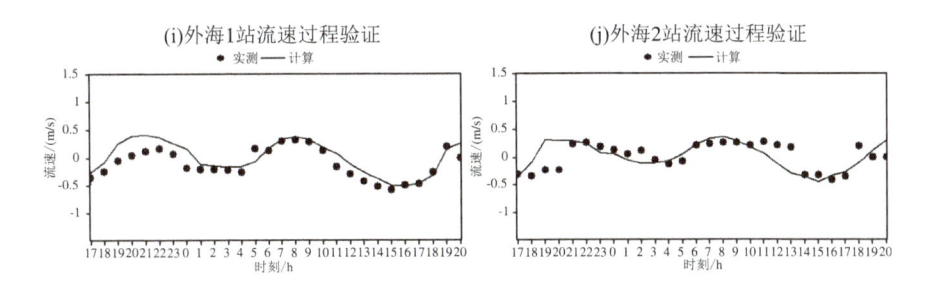

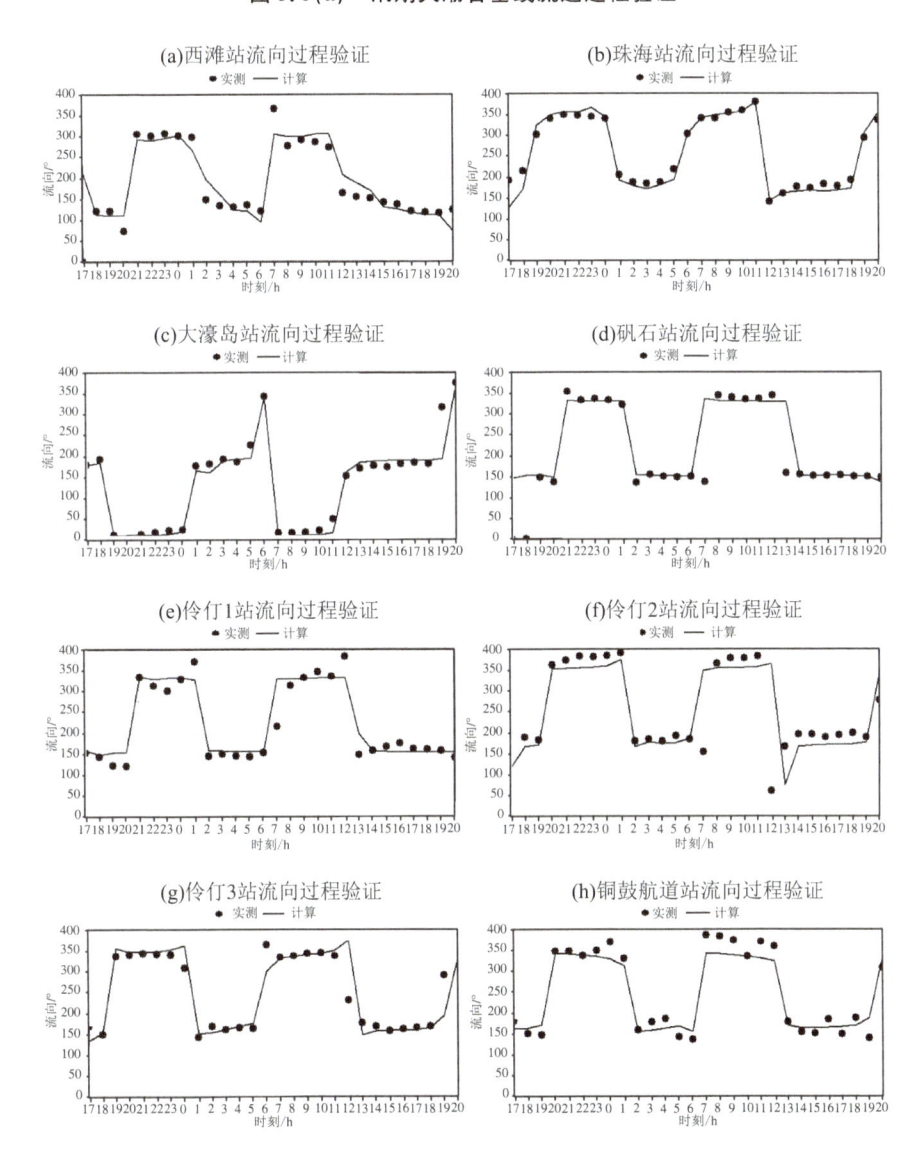

图 3.5(a) 汛期大潮各垂线流速过程验证

(a)西滩站流向过程验证

(b)珠海站流向过程验证

(c)大濠岛站流向过程验证

(d)矾石站流向过程验证

(e)伶仃1站流向过程验证

(f)伶仃2站流向过程验证

(g)伶仃3站流向过程验证

(h)铜鼓航道站流向过程验证

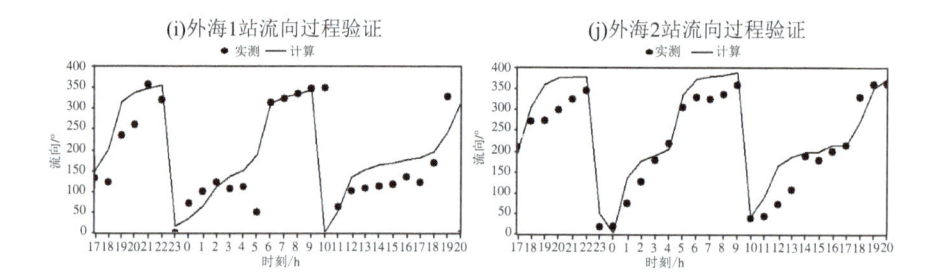

图 3.5(b) 汛期大潮各垂线流向过程验证

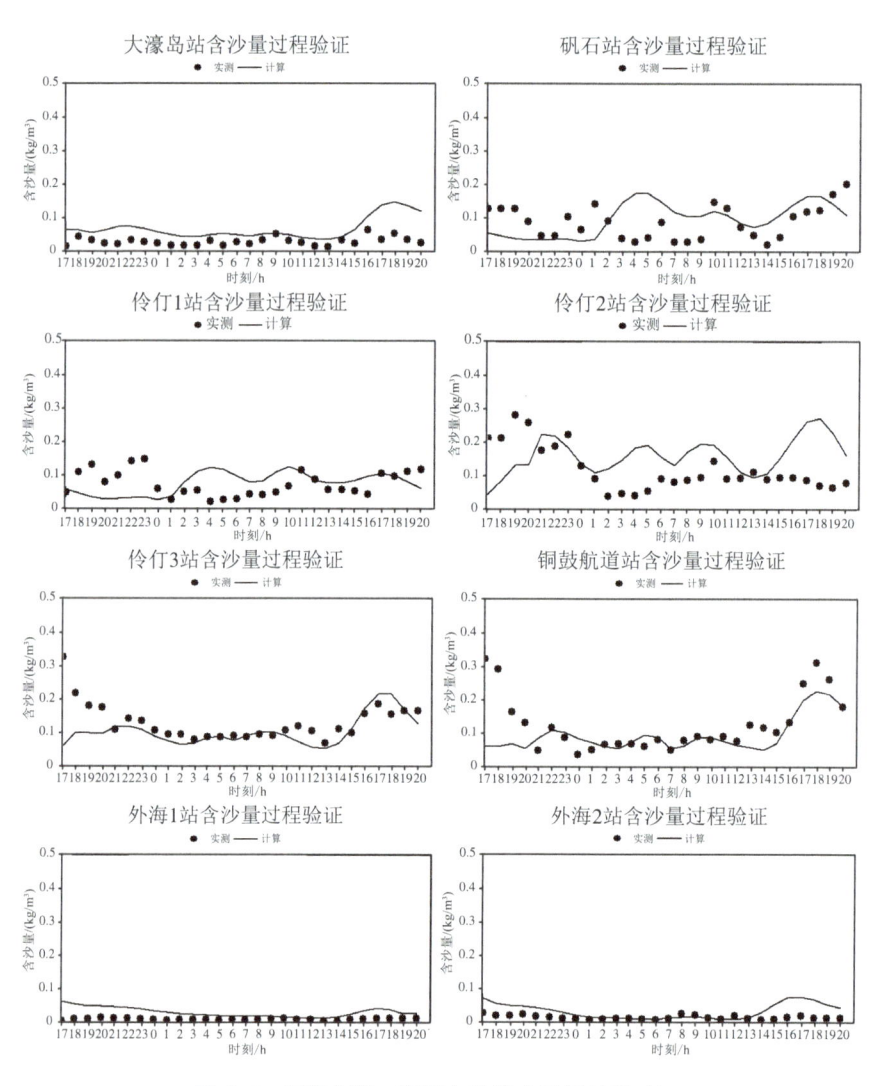

图 3.6 汛期大潮工程区各垂线含沙量过程验证

图 3.7 是模型采用枯季大潮潮型对 10 个验潮站实测潮位的验证结果，图 3.8 给出了该潮型各条垂线流速和流向过程计算与实测的对比结果，图 3.9 给出了各垂线含沙量过程模型与实测的对比结果。从这些图中点、实曲线的线型以及峰谷位置比较来看，模型所模拟的各站潮位过程与天然情况比较吻合，模型计算出的各条垂线的流速大小、流向变化及含沙量过程形态与实测结果基本趋于一致，验证结果比汛期大潮水情要好些。

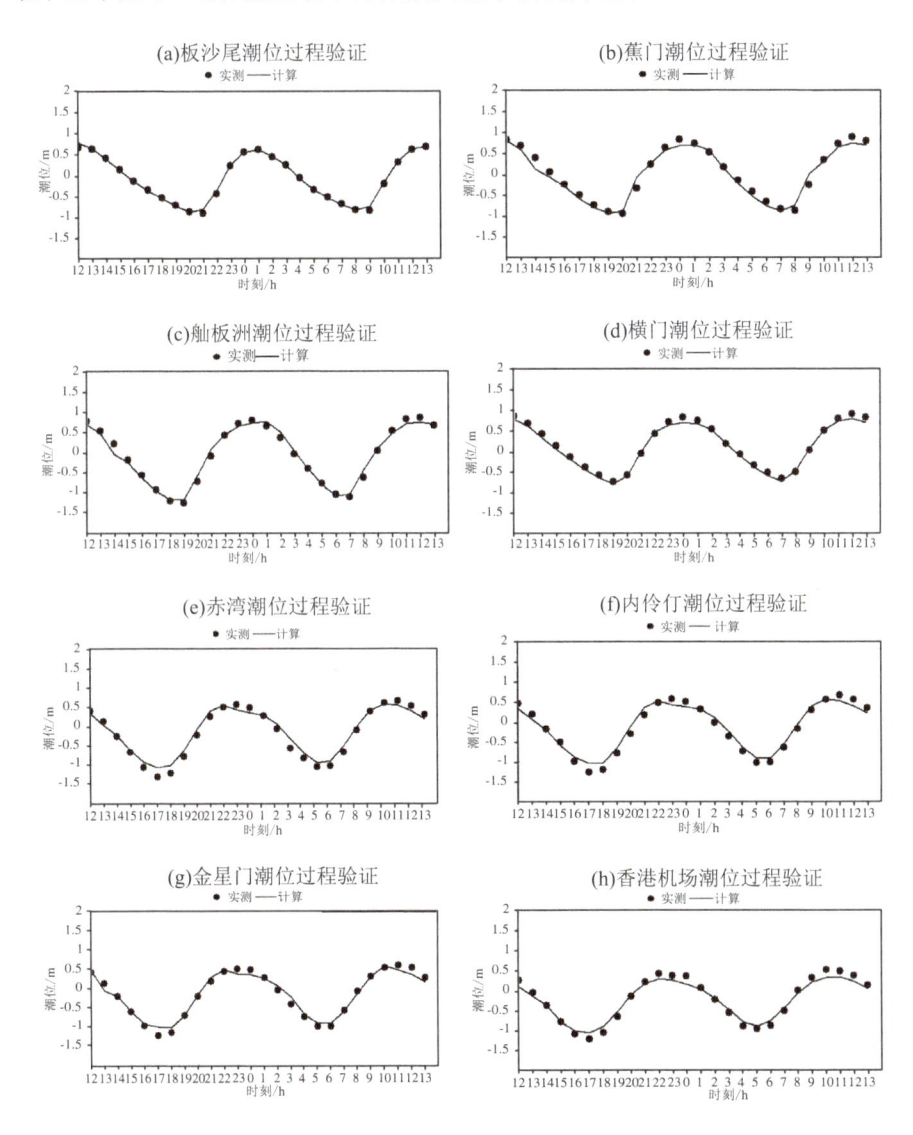

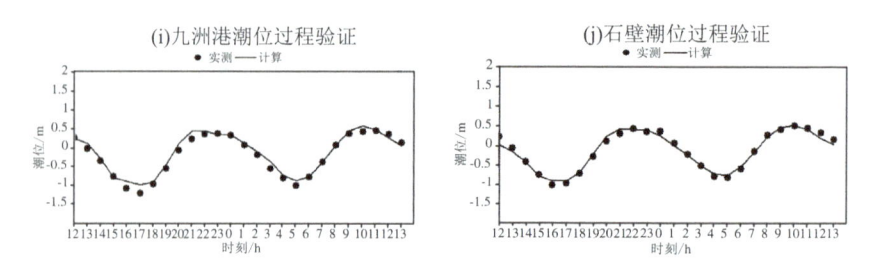

图 3.7　枯季大潮各站潮位过程验证

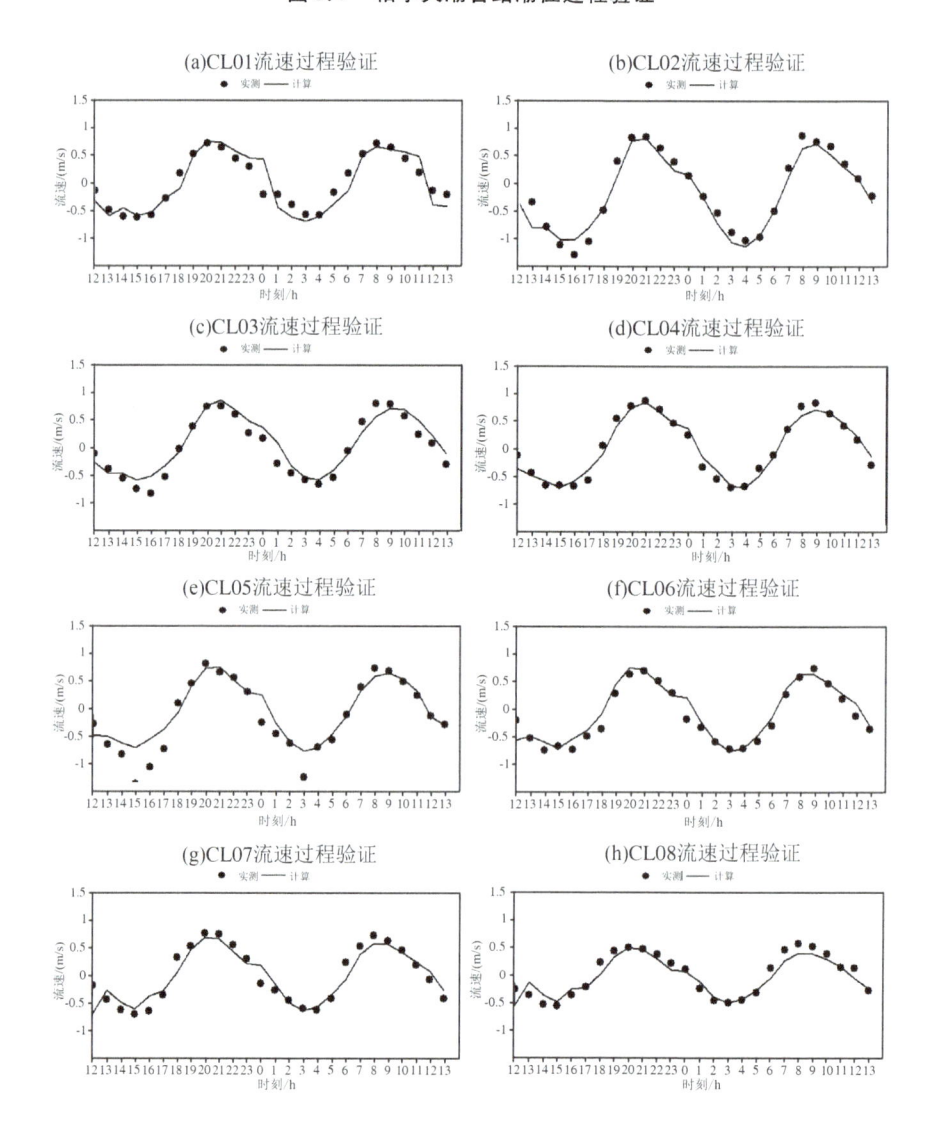

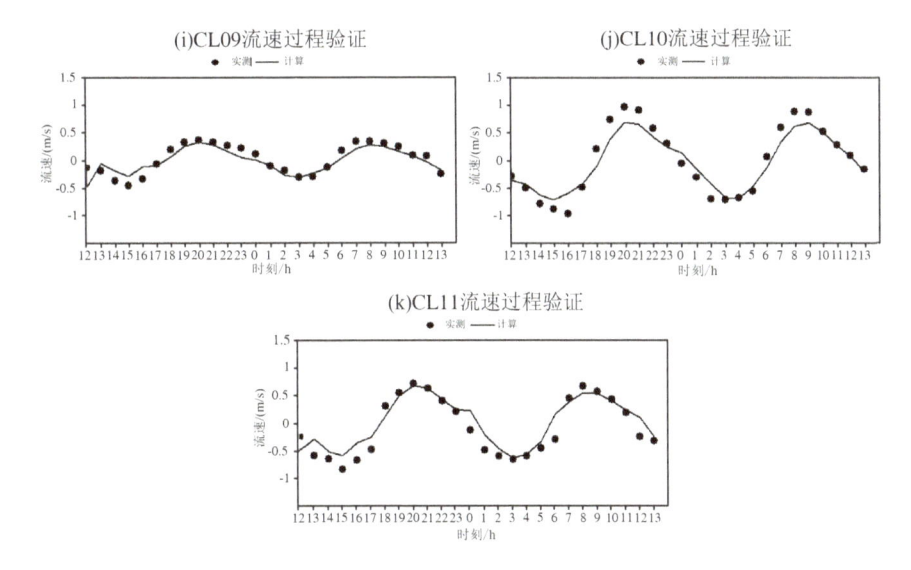

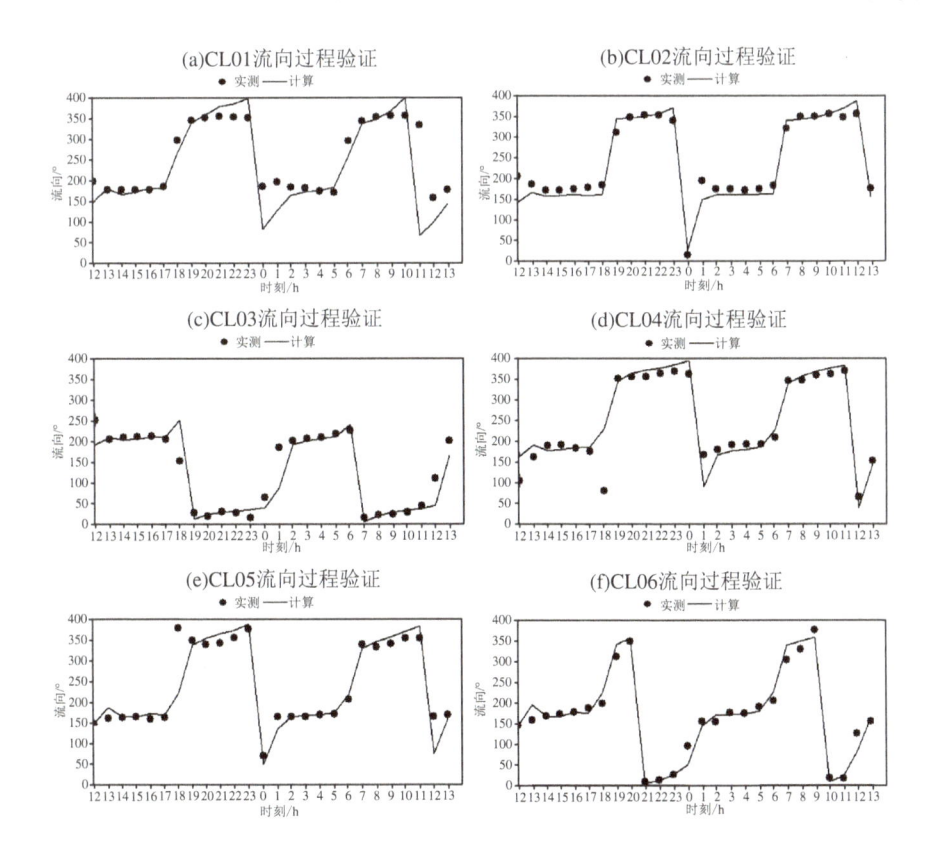

图 3.8(a)　枯季大潮各站流速过程验证

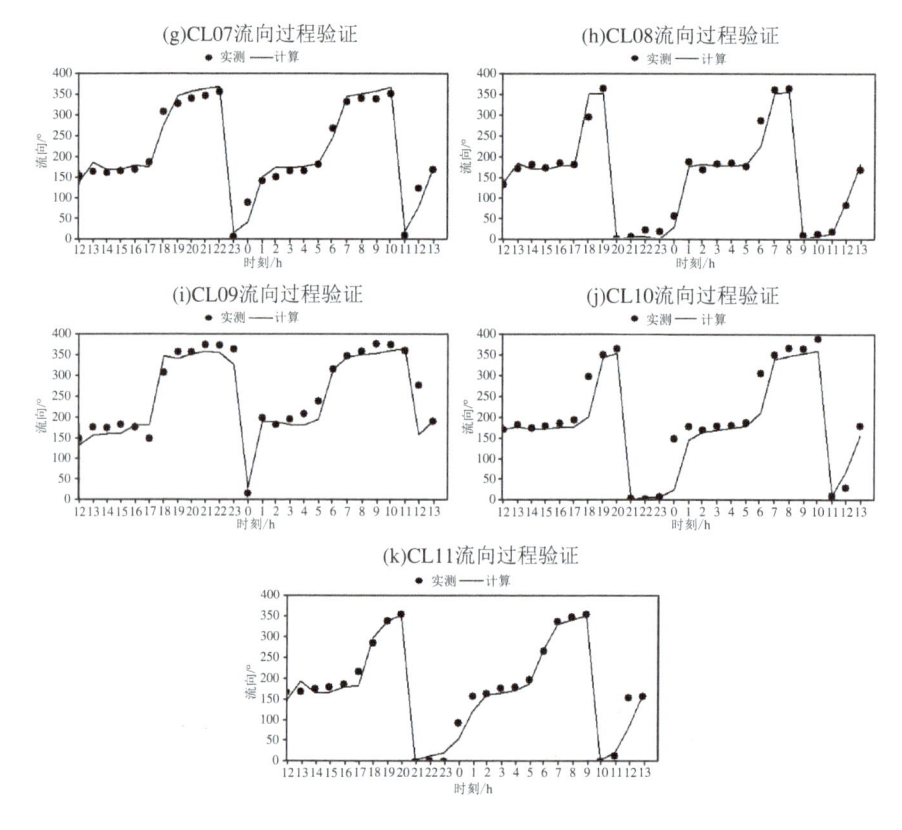

图 3.8(b)　枯季大潮各站流向过程验证

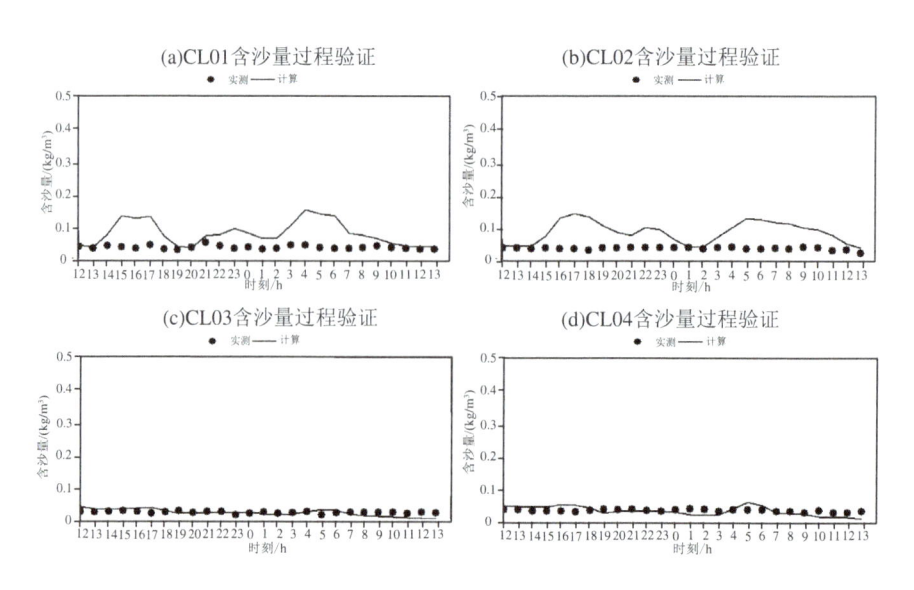

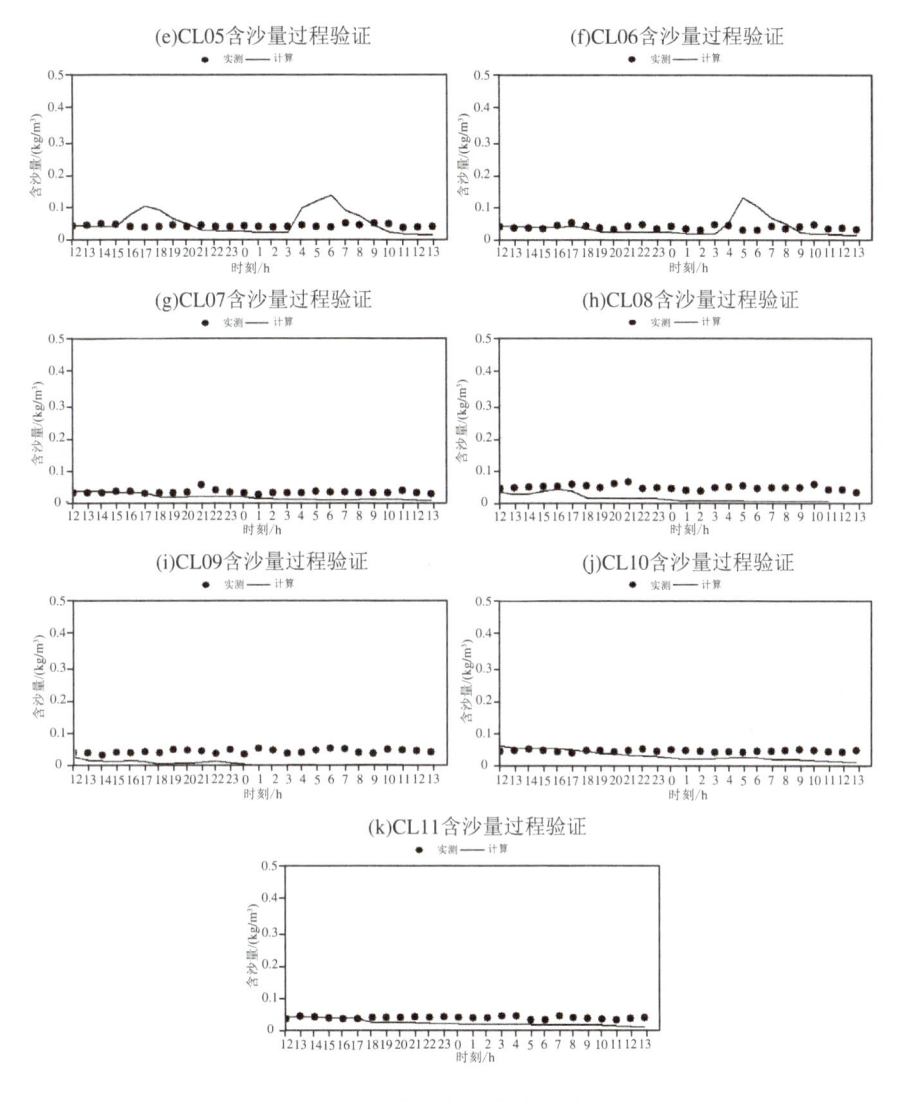

图 3.9　枯季大潮各站含沙量过程验证

图 3.10 给出了汛期大潮伶仃洋水域在涨急和落急时刻的潮流流态平面分布。从图中可以看出,主槽流速强于边滩、东部大于西部;涨落潮主流与主槽走向基本趋于一致;西滩各口门水道与主深槽的交汇处分汇流态比较明显。在落急时刻,上游各水道的水流一起下泄进入伶仃洋,汇同伶仃洋的落潮流水体向南运动,伶仃洋东槽的落潮水体在同深圳湾的落潮流汇合后继续向南流动,在铜鼓海域受香港机场顶托分成两股,一股向东经香港水道流出

伶仃洋,另一股转向西南,绕过大濠岛向东南流动。涨潮时刻,经香港水道的涨潮水体自东向西进入伶仃洋,与经珠海至大濠岛断面的涨潮水体在铜鼓海区汇合,向北流动,并在赤湾附近分流,一股潮流流入深圳湾,另一股继续向北流动。

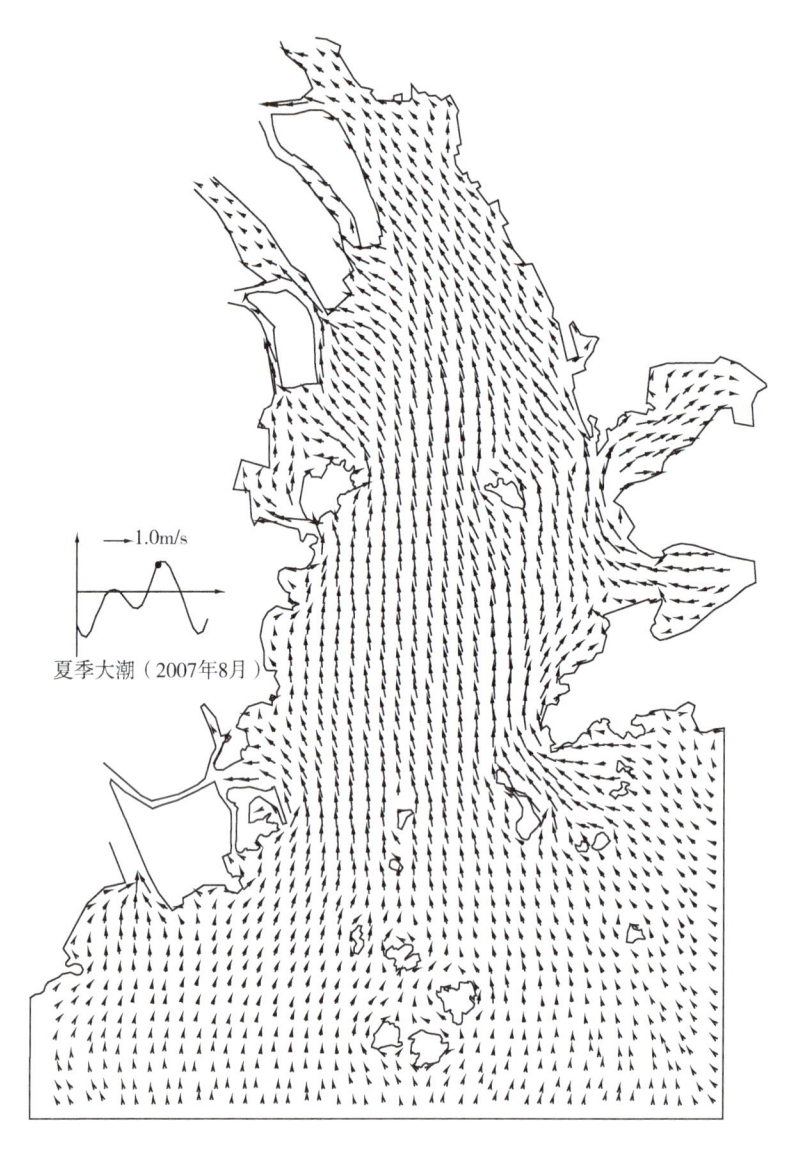

图 3.10(a) 汛期大潮伶仃洋涨急流态

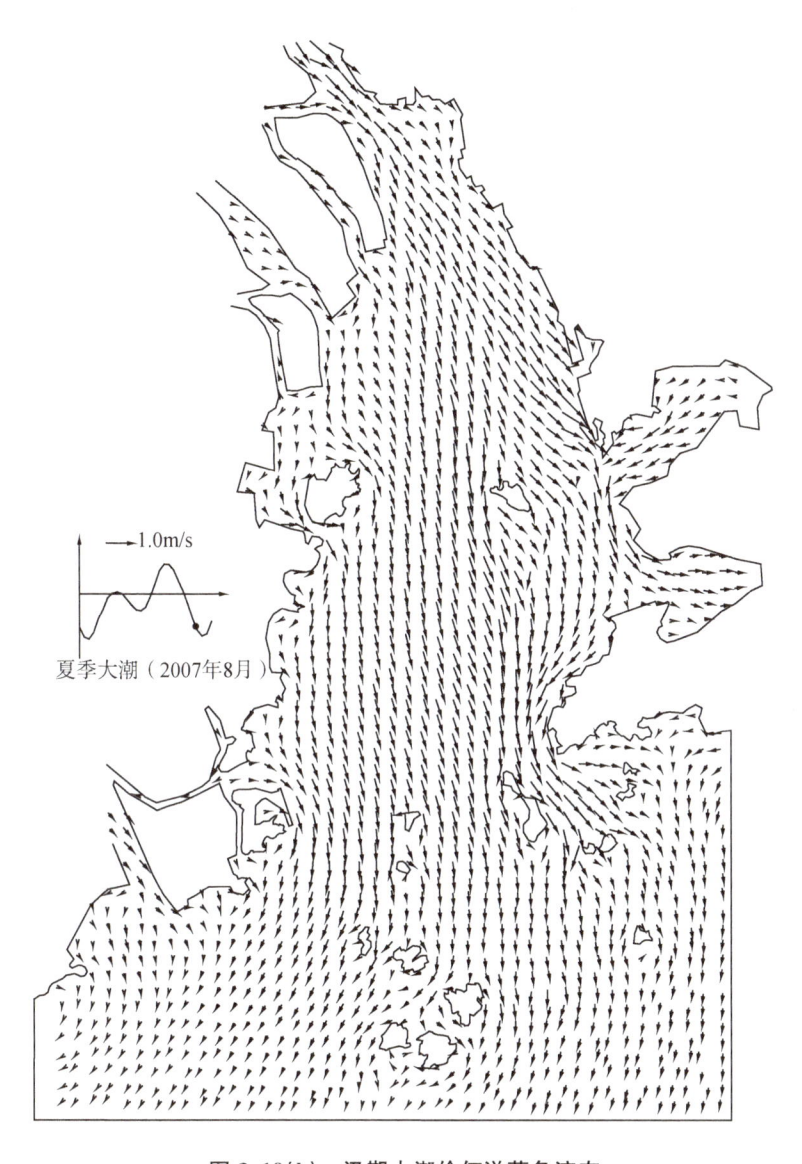

图 3.10(b) 汛期大潮伶仃洋落急流态

图 3.11 是枯季大潮伶仃洋水域在涨急和落急时刻的潮流流态平面分布。从图中可以看出,主槽流速强于边滩、东部大于西部;涨落潮主流与主槽走向基本趋于一致;西滩各口门水道与主深槽的交汇处分汇流态比较明显。在落急时刻,上游各水道的水流一起下泄进入伶仃洋,汇同伶仃洋的落潮流水体向南运动,伶仃洋东槽的落潮水体在同深圳湾的落潮流汇合后继续向南流动,在

铜鼓海域受香港机场顶托分成两股，一股向东经香港水道流出伶仃洋，另一股转向西南，绕过大濠岛向东南流动。涨潮时刻，经香港水道的涨潮水体自东向西进入伶仃洋，与经珠海至大濠岛断面的涨潮水体在铜鼓海区汇合，向北流动，并在赤湾附近分流，一股潮流流入深圳湾，另一股继续向北流动。

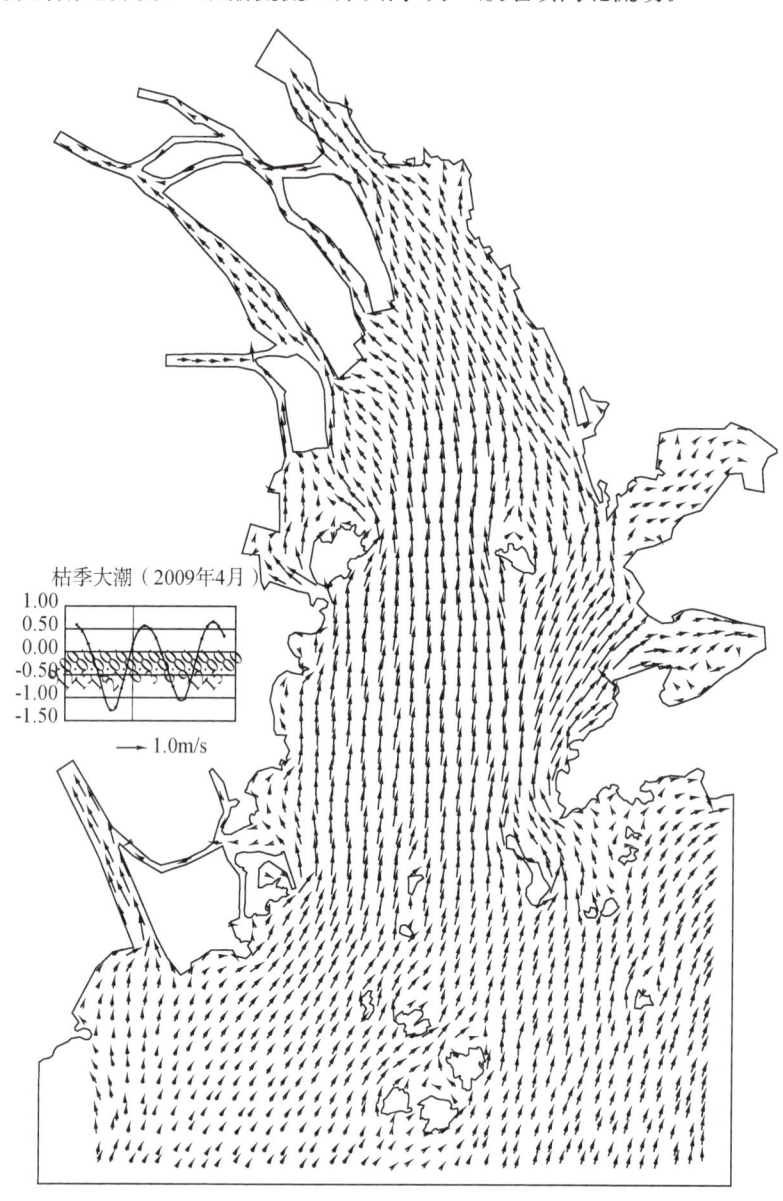

图 3.11(a)　枯季大潮伶仃洋涨急流态

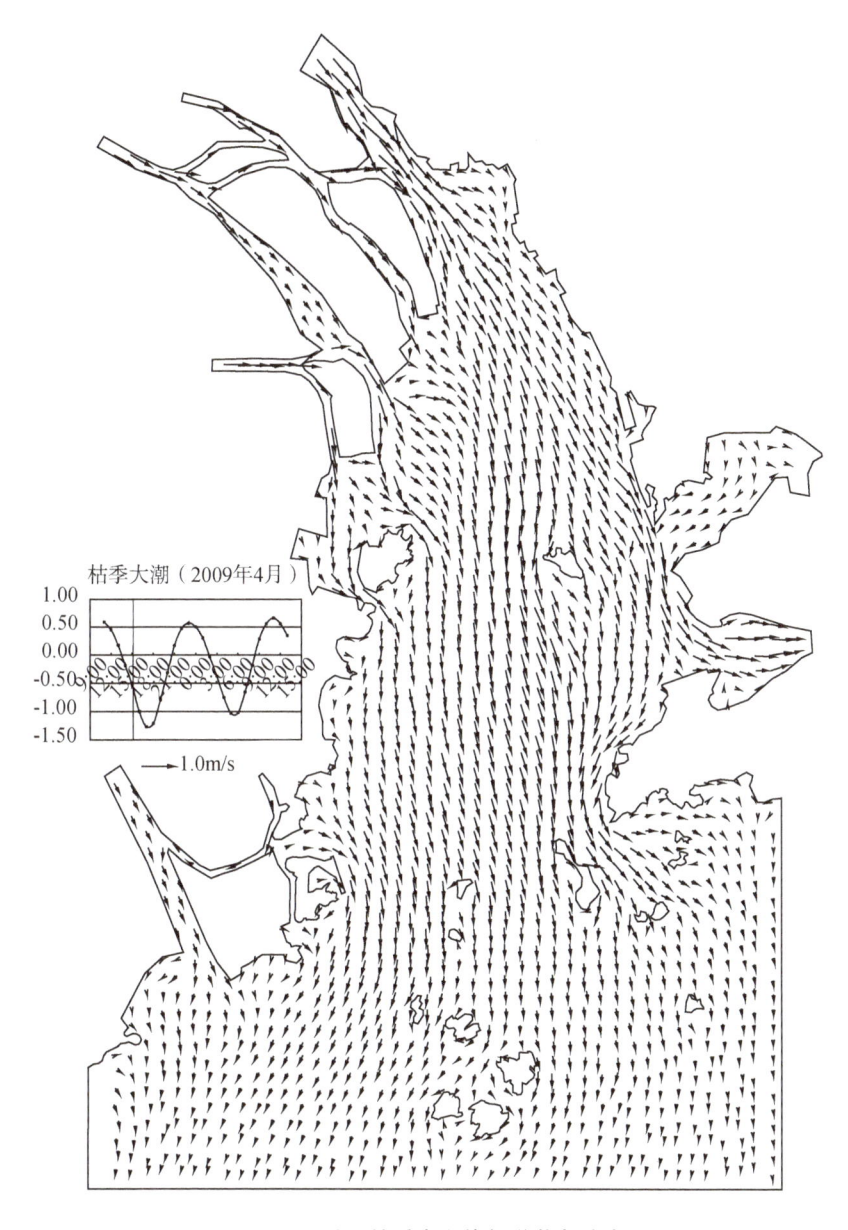

图 3.11(b)　枯季大潮伶仃洋落急流态

图 3.12 和图 3.13 分别给出汛期大潮和枯季大潮涨落时刻伶仃洋的含沙量分布。从图中看出伶仃洋海域的含沙量分布具有如下特征：含沙浓度总体较低，与流速变化基本对应，汛期明显大于枯季，落潮通常超过涨潮，东部普遍低于西部，深槽一般小于浅滩。

(a) 落潮　　　　　　　　　　　　　　(b) 涨潮

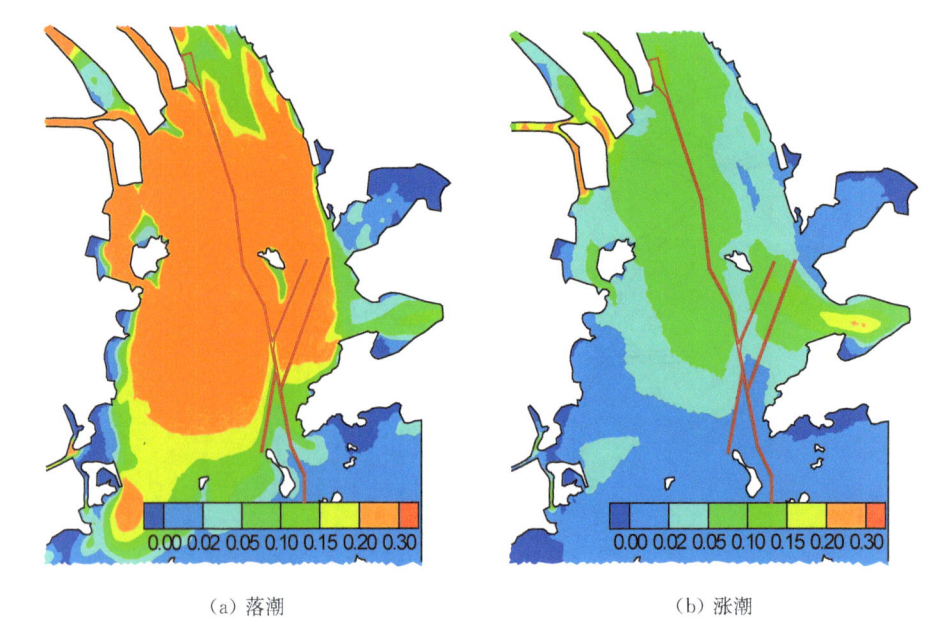

图 3.12　汛期大潮伶仃洋水体含沙量平面分布(单位:kg/m³)

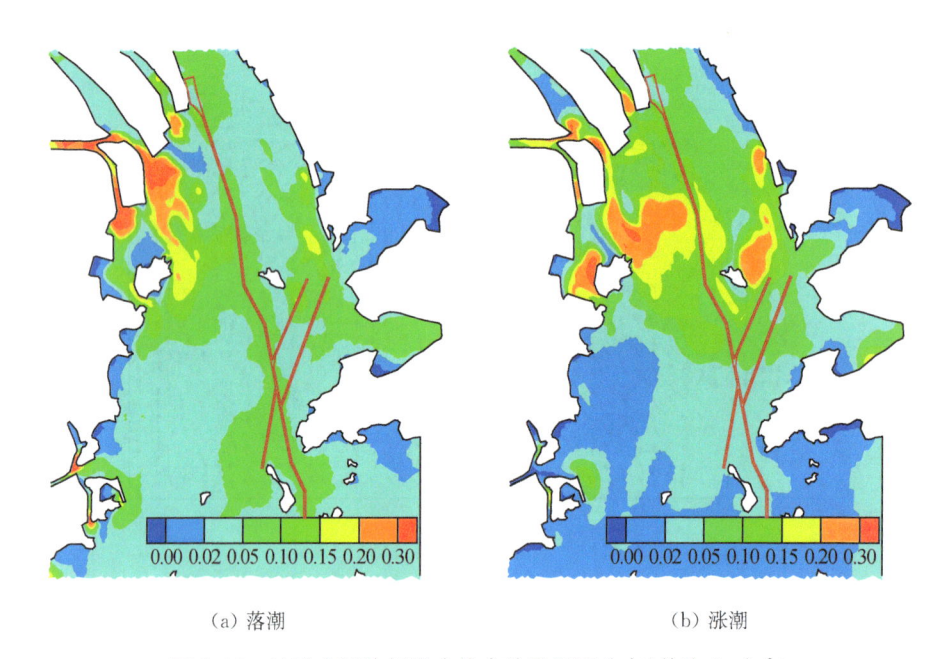

(a) 落潮　　　　　　　　　　　　　　(b) 涨潮

图 3.13　枯季大潮伶仃洋水体含沙量平面分布(单位:kg/m³)

(2) 泥沙冲淤验证

在对海床冲淤变化进行验证时,采用悬沙数学模型,选取港珠澳大桥的试挖槽作为验证对象,并与伶仃航道和铜鼓航道的泥沙回淤实测值进行了对比。

① 试挖槽回淤验证

港珠澳大桥工程的试挖槽选择在西人工岛东侧 540 m 处的水域,海床平均标高 −9.5 m(理基),槽底宽 21 m,槽底长 100 m,槽型为东西走向,挖深至底标高 −21 m,相对开挖深度平均为 11.5 m。试挖槽边坡比分别取 1∶5、1∶6(南侧)和 1∶8、1∶10(北侧),东西两端纵向边坡比则均取 1∶10,形状如图 3.14(a)。从试挖槽竣工后底槽平均水深的变化来看,从 2009 年 2 月 6 日到 5 月 8 日 3 个月的枯季水情期间,试挖槽底槽平均淤厚为 0.40 m;而在 5 月 8 日到 10 月 13 日 5 个月的汛期水情期间,试挖槽底槽平均淤厚为 0.83 m[图 3.14(b)]。本次模型将通过枯季和汛期两种水情模拟试挖槽的泥沙回淤过程,首先通过枯季大潮过程模拟枯季 3 个月的泥沙回淤过程,根据枯季 3 个月期间的泥沙回淤厚度对试挖槽水下地形进行修正,而后通过汛期大潮过程模拟汛期 5 个月的泥沙回淤过程。枯季 3 个月和汛期 5 个月的试挖槽淤厚平面分布可见图 3.15,模型计算的枯季 3 个月试挖槽平均淤厚为 0.38 m,汛期 5 个月平均淤厚为 0.78 m,与实际淤厚误差在 10% 以内,符合泥沙冲淤数值模拟的精度要求。试挖槽淤积形态表现为槽底最大,其中北边坡淤厚大于南边破,西边坡大于东边坡,这与试挖槽实际淤积形态的平面分布比较相似。

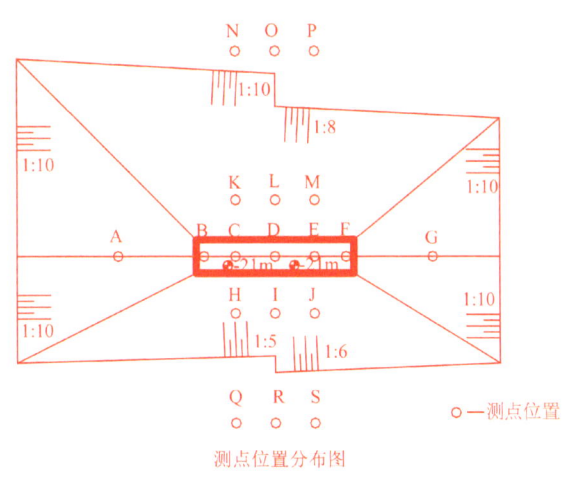

测点位置分布图

图 3.14(a) 港珠澳大桥试挖槽平面形状示意

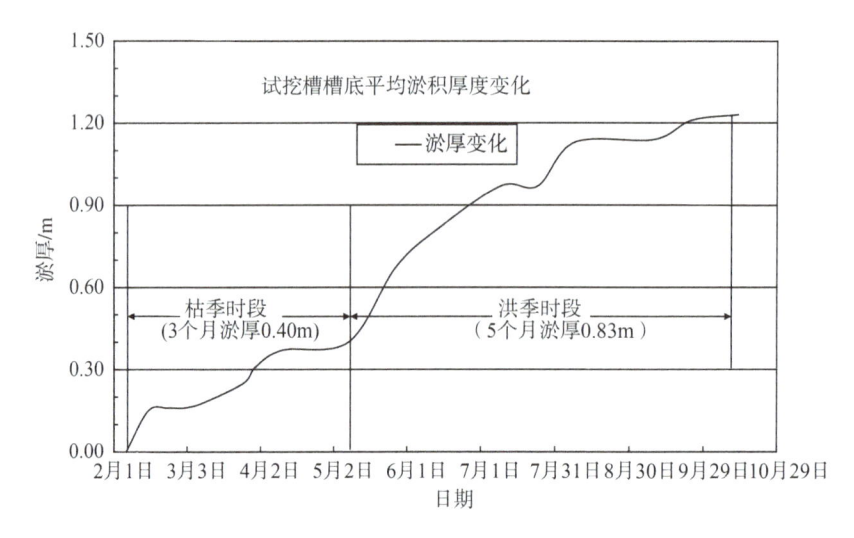

图 3.14(b)　试挖槽底槽平均淤厚变化

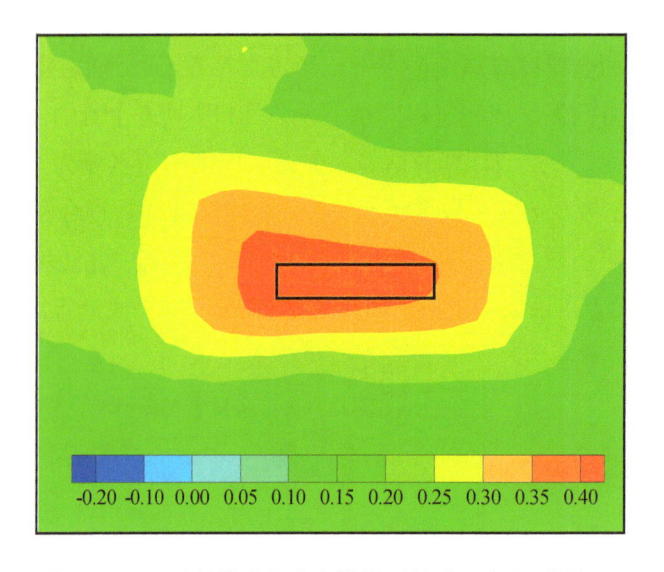

图 3.15(a)　试挖槽淤积分布模拟 1(枯季 3 个月,单位 m)

② 航道回淤对比

这里采用经过试挖槽回淤验证的潮流泥沙数学模型,以枯季大潮作为控制潮型,模拟计算伶仃航道开挖段(KP18—KP60 段)在枯季水情下的航槽沿程回淤分布,并与伶仃航道 2008 年 1 月至 4 月枯季 3 个月航槽回淤分布进行比对(伶仃航道沿程的桩号和转折点位置见图 3.16)。在洪季水情下的泥沙

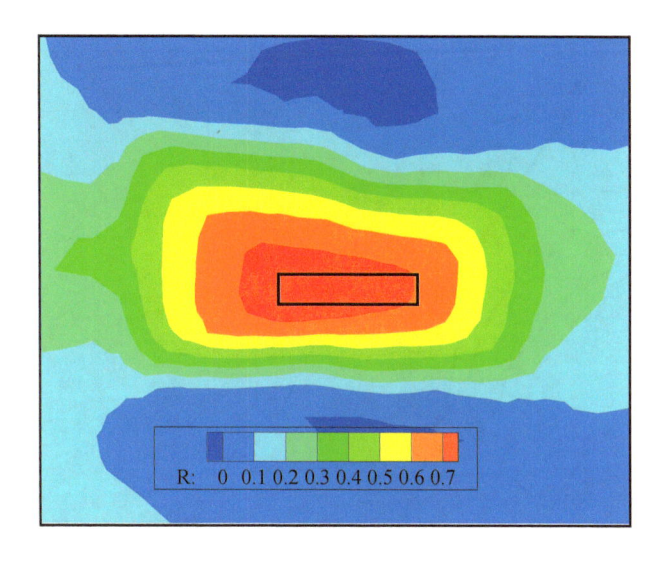

图 3.15(b) 试挖槽淤积分布模拟 2(洪季 5 个月,单位 m)

淤积过程模拟时采用洪季大潮作为控制潮型,模拟洪季 2 个月期间铜鼓航道的航槽回淤分布,并与该航道(KP14—KP18 段)2007 年 8 月至 10 月洪季 2 个月的航槽沿程回淤分布进行比对。

数学模型首先采用枯季大潮作为控制潮型,对 2008 年 1 月至 4 月伶仃航道 3 个月间的泥沙回淤分布进行了模拟计算。图 3.17 显示了伶仃航道从 KP18(开挖起始段)到 KP60(南沙港段)实测值与计算值的回淤分布情况,结合表 3.2 对各航段泥沙回淤平均厚度和回淤量的统计可以看出,实测值和计算值在 KP18—KP50 段都表现为淤积,在 KP51—KP58 段(接近南沙港)的实测值表现为冲刷,模型计算值仍表现为淤积。从 KP18—KP50 航道各段回淤情况来看,其中 D—E 航段的计算值和实测值比较接近,实测平均淤强 0.35 m,计算值为 0.39 m。开挖段 KP18—KP60 航段的实测平均淤强为 0.28 m,模型计算值为 0.29 m,计算与实测相差 3.6%。从 KP18—KP60 航段的航槽沿程累计淤积量对比可以看出,在枯季 3 个月期间航槽回淤总量为 305.8×10⁴ m³,模型计算的回淤总量 316.7×10⁴ m³,计算值与实际值相差也在 5.0%以内。

另据调查,铜鼓航道 KP14—KP18 段在 2007 年 8 月份至 10 月份间 2 个月的航槽平均淤厚为 0.33 m,回淤总量 53.4×10⁴ m³(航槽底宽 205 m)。模型采用洪季大潮作为控制潮型,模拟了 2 个月内铜鼓航道 KP14—KP18 段的

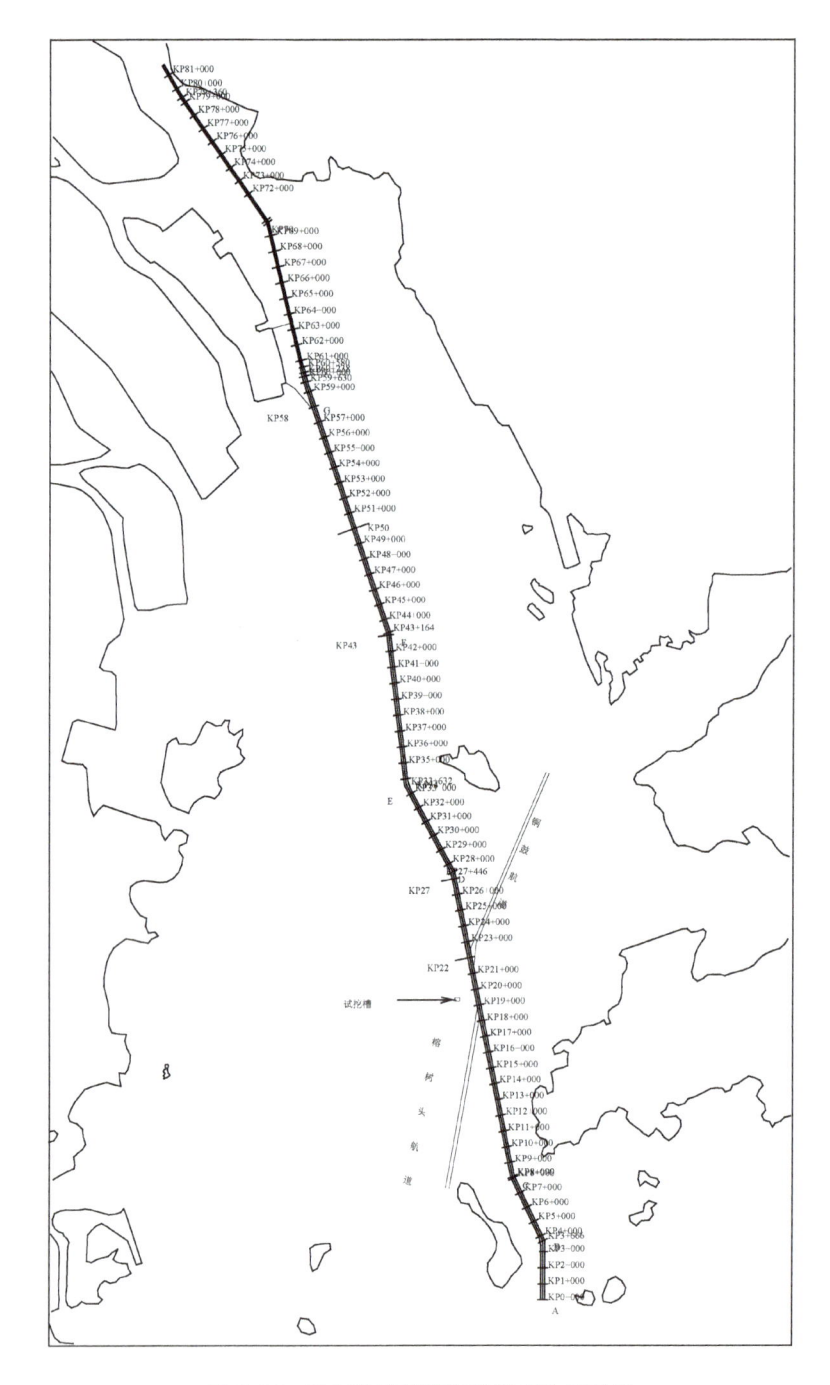

图 3.16　伶仃航道桩号和转折点位置示意

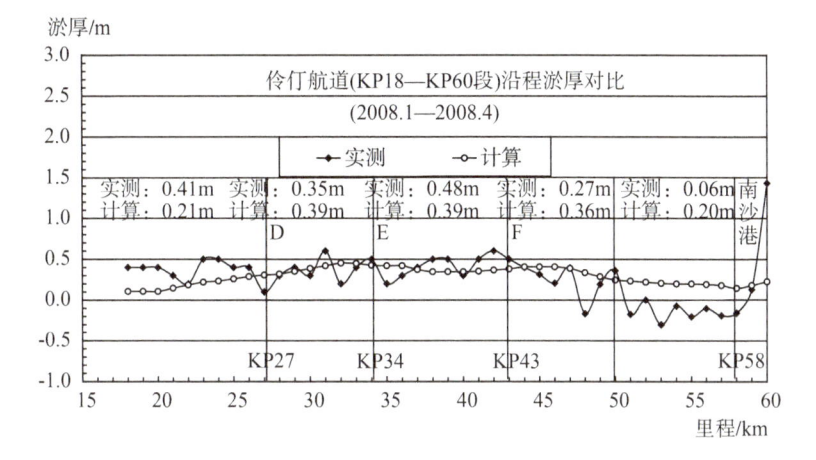

图 3.17(a)　伶仃航道 KP18—KP60 段沿程淤厚对比(枯季三个月)

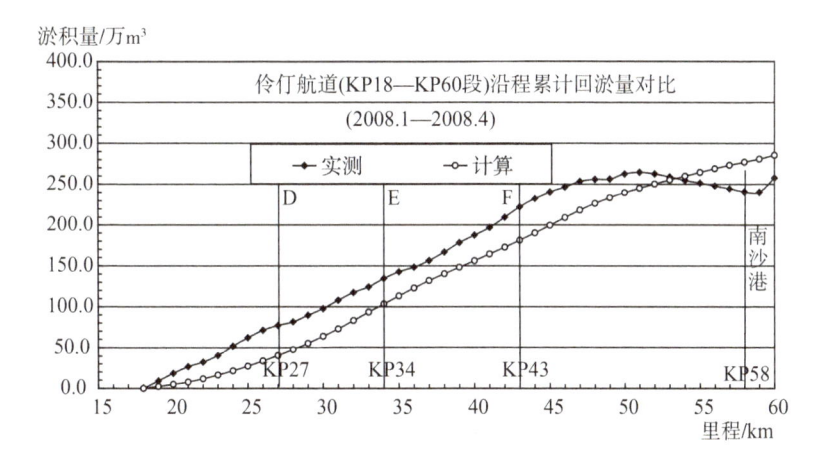

图 3.17(b)　伶仃航道 KP18—KP60 段沿程累计淤积量对比(枯季三个月)

表 3.2　伶仃航道各航段回淤的实测与计算对比

航段	淤厚/m 实测	淤厚/m 计算	回淤量/10⁴ m³ 实测	回淤量/10⁴ m³ 计算
KP18—KP27(D)	0.36	0.20	84.2	46.8
KP27(D)—KP34(E)	0.35	0.39	63.7	71.0
KP34(E)—KP43(F)	0.43	0.38	100.6	88.9
KP43(F)—KP50	0.27	0.36	49.1	65.5
KP50—KP60(G)	0.06	0.20	15.6	52.0
KP18—KP60(G)	0.28	0.29	305.8	316.7

泥沙回淤分布,数模计算结果与实测值的对比情况可见图3.18。模型计算该段航道的平均淤厚为0.32 m,泥沙回淤量为53.1×10⁴ m³,计算值与实际值比较接近。

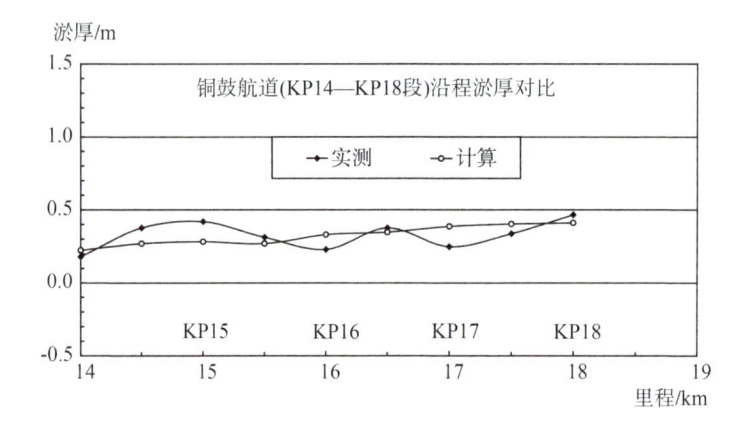

图3.18(a)　铜鼓航道(KP14—KP18)沿程淤厚对比

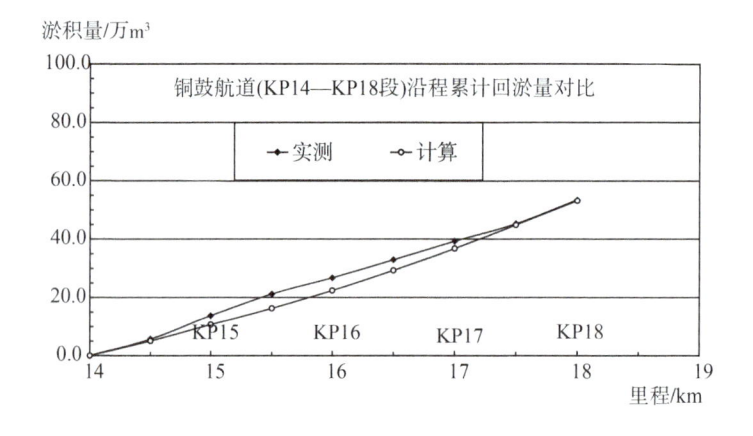

图3.18(b)　铜鼓航道(KP14—KP18)沿程淤厚对比

模型分别采用枯季大潮和洪季大潮潮型模拟计算了伶仃航道KP18—KP60段和铜鼓航道KP14—KP18段的泥沙回淤,从实测值和计算值的对比来看,航槽泥沙回淤的平均淤厚和回淤总量都比较接近,基本上可以满足泥沙回淤数值模拟的精度要求。

上述结果表明,本模型对于枯季大潮和汛期大潮的控制水情采用的计算参数,能较好地复演出伶仃洋水域的潮流和泥沙运动情况,所模拟的潮流和运动变化过程满足验证要求,对试挖槽泥沙回淤的模拟达到了模拟规范的精度要求,并分别对伶仃航道 KP18—KP60 段和铜鼓航道 KP14—KP18 段的泥沙回淤实测值进行了对比,计算值与实测值比较接近。综上,可以表明模型设计正确、概化合理、控制有效。因此本次采用的模型可以作为研究港珠澳大桥工程水域泥沙回淤数值模拟的工具。

3.1.5 工可阶段方案桥墩平面概化

港珠澳大桥的起点在香港,跨越珠江口,最后分成 Y 字形,一端连接珠海,一端连接澳门。大桥建设采用桥隧结合形式,伶仃洋主通航区段为隧道,非主通航区段为桥梁,用人工岛实现桥隧结构转换。中交公路规划设计院在前期工程可行性研究方案的基础上,对桥隧布置方案进行了优化设计,在桥隧平面线位基本不变的情况下,通过对主通航区人工岛尺度、形态的改变和非主通航区桥孔跨距的调整及桥墩垂直截面的处理,提出了四个初步优化方案(图 3.19)。

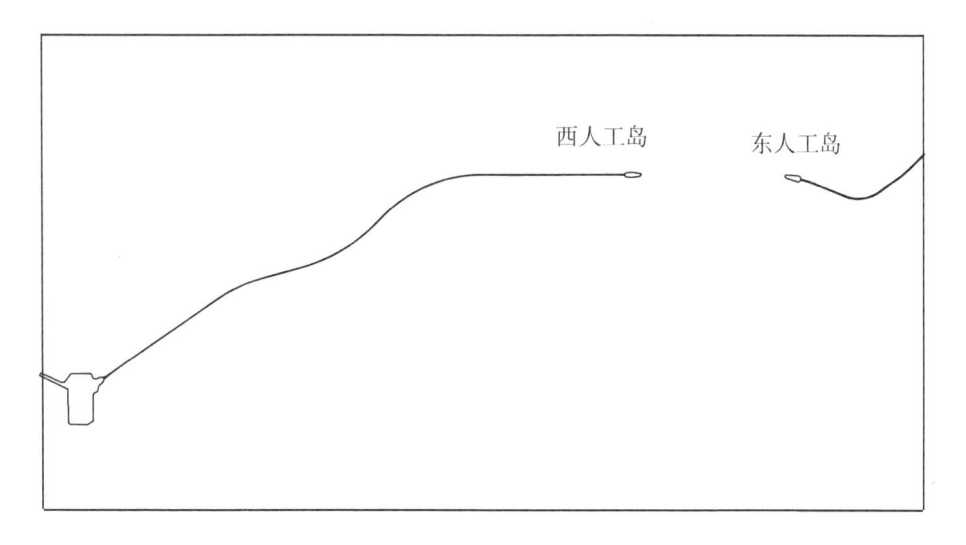

图 3.19　港珠澳大桥推荐线位总体平面布置示意

(1) 非通航孔桥墩

港珠澳大桥非通航桥孔可分为三段,香港侧桥段即从桥起点到东人工岛之间总长约 6.3 km,该桥段桥墩桥跨 70 m,承台埋入土中,桥墩迎水面宽 3 m。四个方案在该段的桥墩布置完全一致。

第二段从西人工岛往西至桥位桩号 K28+720 处,总长约 15.5 km。该段桥墩采用 100 m 和 110 m 两种跨距,其中方案一和方案三、四为 110 m,方案二为 100 m。桥墩承台方案一、方案二露出泥面,方案三、方案四则埋入土中。对于承台露出泥面桥墩的迎水宽度,在平面二维模型中,只能根据承台与桥墩在水中比例进行加权平均概化,靠近西人工岛西侧的桥墩,概化后迎水宽度为 8.2 m,往西随着水深减小,承台所占比重相应增大,桥墩概化宽度也逐渐加大,到了该桥段西端,桥墩概化宽度已达 12.4 m;当承台完全沉入泥面(如方案三、方案四),模型则按桥墩迎水面宽度 4.0 m 的实际情况进行工程概化。

第三段位于珠海一侧海域,从 K28+720 到终点共计 6.8 km,该桥段桥墩采用 70 m 或 75 m 两种跨距,其中方案一 70 m,方案二和方案三、方案四为 75 m。该桥段承台全部沉入泥面,桥墩按照迎水面宽度 3.0 m 进行工程概化。

(2) 通航孔桥墩

港珠澳大桥自西向东,横跨伶仃洋,总长 55 km。自伶仃洋东侧的香港机场至西侧珠海口岸,依次与香港侧航道、广州出海航道、铜鼓航道、青州航道、江海直达船航道以及九洲航道相交,其中与广州出海航道和铜鼓航道交汇处采用隧道方式,其他航道则采用较大跨度的桥梁方式通过。

香港侧航道:主桥墩 4 根,迎水面 7.9 m,顺水面长度 21.9 m。

青州航道:主桥墩 2 根,迎水面 18.0 m,顺水面长度 34.0 m;副主桥墩 2 根,迎水面 14.8 m,顺水面长度 30.0 m。

江海直达船航道:主桥墩 3 根,迎水面宽 15.0 m,顺水面长度 19.0 m。

九洲航道:主桥墩 2 根,迎水面宽 14.0 m,顺水面长度 34.0 m。

以上通航孔桥墩尺寸概化均采用承台和桥墩所占比重的计算值,前三个方案在通航孔桥墩的设计尺度完全相同。方案四在通航孔桥墩布置上与前三个方案有所区别,青州航道主桥墩 2 根,迎水面 19.3 m,顺水面长度 35.0 m,副主桥墩 4 根,迎水面 10.8 m,顺水面长 19.8 m;九洲航道主桥墩 2 根,迎水面宽 17.2 m,顺水面长度 24.6 m。

(3) 东、西人工岛

人工岛布置在伶仃主航道两侧,在四种方案中分别采用不同形状,且两人工岛间距也有差别。

方案一：人工岛采用矩形形状，迎水面长度 750 m，顺水方向 135 m，东西人工岛间距 5 323 m。

方案二：人工岛采用椭圆形状，迎水面长度 750 m，顺水方向 150 m，东西人工岛间距 5 323 m。

方案三：人工岛采用鹅卵形状，大头侧指向桥梁，小头侧指向隧道，迎水面长度 700 m，顺水方向大头端 190 m、小头端 100 m，东西人工岛间距 5 423 m。

方案四：两人工岛采用鹅卵形状，大头侧指向桥梁，小头侧指向隧道，迎水面长度 625 m，西岛外形略鼓顺水方向大头端 180 m、小头端 100 m，面积 93 688 m²；东岛外形略扁，顺水方向大头端 225 m、小头端 115 m，面积稍大为 102 462 m²，东西人工岛间距 5 573 m。

东西两人工岛形状一致，西人工岛为东西走向，东人工岛沿两端桩号斜向布置，人工岛岸壁按 1∶2 设置护坡。另外，在东西人工岛隧道一侧端部离岸一定距离各布置了 3 个防撞墩。人工岛平面布置尺度如表 3.3 所列。

表 3.3　人工岛工程尺度

参数	方案一	方案二	方案三	方案四
形状	矩形	椭圆	鹅卵形	鹅卵形
人工岛迎水面/m	750	750	700	625
人工岛宽度/m	135	150	100～190	115～225/100～180
人工岛面积/m²	99 845	87 656	99 270	102 462/93 688
两人工岛间距/m	5 323	5 323	5 423	5 573
海底隧道长度/m	5 323	5 323	5 423	5 573

3.1.6　工可阶段方案模型网格剖分

为较准确模拟出大桥工程桥墩及人工岛对水流的阻力效果，对桥墩等涉水建筑物的拟合是至关重要的。本模型采用的三角形网格剖分可以对小尺度桥墩和大尺度人工岛进行合理的边界概化，力求模拟出工程建筑物的真实形状。如图 3.20 和图 3.21 分别显示了大桥方案桥轴线和西人工岛附近水域网格剖分的情况，由图可以看出，桥区网格比较密，基本模拟出了涉水建筑物的形状和尺寸，其他水域网格则较粗。三个工程方案的网格剖分情况可见表 3.4。

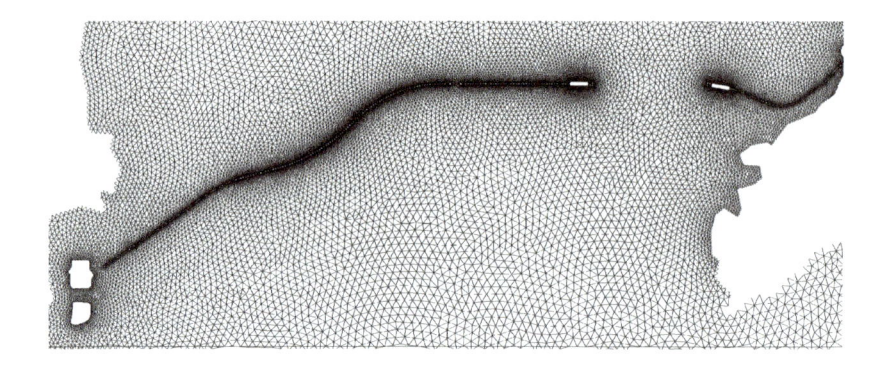

图 3.20　大桥桥区附近水域网格剖分示意

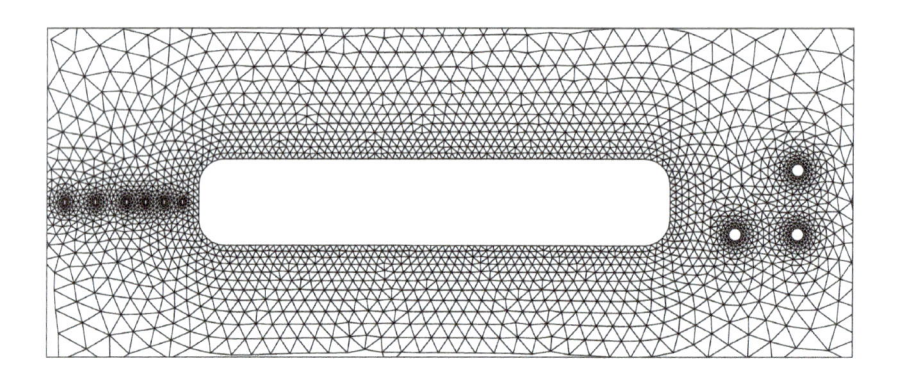

图 3.21(a)　方案一西人工岛水域网格剖分示意

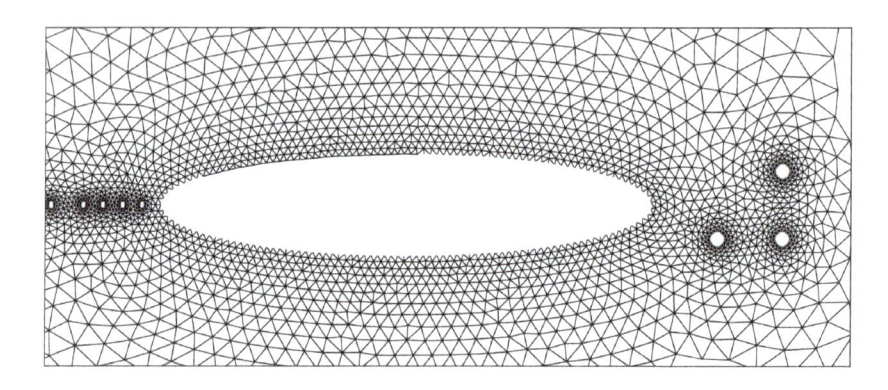

图 3.21(b)　方案二西人工岛水域网格剖分示意

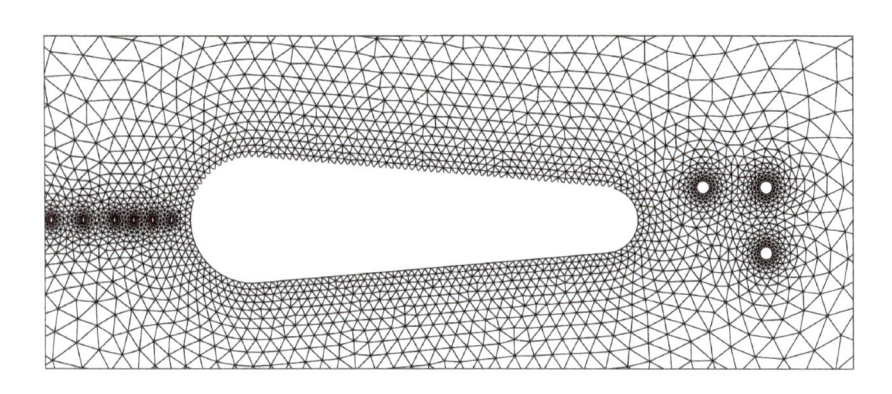

图 3.21(c) 方案三(或方案四)西人工岛水域网格剖分示意

表 3.4 各方案网格剖分情况统计

参数	方案			
	方案一	方案二	方案三	方案四
网格总数	136 910	139 245	118 779	120 035
网格最小边长/m	1.9	1.8	1.9	1.8

3.1.7 桥隧工程阻水比

港珠澳大桥总长 55 km,各个方案采用的桥跨以及人工岛的不同,造成各方案对水流的阻力也不同。方案一共有 325 根桥墩,包括人工岛,阻水比约为 12.1%;方案二采用 331 根桥墩,包括人工岛,阻水比约为 12.6%;方案三则采用 320 根桥墩,包括人工岛,阻水比约为 9.6%;方案四采用 318 根桥墩,包括人工岛,阻水比约为 9.0%。上述数据表明,方案一、方案二阻水比相差不大,方案三、方案四阻水比相对较小。大桥工程对伶仃洋潮流动力的影响究竟有多大,还需通过数学模型对四个方案潮流模拟结果进行对比分析,才能得到答案。

3.1.8 模型采样点布置

为了方便分析对比,模型除了保留伶仃洋周边 9 个验潮站之外,还布置了南沙—深圳机场、淇澳岛—内伶仃—赤湾和澳门外港—大屿山共 3 个潮量统计断面,并在伶仃深槽和西滩由北往南设置了 2 排纵向采样点(图 3.22),用以统计分析各方案的潮位、流速和潮量变化。另外,模型还在桥位上下游每

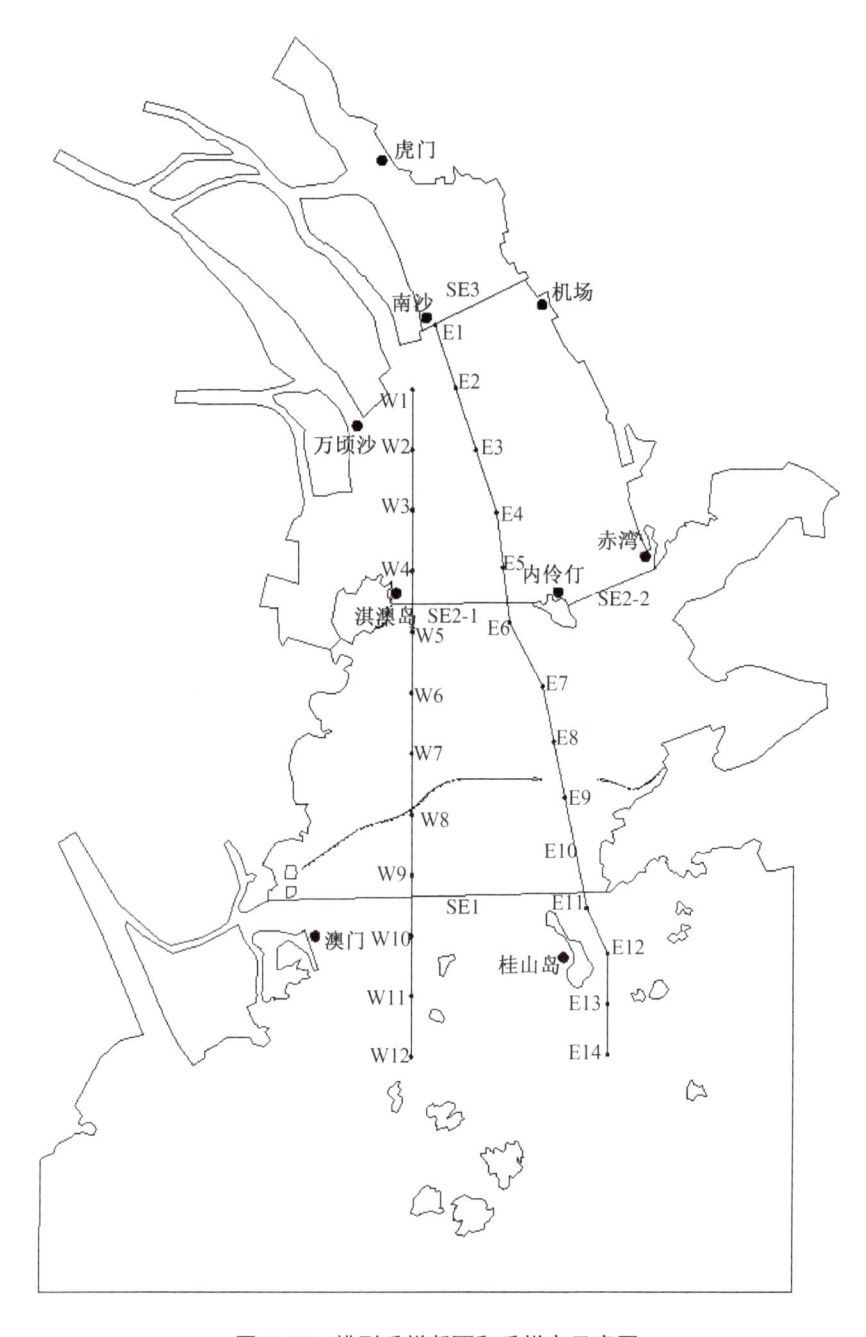

图 3.22 模型采样断面和采样点示意图

隔 3 km 设置一条与主桥平行的采样断面(共 8 个断面),用以分析桥区附近水域横向流速分布各方案所引起的变化;沿伶仃航道、铜鼓航道和榕树头航道每隔 5 km 布置一个采样点(图 3.23),用以统计分析工程前后航槽内的流速、流向变化。

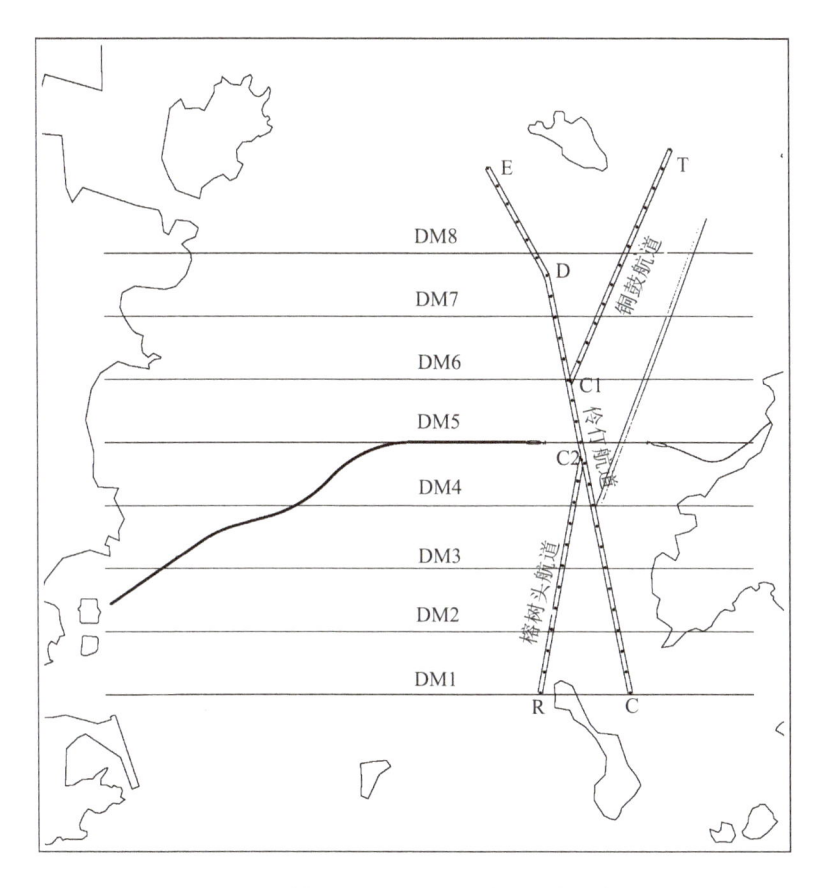

图 3.23　模型流速断面和航道采样点示意图

3.2　水动力环境影响模拟

3.2.1　潮位变化

表 3.5 为伶仃洋海区的主要潮位站的高低潮位在大桥工程前后的变化统计。对比四个工程方案可以看出:

表 3.5(a)　主要潮位站工程前后高潮位变化　　　　　　　　　　单位：m

潮位站	现状	方案一变幅	方案二变幅	方案三变幅	方案四变幅
大虎	0.990	+0.001	+0.002	+0.001	+0.001
万顷沙	0.961	+0.002	+0.002	+0.001	+0.001
南沙	0.963	+0.005	+0.005	+0.002	+0.002
宝安机场	1.020	−0.003	−0.003	−0.003	−0.002
淇澳岛	1.000	−0.015	−0.015	−0.012	−0.012
内伶仃	1.045	−0.007	−0.008	−0.007	−0.006
赤湾	1.111	−0.012	−0.013	−0.010	−0.010
澳门	0.946	−0.005	−0.005	−0.005	−0.005
桂山岛	0.980	−0.007	−0.008	−0.007	−0.007

表 3.5(b)　主要潮位站工程前后低潮位变化　　　　　　　　　　单位：m

潮位站	现状	方案一变幅	方案二变幅	方案三变幅	方案四变幅
大虎	−1.573	+0.001	+0.001	+0.001	+0.000
万顷沙	−1.442	+0.002	+0.002	+0.001	+0.002
南沙	−1.503	+0.011	+0.011	+0.011	+0.011
宝安机场	−1.490	+0.011	+0.011	+0.010	+0.011
淇澳岛	−1.371	+0.013	+0.010	+0.009	+0.009
内伶仃	−1.351	+0.011	+0.011	+0.010	+0.010
赤湾	−1.327	+0.012	+0.012	+0.010	+0.010
澳门	−1.333	+0.007	+0.007	+0.007	+0.006
桂山岛	−1.343	+0.013	+0.012	+0.010	+0.010

　　桥线位上游的大虎和南沙站的高潮位略有增加，位于桥位附近及桥线位下游的潮位站的高潮位均有所减小，高潮位变化总体表现为略有降低；而所有潮位站的低潮位均表现为抬升，最大增幅超过 1.0 cm。

　　各潮位站在工程后表现出的高潮位下降、低潮位抬升的趋势，在桥线位附近及下游水域表现得比较突出，且低潮位抬升的幅度要大于高潮位下降的幅度。这种高潮位下降、低潮位抬升的趋势导致各站潮差的减小，与工程前相比潮差减小幅度不超过 3.0 cm。

　　对比四个工程方案前后的高低潮位变化，方案一和方案二对潮差改变作用较大，方案三和方案四影响相对较小。

表 3.6 和表 3.7 分别统计了西滩纵断面和主槽纵断面自南向北高低潮位的沿程变化(断面位置见图 3.22),图 3.24 和图 3.25 为西滩纵断面和主槽纵断面的高低潮位工程前后分布。

表 3.6(a)　西滩纵断面高潮位沿程变化　　　　　　　　　　　　　单位:m

点位	现状	方案一变幅	方案二变幅	方案三变幅	方案四变幅
W1	0.906	−0.002	−0.002	−0.001	−0.001
W2	0.923	−0.002	−0.003	−0.006	−0.001
W3	0.985	−0.006	−0.006	−0.007	−0.004
W4	1.014	−0.009	−0.008	−0.010	−0.007
W5	1.040	−0.012	−0.012	−0.013	−0.010
W6	1.038	−0.011	−0.009	−0.010	−0.009
W7	1.023	−0.005	−0.003	−0.004	−0.003
W8(桥位)	1.016	−0.007	−0.006	−0.008	−0.007
W9	1.005	−0.009	−0.010	−0.010	−0.010
W10	0.974	−	−0.006	−0.006	−0.006
W11	0.954	−0.002	−0.003	−0.002	−0.003
W12	0.937	−	−0.006	−0.006	−0.006
平均	0.985	−0.007	−0.007	−0.006	−0.006

表 3.6(b)　西滩纵断面低潮位沿程变化　　　　　　　　　　　　　单位:m

点位	现状	方案一变幅	方案二变幅	方案三变幅	方案四变幅
W1	−1.446	+0.003	+0.003	+0.002	+0.002
W2	−1.419	+0.006	+0.006	+0.005	+0.004
W3	−1.393	+0.011	+0.010	+0.009	+0.009
W4	−1.374	+0.012	+0.009	+0.008	+0.009
W5	−1.358	+0.010	+0.007	+0.006	+0.006
W6	−1.358	+0.012	+0.008	+0.008	+0.008
W7	−1.358	+0.013	+0.011	+0.009	+0.010
W8(桥位)	−1.364	+0.011	+0.011	+0.009	+0.010
W9	−1.351	+0.013	+0.012	+0.009	+0.010
W10	−1.327	+0.008	+0.006	+0.006	+0.008
W11	−1.308	+0.003	+0.002	+0.002	+0.003
W12	−1.296	+0.004	+0.004	+0.004	+0.004
平均	−1.363	+0.010	+0.009	+0.008	+0.008

表 3.7(a) 主槽纵断面高潮位沿程变化 单位:m

点位	现状	方案一变幅	方案二变幅	方案三变幅	方案四变幅
E1	0.959	+0.005	+0.006	+0.002	+0.001
E2	0.969	−0.002	−0.003	−0.002	−0.001
E3	0.992	−0.005	−0.007	−0.003	−0.001
E4	1.017	0.002	−0.003	−0.006	0.004
E5	1.043	−0.009	−0.012	−0.013	−0.010
E6	1.054	−0.013	−0.011	−0.012	−0.009
E7	1.063	−0.016	−0.016	−0.015	−0.015
E8	1.055	−0.017	−0.016	−0.016	−0.016
E9(桥位)	1.046	−0.016	−0.015	−0.015	−0.015
E10	1.015	−0.011	−0.012	−0.011	−0.011
E11	0.972	−0.007	−0.007	−0.007	−0.007
E12	0.940	−0.005	−0.005	−0.005	−0.004
E13	0.950	−0.005	−0.006	−0.005	−0.005
E14	0.942	−0.006	−0.006	−0.006	−0.005
平均	1.001	−0.007	−0.008	−0.007	−0.007

表 3.7(b) 主槽纵断面低潮位沿程变化 单位:m

点位	现状	方案一变幅	方案二变幅	方案三变幅	方案四变幅
E1	−1.499	+0.013	+0.011	+0.011	+0.010
E2	−1.456	+0.011	+0.011	+0.010	+0.010
E3	−1.413	+0.010	+0.009	+0.011	+0.008
E4	−1.384	+0.011	+0.009	+0.008	+0.008
E5	−1.374	+0.010	+0.008	+0.007	+0.006
E6	−1.360	+0.009	+0.008	+0.007	+0.006
E7	−1.356	+0.009	+0.007	+0.006	+0.007
E8	−1.366	+0.014	+0.014	+0.012	+0.011
E9(桥位)	−1.367	+0.010	+0.010	+0.008	+0.008
E10	−1.359	+0.008	+0.008	+0.007	+0.007
E11	−1.321	+0.007	+0.007	+0.005	+0.005
E12	−1.312	+0.006	+0.003	+0.005	+0.005
E13	−1.307	+0.005	+0.005	+0.004	+0.004
E14	−1.302	+0.007	+0.006	+0.006	+0.006
平均	−1.370	+0.009	+0.008	+0.008	+0.007

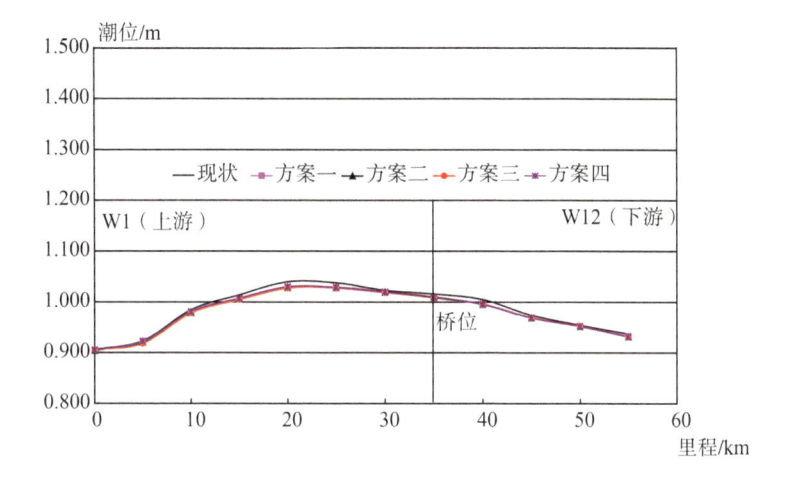

图 3.24(a)　西滩纵断面工程前后高潮位变化

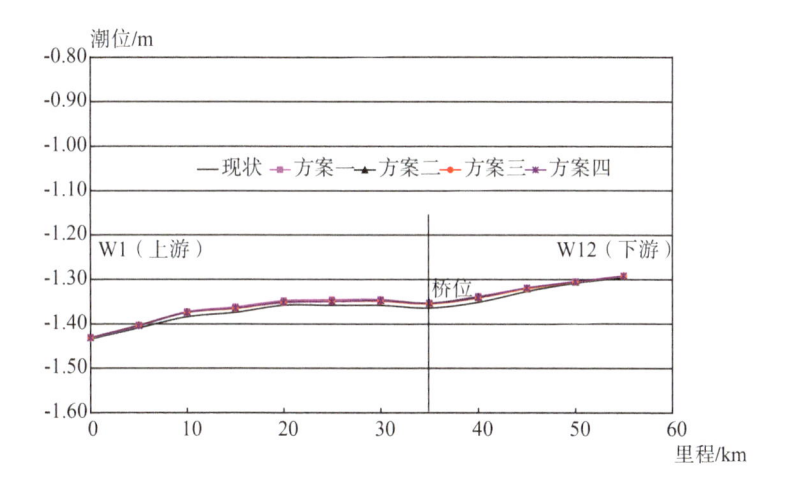

图 3.24(b)　西滩纵断面工程前后低潮位变化

对比西滩纵断面的高潮位工程前后变化，北段各点尤其桥位以南段采样点的高潮位均表现为减小，尤其是桥位上游表现较为突出，最大减幅超过1.0 cm；桥位下游较远处采样点高潮位下降幅度较小。

西滩纵断面高潮位的平均值表现为减小，低潮位表现为增加，且低潮位增加幅度要稍大于高潮位的减小幅度，潮差平均减小幅度在 1.7 cm 左右，桥区采样点最大达到 2.0 cm。

西滩断面低潮位分布在桥位附近有较明显的水位抬升现象，远离桥区的采样点潮位与工程前基本趋近。

主槽纵断面的高低潮位变化类似于西滩纵断面,工程后高潮位平均值略有减小,低潮位平均值有所抬高,低潮位增幅比高潮位减幅要大一些,潮差平均减幅在 1.5 cm 左右,比西滩纵断面的潮差变化幅度要稍小。

主槽纵断面的高潮位在桥位(人工岛)上游 10 km 段有较为明显的下降,离桥位较远的采样点潮位变化较小。

对比各方案对主槽纵断面采样点潮位的影响程度,仍表现为前两个方案对高低潮位的影响稍大一些。

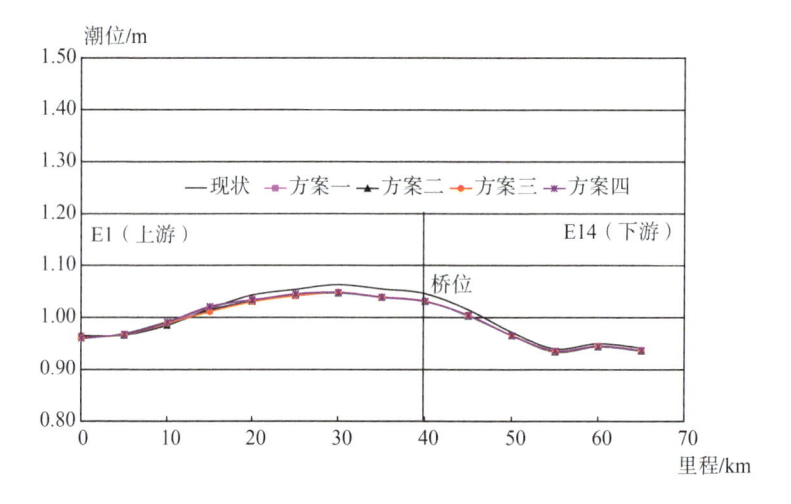

图 3.25(a) 主槽纵断面工程前后高潮位变化

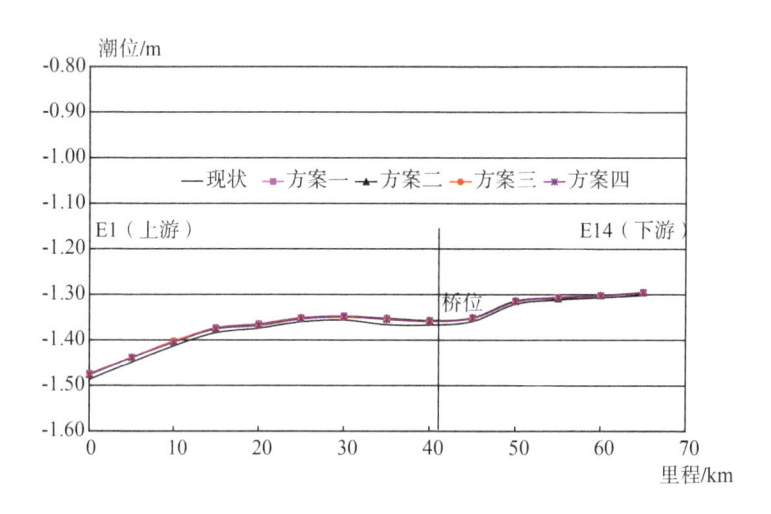

图 3.25(b) 主槽纵断面工程前后低潮位变化

3.2.2 流态变化

图 3.26 至图 3.30 给出了现状条件下和四个工程方案后的桥区水域的涨落急时刻平面流态,图 3.31 至图 3.34 给出了工程前后局部水域的平面流态对比,对比这些图可以看出:

现状条件下,70 m/75 m 桥跨所经的西滩水域流速较小,流向基本呈南北向;100 m/110 m 桥跨所经海区水域流速略大,涨潮流北偏西、落潮流南偏东;两人工岛间的深槽水域流速较大,呈南北向的往复流;香港侧桥区水域受岸线地形约束,涨潮流趋向东北,落潮流趋向西南。

从工程后的平面流态来看,四个方案实施后,非通航孔桥区附近涨、落急的潮流流态没有发生明显改变,包括 70 m/75 m 跨和 100 m/110 m 跨等一系列桥墩工程并未对附近海区潮流运动趋势有明显影响。

人工岛附近水域流态改变比较明显,涨、落潮期分别会在其背水一侧形成一定范围的回流区,西岛的回流区涨潮时位于北侧而落潮时位于南侧偏东部位,东岛的回流区落潮时南偏西、涨潮时北偏东;回流区纵向长一般不超过 1.5 km,横向宽与人工岛迎水面长度相当,落潮回流范围稍大一些。

对比工程后东、西人工岛背水侧的回流形态可以看出,涨急时刻在东人工岛北偏东、西人工岛正北水域形成双向环流,落急时刻则在东人工岛南偏西、西人工岛南偏东水域形成环流;从环流区范围比较,方案四因人工岛迎水面较短,所形成的回流范围最小,方案三次之,方案一和方案二形成的回流范围相对最大。

从图 3.31 的青州航道及附近 110 m 跨非通航桥区的工程前后平面流态对比可以看出,工程后桥区附近水域流态与工程前基本相似,涨潮流北偏西、落潮流南偏东斜穿非通航桥孔和青州航道通航孔。

靠近西侧口岸的 70 m 跨一段桥线位走向 56°~126°,桥线位以北水域涨潮流正北、落潮流正南,线位以南涨潮流北偏西、落潮流南偏东;大桥工程对该水域潮流运动的总体形态并无显著改变,只在桥位近区对潮流运动有所调整,如落潮流在进入桥孔时流向往东偏转,以与桥轴线近乎垂直的角度穿过桥孔,而到了桥下游约 1.0 km 处,则又恢复到工程前流态。

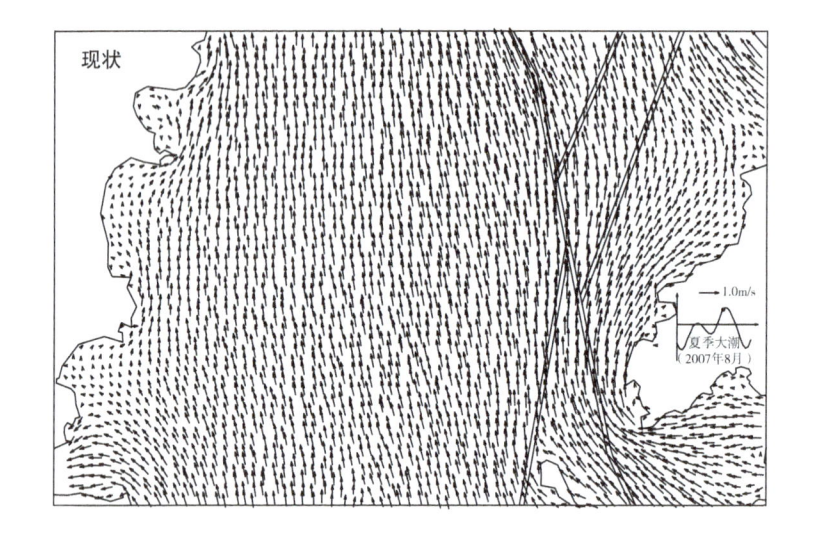

图3.26(a) 现状条件下工程区涨急平面流态

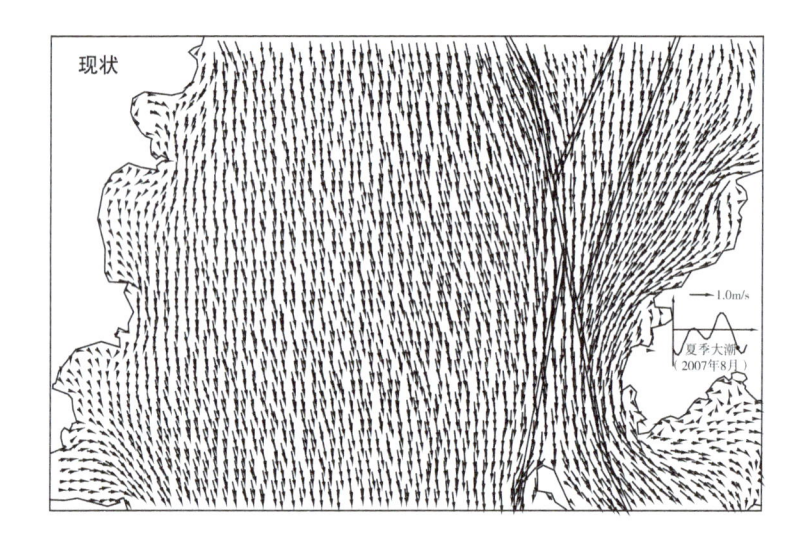

图3.26(b) 现状条件下工程区落急平面流态

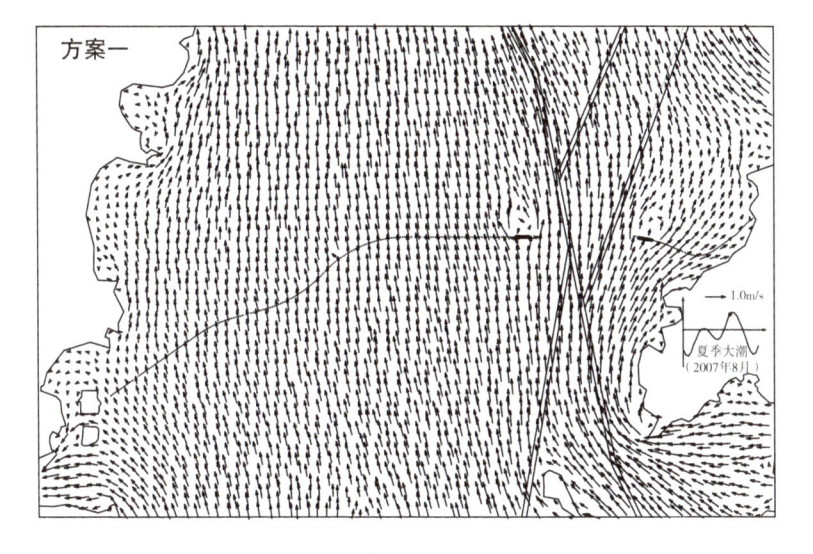

图 3.27(a) 方案一工程区涨急平面流态

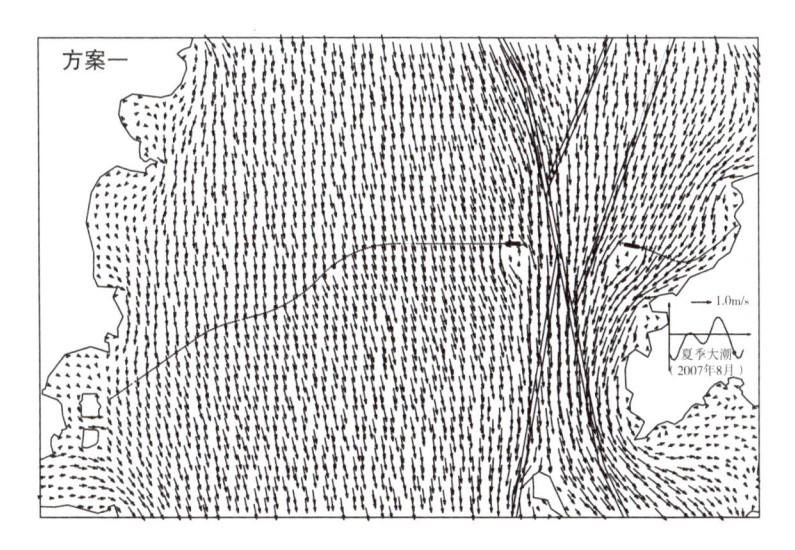

图 3.27(b) 方案一工程区落急平面流态

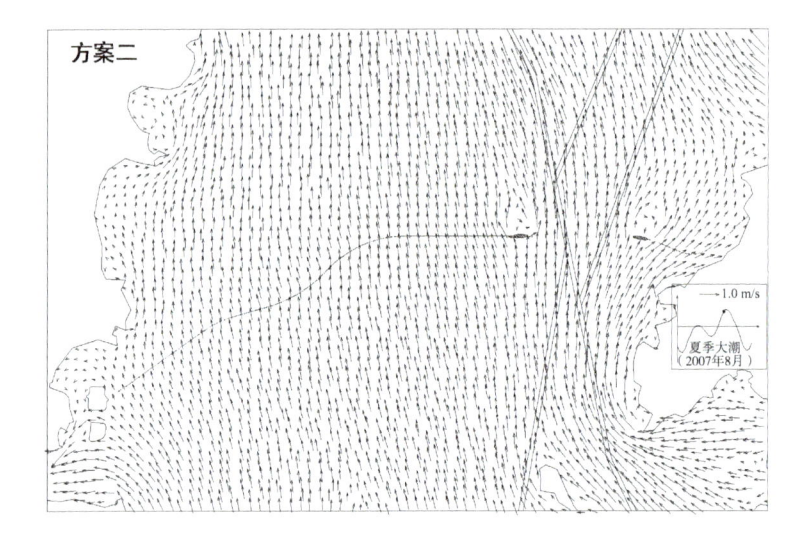

图 3.28(a)　方案二工程区涨急平面流态

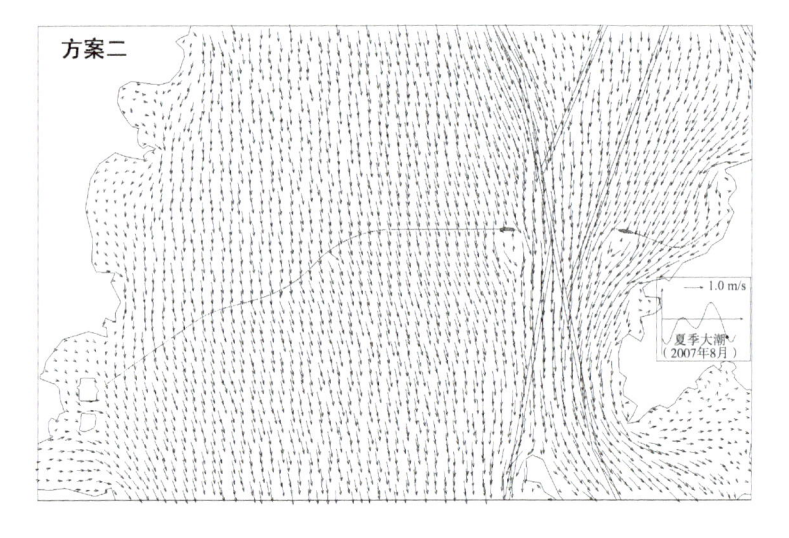

图 3.28(b)　方案二工程区落急平面流态

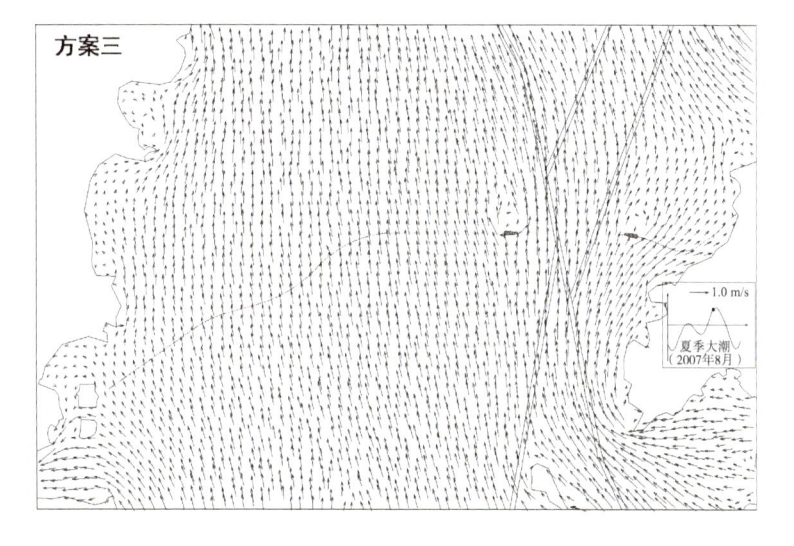

图 3.29(a) 方案三工程区涨急平面流态

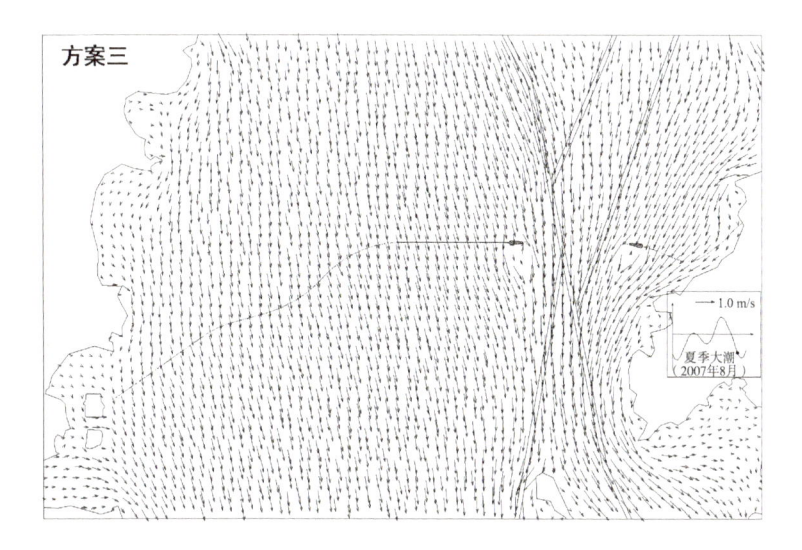

图 3.29(b) 方案三工程区落急平面流态

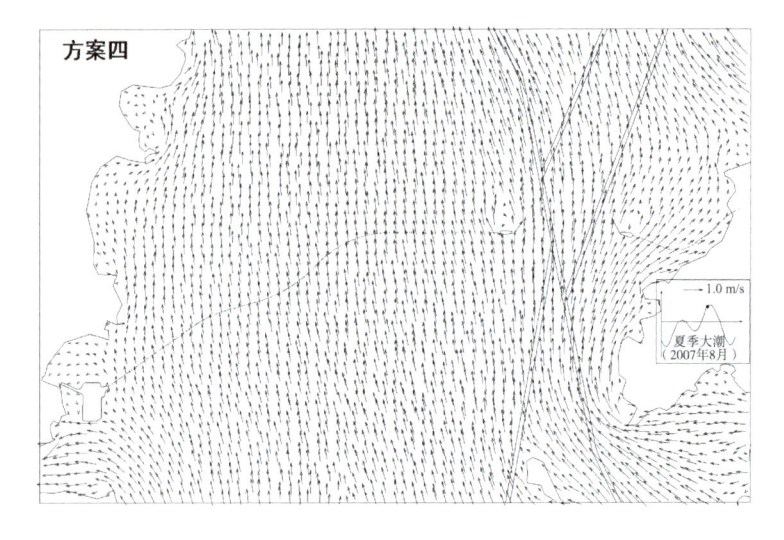

图3.30(a) 方案四工程区涨急平面流态

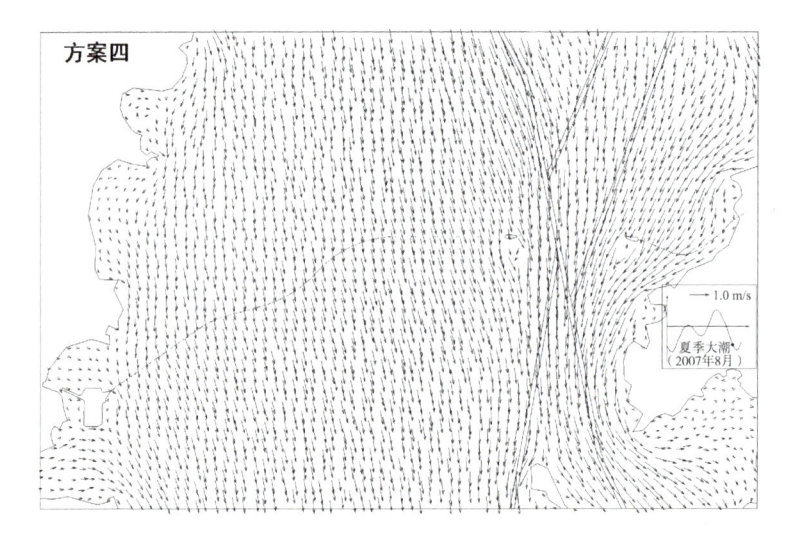

图3.30(b) 方案四工程区落急平面流态

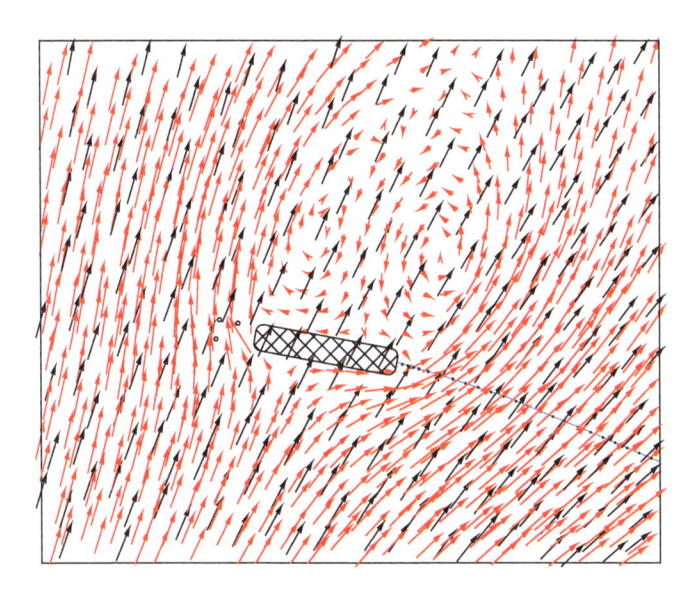

图 3.31(a) 方案一工程前后东人工岛附近水域流态对比(涨急)

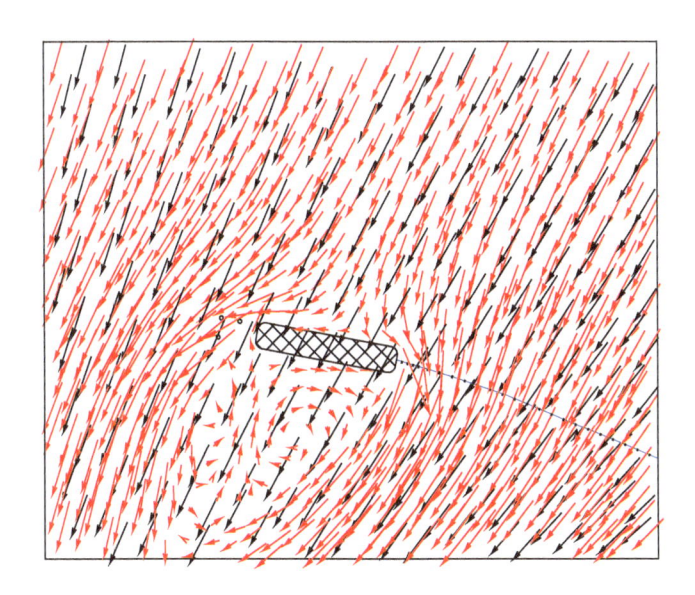

图 3.31(b) 方案一工程前后东人工岛附近水域流态对比(落急)

(注:红色表示工程后,黑色表示工程前)

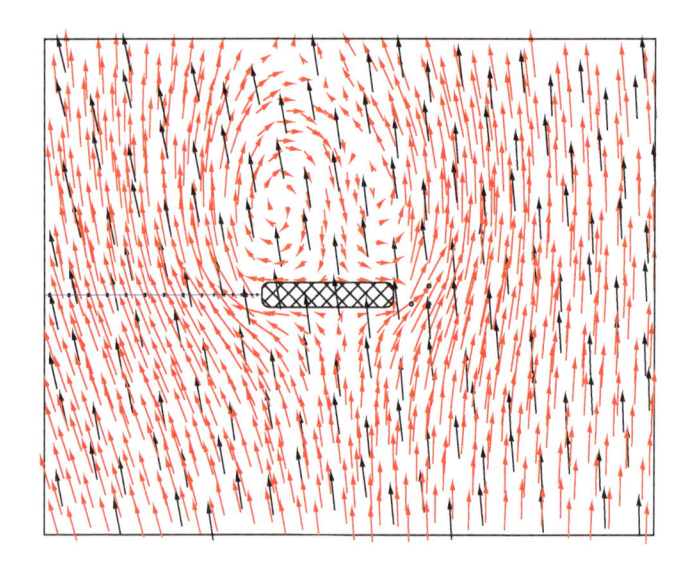

图 3.31(c) 方案一工程前后西人工岛附近水域流态对比(涨急)

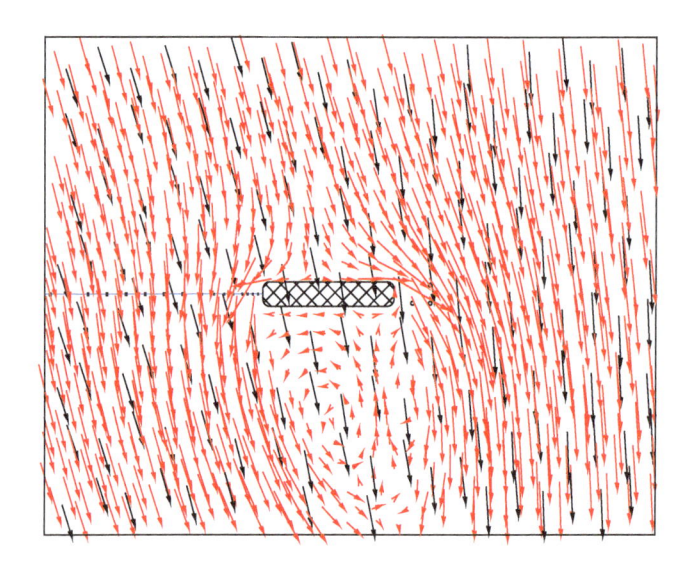

图 3.31(d) 方案一工程前后西人工岛附近水域流态对比(落急)

(注:红色表示工程后,黑色表示工程前)

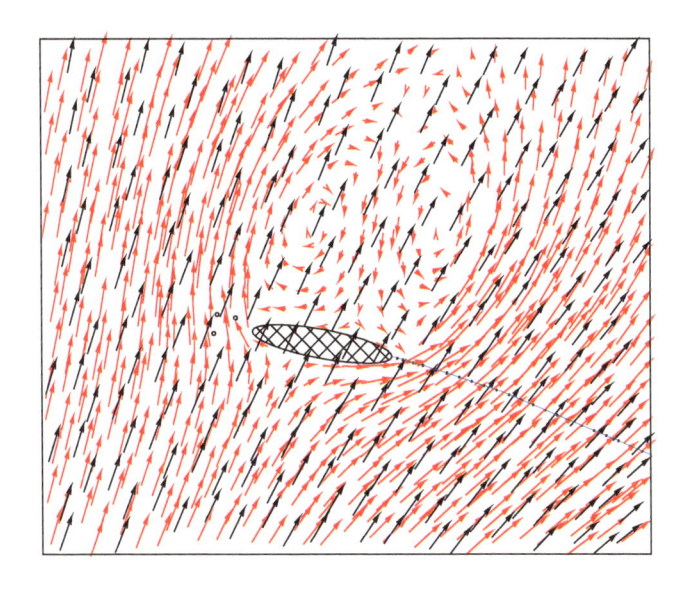

图 3.32(a)　方案二工程前后东人工岛附近水域流态对比(涨急)

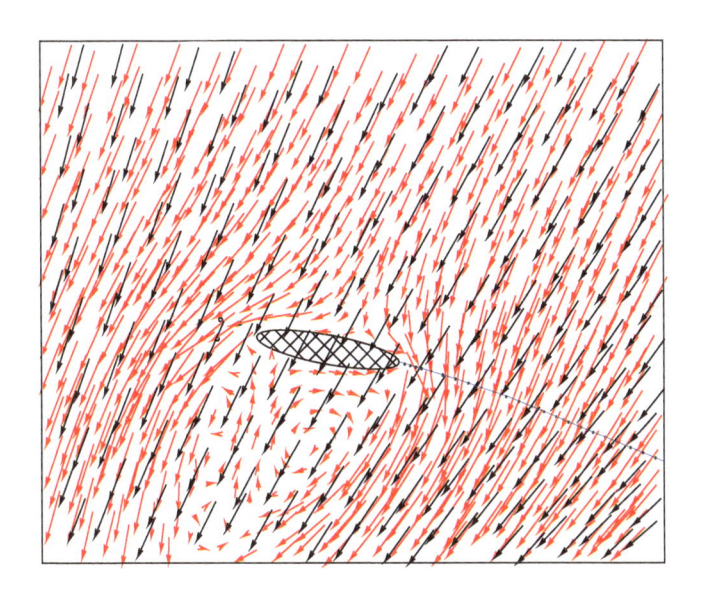

图 3.32(b)　方案二工程前后东人工岛附近水域流态对比(落急)

(注:红色表示工程后,黑色表示工程前)

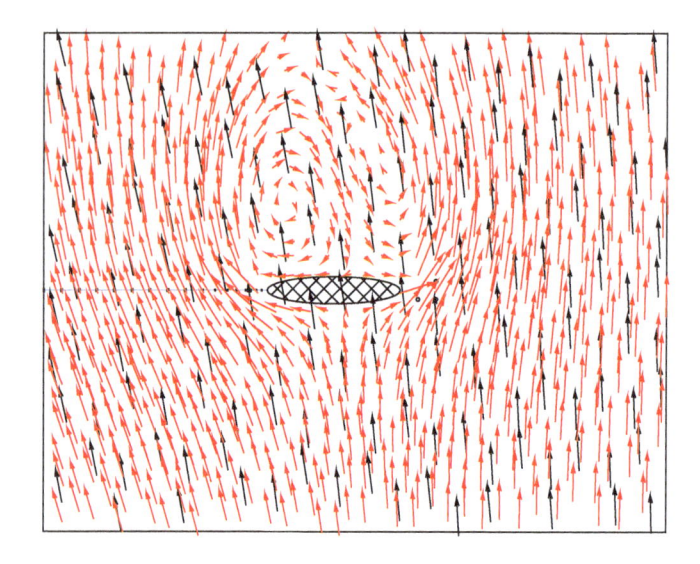

图 3.32(c) 方案二工程前后西人工岛附近水域流态对比(涨急)

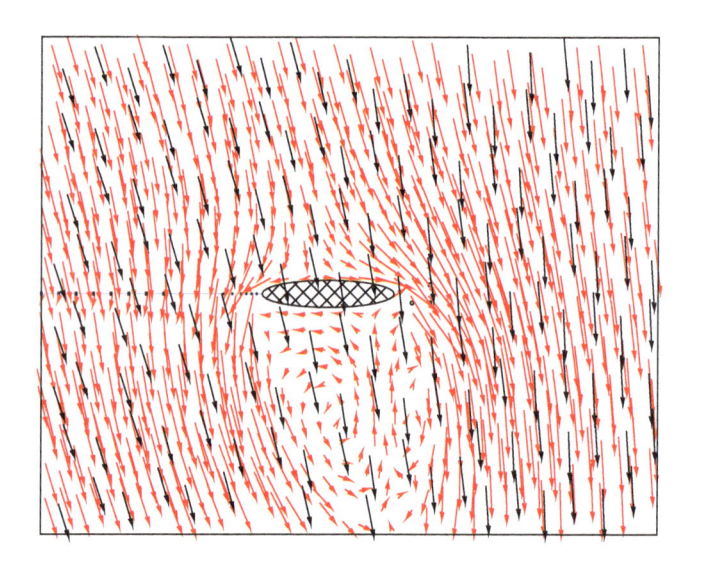

图 3.32(d) 方案二工程前后西人工岛附近水域流态对比(落急)

（注：红色表示工程后，黑色表示工程前）

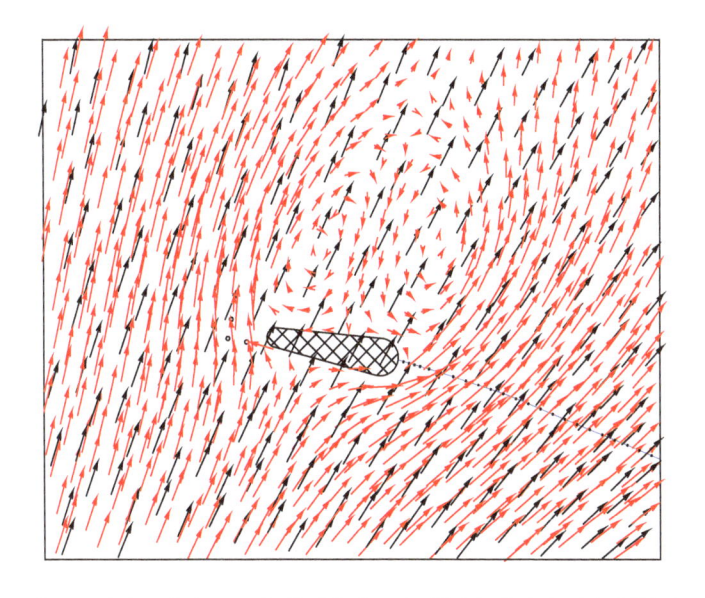

图 3.33(a) 方案三工程前后东人工岛附近水域流态对比(涨急)

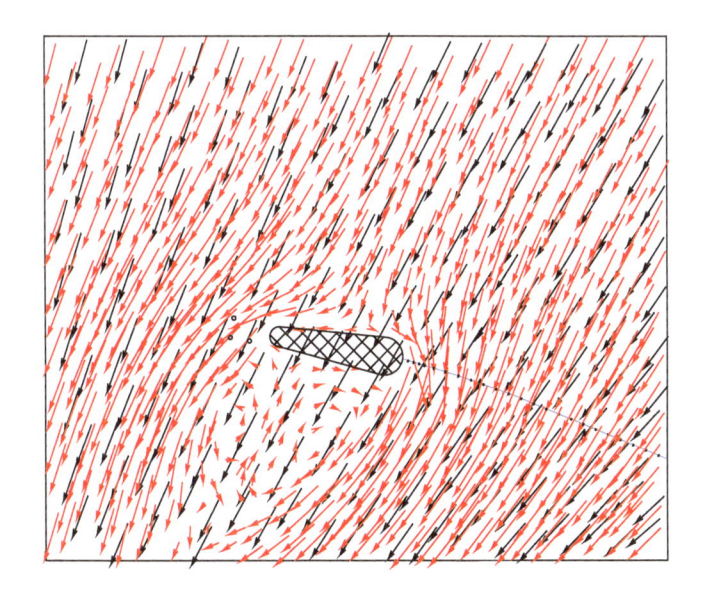

图 3.33(b) 方案三工程前后东人工岛附近水域流态对比(落急)

(注:红色表示工程前,黑色表示工程后)

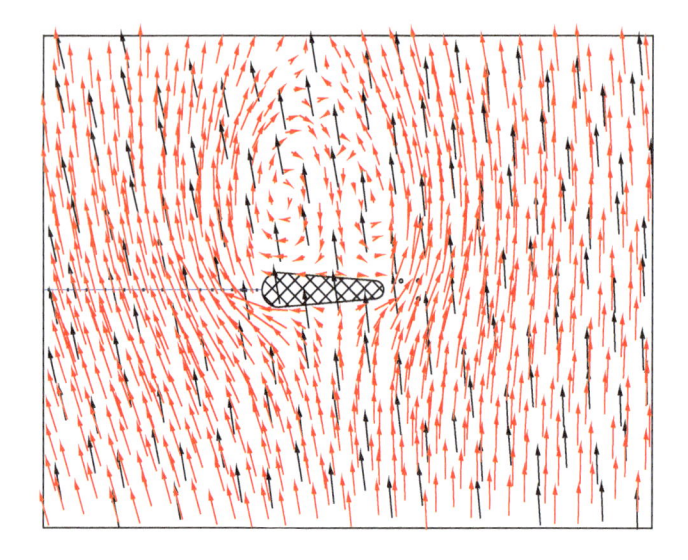

图 3.33(c) 方案三工程前后西人工岛附近水域流态对比(涨急)

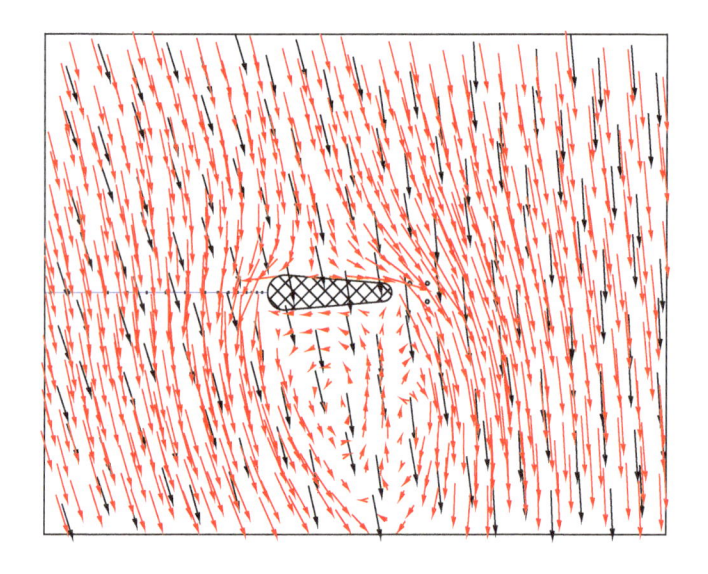

图 3.33(d) 方案三工程前后西人工岛附近水域流态对比(落急)

（注：红色表示工程后，黑色表示工程前）

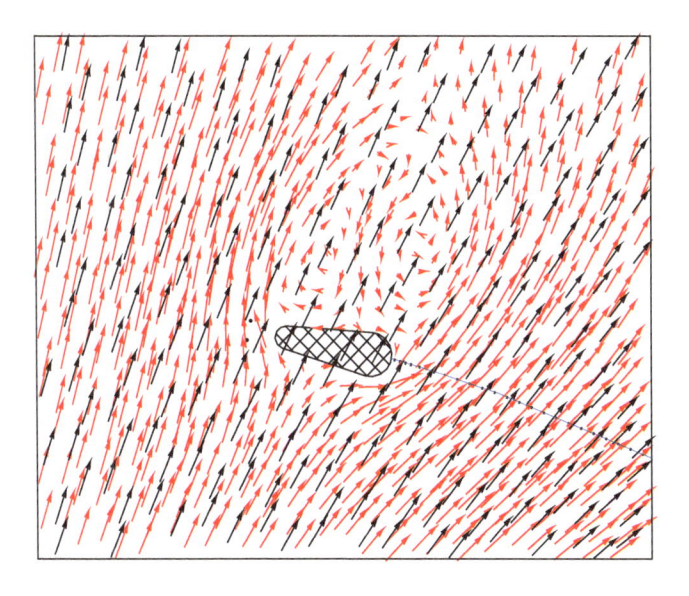

图 3.34(a) 方案四工程前后东人工岛附近水域流态对比(涨急)

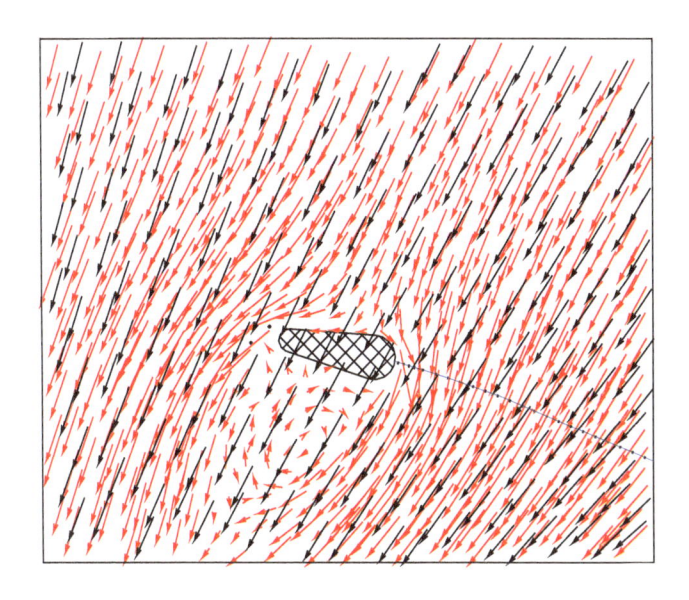

图 3.34(b) 方案四工程前后东人工岛附近水域流态对比(落急)

(注:红色表示工程前,黑色表示工程后)

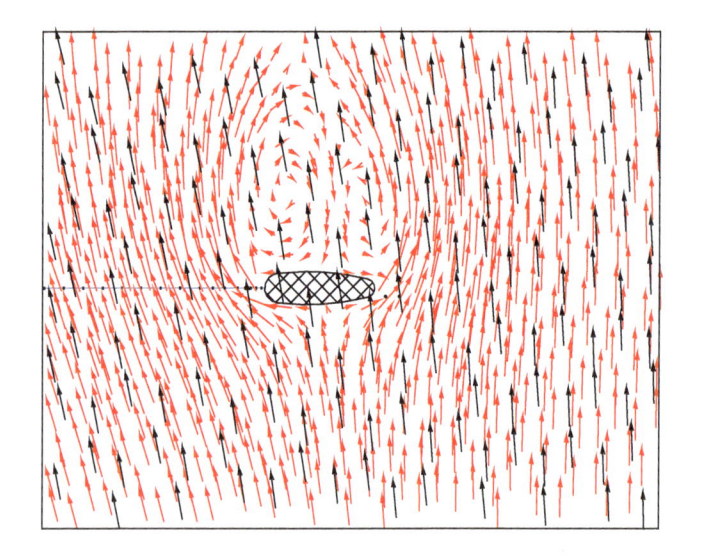

图 3.34(c) 方案四工程前后西人工岛附近水域流态对比(涨急)

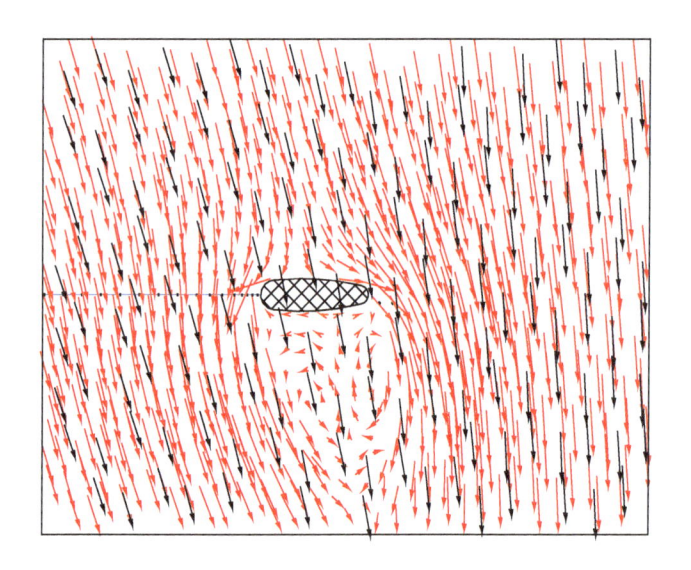

图 3.34(d) 方案四工程前后西人工岛附近水域流态对比(落急)

(注:红色表示工程前,黑色表示工程后)

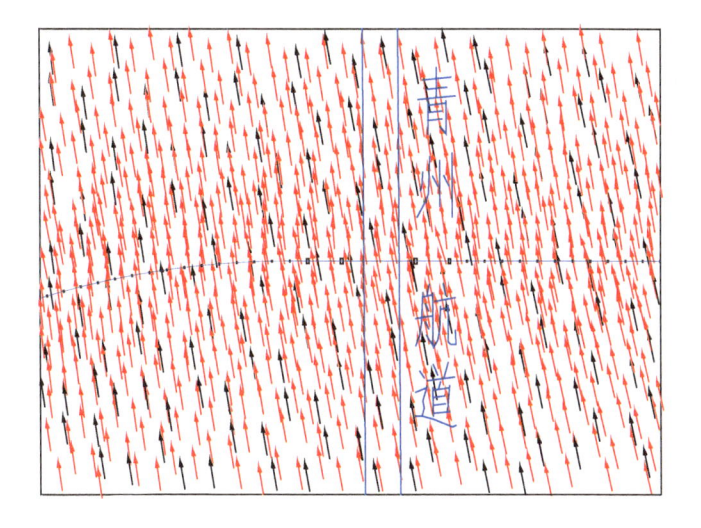

图 3.35(a) 青州航道附近水域工程前后流态对比(涨急)

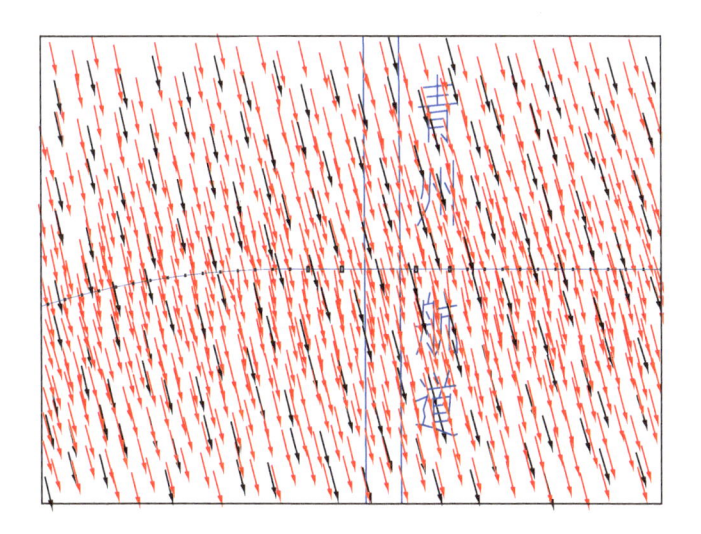

图 3.35(b) 青州航道附近水域工程前后流态对比(落急)

(注:红色表示工程后,黑色表示工程前)

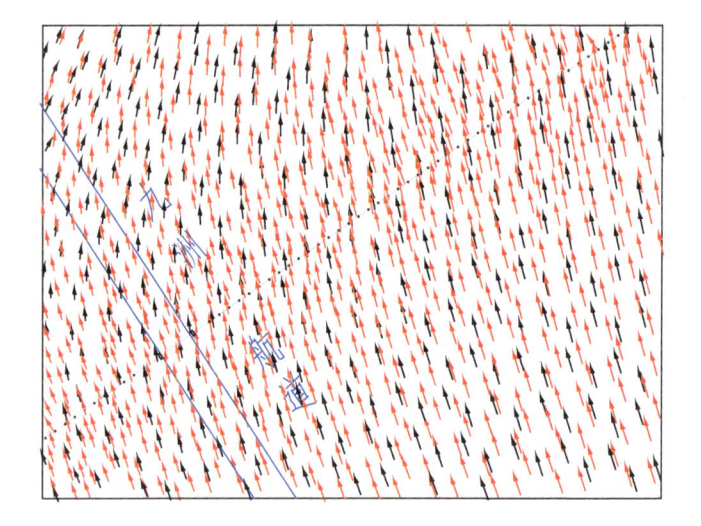

图 3.35(c) 九洲航道附近水域工程前后流态对比（涨急）

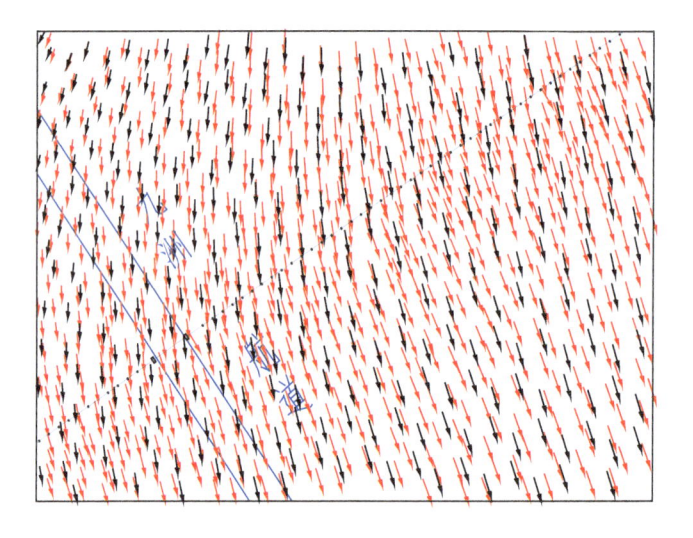

图 3.35(d) 九洲航道附近水域工程前后流态对比（落急）

（注：红色表示工程后，黑色表示工程前）

3.2.3 断面流速变化

图 3.36 至图 3.39 为四个工程方案与现状条件下的断面流速分布对比图（断面间距为 3 km），从工程前后的流速分布对比可以看出：

现状条件下，伶仃西槽所在区段潮流速最大，其他区段潮流速较小。工程后这一分布趋势并没有发生改变，主流仍然集中于西槽，表明该海域的潮流动力轴线基本保持稳定。

断面 DM5 与桥线位重合一段断面流速分布在工程后变化较大，在非通航桥区(100 m 跨或 110 m 跨)潮流流速有所增加，且以垂直桥轴线方向通过桥孔；人工岛两侧潮流流向改变较大，但并未对伶仃主航道潮流流向产生影响，反而使两人工岛间水域潮流流速有所增加，靠近两人工岛水域流速增加较明显，桥区主航道的流速也略有增加。

在断面 DM3 和 DM4 与桥线位相交的水域附近潮流流向有所调整，如涨潮期流向变化主要在桥线位以北水域，范围均在 1.0 km 以内，落潮期流向改变则位于桥线位南侧水域，影响范围同样在 1.0 km 以内。

对于远离桥区水域的断面 DM1 和 DM8，其断面流速分布在四个方案工程实施前后变化都十分微小。

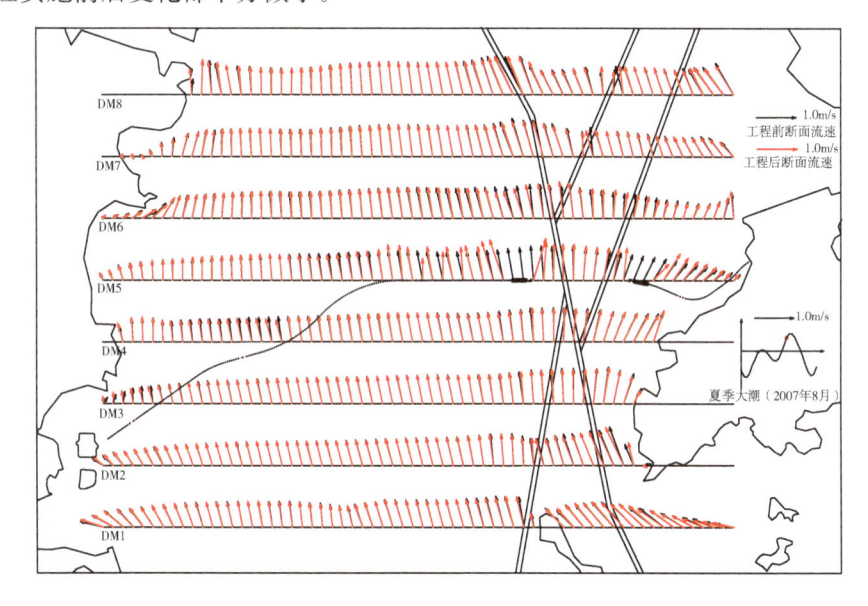

图 3.36(a) 方案一工程前后断面流速对比(涨急)

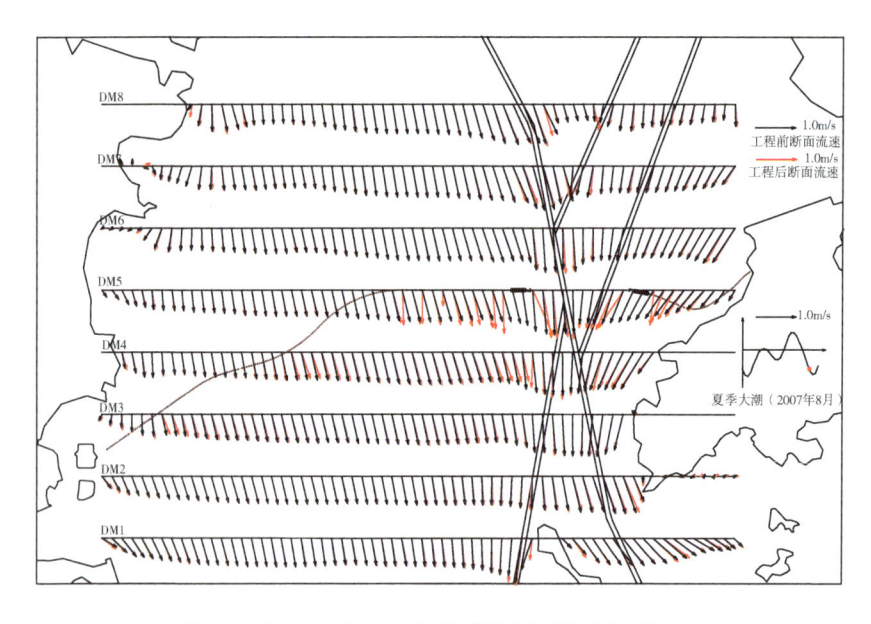

图 3.36(b) 方案一工程前后断面流速对比(落急)

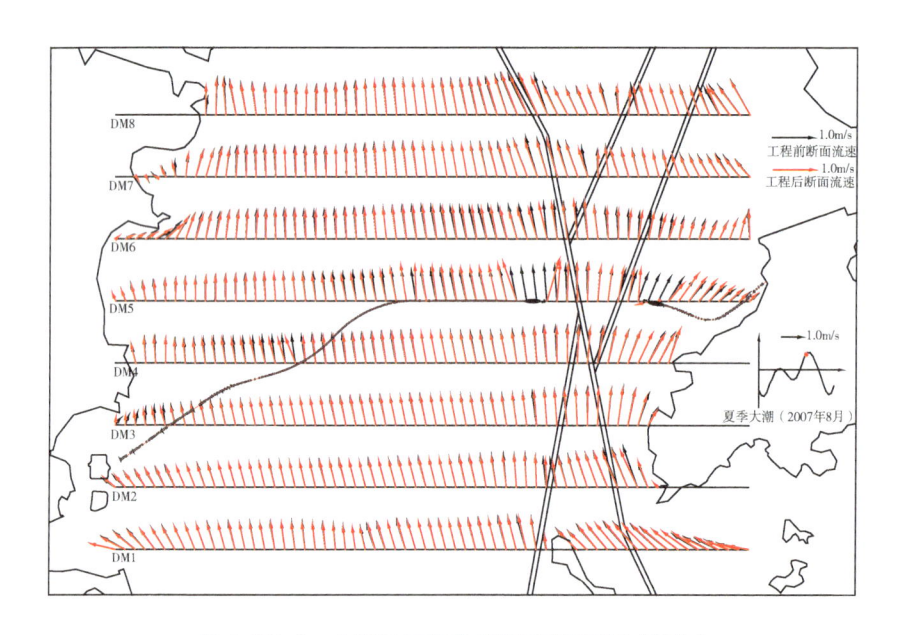

图 3.37(a) 方案二工程前后断面流速对比(涨急)

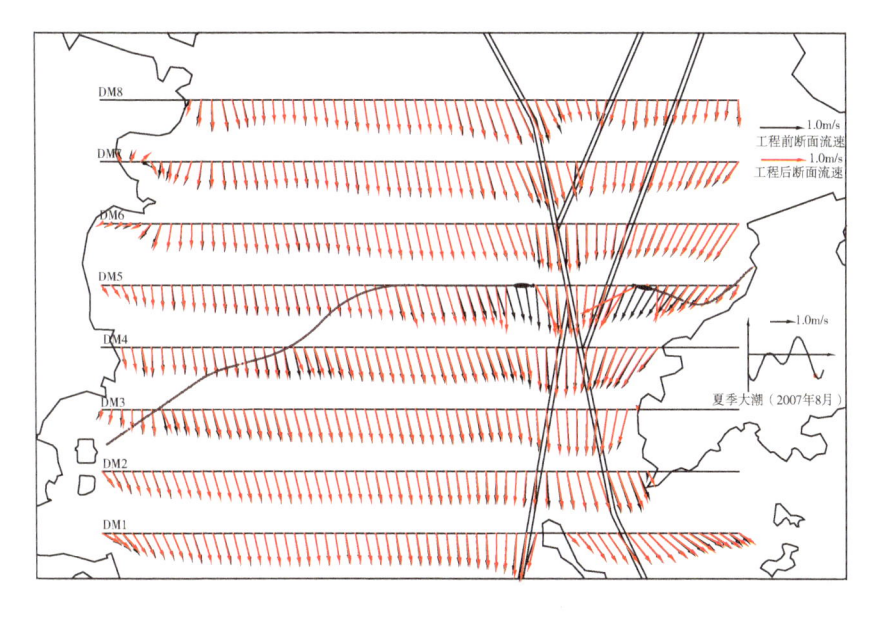

图 3.37(b)　方案二工程前后断面流速对比(落急)

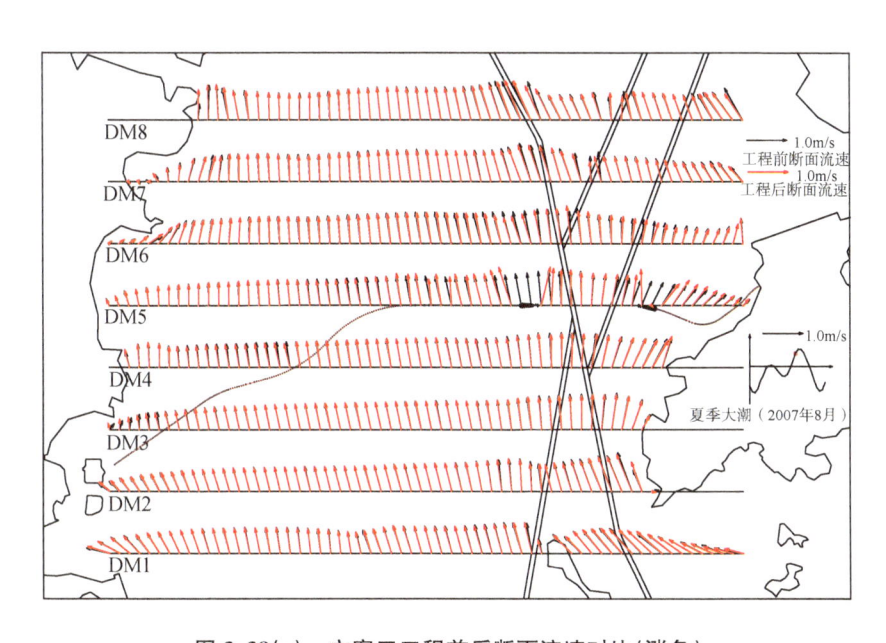

图 3.38(a)　方案三工程前后断面流速对比(涨急)

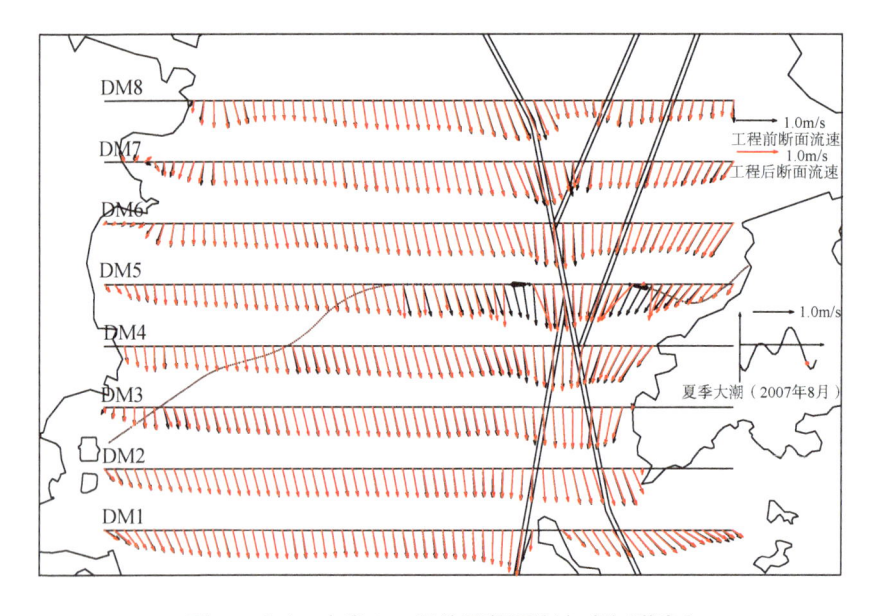

图3.38(b) 方案三工程前后断面流速对比(落急)

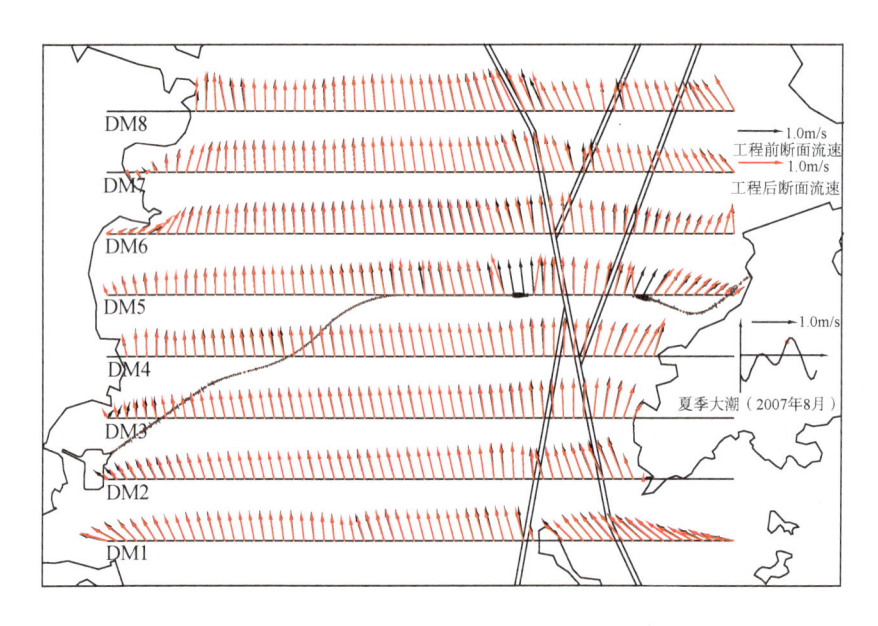

图3.39(a) 方案四工程前后断面流速对比(涨急)

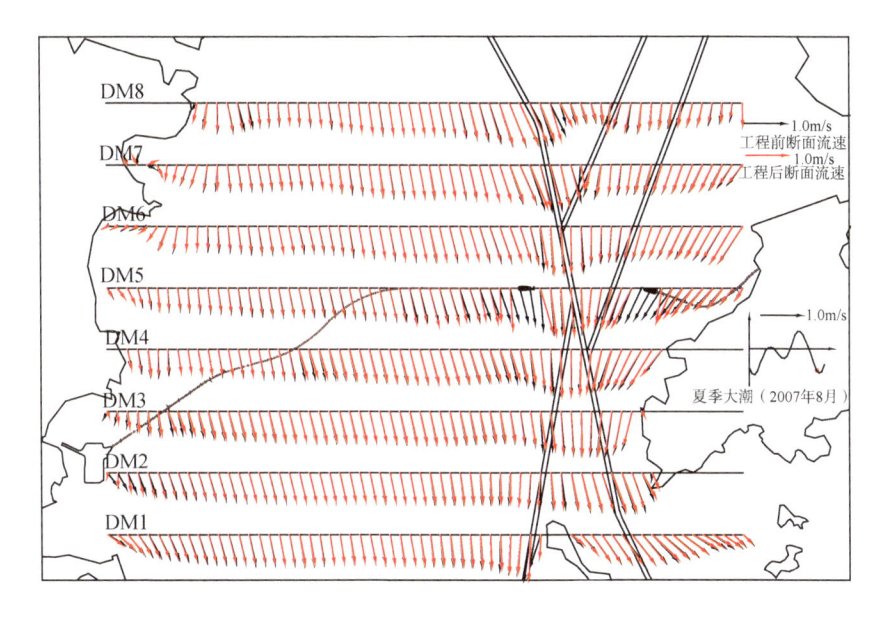

图 3.39(b)　方案四工程前后断面流速对比(落急)

3.2.4　航道流速变化

图 3.40 至图 3.43 给出了四个工程方案与工程前的涨落潮平均流速沿程分布,结合四个工程方案前后的航道沿程平均流速流向对比,可以看出:

现状条件下,伶仃航道 E—D 段和大濠州航道的 D—C2 段涨落潮平均流向基本与航道走向一致,铜鼓航道南段和榕树头航道北段与涨落潮流主流向有一定角度的偏离。

桥位上游较远的 D—E 航段,工程前涨、落潮平均流速均为 0.52 m/s,方案一、方案二实施后,涨落潮平均流速变幅仅在±0.01 m/s 以内,方案三、方案四则基本不变,表明该航段的潮流动力基本不受大桥工程的影响。

位于桥位附近的 C2—C1 航段,现状情况下涨潮平均流速为 0.54 m/s,方案一、方案二均为 0.57 m/s,方案三和方案四为 0.56 m/s,涨潮动力有所增强;落潮平均流速现状为 0.55 m/s,方案一、方案三和方案四均为 0.57 m/s,方案二为 0.58 m/s,落潮动力也略有增强。相对而言,方案二对该段航道涨落潮平均流速增加最大。

航道平均流速增加范围以两人工岛连线为中心,涨潮期连线以北航道流速增加较明显,落潮期连线以南航道流速增加则就较为明显。

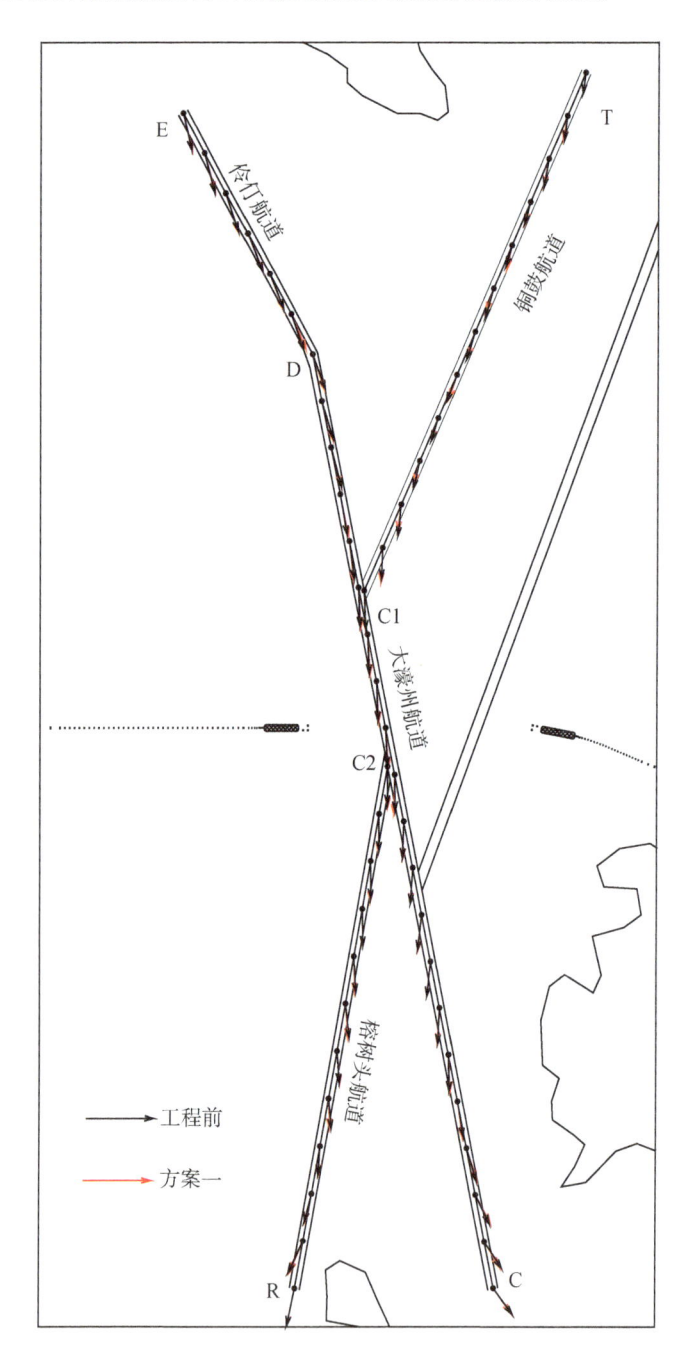

图 3.40(a)　方案一工程前后航道落潮平均流速对比

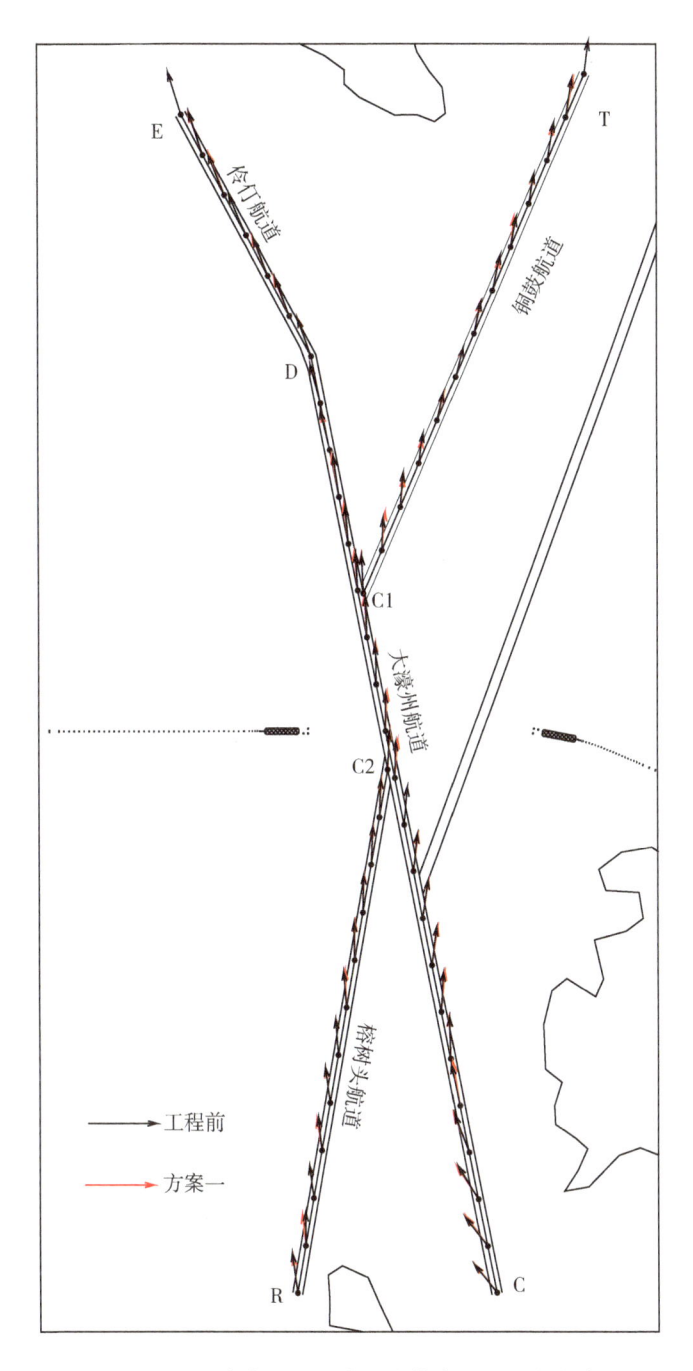

图 3.40(b)　方案一工程前后航道涨潮平均流速对比

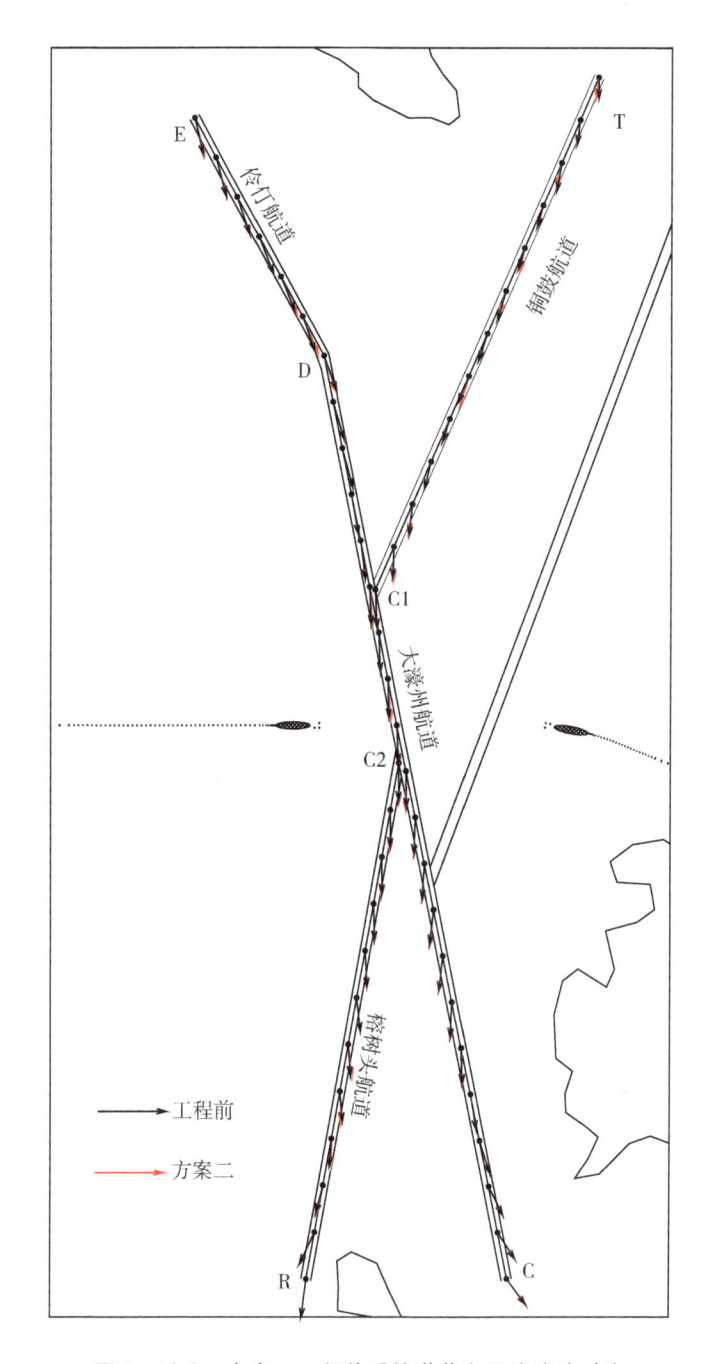

图 3.41(a) 方案二工程前后航道落潮平均流速对比

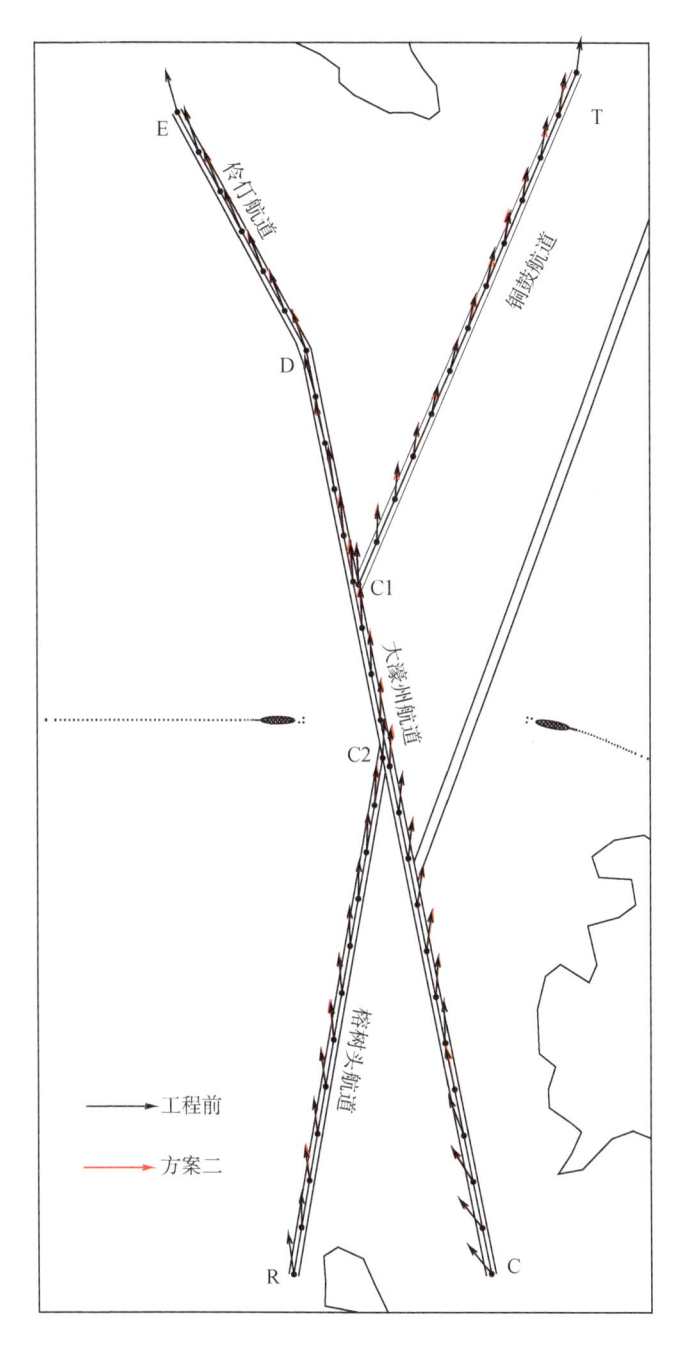

图 3.41(b) 方案二工程前后航道涨潮平均流速对比

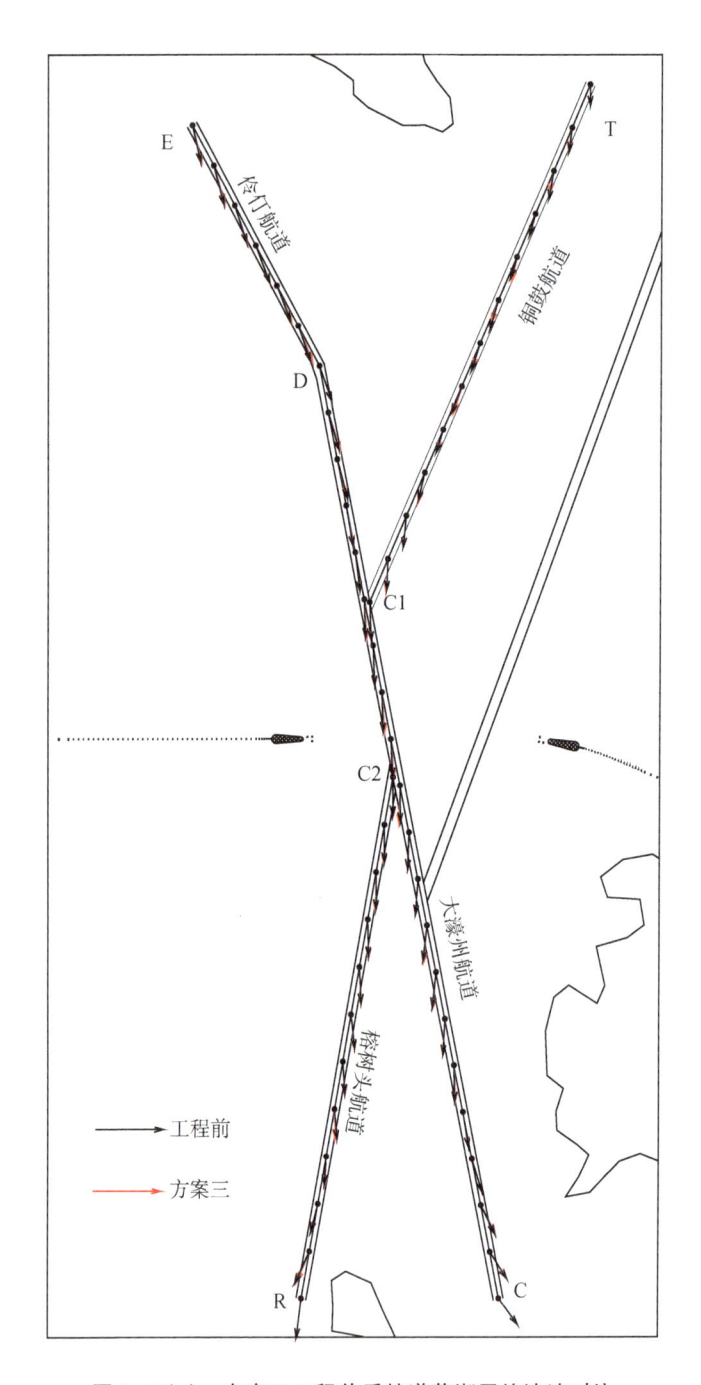

图 3.42(a) 方案三工程前后航道落潮平均流速对比

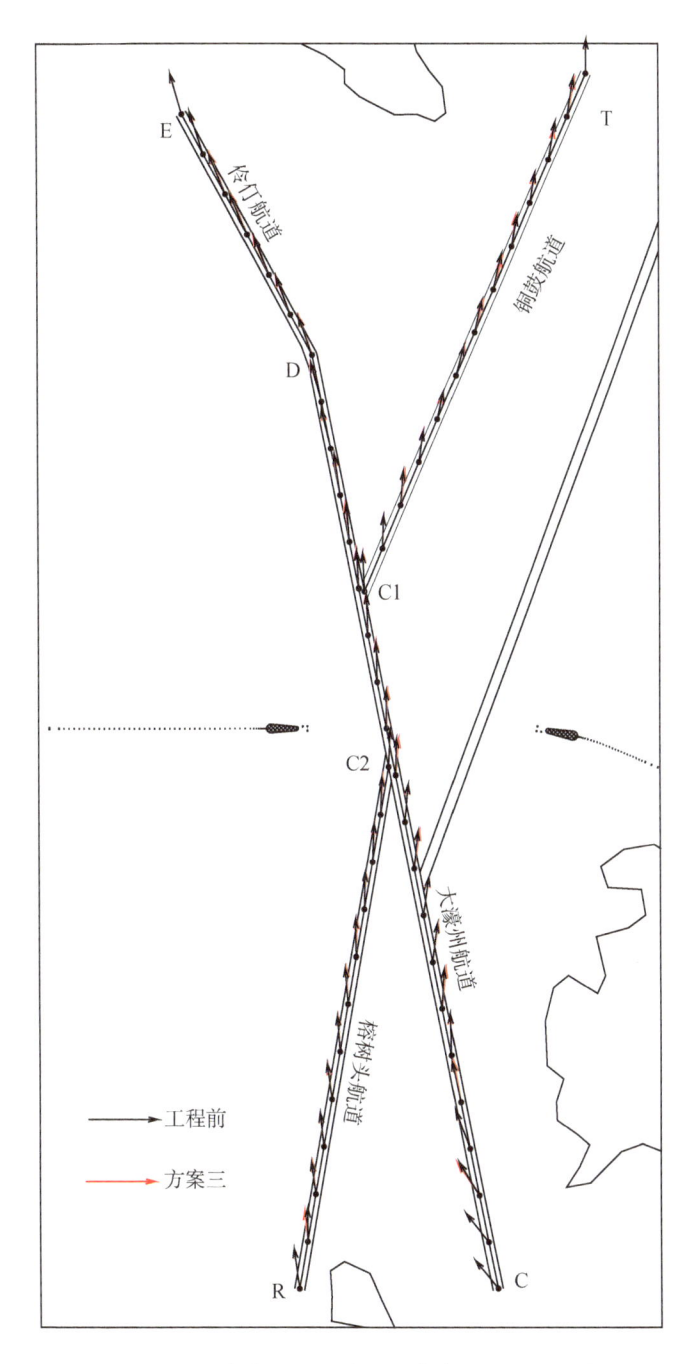

图 3.42(b) 方案三工程前后航道涨潮平均流速对比

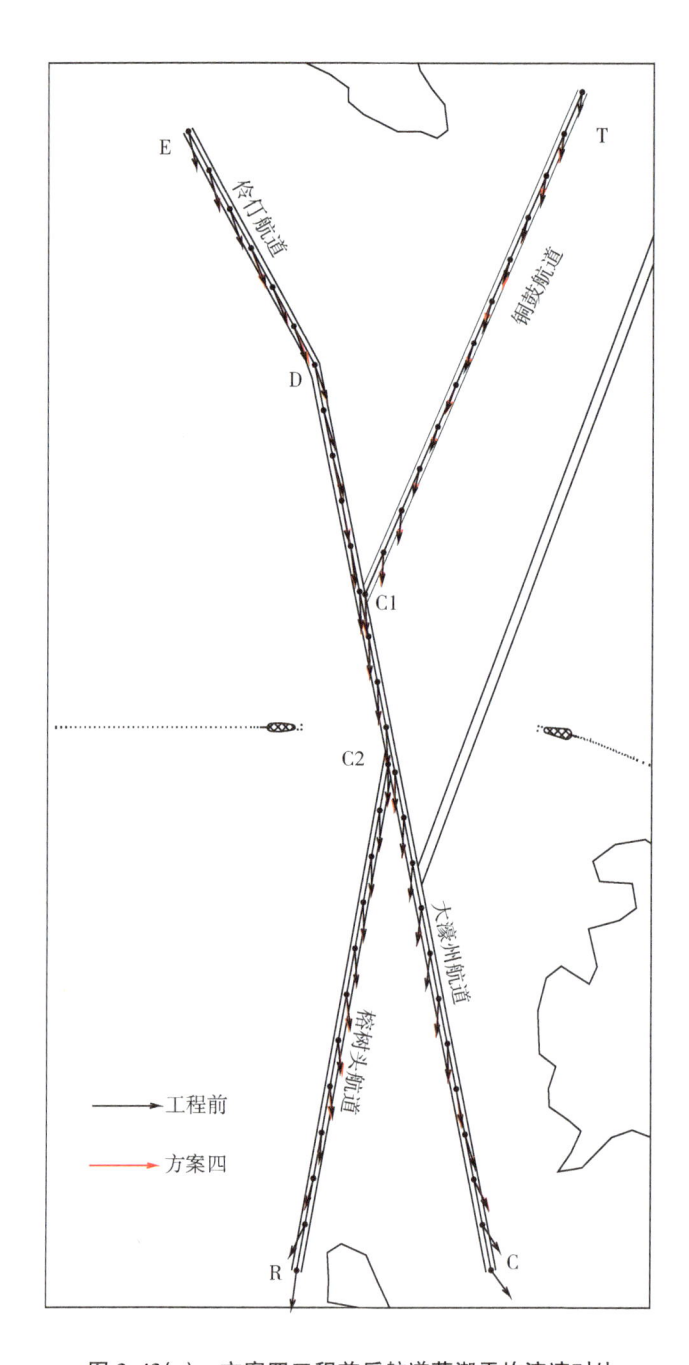

图 3.43(a)　方案四工程前后航道落潮平均流速对比

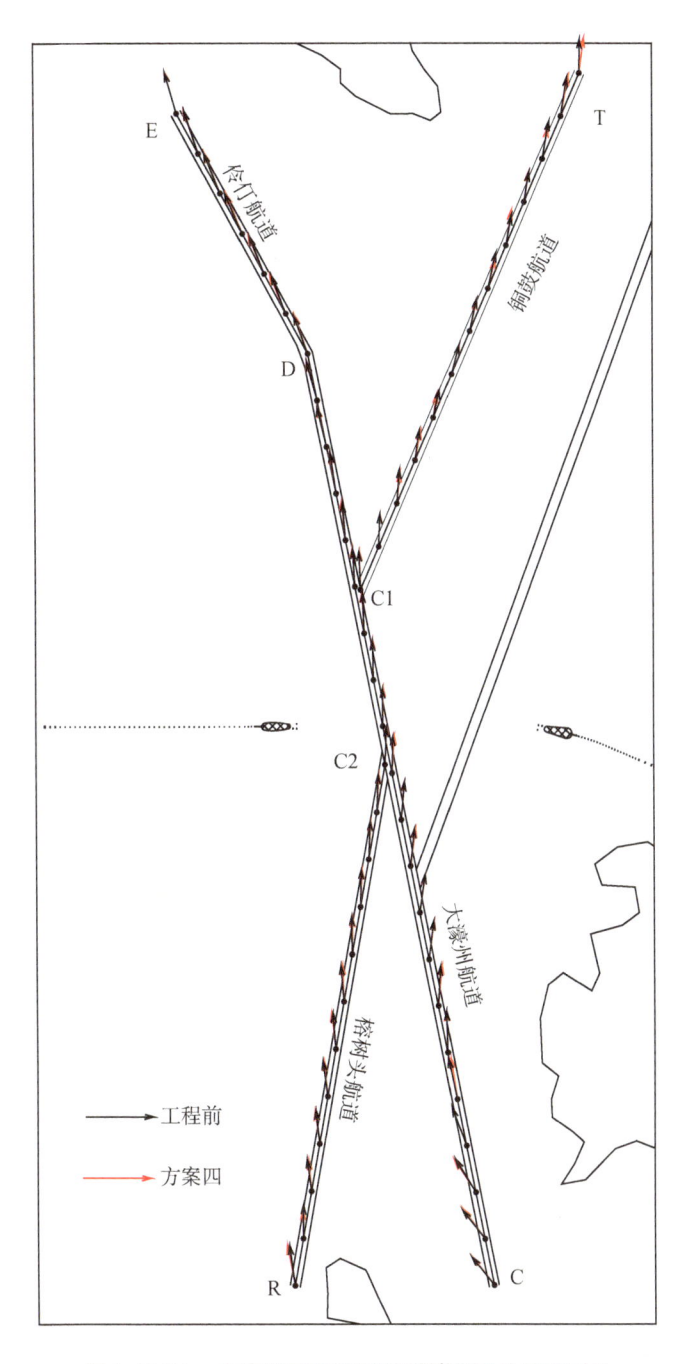

图 3.43(b)　方案四工程前后航道涨潮平均流速对比

对比铜鼓航道和榕树头航道在工程前后的流速变化,流速产生变化的航段均位于与伶仃航道的相衔接的一段,即位于人工岛能够影响到的范围内。

方案四两人工岛间距离最大,相对其他三个方案对伶仃主航道及附近航道水域产生的水动力影响要小一些。

3.2.5　桥位附近水面线变化

图 3.44 至图 3.47 分别为主通航区水域涨急时刻在不同方案下的水面线分布。对比涨落急时刻的水面线纵向变化可以看出:

现在条件下,涨潮自南向北,潮位东高西低,水面线表现为东南高、西北低,水面线变幅比较均匀。

两个人工岛建成后均对水面线变幅趋势造成一定影响,西人工岛影响范围稍大一些。

涨急时刻,在人工岛迎水面即人工岛南侧水域产生壅水,背水面产生跌水现象,落急时刻则相反。人工岛迎水面的壅水范围要小于其背水面的跌水范围,壅水区和跌水区的水面高程差在人工岛两侧可达 10 cm。

对比四个方案中人工岛壅水和跌水的范围,方案四人工岛迎水面最小,在其迎水面产生的壅水、背水面产生的跌水范围相对最小,方案三次之,方案一和方案二最大。

人工岛对主通航区水域的水面线变化趋势及其潮位分布改变较小。

图 3.48 为非通航区涨急和落急时刻的水面线变化趋势,对比工程前后水面变化趋势可以看出,非通航桥区段水面变化趋势在涨落潮过程中比较均匀,工程后桥线位成了比较明显的水面分界线,这说明大桥工程建成后在一定程度上对桥区附近水域水面变化趋势产生了影响,对桥区附近水域的水流运动产生了阻碍作用,但桥线位两侧的潮位(水位)相差很小,变化一般在 1～2 cm,在桥两侧没有产生较显著的壅水现象。非通航孔桥墩对桥区附近水流运动产生了一定的阻力,但并未造成工程前后桥两侧水域水面线的显著改变。

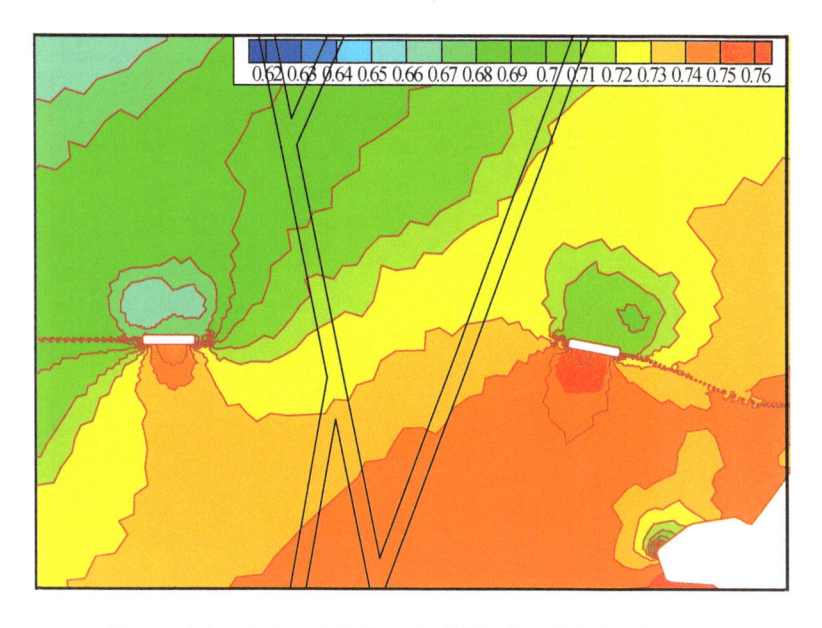

图 3.44(a) 方案一主通航区水域涨急水面线趋势(单位:m)

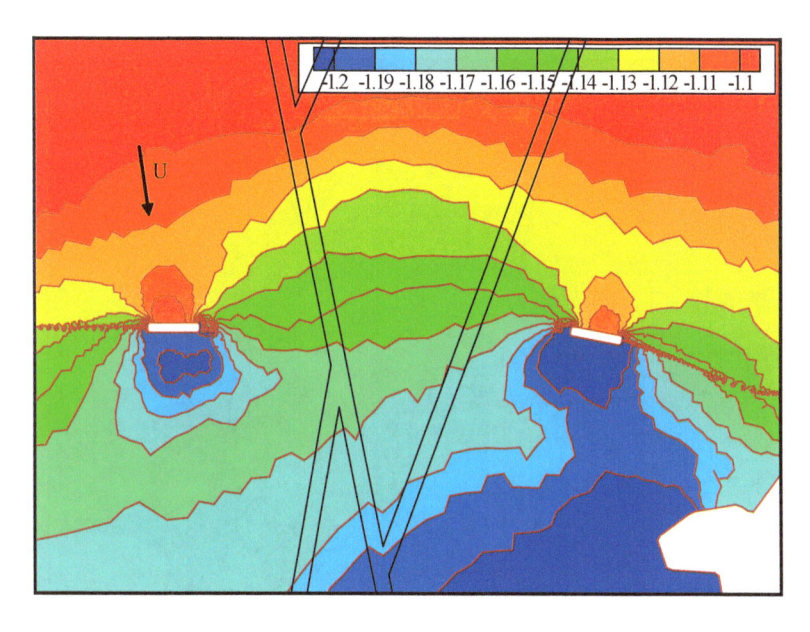

图 3.44(b) 方案一主通航区水域落急水面线趋势(单位:m)

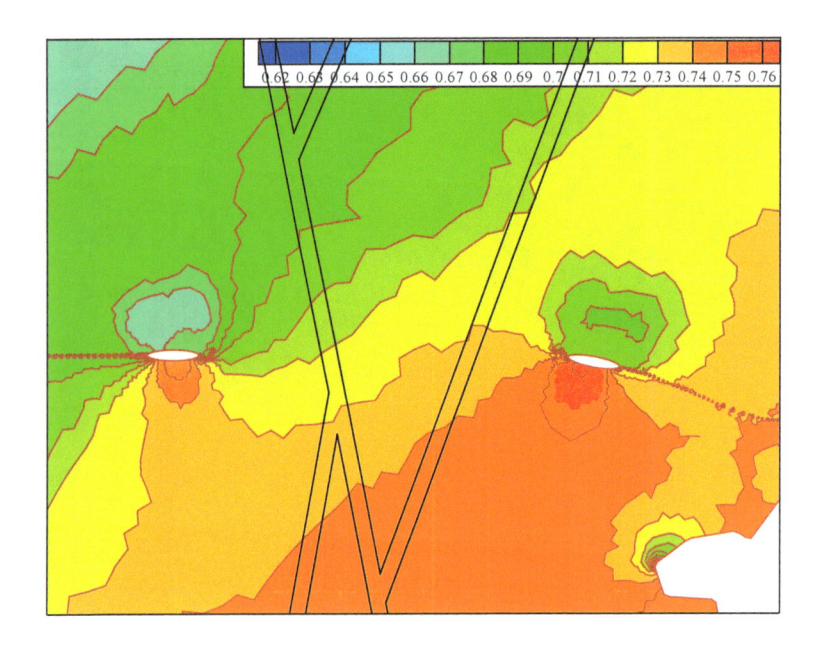

图 3.45(a) 方案二主通航区水域涨急水面线趋势(单位:m)

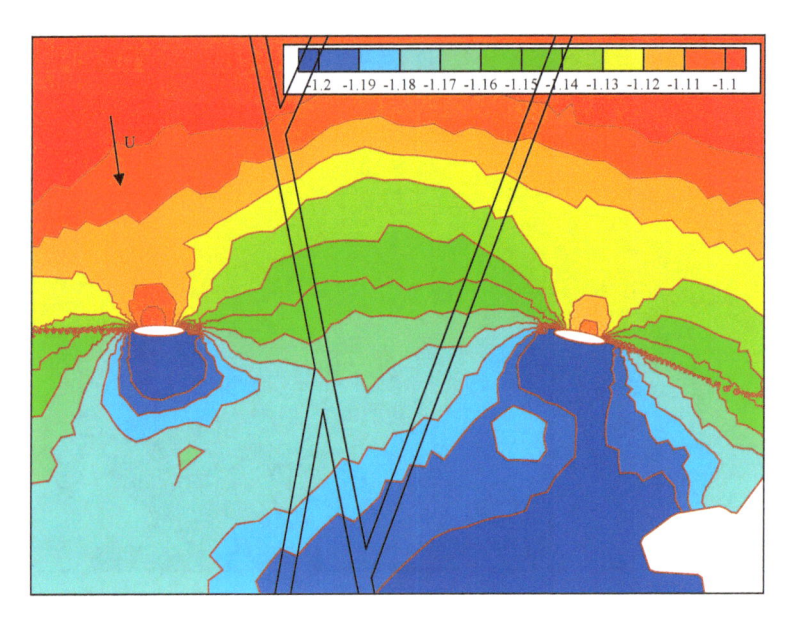

图 3.45(b) 方案二主通航区水域落急水面线趋势(单位:m)

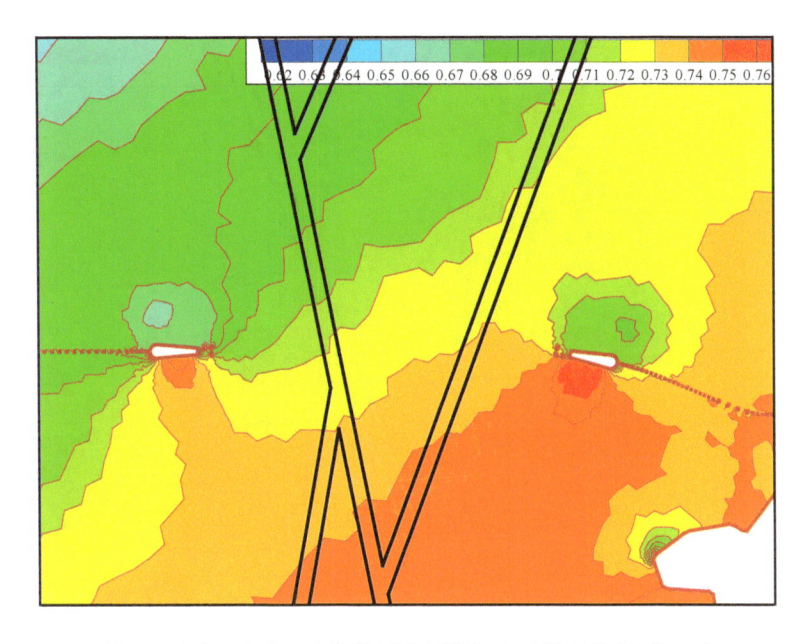

图 3.46(a) 方案三主通航区水域涨急水面线趋势(单位:m)

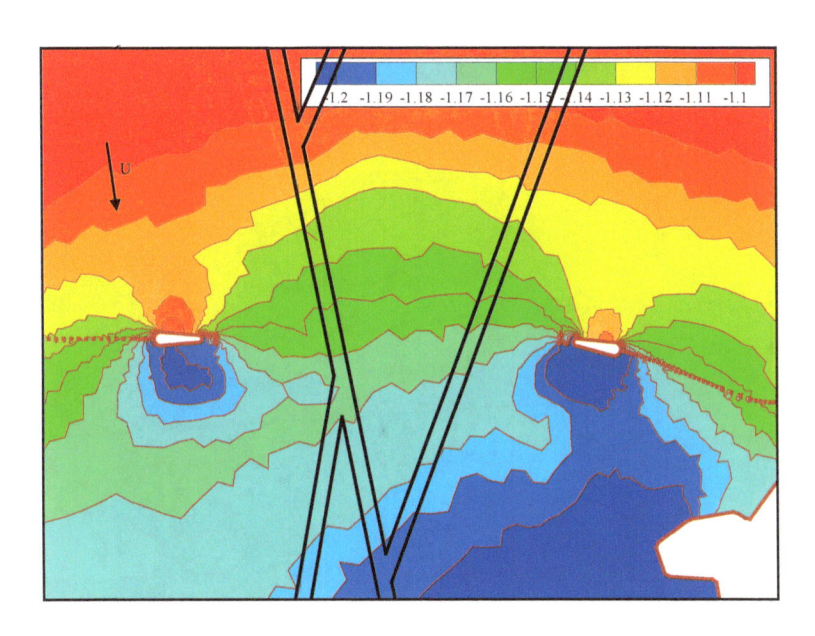

图 3.46(b) 方案三主通航区水域落急水面线趋势(单位:m)

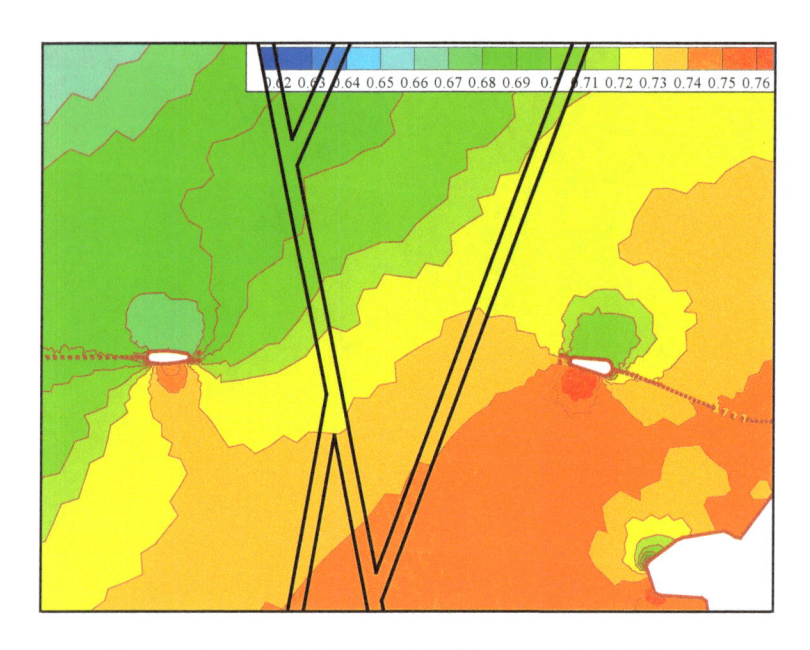

图 3.47(a)　方案四主通航区水域涨急水面线趋势(单位:m)

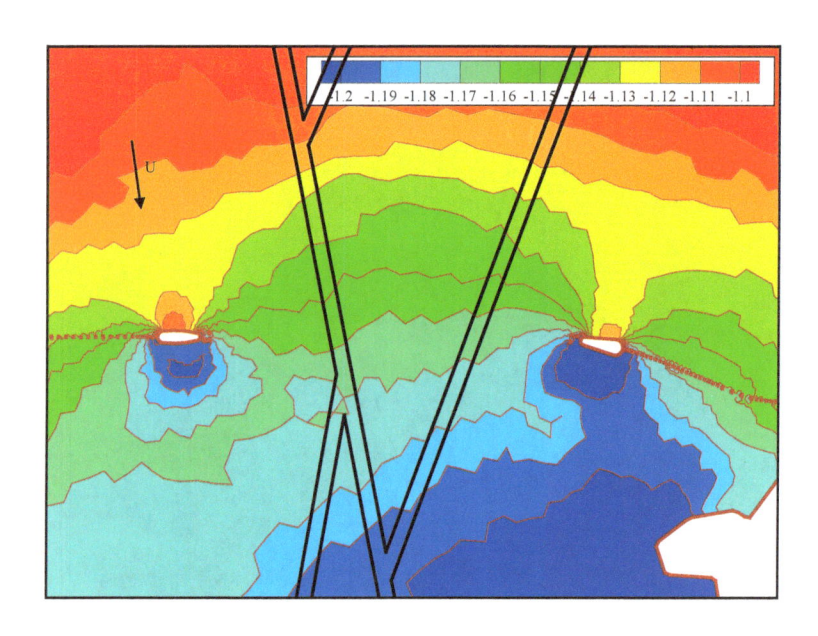

图 3.47(b)　方案四主通航区水域落急水面线趋势(单位:m)

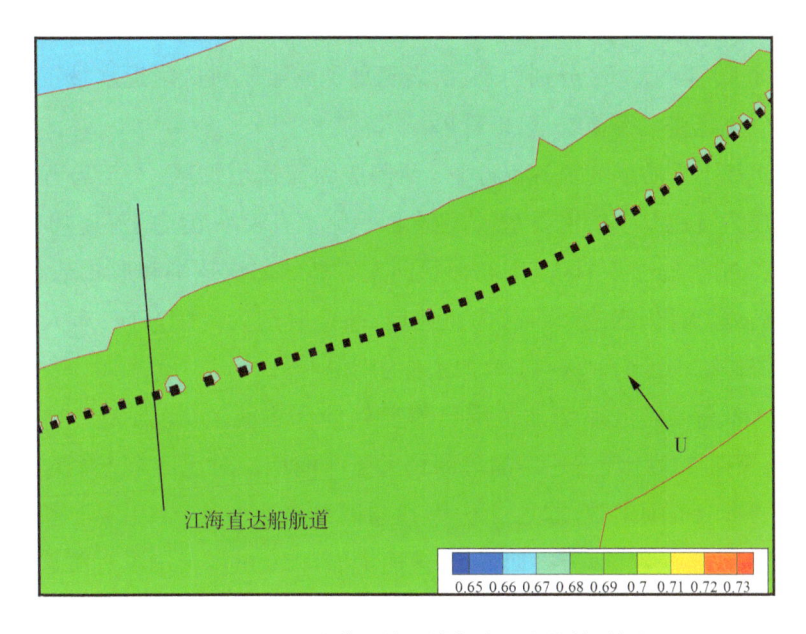

图 3.48(a) 75 m 跨非通航区涨急水面线趋势(单位:m)

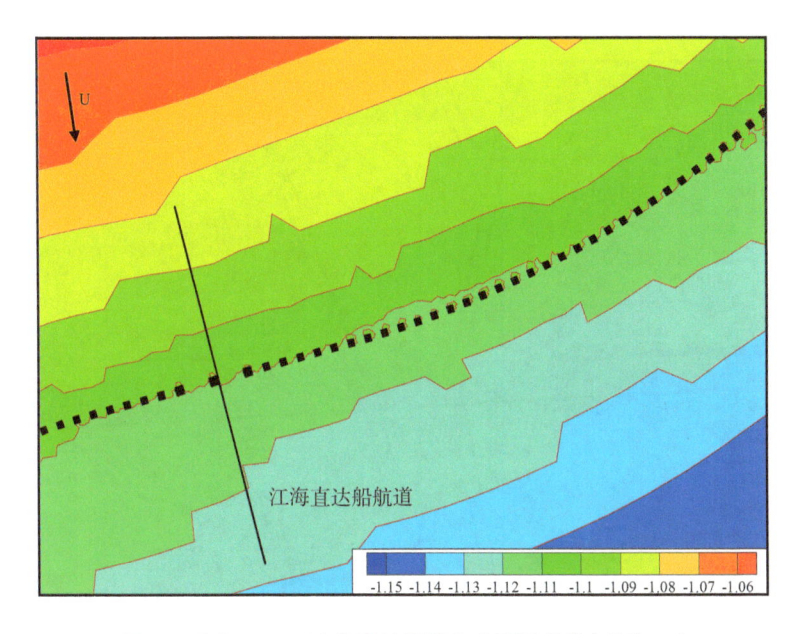

图 3.48(b) 75 m 跨非通航区落急水面线趋势(单位:m)

3.2.6 桥区流速变化

图 3.49 至图 3.53 分别为东、西人工岛和非通航桥区附近水域工程前后的涨落急流速变化等值线，可以看出：

人工岛上下游成为流速减小区，两侧成为流速增加区；人工岛背水面的回流区成为流速减小的主要水域，迎水面一侧也有较小范围的流速减小区。

人工岛的流速减小区范围和形状同人工岛的回流范围和形状基本相似，西人工岛涨急时刻流速减小区为正北向、落急时刻为南偏东向；东人工岛涨急时刻流速减小区为北偏东，落潮时刻为南偏西。

两人工岛两侧流速增加范围已覆盖到伶仃主航道，受西岛影响稍大一些，且落潮期伶仃航道流速增加范围稍大于涨潮期。对比四个方案对伶仃航道流速的影响范围来看，方案二最大，落急时刻流速增加 0.10 m/s 范围覆盖航段最长，方案一次之，方案四最小，流速增加 0.10 m/s 范围没有覆盖到伶仃航道。

香港侧海域在东人工岛对水流的约束下涨落潮流速均有增加，落潮期流速增加较为显著，仍是方案一和二最大，方案三和四较小。

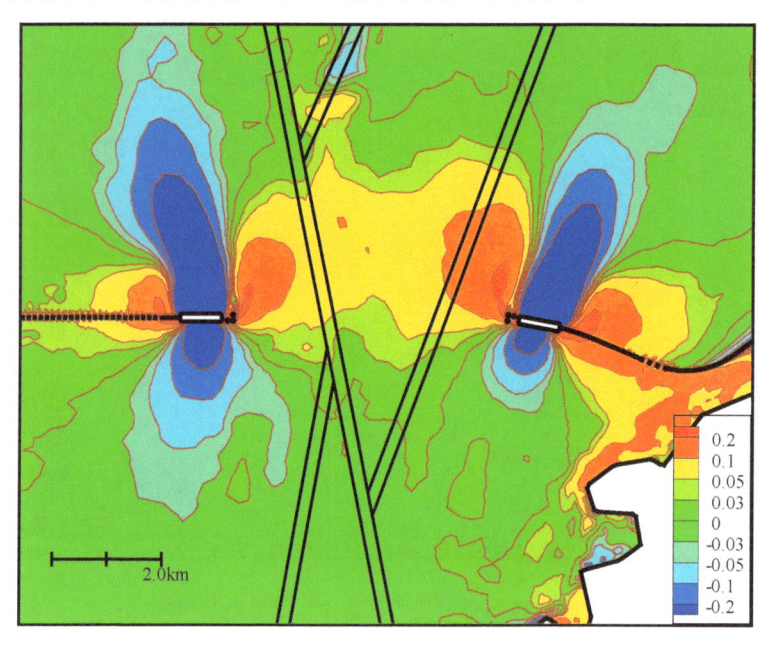

图 3.49(a) 方案一工程前后主通航区流速变化等值线(涨急)(单位：m/s)

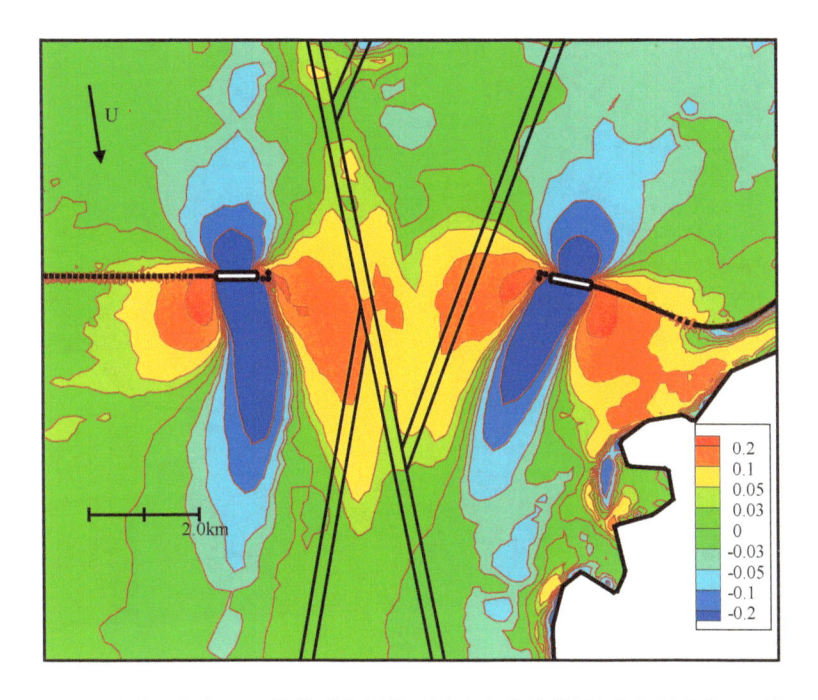

图 3.49(b)　方案一工程前后主通航区流速变化等值线(落急)(单位:m/s)

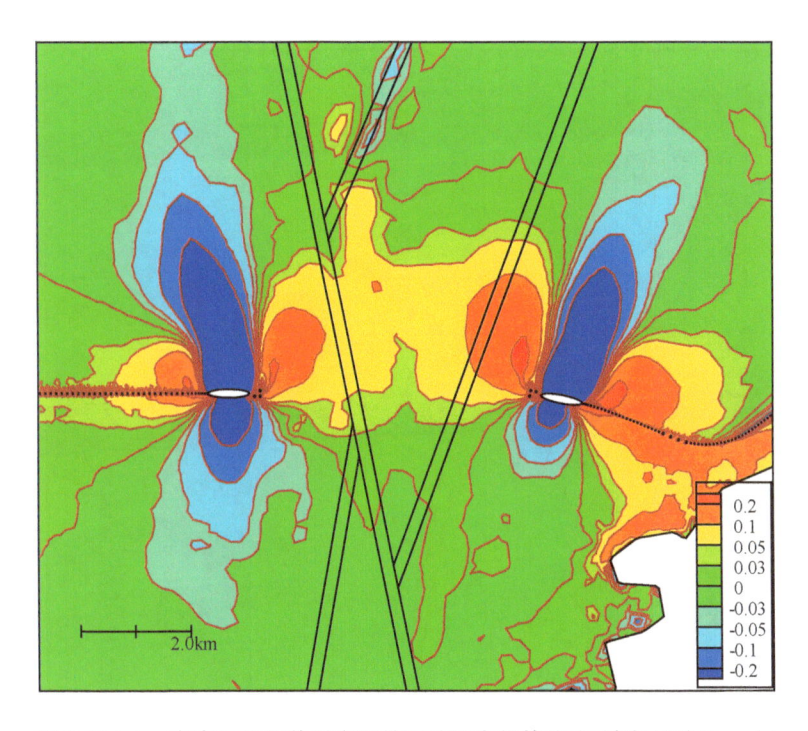

图 3.50(a)　方案二工程前后主通航区流速变化等值线(涨急)(单位:m/s)

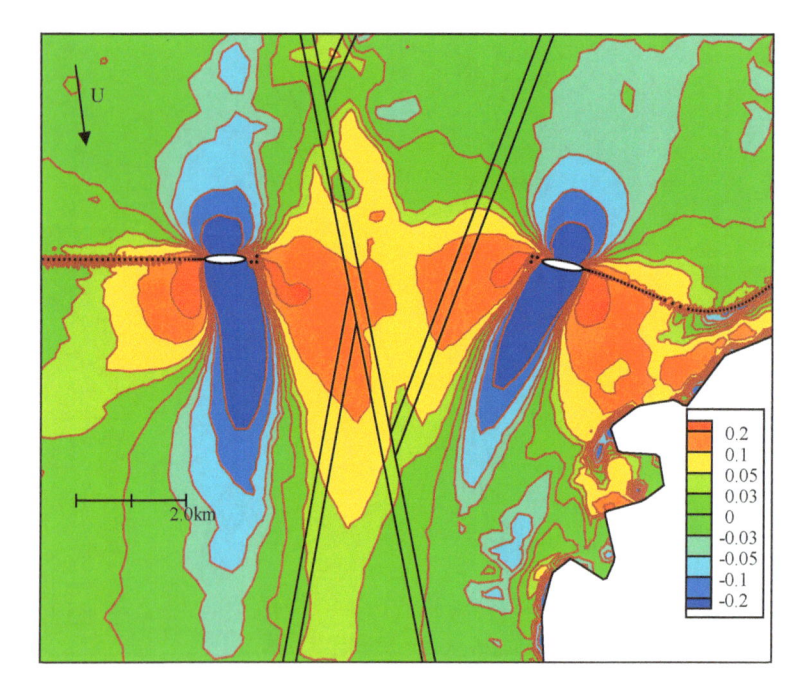

图 3.50(b)　方案二工程前后主通航区流速变化等值线(落急)(单位:m/s)

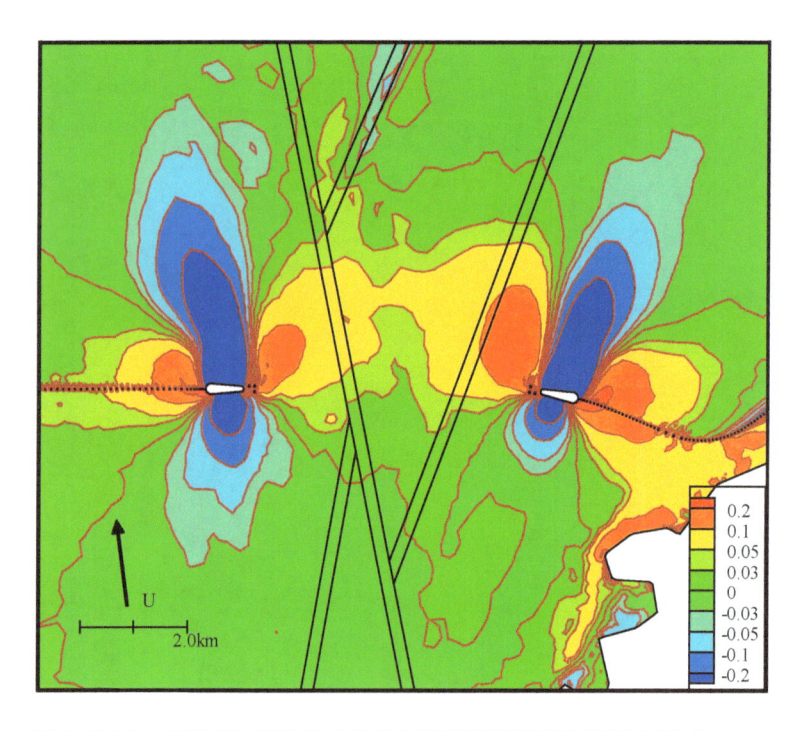

图 3.51(a)　方案三工程前后主通航区流速变化等值线(涨急)(单位:m/s)

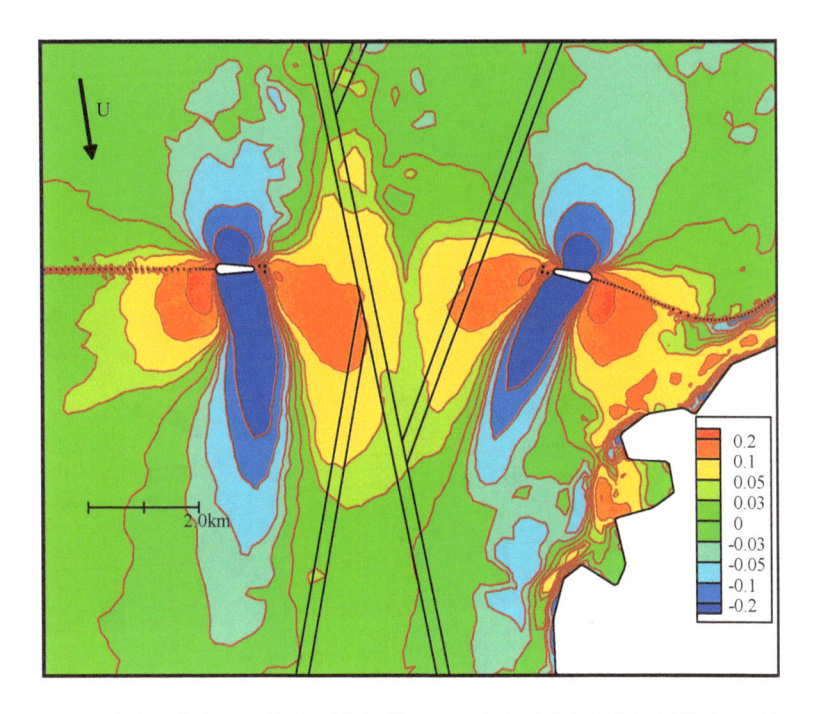

图 3.51(b) 方案三工程前后主通航区流速变化等值线(落急)(单位:m/s)

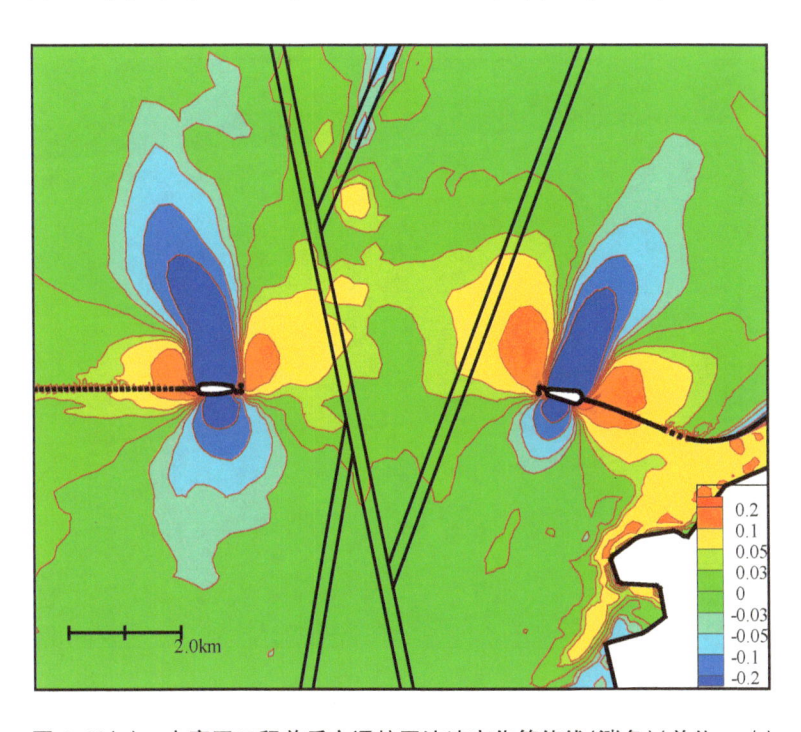

图 3.52(a) 方案四工程前后主通航区流速变化等值线(涨急)(单位:m/s)

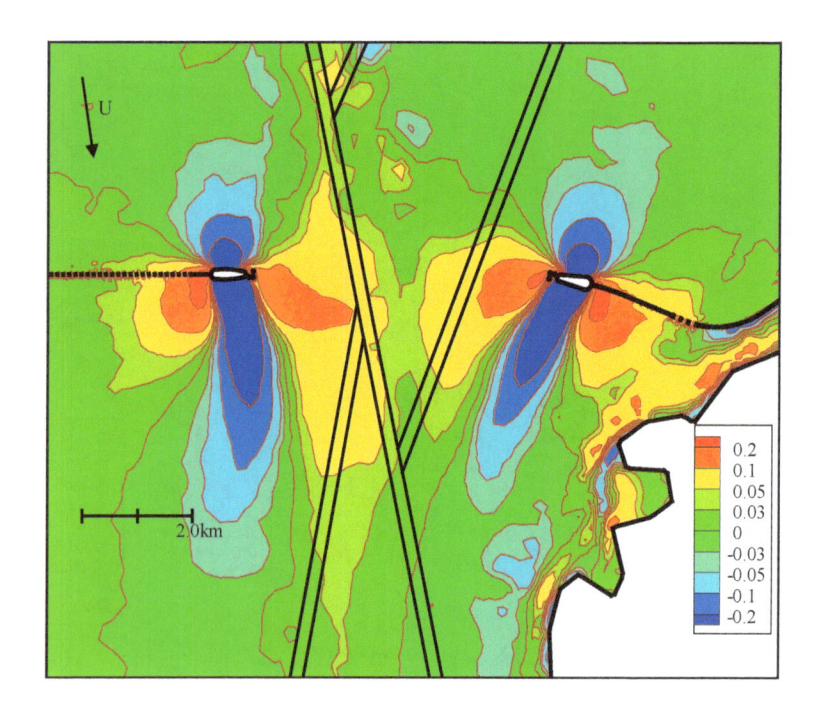

图 3.52(b)　方案四工程前后主通航区流速变化等值线(落急)(单位:m/s)

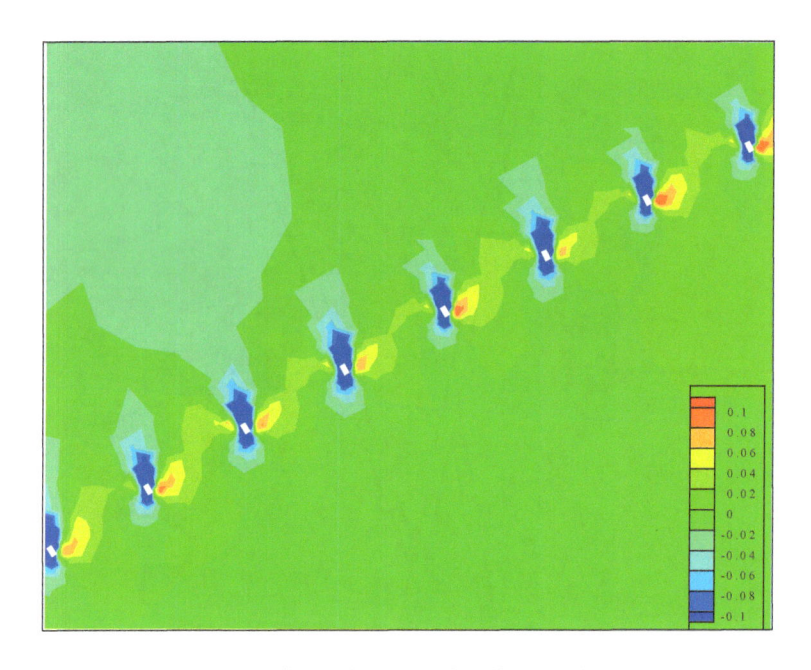

图 3.53(a)　75 m 跨非通航桥区流速变化等值线(涨急)(单位:m/s)

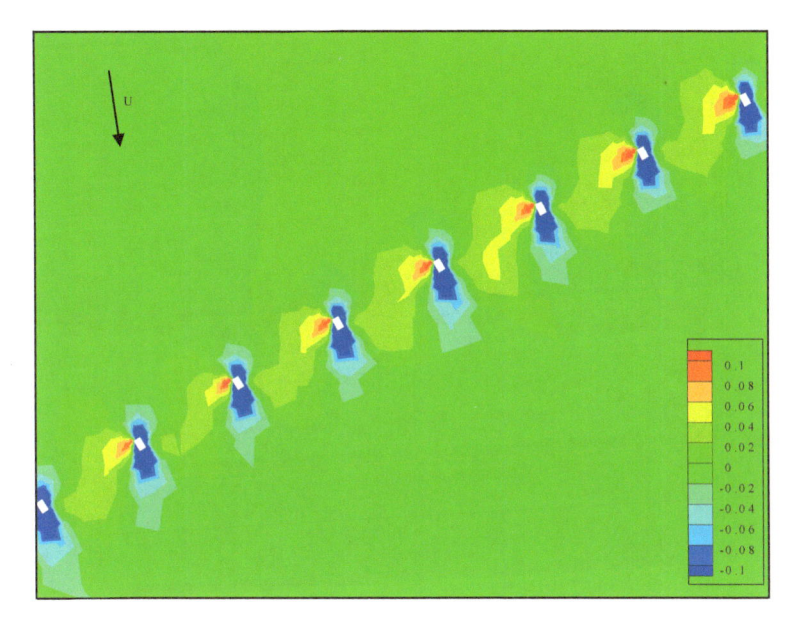

图 3.53(b)　75 m 跨非通航桥区流速变化等值线(落急)(单位:m/s)

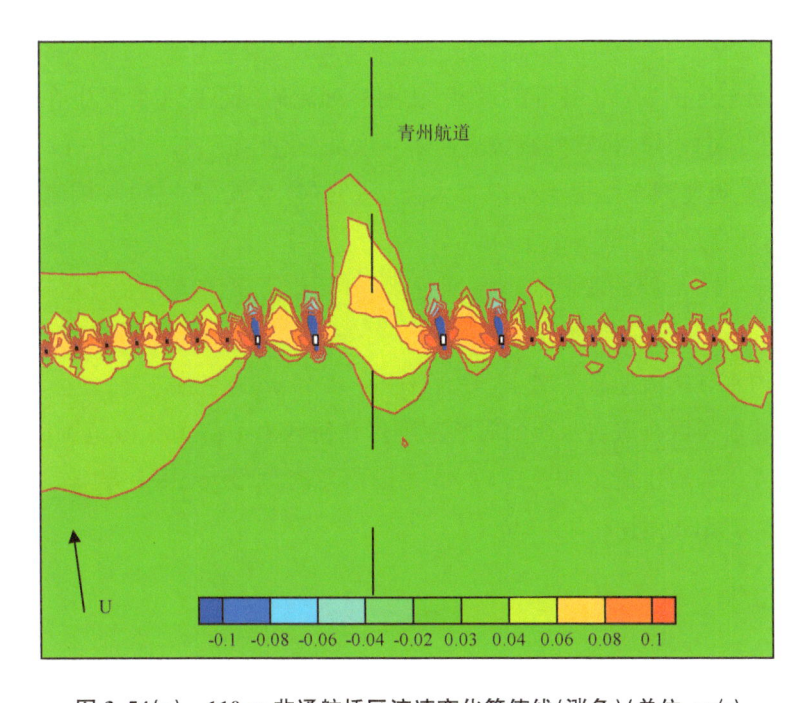

图 3.54(a)　110 m 非通航桥区流速变化等值线(涨急)(单位:m/s)

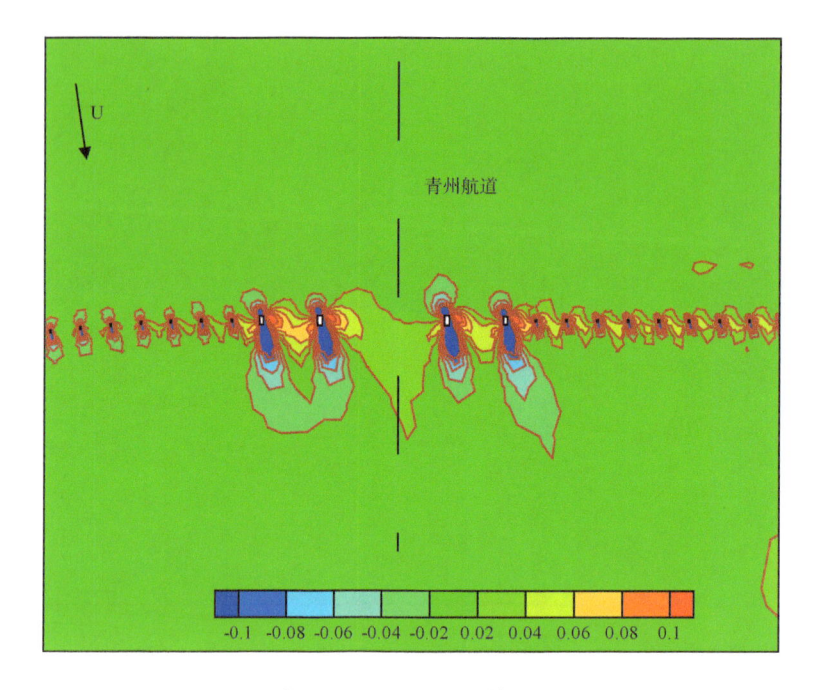

图3.54(b)　110 m非通航桥区流速变化等值线(落急)(单位:m/s)

非通航区的75 m跨桥区水域,涨潮时刻流速减小区主要发生在桥墩背水面(正北向)水域,桥墩间水域流速略有增加,幅度在0.05～0.10 m/s;同样落急时刻,流速减小区位于桥墩背水面(南偏东)水域,桥墩间水域流速也有所提高,幅度也在0.05～0.10 m/s。

对于110 m跨的非通航桥区附近水域,桥位上下游流速变化很微弱,同样桥墩间水域流速有所增加,幅度在0.02～0.10 m/s,桥墩背水面及附近较小范围内水域的流速有所减小,最大减幅在0.10 m/s左右。

非通航桥区桥墩对水流的影响范围仅在桥区上下游200 m范围以内,主通航区人工岛对水流影响范围较大,尤以落急时刻最大,其中方案二最大为7.0 km,方案四最小为5.3 km。

3.2.7　断面纳潮量变化

表3.8是各方案工程前后不同断面纳潮量的统计结果(断面位置见图3.22),由表中数据变化可以看出:

三个断面布置自南向北,通过三个断面的进潮量在逐步减小,澳门—大屿山断面全潮进潮量为 42.0×10^8 m³,到南沙港断面减小为 10.58×10^8 m³。

大桥方案实施后,三个断面的纳潮量均有不同程度的减少,桥下游断面潮量减幅相对较大,桥上游断面潮量减幅则相对较小,且越往北其变化越小。

对比四个工程方案的纳潮量减幅程度,以方案四的减幅最小,其桥下游断面(SE1)为 0.88%,淇澳—内伶仃—赤湾断面(SE2)为 0.66%,再往上游的南沙断面(SE3)为 0.63%。

对比断面 SE2 东、西两个通道的纳潮量可以发现,位于西侧的淇澳岛—内伶仃(SE2-1)断面进潮量要比东侧内伶仃—赤湾(SE2-2)断面大一些(比例为 1.81:1);工程后这两个通道的纳潮量比例略有变化,其中方案一、方案二变化较小(比例仍为 1.81:1),方案三、方案四变化稍大一点(比例为 1.80:1),反映出人工岛尺度的改变对上游东、西口门潮动力分布有一定的调整作用,但幅度很小。

从各方案工程后的断面潮量变化来看,方案一、方案二对断面潮量改变幅度较大,方案三、方案四则明显较小,而前者人工岛迎水面宽度均要比后者长不少。模拟结果表明,处于大濠深槽附近的东、西桥隧人工岛尺寸大小对伶仃洋的纳潮量变化起到控制性作用。

表 3.8(a)　桥下游断面(SE1)全潮涨潮量对比

方案	潮量		
	涨潮量/$\times10^8$ m³	减少量/$\times10^8$ m³	减幅/%
现状	42.00	—	—
方案一	41.45	0.55	1.31
方案二	41.19	0.81	1.93
方案三	41.59	0.41	0.98
方案四	41.63	0.37	0.88

表 3.8(b)　淇澳岛—内伶仃断面全潮涨潮量对比

方案	潮量		
	涨潮量/$\times10^8$ m³	减少量/$\times10^8$ m³	减幅/%
现状	17.08	—	—
方案一	16.93	0.15	0.86
方案二	16.91	0.17	1.00
方案三	16.93	0.15	0.86
方案四	16.96	0.12	0.68

表 3.8(c)　内伶仃—赤湾断面全潮涨潮量对比

方案	涨潮量/$\times 10^8$ m^3	减少量/$\times 10^8$ m^3	减幅/%
现状	9.43	—	—
方案一	9.34	0.09	1.00
方案二	9.28	0.16	1.65
方案三	9.37	0.06	0.66
方案四	9.37	0.06	0.62

表 3.8(d)　断面 SE2 全潮涨潮量对比

方案	涨潮量/$\times 10^8$ m^3	减少量/$\times 10^8$ m^3	减幅/%
现状	26.51	—	—
方案一	26.27	0.24	0.91
方案二	26.18	0.33	1.23
方案三	26.30	0.21	0.79
方案四	26.33	0.17	0.66

表 3.8(e)　断面 SE3 全潮涨潮量工程前后对比

方案	涨潮量/$\times 10^8$ m^3	减少量/$\times 10^8$ m^3	减幅/%
现状	10.58	—	—
方案一	10.47	0.11	1.01
方案二	10.44	0.13	1.24
方案三	10.50	0.07	0.68
方案四	10.51	0.07	0.63

3.3　泥沙冲淤影响分析

3.3.1　伶仃洋海床冲淤变化

表 3.9 列出了伶仃洋模型采样点在建桥前后海床的冲淤，对比各水域采样点海床冲淤变化可以看出：

(1) 人工岛南、北侧的 RG1—RG4 在现状条件下海床淤积幅度在 0.18~0.42 m/a，由于这四个采样点均处在人工岛的迎水面或背水面，因此建桥 1 年后将会出现较大幅度的淤积，淤厚增加约在 0.70 m/a 左右。

表 3.9(1)　建桥前后伶仃洋采样点海床冲淤变化　　　　　　单位：m/a

位置	采样点	建桥前	建桥后	变化
人工岛水域	RG1	0.42	1.18	0.76
	RG2	0.35	1.21	0.86
	RG3	0.18	0.83	0.65
	RG4	0.24	0.95	0.71
伶仃航道	D1	0.39	0.41	0.02
	D2	0.32	0.34	0.02
	D3	0.40	0.41	0.01
	D4	0.16	−0.03	−0.19
	D5	0.33	0.33	0.00
	D6	0.52	0.54	0.02
	D7	0.91	0.93	0.02
	D8	0.50	0.51	0.01
	D9	0.35	0.35	0.00
	D10	1.27	1.27	0.00
青州航道	Q1	0.29	0.29	0.00
	Q2	0.25	0.25	0.00
	Q3	0.28	0.15	−0.13
	Q4	0.23	0.15	−0.08
	Q1	0.30	0.29	−0.01
江海直达船航道	H1	0.35	0.33	−0.02
	H2	0.17	0.07	−0.10
	H3	0.09	0.06	−0.03
	H4	0.26	0.25	−0.01
	H5	0.16	0.13	−0.03
	H6	0.07	0.06	−0.01
	H7	0.23	0.22	−0.01
九洲航道	J1	−0.18	0.05	0.23
	J2	0.48	0.23	−0.25
	J3	0.09	−0.02	−0.11
	J4	0.45	0.47	0.02

(续表)

位置	采样点	建桥前(m/a)	建桥后(m/a)	变化(m/a)
榕树头、铜鼓航道	R1	0.39	0.41	0.02
	T1	0.17	0.15	−0.02
	T2	0.44	0.45	0.01
	T3	0.89	0.90	0.01
	T4	0.91	0.88	−0.03
澳门水域	MC1	−0.04	−0.03	0.01
	MC2	0.09	0.06	−0.03
香港水域	HK1	0.04	0.02	−0.02
	HK2	0.02	−0.07	−0.09
	HK3	0.37	−0.16	−0.53
	HK4	0.25	0.03	−0.22
深圳水域	SZ1	1.20	1.21	0.01
	SZ2	0.20	0.20	0.00
	SZ3	0.75	0.76	0.01
西滩水域	W1	0.47	0.46	−0.01
	W2	0.35	0.35	0.00
	W3	0.29	0.30	0.01
	W4	0.10	0.10	0.00
中滩水域	E1	0.05	0.05	0.00
	E2	0.17	0.17	0.00
	E3	−0.11	−0.10	0.01
	E4	−0.09	−0.08	0.01
	E5	−0.03	−0.02	0.01

备注：建桥前、后海床冲淤值中"−"表示冲刷，"＋"表示淤积

（2）采样点 D1—D10 自南向北分布于伶仃航道，其中 D4 点位于桥线位，该点在建桥后略有冲刷，与建桥前相比冲刷了 0.19 m/a；伶仃航道其他航段在建桥前后的回淤变化比较轻微，其中位于南沙港 D10 点的泥沙回淤在建桥前后均为 1.27 m/a，表明大桥工程建设对南沙港区泥沙回淤状况产生的影响将会很小。

（3）从青州航道、江海直达船航道和九洲航道水域采样点的回淤变化可以看出，航道沿程采样点的泥沙回淤在建桥后均有不同程度减小，位于通航

孔间采样点的回淤量减小幅度最大。

（4）铜鼓航道和榕树头航道分别位于桥位主通航区的上游和下游，各采样点在建桥前后的淤强变化比较小，为$-0.03 \sim +0.02$ m/a。

（5）澳门水域海床冲淤变化在建桥前后相比变化也比较小，淤强变幅在$-0.03 \sim +0.01$ m/a。

（6）香港水域采样点HK1在建桥后泥沙回淤减轻0.02 m/a；香港侧航道沿程采样点所在海床在建桥后均由淤积变为冲刷，通航孔HK3采样点建桥前后相比冲深幅度达到了0.53 m/a。

（7）深圳大铲湾SZ1采样点、赤湾港SZ2采样点以及深圳湾蛇口港SZ3采样点的泥沙回淤强度在大桥建成前后变化很小。

（8）西滩采样点W1—W4和中滩采样点E1—E5所在海床的淤积强度在大桥建成后基本不产生变化。

（9）综合53个采样点所在海床在大桥建成前后的泥沙回淤强度变化来看，淇澳岛至内伶仃岛一线以北水域的海床冲淤变化基本不受大桥工程影响，广州港南沙港区以及深圳的大铲湾、赤湾和蛇口港区的泥沙回淤基本不受大桥工程影响；大桥线位附近海床冲淤变化受大桥工程影响较大，桥区的各主要航道沿程回淤与建桥前相比均出现减小的趋势，各通航孔间航道的泥沙回淤减小幅度最大。

3.3.2 桥区海床冲淤变化

图3.55显示了主通航区人工岛工程实施1年后的海床冲淤变化。在人工岛上、下游均有梭状淤积体形成。对比人工岛上、下游的淤积体可以看出，岛南侧的梭状淤积体较长、范围较大，岛北侧的淤积体范围较小，淤积体形成范围的大小和人工岛南、北两侧的回流范围有一定关系。人工岛北侧淤积体的淤积厚度相对岛南侧要大一些，淤强最大超过2.0 m/a。东、西两人工岛相比较而言，西岛南、北两侧形成的淤积体无论范围还是强度都要比东岛大一些。两人工岛南北侧形成的梭状淤积体并没有影响到主通航区的伶仃航道、铜鼓航道和榕树头航道。人工岛两侧的挑流作用使得岛两侧均出现不同程度的冲刷，西岛的西侧和东岛的两侧形成的冲刷范围较大，冲刷强度超过0.80 m/a。两人工岛的束水作用使得主通航区的潮流动力增强，铜鼓航道（西线）的部分航道出现冲刷，伶仃航道穿过主通航区一段航道的航槽淤积呈

减小趋势。

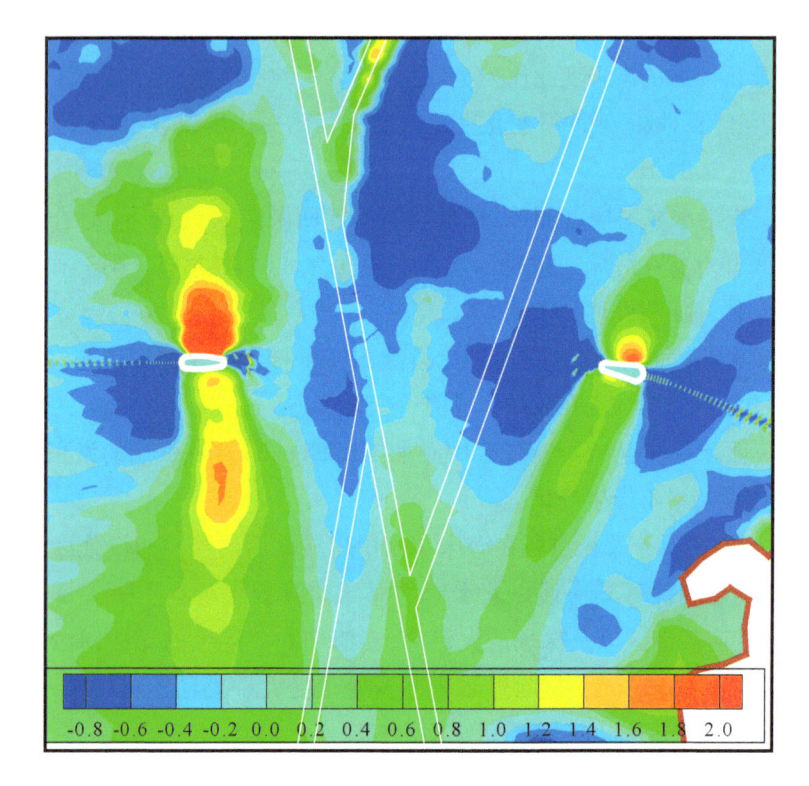

图 3.55　主通航区海床冲淤平面分布
("—"表示冲刷,"+"表示淤积；单位：m/a)

从图 3.56 青州航道通航孔的海床冲淤平面分布可以看出,青州航道的主通航孔出现大范围冲刷,年冲刷深度在 0.20～0.40 m/a；在通航孔两侧的辅桥墩间也出现了冲刷,年冲刷深度也在 0.20 m/a 左右；桥墩的南、北两侧即桥墩的迎水面和背水面分别出现了小范围的淤积,年淤积厚度超过 1.0 m/a。由图 3.57 显示的非通航孔(桥跨 110 m)桥墩间的海床冲淤平面分布也可以看出,桥墩东西两侧(两桥墩间)出现一定范围的冲刷,桥墩南北两侧则出现小范围的淤积,年淤积最大厚度也超过了 1.0 m/a。

图 3.58 给出了香港侧航道通航孔水域的海床冲淤平面分布,同样出现桥墩间水域有所冲刷、桥墩上下游两侧有所淤积的特点。不同的是由于香港侧桥墩的尺寸相对较大,因此形成的冲刷或淤积的范围和强度相对也会大一些。香港侧航道通航孔桥墩间的冲刷范围较大,年冲刷深度在 0.60～

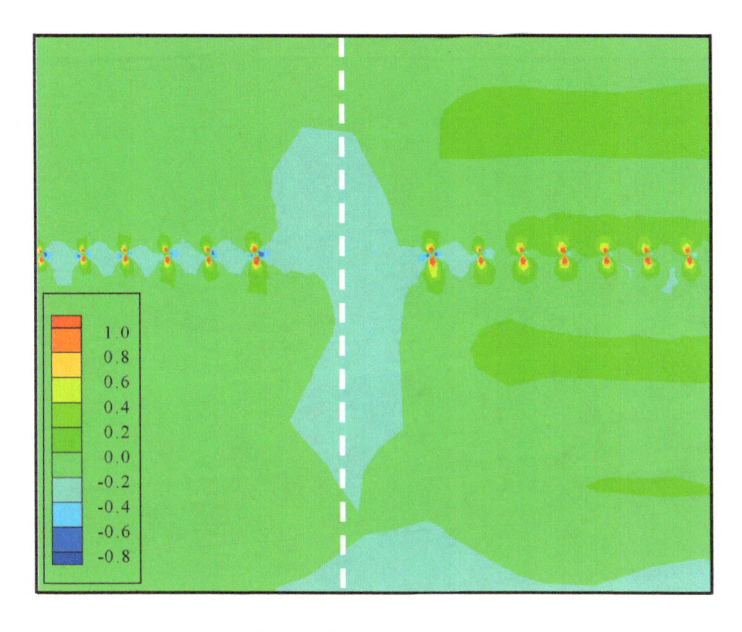

图 3.56　青州航道通航孔海床冲淤平面分布

("一"表示冲刷，"十"表示淤积；单位：m/a)

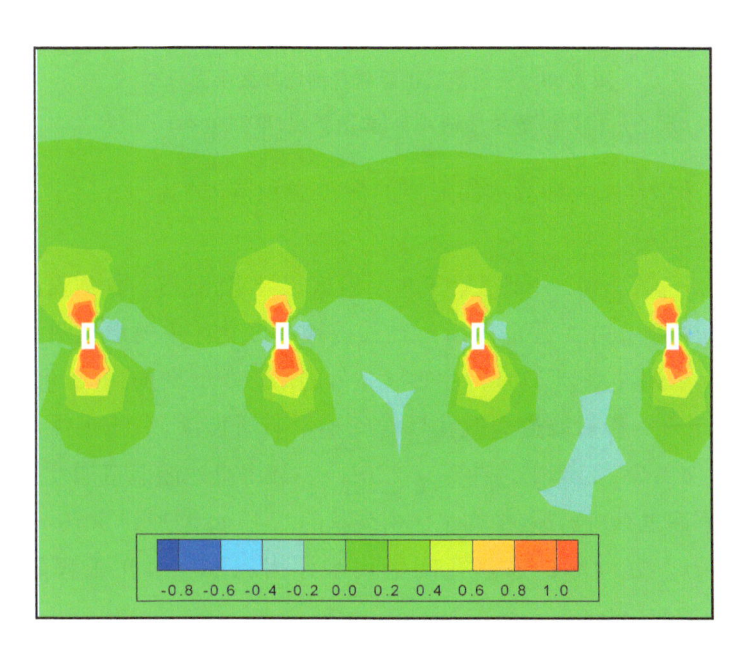

图 3.57　非通航孔(桥跨 110 m)桥区海床冲淤平面分布

("一"表示冲刷，"十"表示淤积；单位：m/a)

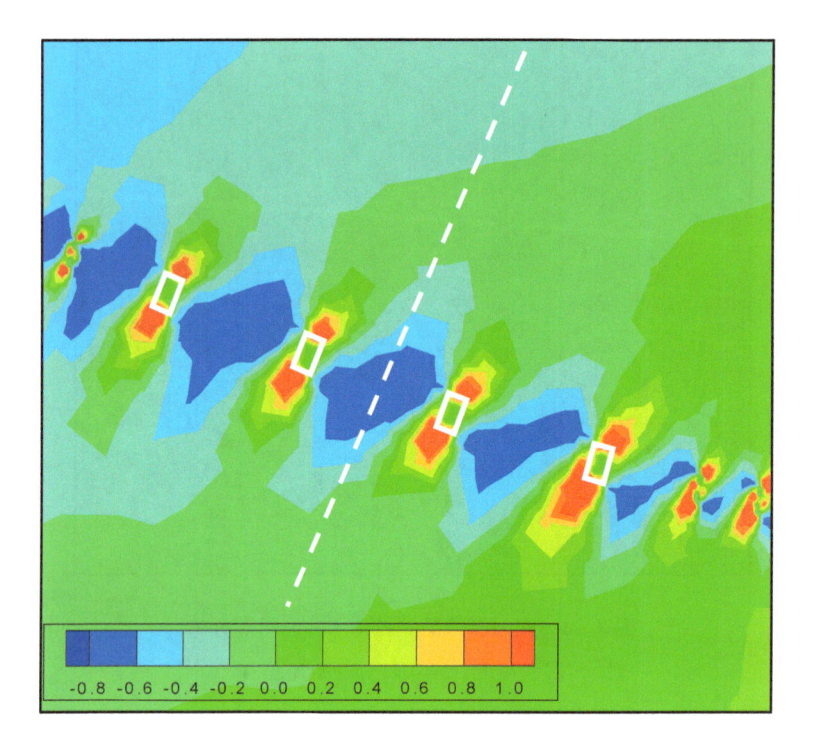

图 3.58　香港侧航道通航孔海床冲淤平面分布

("一"表示冲刷,"十"表示淤积;单位:m/a)

0.80 m/a,桥墩迎水面和背水面形成的泥沙淤积范围也较大,年淤厚也超过了 1.0 m/a。

图 3.59 至图 3.62 分别显示了主通航区以及青州航道、江海直达船航道和九洲航道通航孔在工程前后沿桥轴线的地形变化。主通航区沿桥轴线地形在工程后普遍冲深,平均水深由现状条件的 12.60 m 增加到 12.92 m,平均冲深 0.32 m/a。青州航道通航孔桥墩间地形有所加深,平均水深由现状的 7.00 m 增加到 7.22 m,平均冲深 0.22 m/a。江海直达船航道通航孔桥墩间地形在工程后也有所加深,平均水深由现状的 5.46 m 增加到 5.70 m,平均冲深 0.24 m/a。九洲航道通航孔间平均水深为 4.90 m,在工程后增加到 4.97 m,平均冲深 0.07 m/a。

图 3.63 至图 3.65 分别为非通航孔桥墩间沿桥轴线地形在工程前后的变化。位于 KP25—KP26 间 110 m 跨非通航孔沿桥轴线地形在现状条件下平均水深为 5.83 m,工程后增加到 6.11 m,平均冲深 0.28 m/a。位于江海直达

船航道通航孔与九洲航道通航孔间 75 m 跨(KP32+000—KP32+500)现状平均水深为 4.62 m,工程后增加到 4.91 m,平均冲深 0.29 m/a。香港侧非通航孔(KP4+900—KP5+200)现状条件下平均水深为 9.58 m,大桥建成一年后平均水深增加到 10.01 m,平均水深增加了 0.43 m。

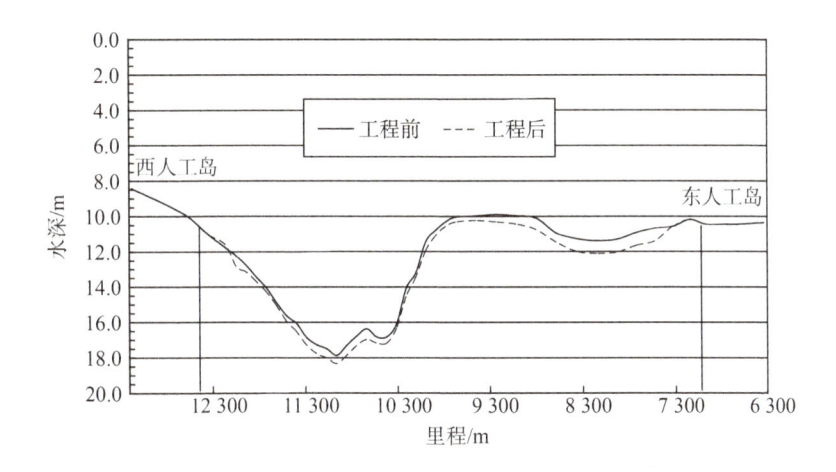

图 3.59 主通航区桥轴线沿程地形变化

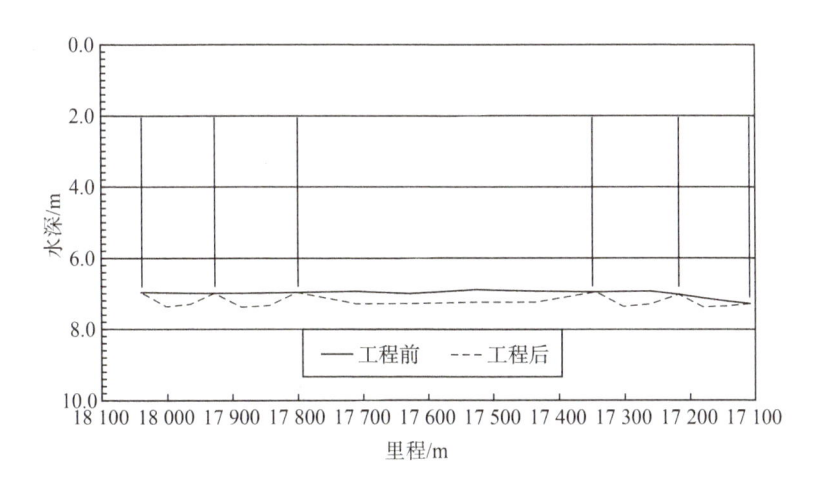

图 3.60 青州航道通航孔桥轴线沿程地形变化

各通航孔及非通航孔间由于桥墩的束水作用使得桥墩间流速出现不同程度的增加,桥墩间地形相继出现了不同程度的冲刷,桥墩间过水断面也相应出现了增加。表 3.10 统计了桥轴线沿程阻水比在工程前后的变化,统计段

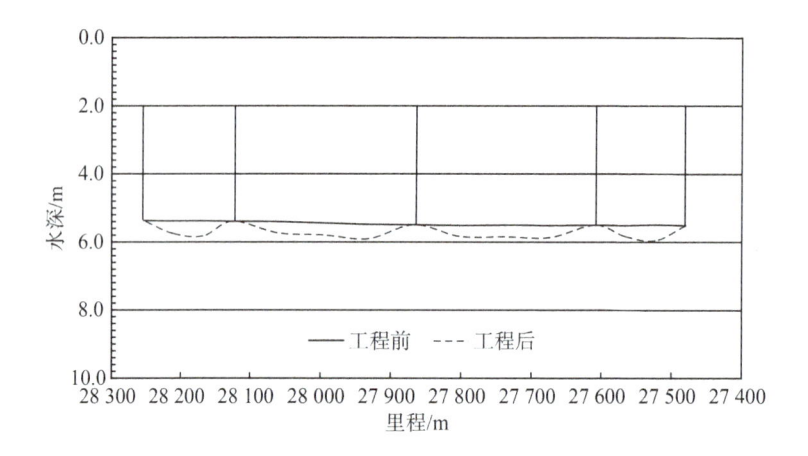

图 3.61　江海直达船航道通航孔桥轴线沿程地形变化

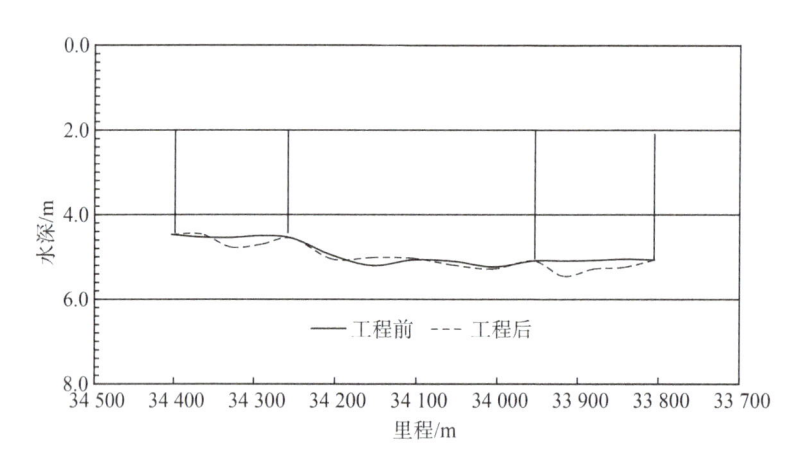

图 3.62　九洲航道通航孔桥轴线沿程地形变化

从香港侧航道开始截止珠澳口岸人工岛共计 31.4 km。综合考虑到东、西人工岛周围斜坡和桥隧结合部的阻水影响，统计段桥墩的阻水比为 10.65%，大桥建成 1 年后，统计段桥墩的阻水比减小到 10.35%，减小了 0.3%。对比各统计段可以看出，主通航区阻水比最大，为 21.31%，大桥建成 1 年后该段阻水比减小为 20.75%；青州航道通航孔阻水比由 10.47% 减小到 10.13%；江海直达船航道桥通航孔阻水比由 11.95% 减小到 11.39%；九洲航道桥通航孔由 12.51% 减小到 12.34%；非通航孔桥墩间的阻水比相对较小，香港侧非通航孔阻水比由 5.88% 减小到 5.61%，西人工岛以西 110 m 跨桥段阻水比由

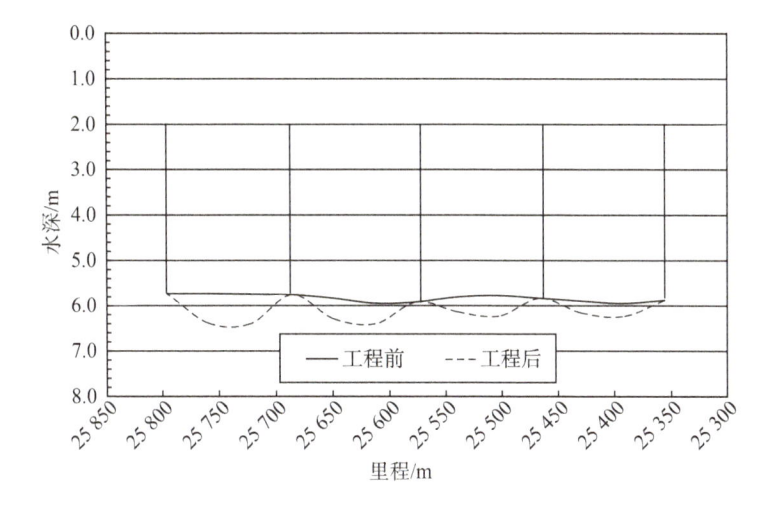

图 3.63　深水区非通航孔桥轴线沿程地形变化

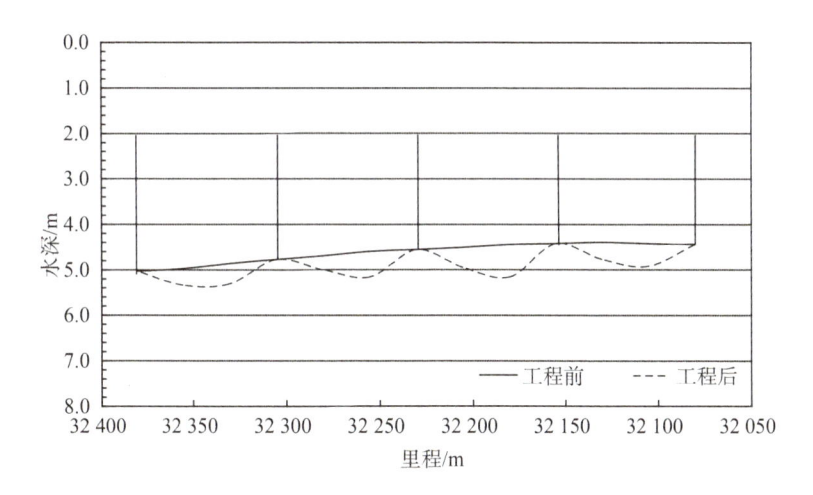

图 3.64　浅水区非通航孔桥轴线沿程地形变化

3.96%减小到 3.82%,江海直达船航道桥至九洲航道间非通航孔桥段的阻水比在大桥建成前后变化甚微,均为 5.02%。桥墩间阻水比的减小是由桥墩间地形冲深、过水断面增加引起的,而当过水面积增加到一定程度后,桥墩间地形变化甚微时,桥墩的阻水比将维持在一个相对比较稳定的值。

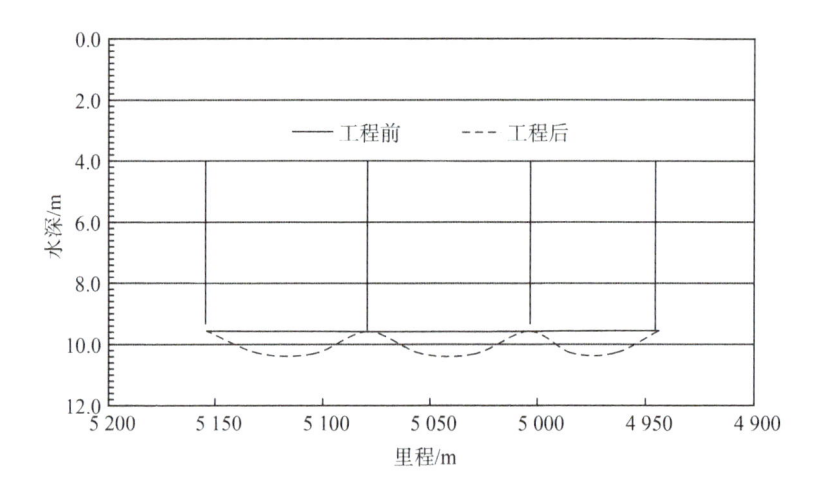

图 3.65　香港侧非通航孔桥轴线沿程地形变化

表 3.10　桥轴线沿程阻水面积比工程前后变化

桥区间	工程前 过水面积 /m²	工程前 阻水面积 /m²	工程前 阻水比 /%	工程后 过水面积 /m²	工程后 阻水面积 /m²	工程后 阻水比 /%
香港侧航道—东人工岛	21 336	1 255	5.88	22 398	1 255	5.61
主通航区	81 840	17 444	21.31	84 082	17 444	20.75
西人工岛—青州航道桥	31 127	1232	3.96	32 260	1 232	3.82
青州航道桥通航孔	6 492	680	10.47	6715	680	10.13
青州航道桥—江海直达船航道桥	55 154	2 016	3.66	56 673	2 016	3.56
江海直达船航道桥通航孔	4 226	505	11.95	4 430	505	11.39
江海直达船航道桥—九洲航道	29 568	1 484	5.02	29 537	1 484	5.02
九洲航道桥通航孔	2 948	369	12.51	2 989	369	12.34
九洲航道—珠澳人工岛	4 255	252	5.91	4 701	252	5.35
总计	236 945	25 237	10.65	243 784	25 237	10.35

3.3.3 航道沿程淤积变化

图 3.66 显示了伶仃航道桥区段(C—D 段,位置见图 3.16)的航槽沿程淤积分布,位于桥区附近的伶仃航段的航槽沿程回淤分布呈减轻趋势,伶仃航道 KP20 处甚至出现了轻微的冲刷。从 3.3.2 节中主通航区的海床冲淤平面分布也可以看出,主通航区间的伶仃航道段出现了回淤减少甚至局部冲刷的现象。建桥前后伶仃航道沿程回淤的变化主要集中在桥线位南、北两侧 4.0 km 范围。建桥前伶仃航道 C—D 段的淤强为 0.38 m/a,该段航道航槽的年回淤量为 195.7×10^4 m³,建桥后该段航道的淤强减小为 0.36 m/a,年回淤量减少约 10.0×10^4 m³。伶仃航道主通航区段的航槽回淤不会出现增加趋势,相反会有回淤减轻,甚至有局部冲刷的趋势。因此,大桥的建成对伶仃航道的泥沙回淤不会出现不利影响。

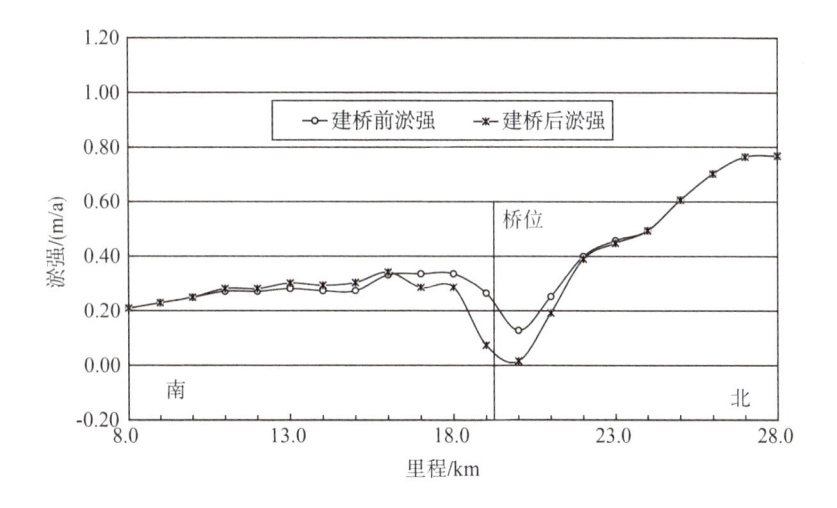

图 3.66 伶仃航道桥区段建桥前后淤强变化

图 3.67 给出了铜鼓航道自南向北(起点设在与伶仃航道 KP22 的衔接处)沿程的回淤分布。铜鼓航道建桥前的淤强为 1.08 m/a,建桥后航道平均淤强为 1.09 m/a,淤积厚度出现轻微的增加,增加范围主要集中在铜鼓航道 1.0~5.0 km 段,该段处在两座人工岛间、主通航区的影响范围之内,而其他航段的航槽沿程回淤分布基本不受大桥工程的影响。

伶仃航道目前水深为 15.5 m,大桥建成后对伶仃航道泥沙回淤的影响集

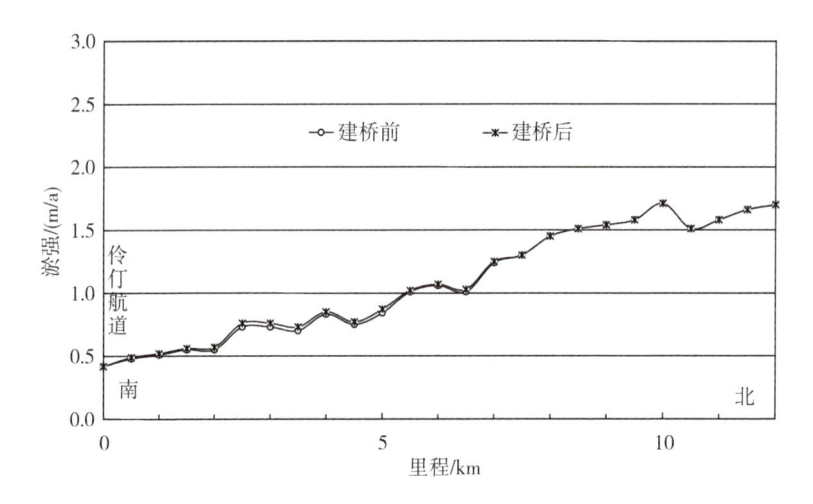

图 3.67　铜鼓航道建桥前后淤强沿程变化

中在桥轴线上下游各 4.0 km 范围以内,且对主通航区的伶仃航道段具有一定的减淤效果。根据广州港出海航道三期建设的规划要求,伶仃航道航槽水深将全线疏浚到 17.0 m,大桥建成后对浚深后的伶仃航道具何种影响需做进一步的模拟研究。

图 3.68 显示了伶仃航道 C—D 段浚深到 17.0 m 时在建桥前后的航槽沿程回淤分布。浚深后的航槽沿程平均淤强为 0.39 m/a,比浚深前略有增加。大桥建成 1 年后,伶仃航道沿程回淤分布仍具有图 3.66 的分布特点,桥轴线

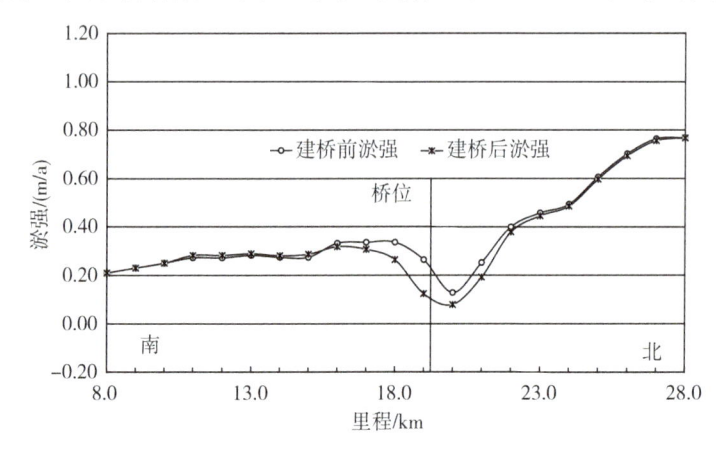

图 3.68　伶仃航道($H=17.0$ m)桥区段建桥前后沿程淤强变化

上下游 2 km 范围内航槽的回淤呈减轻趋势,但此时航槽的淤强减小幅度相对较小,C—D 段航道的平均淤强在建桥后为 0.38 m/a。综上所述,港珠澳大桥建成后对广州港出海航道三期工程的泥沙回淤并没有不利影响。

3.4 累积性冲淤影响分析

通过数学模型模拟大桥建成 3 年间伶仃洋海床的地形冲淤变化来反映大桥工程对伶仃洋滩槽演变的累积性影响。图 3.69 给出了伶仃航道(C—E 段)在建桥三年间航槽沿程的水深变化,计算前提条件为每年都将航槽水深疏浚到 15.5 m(理基)。由该段航道 1 年后的航槽水下地形变化可以看出,桥轴线附近航段的航槽水深有所增加,桥轴线以南航段的水深变化很小,桥轴线以北 D—E 段航道的水深有所减小,这种变化趋势与前文描述的建桥前后伶仃航道的冲淤变化特点比较一致。从 3 年间该段航道的平均水深变化来看,1 年后为 18.01 m,2 年后为 18.02 m,3 年后为 18.02 m,该段航道每年的淤积幅度比较接近,由此可以判断大桥建成后,伶仃航道桥区段每年的泥沙回淤量都比较接近,将会维持一个比较稳定的值,不会出现持续增大的趋势。

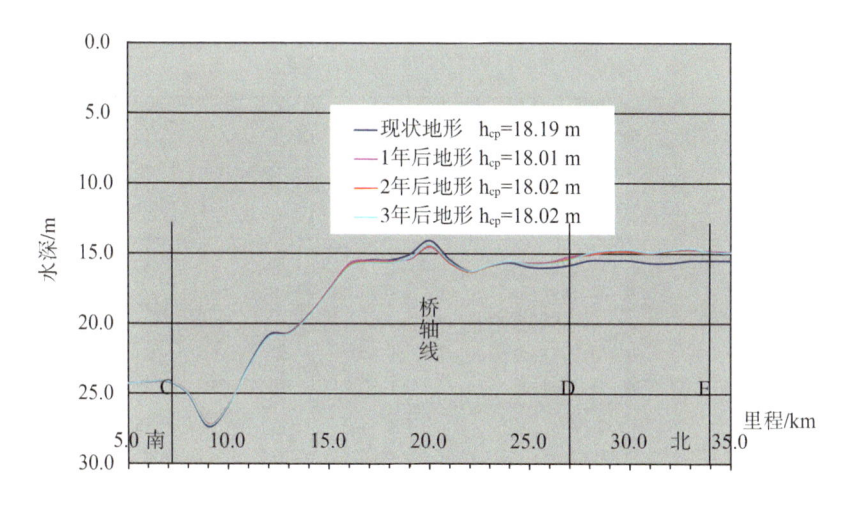

图 3.69 伶仃航道建桥三年间航槽地形沿程变化

图 3.70 给出了桥区水域横断面 DM1 至 DM8 在建桥三年间的河床地形变化,断面位置见图 3.23。通过对 8 个断面三年间的水深变化对比可以看

出,桥下游的 DM1、DM2 和 DM3 以及桥上游的 DM7 和 DM8 断面的平均水深在三年间的变化很小,桥轴线断面 DM5 以及上游 DM6 断面和下游 DM4 断面的海床地形变化相对较大。桥轴线断面 DM5 位于桥孔间或人工岛间的海床地形均出现冲深趋势,伶仃航道主槽水深也出现增加趋势,但从该断面平均水深变化趋势来看,现状平均水深为 5.36 m,1 年后为 7.52 m,2 年后为 7.59 m,3 年后则为 7.63 m,水深增加幅度逐步缩小,由此可以判断随着断面

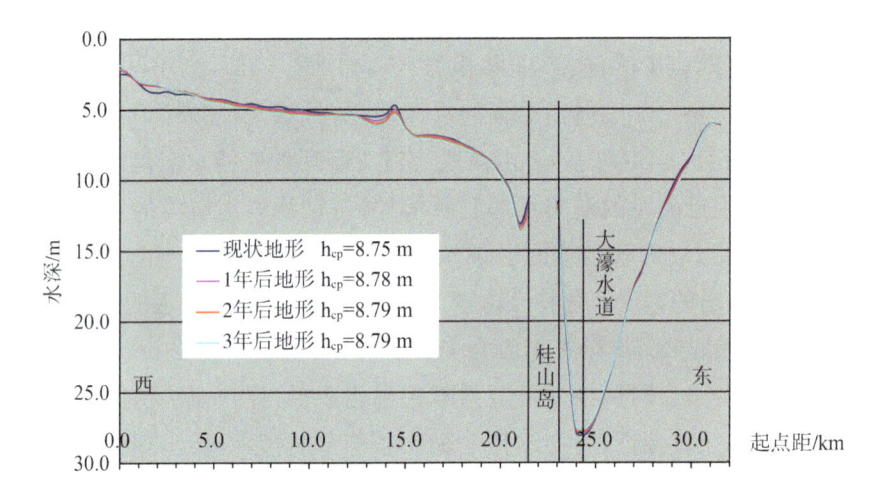

图 3.70(a)　桥区断面 DM1 水下地形沿程变化

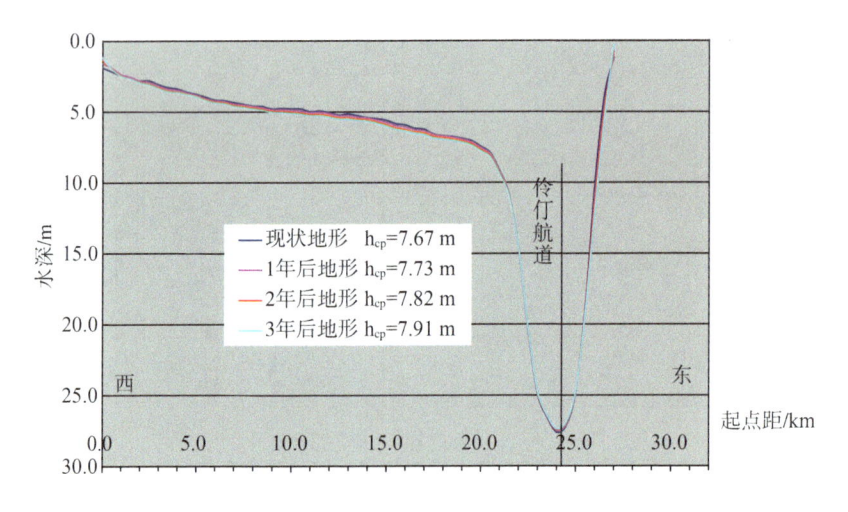

图 3.70(b)　桥区断面 DM2 水下地形沿程变化

图 3.70(c)　桥区断面 DM3 水下地形沿程变化

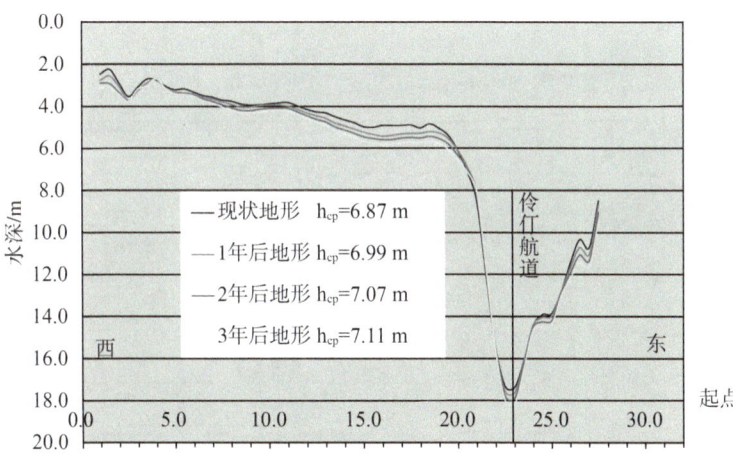

图 3.70(d)　桥区断面 DM4 水下地形沿程变化

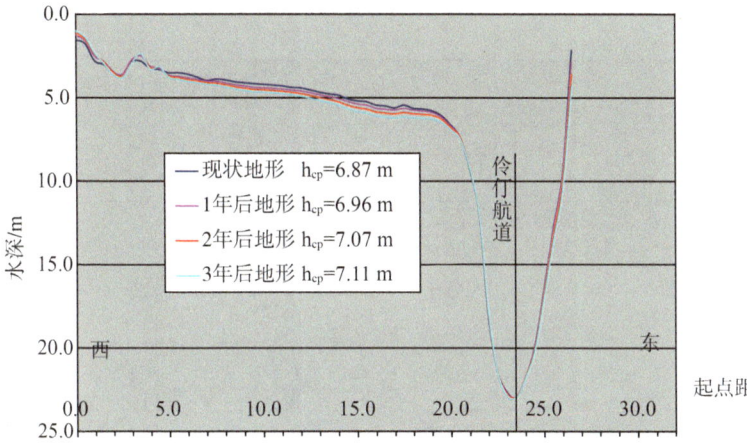

水深增加,断面水深变化将会趋于稳定。桥上游断面 DM7 和 DM8 的伶仃航槽呈淤积态势,表明该处海床的冲淤变化受大桥工程影响的程度已经很微小了。三年间各断面水下地形变化表明,大桥工程对海床冲淤变化的影响范围主要集中在断面 DM4 至 DM6 之间,即桥轴线上下游各 3.0 km 范围;断面平均水深变化幅度逐年缩小,可见随着时间推移由大桥工程引起海床冲淤的累积性影响将趋于弱化和消失。

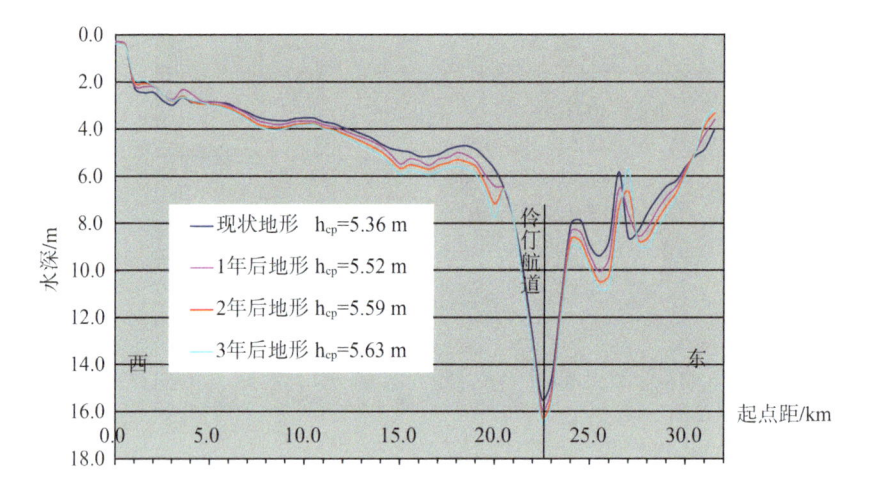

图 3.70(e)　桥区断面 DM5 水下地形沿程变化

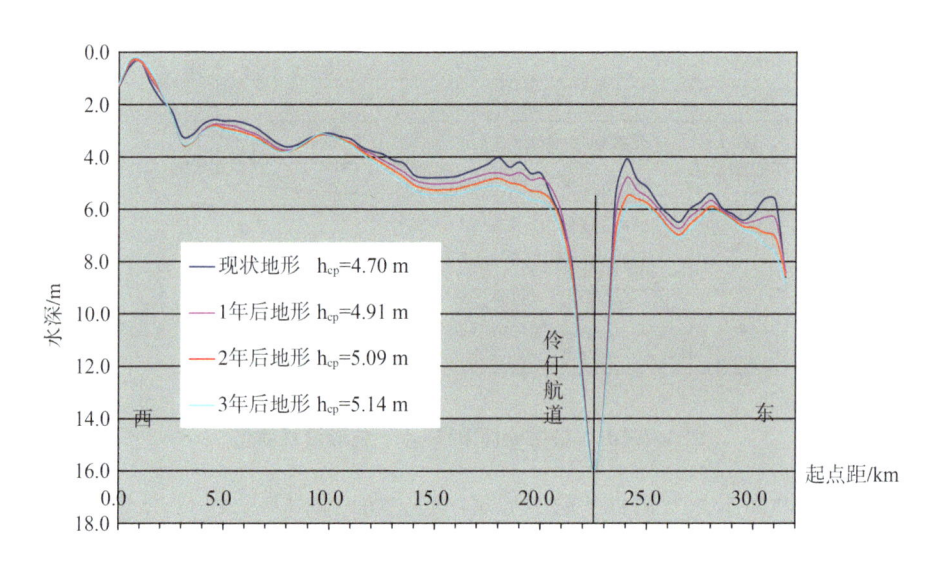

图 3.70(f)　桥区断面 DM6 水下地形沿程变化

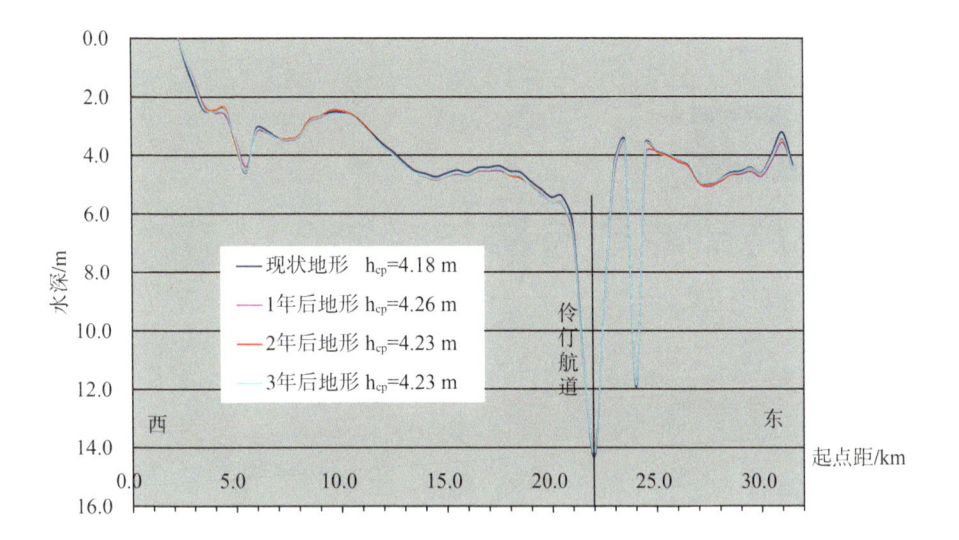

图 3.70(g) 桥区断面 DM7 水下地形沿程变化

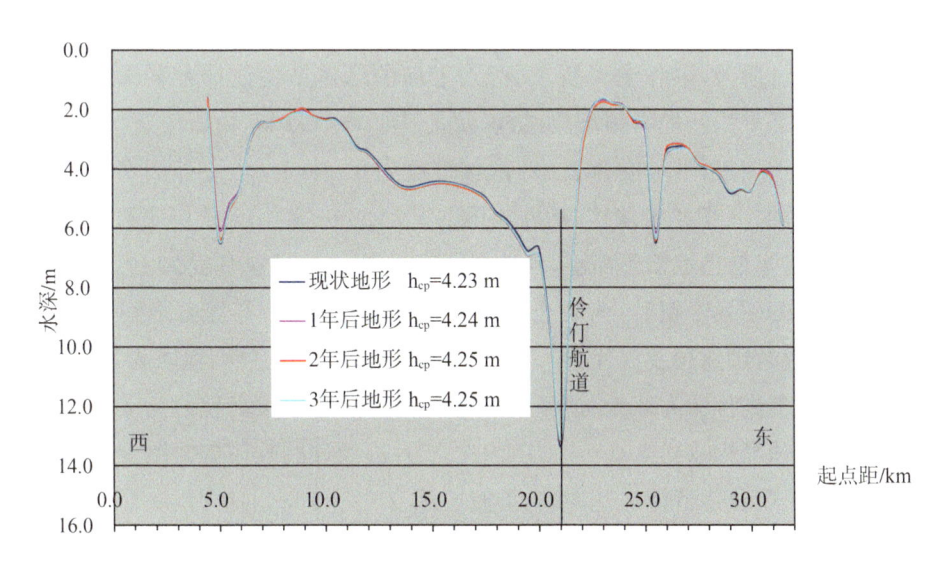

图 3.70(h) 桥区断面 DM8 水下地形沿程变化

第四章

工程局部冲刷与防护措施

4.1 仿真模型试验

4.1.1 试验概况

4.1.1.1 人工岛岛体及两侧隧道、引桥结构

初步设计阶段，港珠澳大桥东、西人工岛的岛体结构设计方案为斜坡堤结构型式。岛壁采用抛石斜坡堤结构，堤心由 10～100 kg 块石填筑，其上设置混凝土挡浪墙，外坡坡度为 1：2，内坡坡度为 1：1.5。堤心外侧安放两层消浪效果好的 5 t 扭工字块体，护面块体下设置 200～300 kg 垫层块石。为减小波浪爬高，降低挡浪墙顶高程，外坡在标高 2.0 m 处设置宽度为 10.0 m 戗台。堤心内侧回填中粗砂，为防止粗砂从堤心漏出，粗砂与堤心之间依次设置土工布、混合倒滤层及二片石。东人工岛南侧挡浪墙的顶高程取为 8.5 m，北侧挡浪墙顶高程取为 8.0 m；西人工岛南侧挡浪墙的顶高程取为 10.0 m，北侧挡浪墙顶高程取为 8.0 m。堤前铺设二片石及砂肋软体排并抛设护底块石，防止施工期及运营期地基冲刷，护底选用 60～100 kg 的块石。

东、西人工岛两侧分别布置隧道和引桥，平面布置见图 4.1 至图 4.8。

4.1.1.2 试验条件

东、西人工岛冲刷试验共采用 4 个重现期水位及对应的波浪要素，同时叠加相应重现期涨落潮水流的影响。

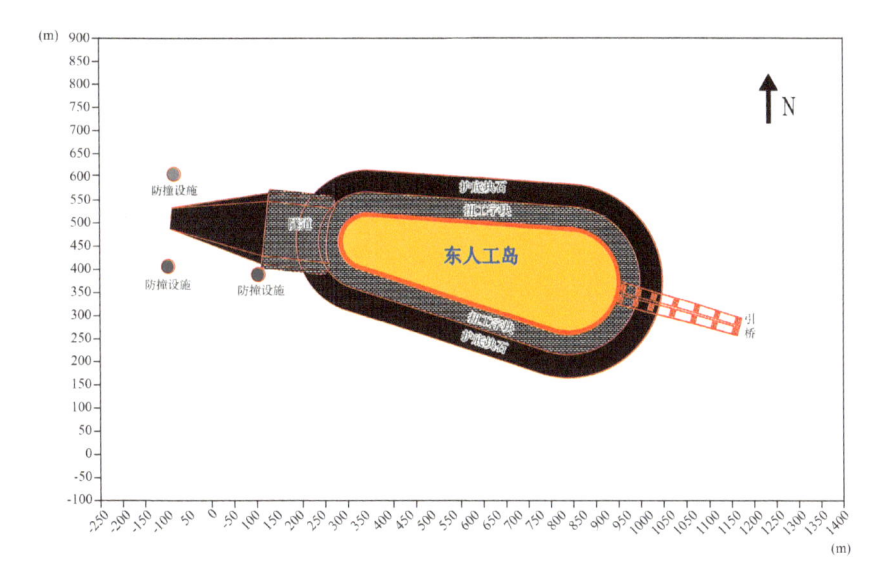

图 4.1　东人工岛平面布置图

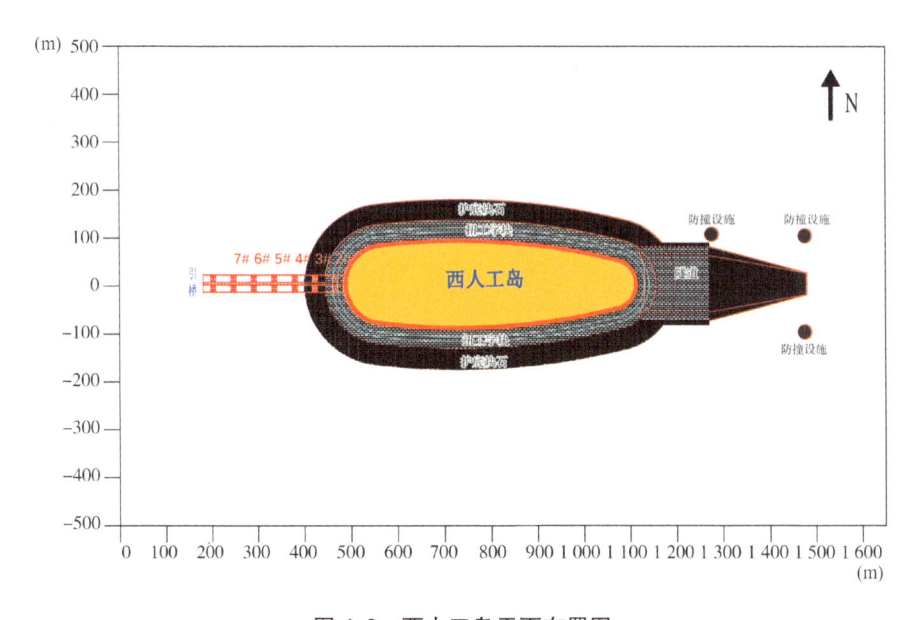

图 4.2　西人工岛平面布置图

(1) 水位、波浪及涨落潮水流

1 000 年一遇高水位＋1 000 年一遇波浪＋1 000 年一遇涨潮水流流速

100 年一遇高水位＋100 年一遇波浪＋100 年一遇涨潮水流流速

100 年一遇低水位＋100 年一遇波浪＋100 年一遇涨潮水流流速

300年一遇低水位＋300年一遇波浪＋300年一遇涨潮水流流速

1 000年一遇高水位＋1 000年一遇落潮水流流速

100年一遇高水位＋100年一遇落潮水流流速

100年一遇低水位＋100年一遇落潮水流流速

300年一遇低水位＋300年一遇落潮水流流速

（2）波向

东人工岛：SSW、S向

西人工岛：SSW、S、SSE向

不同重现期试验波浪和水流流速见表4.1和表4.2。

表4.1 西人工岛试验条件（床面高程－8 m）

波向	水位/m	重现期/年	波浪要素 H1%/m	波浪要素 H13%/m	周期/s	水流 角度/°	水流 流速/(m/s)
SSW	1 000年高水位4.19	1 000	5.96	4.36	11.1	3	2.00
SSW	100年高水位3.47	100	5.38	3.85	10.3	3	1.88
SSW	100年低水位－1.33	100	3.74	2.69	10.3	3	1.88
SSW	300年低水位－1.63	300	4.44	3.26	10.8	3	1.92
S	1 000年高水位4.19	1 000	6.12	4.49	11.1	3	2.00
S	100年高水位3.47	100	5.20	3.71	10.2	3	1.88
S	100年低水位－1.33	100	4.58	3.37	10.2	3	1.88
S	300年低水位－1.63	300	5.01	3.73	10.5	3	1.92
SSE	1 000年高水位4.19	1 000	6.18	4.54	11.1	3	2.00
SSE	100年高水位3.47	100	5.47	3.92	10.2	3	1.88
SSE	100年低水位－1.33	100	4.60	3.38	10.2	3	1.88
SSE	300年低水位－1.63	300	4.77	3.53	10.5	3	1.92
—	1 000年高水位4.19	1 000	—	—	—	176	1.96
—	100年高水位3.47	100	—	—	—	176	1.80
—	100年低水位－1.33	100	—	—	—	176	1.80
—	300年低水位－1.63	300	—	—	—	176	1.87

表 4.2　东人工岛试验条件(床面高程－10 m)

波向	水位/m	重现期/年	波浪要素 H1%/m	波浪要素 H13%/m	波浪要素 周期/s	水流 角度/°	水流 流速/(m/s)
SSW	1 000 年高水位 4.19	1 000	5.51	3.95	11.1	31	1.90
SSW	100 年高水位 3.47	100	3.98	2.80	10.3	31	1.80
SSW	100 年低水位－1.33	100	3.58	2.59	10.3	31	1.80
SSW	300 年低水位－1.63	300	4.15	3.06	10.8	31	1.83
S	1 000 年高水位 4.19	1 000	4.66	3.30	11.1	31	1.90
S	100 年高水位 3.47	100	3.47	2.42	10.2	31	1.80
S	100 年低水位－1.33	100	2.69	1.90	10.2	31	1.80
S	300 年低水位－1.63	300	3.27	2.35	10.5	31	1.83
—	1 000 年高水位 4.19	1 000	—	—	—	210	1.92
—	100 年高水位 3.47	100	—	—	—	211	1.76
—	100 年低水位－1.33	100	—	—	—	211	1.76
—	300 年低水位－1.63	300	—	—	—	211	1.83

(3) 试验内容

① 确定人工岛岛壁周边不同地段的冲刷空间变化规律,测定冲刷地段的分布范围及冲刷强度。

② 对人工岛护底结构方案的防冲效果进行验证与评价,提出建议的岛壁前护底的结构型式和护底的具体设计厚度及宽度。

③ 针对人工岛外形布置方案、岛壁结构断面型式,结合试验结果,评价人工岛外形和防护方案布置的合理性、适应性,并提出优化建议。

4.1.2　试验设备

东、西人工岛冲刷试验在南京水利科学研究院大波浪水池中展开。波浪水池长 68 m、宽 52 m、深 1.2 m。港池的一端配有消浪缓坡,另一端配有不规则波造波机。该造波系统可根据需要产生规则波和不规则波,由计算机自动控制产生所要求模拟的波浪要素,见图 4.3。为产生所需要的水流条件,水池内安置了 50 台大流量潜水泵(每台水泵流量 0.139 m^3/s)。

图 4.3　试验水池

此次试验采用电容式波高仪测量波浪要素,采用 DJ800 多功能自动采集系统采集试验数据,最终由计算机形成数据结果文件。水流流速测量采用 LGY-Ⅲ 型多功能智能旋桨式流速仪。

4.1.3　模型设计

4.1.3.1　模型比尺

由于波浪、水流在建筑物周围呈现出明显的三维特征,特别是在冲刷发生后变得愈加明显,因此应采用正态模型进行试验。考虑到工程布置、试验场地和设备等因素,遵循《港口工程技术规范》及《波浪模型试验规程》相关规定,按照 Froude 数相似律进行设计,本模型几何比尺采用 1∶100(模型比原型)。

主要物理量的比尺为:

几何长度比尺　$\lambda_L = \lambda_H = 100$

流速比尺　$\lambda_V = \lambda_H^{1/2}$

时间比尺　$\lambda_t = \lambda_L / \lambda_H^{1/2}$

重量比尺　$\lambda_W = \lambda_L^3$

4.1.3.2 模型沙的选取

根据 4.1.3.1 节人工岛钻孔原状土起动试验结果,考虑到工程的长期安全运行,综合地质勘探资料,本试验选用土层中相对易冲的 XKD47-1(取样深度 7.00~7.50 m、中值粒径为 0.012 mm、起动摩阻流速 3.92 cm/s)土样作为海床底质,进行人工岛局部冲刷试验。

由于本模型的主要任务是研究人工岛附近冲刷坑深度及形态,因此模型沙选择主要考虑波浪、水流作用下泥沙起动的相似 $\lambda_{v_c}=\lambda_v$,以及人工岛周围冲淤形态的相似。

经过比较选择,本次试验采用煤粉作为模型沙,中值粒径 0.37 mm,$\gamma_s=$ 1.33 t/m³,模拟中值粒径 0.012 mm、起动摩阻流速 3.92 cm/s 的原状土。

(1) 水流起动流速相似

对于水流作用下原型沙起动条件采用原状土冲刷试验结果,依据床面切应力相等的原则,将试验得到的起动摩阻流速换算成平均流速,谢才系数 C 与垂线平均流速 u 及摩阻流速的关系为

$$\frac{u}{U_*}=\frac{C}{\sqrt{g}} \quad (4.1)$$

式中:C 为谢才系数,$C=\frac{1}{n}R^{1/6}$,其中 $R\approx 4h$(水深),n 为糙率;g 为重力加速度。将起动摩阻流速 3.92 cm/s 代入式(4.1),算得不同水深条件下的起动垂线平均流速 u,见表 4.3。

对于水流作用下模型沙(煤粉),起动研究成果相对较多,目前沿用的做法大多采用相对成熟的公式进行计算。本次试验选用窦国仁公式计算起动流速,即:

$$V_c=0.408\ln\left(11\frac{h}{\Delta}\right)\left(\frac{\gamma_s-\gamma}{\gamma}gd+0.19\frac{\varepsilon_k+gh\delta}{d}\right)^{1/2} \quad (4.2)$$

式中:Δ 为糙率,$d<0.5$ mm 时,取 $\Delta=0.5$ mm;ε_k 为泥沙黏结力参数,原型沙取 $\varepsilon_k=2.56$ cm³/s²,水中煤粉取 $\varepsilon_k=0$;δ 为薄膜水厚度,取 0.21×10^{-4} cm。

本次试验东、西人工岛所处水深 6~15 m,不同水深时泥沙起动相似比尺列于表 4.3。

表 4.3 水流作用下泥沙起动流速及其比尺

原型：d_{50}=0.012 mm，U_*=3.92 cm/s		模型：煤粉 d_{50}=0.37 mm，γ_s=1.33 t/m³		相似比尺	
水深(m)	起动流速(m/s)	水深(m)	起动流速(m/s)	流速比尺	起动流速比尺
6	0.94	0.06	0.101	10	9.3
9	1.00	0.09	0.111	10	9.0
12	1.05	0.12	0.114	10	9.2
15	1.09	0.15	0.120	10	9.1

由表4.3可见，各水深原型沙和模型沙起动流速相似比尺基本接近流速比尺值。

(2) 波浪起动流速相似

对于波浪作用下原状土的起动研究成果较少，本次试验将采用水流条件下的起动摩阻流速，推算波浪条件。以往波浪作用下泥沙起动研究成果表明，单向水流条件下的起动切应力也适用于振荡流条件。因此，本次试验中的原型沙起动条件仍然采用水流条件下原状土起动摩阻流速 U_* = 3.92 cm/s。

Madsen 和 Grant 将单向水流 Shields 泥沙起动标准曲线引入到波浪条件，提出采用 Jonsson 的波浪摩擦系数研究成果，计算振荡流作用下床面切应力，τ_{cm} 为床面剪应力的最大瞬时值，定义为

$$\tau_{cm} = \rho U_{*c}^2 = \frac{1}{2} f_w \rho u_{mc}^2 \tag{4.3}$$

式中，u_{mc} 为波浪水质点近底水平速度的最大值，由微幅波理论确定；f_w 为波浪摩擦系数，由 Jonsson 的图表确定。对于本次选定的原状土，由于粒径较细（d_{50}=0.012 mm），而起动切应力又较大（U_*=3.92 cm/s），处于光滑紊流区，可由下式计算：

$$f_w = 0.09 \mathrm{Re}^{-0.2} \tag{4.4}$$

式中 Re 为波浪雷诺数，$\mathrm{Re} = \dfrac{u_m a_m}{\nu}$；$\nu$ 为水体运动黏滞系数；a_m 为波浪水质点近底水平振幅最大值，由微幅波理论确定。

将式(4.4)代入式(4.3)，可计算出起动摩阻流速 U_* = 3.92 cm/s 的原状土在波浪作用下的近底最大水平速度的起动临界值 u_{mc} = 71.1 cm/s。

对于波浪作用下模型沙(煤粉)起动研究成果相对较多,本次试验选用Manohar公式计算起动流速,即:

$$u_{mc} = 0.159\left(\frac{\gamma_s - \gamma}{\gamma}g\right)^{2/3} d_{50}^{2/3} \nu^{-1/3} \quad (4.5)$$

式中:ν 为水体运动黏滞系数。波浪作用下泥沙起动相似比尺列于表4.4。

表4.4 波浪作用下泥沙起动流速及其比尺

原型:$d_{50}=0.012$ mm, $U_*=3.92$ cm/s		模型:煤粉 $d_{50}=0.37$ mm, $\gamma_s=1.33$ t/m³		相似比尺	
周期(s)	近底起动流速u_{mc}(m/s)	周期(s)	近底起动流速u_{mc}(m/s)	流速比尺	起动流速比尺
11	0.71	1.1	0.065	10	10.9

由表4.4可见,波浪作用下原型沙和模型沙起动流速相似比尺基本接近流速比尺值。

(3)波浪作用下人工岛前局部冲刷形态相似

众所周知,海洋环境中结构物的存在将使其周围的波浪和水流条件发生改变,从而导致局部范围内海床地形的冲淤变化。在进行波浪或波流共同作用下建筑物周围局部冲刷试验时,模型沙选择较难,不仅要满足起动相似,还要满足输移相似,否则不仅难以达到冲刷深度相似,甚至可能造成冲刷位置都难以相似。

对于人工岛等结构,由于结构物空间尺寸较大,向前推进的波浪被结构物阻挡,在结构物前发生反射,其与入射波叠加后形成部分立波,使得结构物前的波高增大。同时,结构物的存在还使波浪运动的对称性受到影响,产生较大的净输移,从而形成冲刷坑;而在结构物后方,由于受到结构物的掩护,波高相对较小,形成掩护区。

谢世楞院士曾对防波堤堤前冲刷坑进行研究,提出存在两种冲刷形态,即相对粗沙型和相对细沙型。当泥沙粒径相对于波浪动力较粗时,冲刷主要发生在Ls/8、3Ls/8处,在Ls/4处泥沙发生堆积;当泥沙粒径较细时,泥沙在Ls/4处冲刷,在0、Ls/2处堆积。

对于这类结构,Longuet-Higgins曾从理论上提出了立波近底传质速度计算公式,其沿水深分布见图4.4。

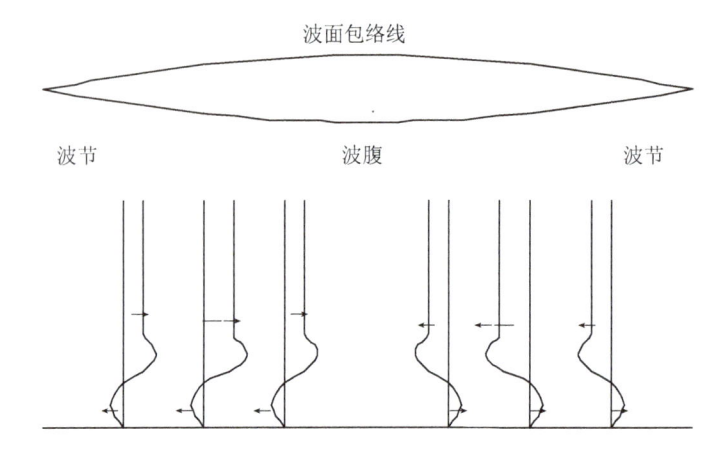

图 4.4　立波近底传质速度沿水深分布示意图

由图 4.4 可见，立波传质速度的方向在靠近底部从腹点指向节点，而在上部从节点指向腹点。因此，对于不同的泥沙粒径，大型建筑物前主要表现为两种冲淤形态。

周益人等曾进行波浪作用下大型圆柱周围局部冲刷试验研究，圆柱前的局部冲淤形态也类似于防波堤结构的冲淤形态。

入江功等曾进行波浪作用下斜坡防波堤前局部冲刷二维和三维模型试验研究，两种冲刷形态见图 4.5。由此提出细沙型冲刷对防波堤的稳定更不利。

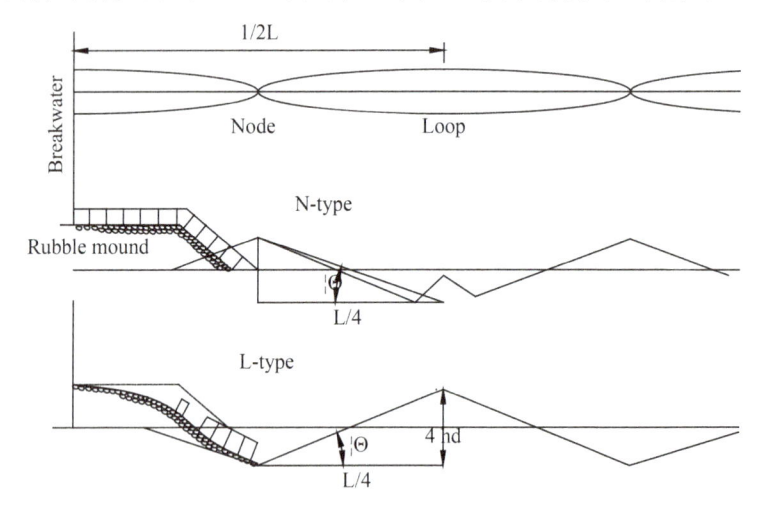

图 4.5　波浪作用下斜坡堤前两种冲淤形态

入江功等对波浪作用下防波堤堤前冲淤形态进行分析,认为采用相对速度 u_b/w 和 Ursell 数($U_r=HL^2/h^3$)可较好地对两种形态进行分类,其中 u_b 为波浪临底最大速度,w 为泥沙沉速。周益人进行过墩柱周围局部冲刷研究,认为入江功等的分类标准同样可以用于墩柱冲刷,试验数据绘于图 4.6。

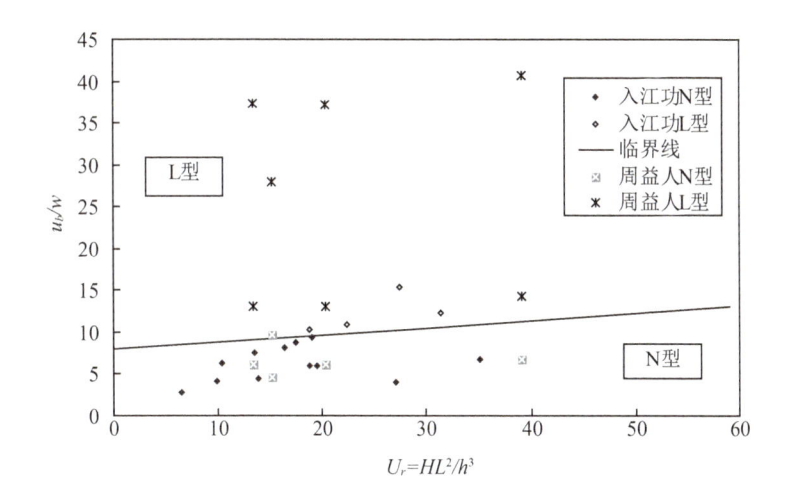

图 4.6　冲淤形态区分界限

由图 4.6 可见,两种冲淤形态可以很好地区分开来。对于原型的原状土,粒径较细,人工岛附近 1 000 年一遇和 100 年一遇重现期波浪波高较大,相对速度 u_b/w 大于 10,应该出现相对细沙型冲淤形态,因此,为保证冲淤形态的相似,所选的模型沙也应满足 $u_b/w>10$。

对本次局部冲刷试验所选的中值粒径 $d_{50}=0.37$ mm,$\gamma_s=1.33$ t/m³ 的煤粉模型沙,采用窦国仁公式进行泥沙沉降速度计算:

$$w=\left(\frac{4}{3C_d}\frac{\rho_s-\rho}{\rho}gd\right)^{1/2} \tag{4.6}$$

$$C_d=1.2\sin^2\theta+\frac{16(1+\cos\theta)}{Re_d}\left(1+\frac{3}{16}Re_d\right) \tag{4.7}$$

式中:θ 为绕流分离角,其值随粒径雷诺数 Re_d 而变,可写为

$$\theta=\log(4Re_d)=\log\left(4\frac{wd}{v}\right) \tag{4.8}$$

由此算得煤粉模型沙沉降速度 w,由试验波浪条件下的底部最大速度和

泥沙沉降速度,可得 $u_b/w>10$,为细沙型。因此,采用该煤粉模型沙可满足人工岛前局部冲刷位置相似。

4.1.4 试验方法

4.1.4.1 波浪和水流模拟

试验采用不规则波,波谱采用 JONSWAP 谱。物理模型中的波高、波周期等物理量按重力相似准则确定,将按模型比尺换算后的特征波要素输入计算机,产生造波讯号,控制造波机产生相应的不规则波序列。模型试验中波高和周期模拟值与设计值的误差控制在±2%以内。

JONSWAP 谱型式:

$$S(\omega) = \frac{\alpha g^2}{\omega^5} \exp\left[-1.25\left(\frac{\omega_0}{\omega}\right)^4\right] \cdot r^{\exp\left[-\frac{(\omega-\omega_0)^2}{2\sigma^2 \omega_0^2}\right]} \tag{4.9}$$

式中:α 为无因次常数;ω_0 为谱峰频率;r 为谱峰升高因子;σ 为峰形参数量,$\omega \leqslant \omega_0$ 时,$\sigma=0.07$,$\omega > \omega_0$ 时,$\sigma=0.09$。

依据《港珠澳大桥桥位现场波浪观测专题研究》中现场波浪观测资料分析的结果,试验 JONSWAP 谱中 γ 取值为 2.0。

波流共同作用冲刷试验采用恒定流与波浪组合,试验时先在波浪水池中率定波浪和水流要素,然后安放模型,进行波浪水流作用下的冲刷和防护试验。模型中的流速也按重力相似准则确定。

4.1.4.2 试验断面的模拟

模型试验中的人工岛平面布置、断面形式等与原型保持几何相似;护底块石重量与原型保持相似。

4.1.4.3 模型布置及试验方法

对于冲刷试验,在人工岛周围局部范围铺设动床,范围为 10 m×20 m,深度 0.2 m。先按给定的水位及相应的波要素进行波浪率定,然后按照人工岛平面布置方案进行平面放样,包括隧道、隧道防撞墩、岛桥结合部 7 跨桥墩(图4.7 至图 4.9),最后生流、造波,进行冲刷试验。试验中要监测冲刷深度,当连续几次冲涮深度测量结果不变时,停止试验,进行全地形测量,得到人工岛周围局部冲刷深度及范围。

对于防护效果试验,根据冲刷试验结果,在人工岛周围布置防冲设施,通

图 4.7 人工岛冲刷模型试验现场照片

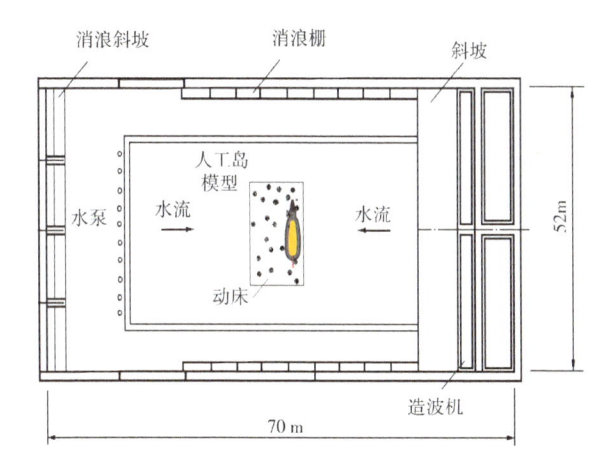

图 4.8 人工岛冲刷模型试验平面布置示意图

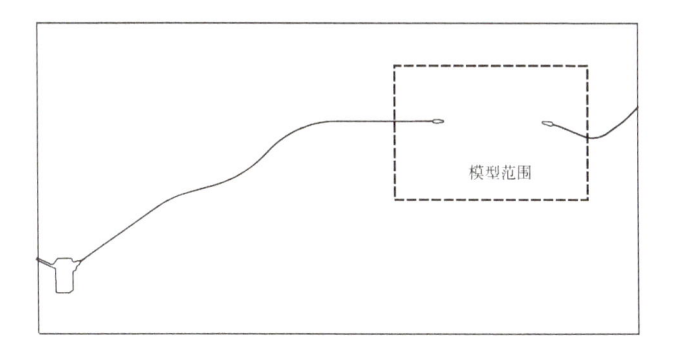

图 4.9 人工岛冲刷试验的模型范围

过试验观测其防冲效果。

4.1.5 工程区原状土冲刷试验

由于工程可能冲刷的深度土层主要为淤泥或淤泥质黏土，其实际起动切应力与公式计算结果相比有较大的可变性，为了在冲刷试验中能比较准确地模拟土层起动切应力，南京水利科学研究院对东、西人工岛和各桥位的土层原状土进行了粒径级配分析和原状土起动切应力试验。原状土取样点为CKQ14、CKQ28、CKQ46、CKQ57、CKQ64、CKQ69、CKS34、CKD08、CKD49（桥墩），XKD22、XKD29（东人工岛）、XKD47、XKD66（西人工岛），取样点位置见图4.10和图4.11。

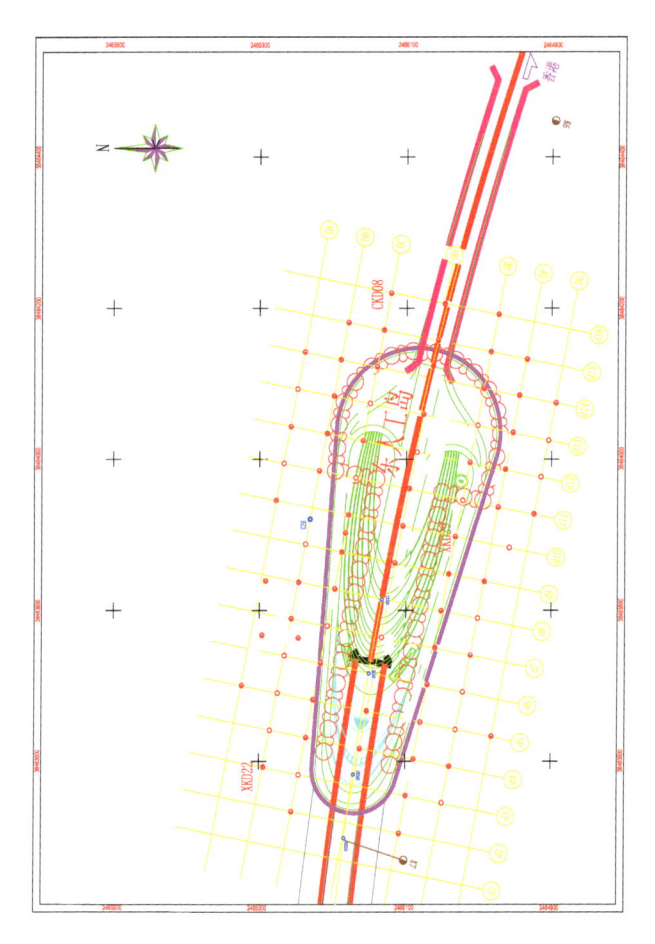

图 4.10 东人工岛取样点位置

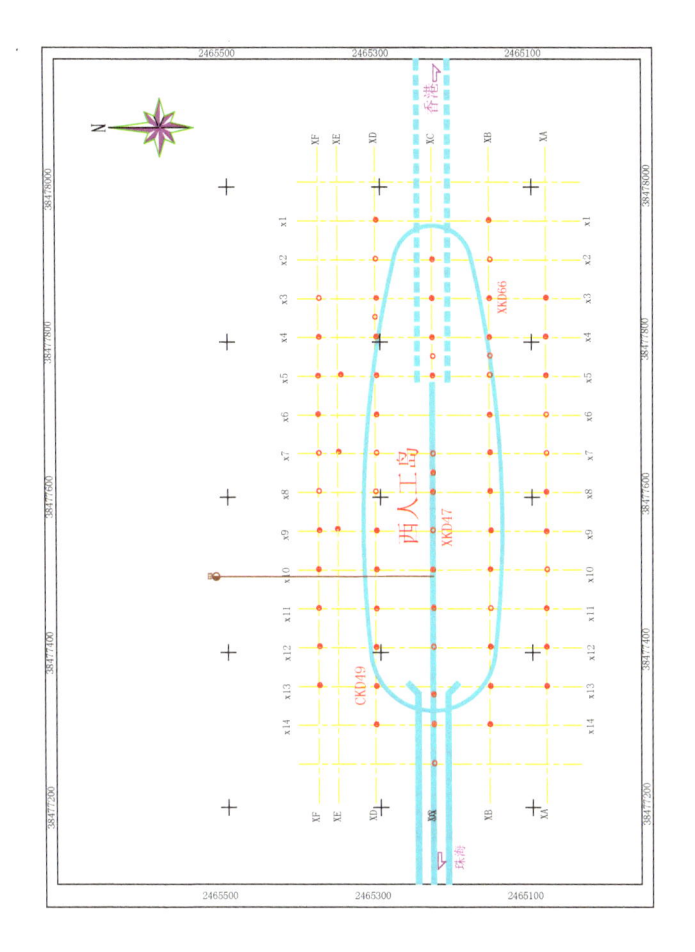

图 4.11 西人工岛取样点位置

4.1.5.1 土层粒径级配

对所取原状土进行粒径级配分析,结果列于表 4.5。

表 4.5 原状土粒径级配分析结果

土样编号	取样深度(m)	粒径大小(mm)					
		>2.0	0.5~2.0	0.25~0.5	0.075~0.25	0.005~0.075	<0.005	d_{50}
		%	%	%	%	%	%	%
CKQ14-1	3.15~3.65			3.9	33.4	34.7	28.0	0.028
CKQ14-2	5.95~6.45			1.8	34.4	32.4	31.4	0.023
CKQ28	4.50~4.70				12.1	52.6	35.3	0.010

(续表)

土样编号	取样深度(m)	>2.0 %	0.5~2.0 %	0.25~0.5 %	0.075~0.25 %	0.005~0.075 %	<0.005 %	d_{50} %
CKQ46	6.00~6.20				1.9	59.4	38.7	0.008
CKQ57	6.20~6.40				5.1	61.3	33.6	0.007
CKQ64	6.35~6.55				18.6	43.2	38.2	0.010
CKQ69	6.80~7.0				1.0	75.7	23.3	0.007
CKS34	5.25~5.45				5.6	59.9	34.5	0.009
CKD08-1	10.00~10.50				9.3	57.6	33.1	0.012
CKD08-2	20.00~20.20				1.7	65.6	32.7	0.008
CKD49-1	7.00~7.50				7.2	60.7	32.1	0.013
CKD49-2	23.00~23.50			16.8	30.6	26.1	26.5	0.050
XKD22-1	10.50~11.00				8.8	59.0	32.2	0.013
XKD22-2	20.10~20.30				16.6	56.0	27.4	0.019
XKD29-1	10.00~10.50	3.2	9.1	10.0	14.6	38.5	24.6	0.028
XKD29-2	20.10~20.30				29.1	45.6	25.3	0.027
XKD47-1	7.00~7.50				7.1	60.9	32.0	0.012
XKD47-2	22.10~22.30			2.2	27.2	40.0	30.6	0.017
XKD66-1	7.50~8.00				4.9	57.0	38.1	0.009
XKD66-2	22.30~22.50	6	12.7	11.9	15.0	31.4	23.0	0.050

由表4.5可见,工程区岩基以上土层主要为淤泥或淤泥质黏土,粒径较细,中值粒径在0.007~0.050 mm。

4.1.5.2 原状土起动试验

工程区土层原状土起动试验在南京水利科学研究院河港所封闭水槽中进行。水槽系统由供水装置(水泵)、管道、有机玻璃封闭水槽、直读式电磁流量计、回水管道、土样升降装置等几部分组成。封闭水槽断面为3 m×15 cm的矩形,最大流量可达200 m³/h,水槽有效段最大流速可达12 m/s,试样放置点距进口1.5 m,距下口1.0 m,其流量由直读式电磁流量计读出,并由安装在进口段的阀门控制,在土样的上下游各布置一个测压管,两测压管上端相连,以测量上下游压差,如图4.12和图4.13所示。

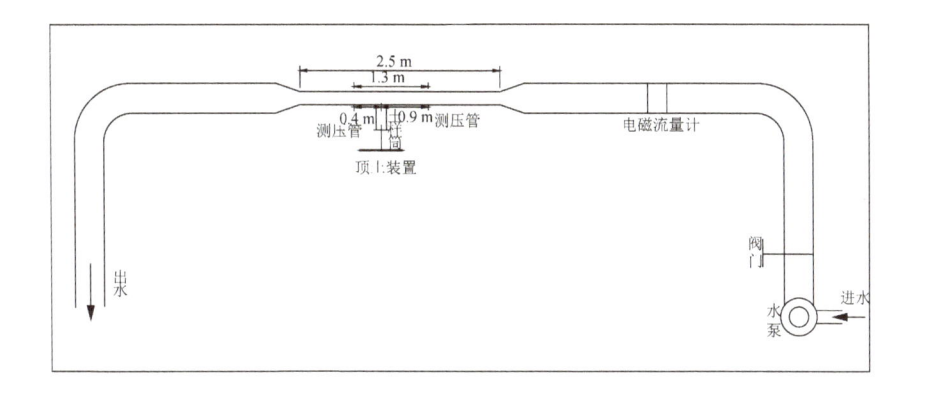

图 4.12　封闭水槽示意图

图 4.13　封闭水槽

试验结果表明，开始冲刷时冲刷率较小，冲蚀的土样不是以单个颗粒形式运动，而是以片状形式被剥离，随着水流流速的增大，冲刷率也缓慢增大，表层薄弱部分被不断冲蚀，表面变得凸凹不平。各土样的起动摩阻流速试验结果列于表 4.6。

表 4.6　原状土起动摩阻流速试验结果

土样编号	取样深度(m)	水深(m)	起动摩阻流速 U_* (cm/s)	起动流速(m/s)
CKD49-1	7.00～7.50	15	4.52	1.29
CKD49-2	23.00～23.50	15	4.52	1.29

(续表)

土样编号	取样深度(m)	水深(m)	起动摩阻流速U_*(cm/s)	起动流速(m/s)
XKD22-1	10.50~11.00	15	11.06	3.08
XKD22-2	20.10~20.30	15	6.30	1.76
XKD29-1	10.00~10.50	15	8.68	2.42
XKD29-2	20.10~20.30	15	6.90	1.92
XKD47-1	7.00~7.50	15	3.92	1.09
XKD47-2	22.10~22.30	15	11.66	3.25
XKD66-1	7.50~8.00	15	6.30	1.76
XKD66-2	22.30~22.50	15	12.25	3.41

由表4.6可见，工程区各土层的土样抗冲能力较强，考虑到工程的长期安全运行，本次研究选用土层中相对易冲的XKD47-1（取样深度7.00~7.50 m、中值粒径为0.012 mm、起动摩阻流速3.92 cm/s）土样作为海床底质，进行人工岛局部冲刷试验。

4.2 人工岛周围局部冲刷及防护试验

4.2.1 西人工岛

4.2.1.1 西人工岛周围波浪水流状况

人工岛的建成将使其周围波浪水流条件发生改变，从而在其周围产生局部冲刷。图4.14至图4.18为不同重现期水位及相应涨潮水流流速条件下的人工岛及其附近结构物周围流态。

受人工岛阻挡，水流在人工岛岛头发生绕流。在西人工岛西堤头，由于有引桥结构，绕岛水流从桥墩中穿过，相当于斜向水流对桥墩的作用，受引桥桥墩的束水影响，各桥墩间水流流速很大。在西人工岛东堤头，由于有隧道结构，并且铺有扭工字块的护面段顶高程较高，在水位较高时，绕过堤头的水流一部分从其表面流过，另一部分从扭工字块护面段末端绕过流向下游；在水位较低时，隧道铺有扭工字块护面段与人工岛一样成为阻水建筑物，水流从扭工字块护面段末端绕过流向下游。

波流共同作用下，不同重现期水位及相应涨潮水流流速和波浪条件下的人工岛及其附近结构物周围波浪水流状况见图 4.19。

图 4.14 1 000 年一遇高水位西人工岛及其附近结构物周围水流流态

图 4.15 1 000 年一遇高水位西人工岛及其附近结构物周围水流流态(岛桥、岛隧结合部)

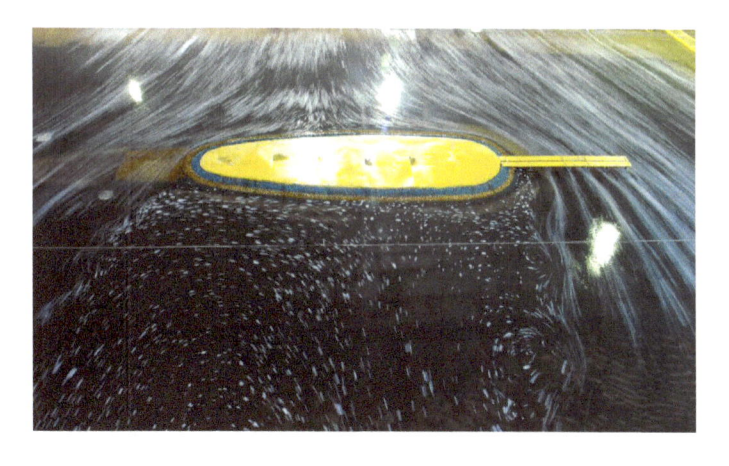

图 4.16 100 年一遇高水位西人工岛及其附近结构物周围水流流态

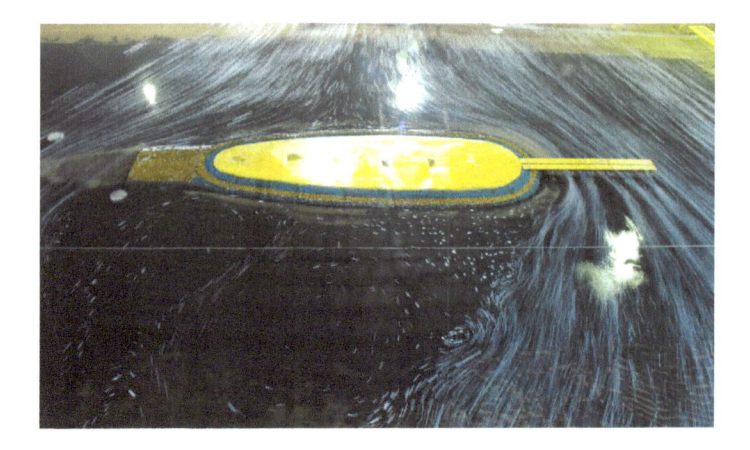

图 4.17 100 年一遇低水位人工岛及其附近结构物周围水流流态

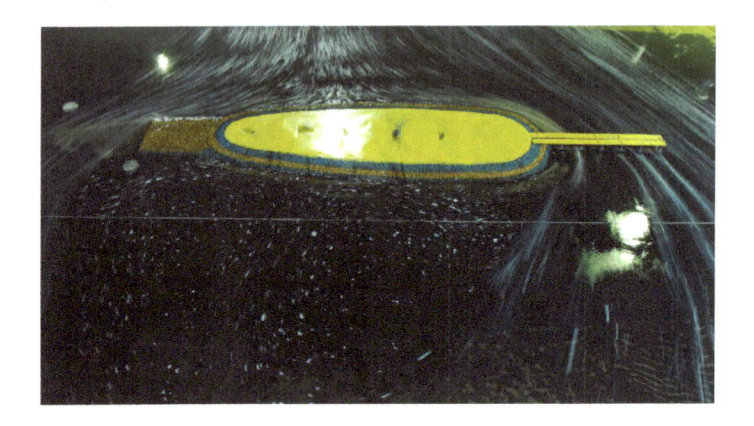

图 4.18 300 年一遇低水位西人工岛及其附近结构物周围水流流态

(a)

(b)

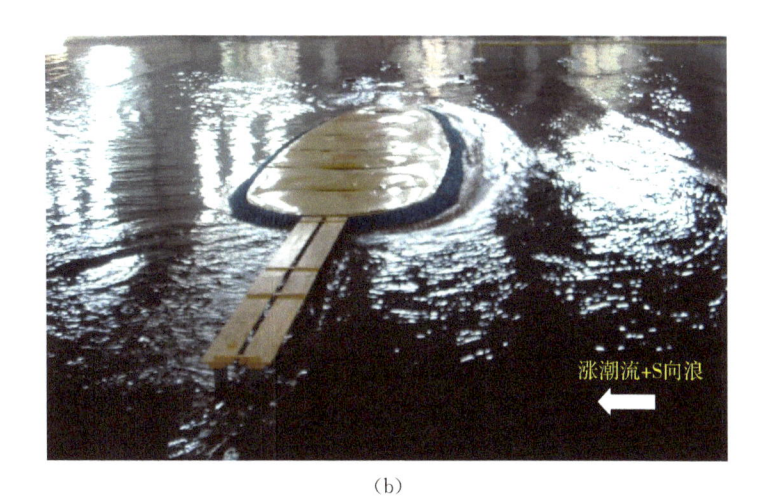

图 4.19 1 000 年一遇高水位及相应涨潮水流流速和波浪条件下西人工岛周围波浪水流状况

人工岛周围波浪水流条件发生改变,波浪在岛前反射,在其两侧岛头,散射波与入射波叠加,形成波浪绕射区;而在其后方,由于受到结构物的掩护,波高相对较小,形成掩护区。

4.3.1.2 西人工岛周围冲淤形态

考虑到不同重现期的不利组合条件,本次西人工岛周围局部冲刷试验共进行了 11 组,具体试验条件如下:

1 000 年一遇高水位＋1 000 年一遇涨潮水流流速

1 000 年一遇高水位＋1 000 年一遇 S 向波浪

1 000 年一遇高水位＋1 000 年一遇涨潮水流流速＋1 000 年一遇 SSW 向波浪

1 000 年一遇高水位＋1 000 年一遇涨潮水流流速＋1 000 年一遇 S 向波浪

1 000 年一遇高水位＋1 000 年一遇涨潮水流流速＋1 000 年一遇 SSE 向波浪

100 年一遇高水位＋100 年一遇涨潮水流流速＋100 年一遇 SSW 向波浪

100 年一遇高水位＋100 年一遇涨潮水流流速＋100 年一遇 S 向波浪

100 年一遇高水位＋100 年一遇涨潮水流流速＋100 年一遇 SSE 向波浪

100 年一遇低水位＋100 年一遇涨潮水流流速＋100 年一遇 S 向波浪

300 年一遇低水位＋300 年一遇涨潮水流流速＋300 年一遇 S 向波浪

1 000 年一遇高水位＋1 000 年一遇落潮水流流速

图 4.20 至图 4.30 显示了不同重现期水位及相应涨落潮水流流速、波浪作用下，人工岛及其附近结构物周围的冲刷地形。

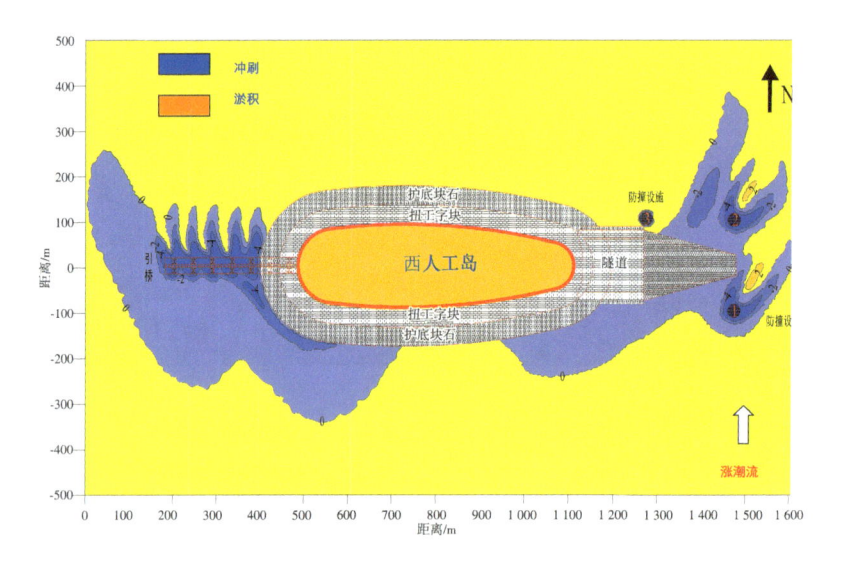

图 4.20　1 000 年一遇高水位＋1 000 年一遇涨潮水流流速

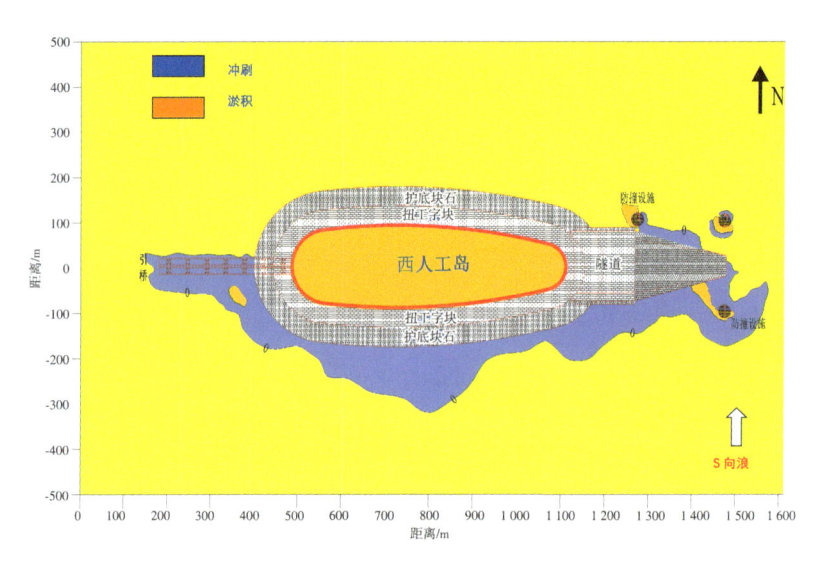

图 4.21　1 000 年一遇高水位＋1 000 年一遇 S 向波浪

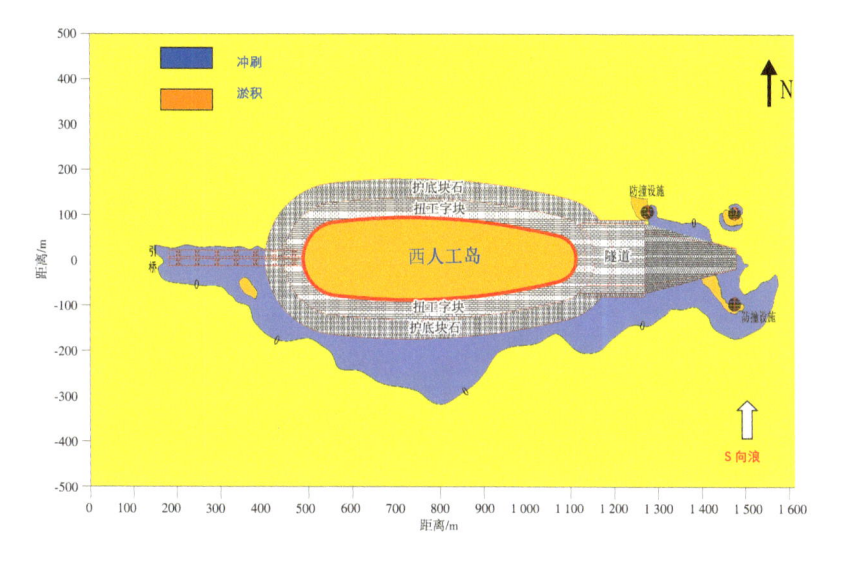

图 4.22 1 000 年一遇高水位＋1 000 年一遇涨潮水流流速＋
1 000 年一遇 SSW 向波浪

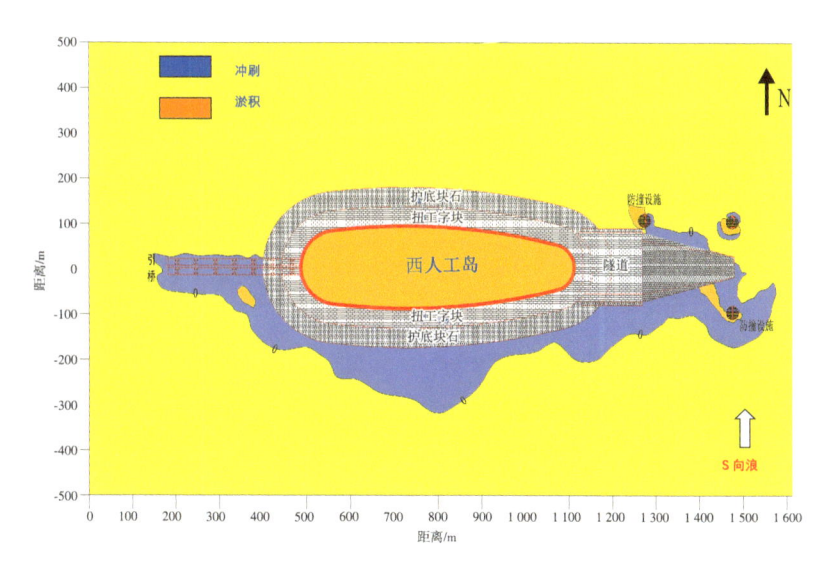

图 4.23 1 000 年一遇高水位＋1 000 年一遇涨潮水流流速＋
1 000 年一遇 S 向波浪

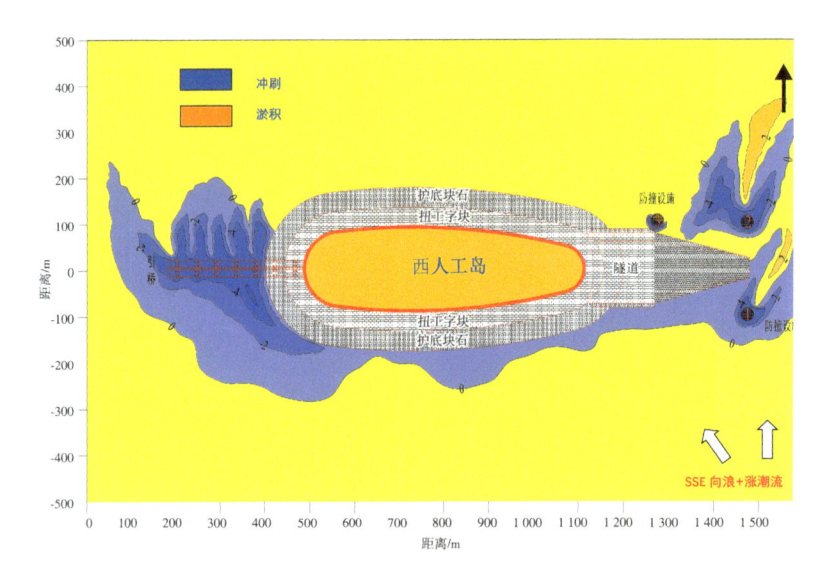

图 4.24　1 000 年一遇高水位＋1 000 年一遇涨潮水流流速＋
1 000 年一遇 SSE 向波浪

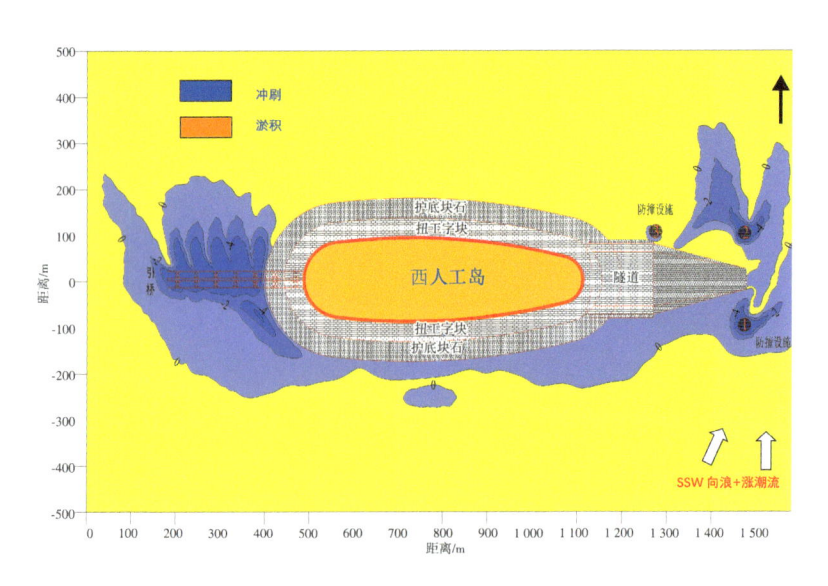

图 4.25　100 年一遇高水位＋100 年一遇涨潮水流流速＋
100 年一遇 SSW 向波浪

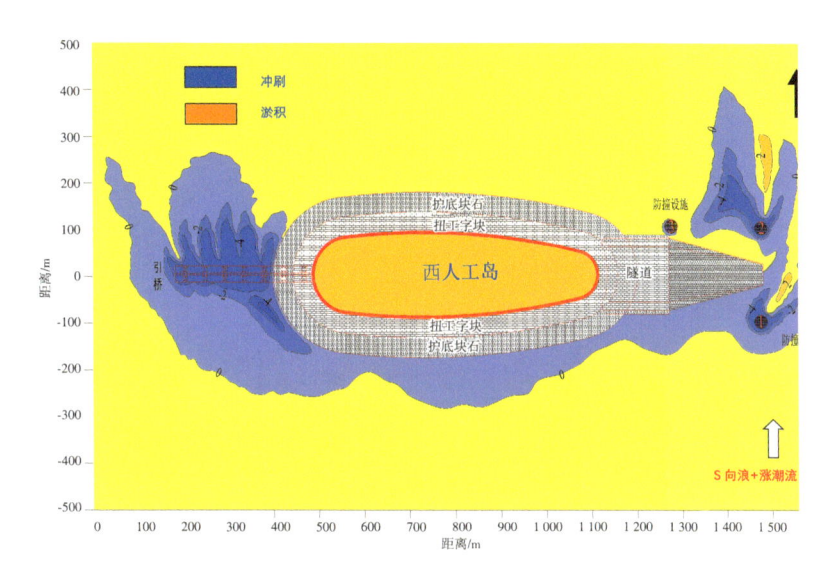

图 4.26　100 年一遇高水位＋100 年一遇涨潮水流流速＋
100 年一遇 S 向波浪

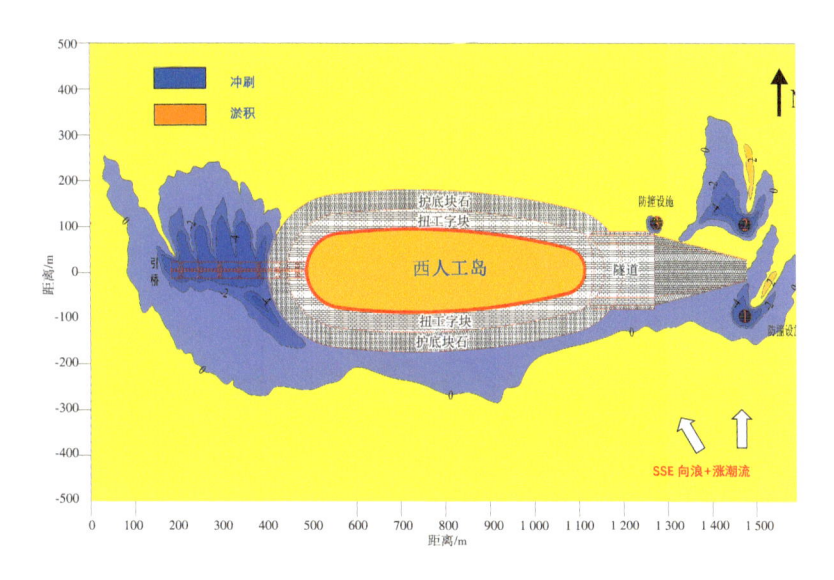

图 4.27　100 年一遇高水位＋100 年一遇涨潮水流流速＋
100 年一遇 SSE 向波浪

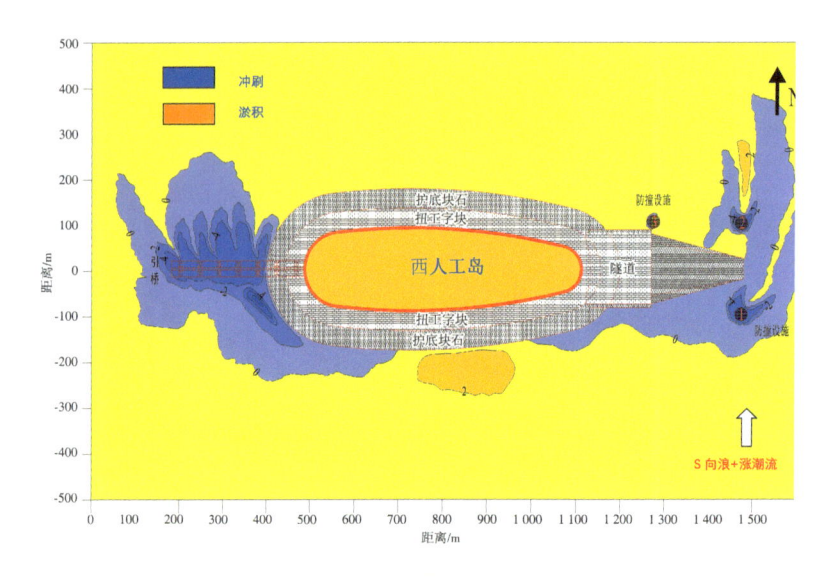

图 4.28 100 年一遇低水位＋100 年一遇涨潮水流流速＋100 年一遇 S 向波浪

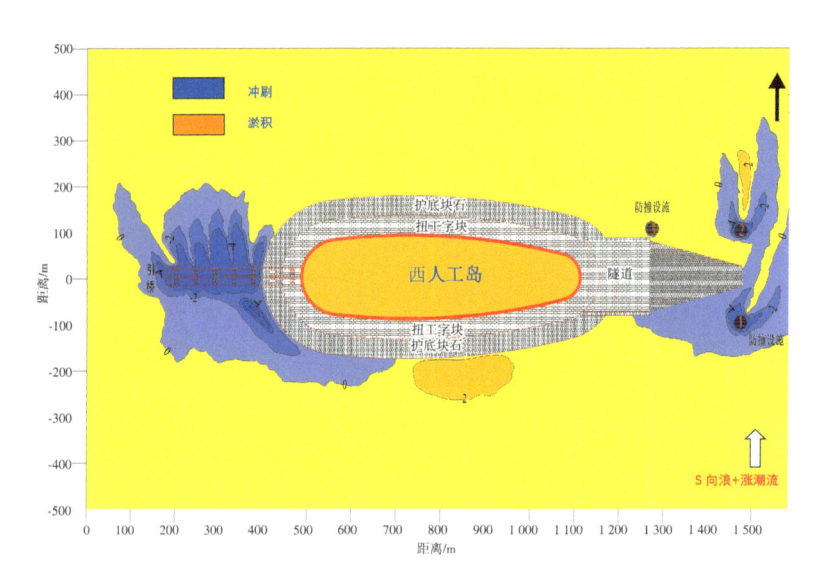

图 4.29 300 年一遇低水位＋300 年一遇涨潮水流流速＋300 年一遇 S 向波浪

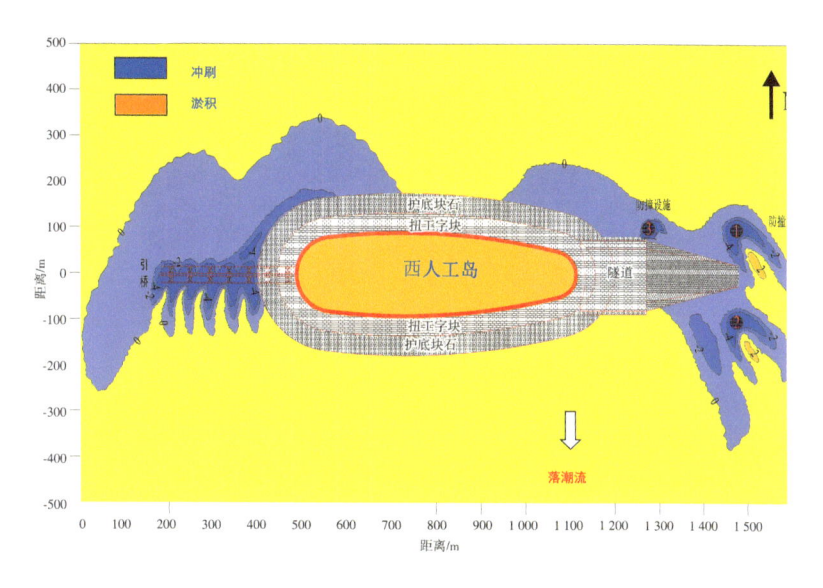

图 4.30　1 000 年一遇高水位＋1 000 年一遇落潮水流流速

涨潮流作用下，人工岛发生较大冲刷的位置主要在其西部的岛桥结合部，见图 4.31，岛头上游侧也有一冲刷坑，但冲深小于岛桥间冲坑深度。西人工岛东部，受隧道高程较高的扭工字块护面段末端挑流影响，在隧道高程较低段下游海床出现冲刷，外围隧道防撞墩（1♯和 2♯）周围局部冲刷较大，靠近人工岛的 3♯墩由于受到隧道扭工字块护面段的掩护，局部冲刷较小，见图 4.32。

图 4.31　1 000 年一遇高水位＋1 000 年一遇涨潮水流流速作用下
西人工岛西部岛桥结合部冲淤地形

图 4.32　1 000 年一遇高水位＋1 000 年一遇涨潮水流流速作用下
西人工岛东部岛隧结合部冲淤地形

单独波浪作用下,由于人工岛结构物体型较大,向前推进的波浪被结构物阻挡,在结构物前发生反射,其与入射波叠加后形成部分立波,使得结构物前的波高增大,同时,结构物的存在使波浪的往复运动过程变得不对称,产生较大的净输移,从而形成冲刷坑。试验结果表明,人工岛护底前存在一定范围的冲刷,但由于岛前堤脚防护范围达到 43 m 左右,约为波长的一半,波浪引起的堤脚最大冲刷已被防护,现有冲刷的深度已很小,都在 2 m 以下,见图 4.33。在岛桥结合部,冲刷深度也不大,冲深也都在 2 m 以下,见图 4.34。在岛隧结合部,防撞墩前淤积,周围产生细沙型冲淤形态。

图 4.33　1 000 年一遇高水位＋1 000 年一遇 S 向波浪作用下
西人工岛前及东部岛隧结合部冲淤地形

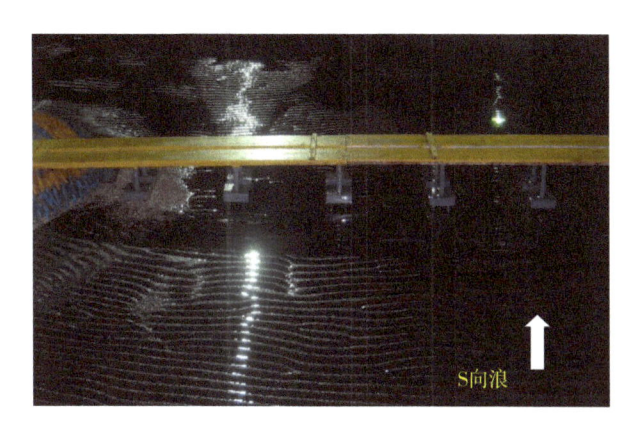

图 4.34　1 000 年一遇高水位＋1 000 年一遇 S 向波浪作用下
西人工岛西部岛桥结合部冲淤地形

波流共同作用下,受人工岛阻挡,波浪在人工岛前发生反射,并且在隧道铺有扭工字块护面段破碎。与单向水流冲刷地形相比,将在人工岛前发生冲刷,但冲刷深度较小(小于 2 m),发生较大冲刷的位置仍然在其西部的岛桥结合部,由于波浪作用,冲刷范围比单向水流情况更大,见图 4.35。西人工岛东部,由于隧道对波浪的反射,隧道前泥沙被冲起,并在水流作用下越过高程较低段,前部形成局部冲刷,后部出现局部淤积;在其后部,与单向水流情况类似,受隧道高程较高的扭工字块护面段末端挑流影响,在隧道高程较低段下游海床出现冲刷,外围隧道防撞墩(1♯和 2♯)周围局部冲刷较大,见图 4.36。

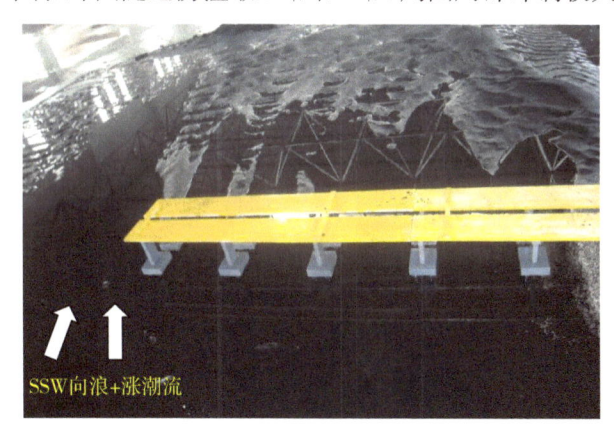

图 4.35　1 000 年一遇高水位＋1 000 年一遇波浪(SSW 向)＋
1 000 年一遇涨潮水流流速作用下西人工岛西部岛桥结合部冲淤地形

221

**图 4.36　1 000 年一遇高水位＋1 000 年一遇波浪(SSW 向)＋
1 000 年一遇涨潮水流流速作用下西人工岛东部岛隧结合部冲淤地形**

不同波浪方向的波流共同作用下，人工岛周围局部冲淤形态差别不大(图 4.37 和图 4.38)，这主要由于波浪的作用在于掀动人工岛周围较大范围海床泥沙。在岛头附近，水流对冲刷深度的影响更显著。

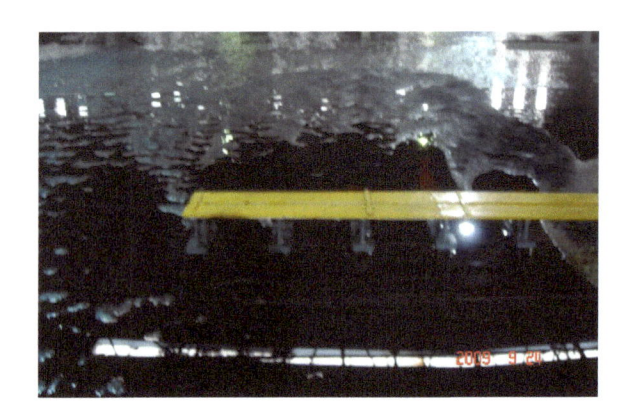

**图 4.37　1 000 年一遇高水位＋1 000 年一遇波浪(S 向)＋
1 000 年一遇涨潮水流流速作用下西人工岛西部岛桥结合部冲淤地形**

不同水位波流共同作用下，西人工岛西部岛桥结合部的局部冲淤形态差别不大，只是在水位较低时岛桥间冲坑最大冲刷深度向外有所偏移。这主要是由于人工岛堤头断面较宽，并且建有＋2.0 m 高程的平台，水位较低时水流更向外挑；同时，岛头上游侧的冲刷坑最大冲深随水位减低而增大，在 300 年一遇低水位及相应波流作用下，该处最大冲刷深度达到 9.2 m。在西人工岛的东部岛隧结合部，水位对防撞墩及其周围局部冲刷影响较大，由于有隧道

**图 4.38　1 000 年一遇高水位＋1 000 年一遇波浪(SSE 向)＋
1 000 年一遇涨潮水流流速作用下西人工岛西部岛桥结合部冲淤地形**

结构,并且扭工字块护面段顶高程较高,绕过堤头的水流一部分从其表面流过,另一部分从扭工字块护面段末端绕过流向下游,使东部冲刷范围较大;在水位较低时,隧道铺有扭工字块护面段与人工岛一样成为阻水建筑物,水流从扭工字块护面段末端绕过流向下游,冲刷范围相对减小。不同水位下的人工岛东部岛隧结合部冲淤地形见图 4.39 至图 4.41。

**图 4.39　100 年一遇高水位＋100 年一遇波浪(S 向)＋
100 年一遇涨潮水流流速作用下西人工岛东部岛隧结合部冲淤地形**

北向落潮流的作用下,由于西人工岛为对称结构,流速略小于涨潮流,其周围冲淤状况与涨潮流时基本相同,只有西人工岛东部岛隧结合部的 3♯ 防撞墩周围局部冲淤状况不同。由于该结构物距离隧道较近,其冲刷范围可能影响到隧道结构的护底,见图 4.42。

图 4.40　100 年一遇低水位＋100 年一遇波浪(S 向)＋
100 年一遇涨潮水流流速作用下西人工岛东部岛隧结合部冲淤地形

图 4.41　300 年一遇低水位＋300 年一遇波浪(S 向)＋
300 年一遇涨潮水流流速作用下西人工岛东部岛隧结合部冲淤地形

图 4.42　1 000 年一遇高水位＋1 000 年一遇落潮水流流速作用下
西人工岛东部岛隧结合部冲淤地形

4.3.1.3 西人工岛周围局部冲刷对人工岛防护的影响

由于西人工岛东部有隧道连接,因此岛头不存在冲刷和防护问题。在波浪和水流作用下,人工岛局部冲刷主要发生在岛前部和西部岛头。

(1) 岛前局部冲刷对人工岛防护的影响

由局部冲刷试验结果可知,在波浪和波流共同作用下,由于岛前防护范围较宽(距堤脚约 43 m),约为平均波长的一半,护底前的冲刷深度较小,冲刷对人工岛防护的影响较小,见图 4.43;同时,人工岛波浪整体物理模型和断面物理模型试验结果表明,设计采用的护底块石也满足稳定要求,因此,现有设计断面可以满足人工岛防护要求。

图 4.43 1 000 年一遇高水位+1 000 年一遇波浪(S 向)+
1 000 年一遇涨潮水流流速作用下西人工岛前冲淤地形

(2) 西部岛桥结合部局部冲刷对人工岛防护的影响

由局部冲刷试验结果可知,在波浪和波流共同作用下,西人工岛西部局部冲刷主要发生在岛桥间及岛头上游侧,后者冲深小于前者,并且距离人工岛护底有一定距离。因此,对人工岛防护有影响的主要是岛桥间的冲刷,各组试验的沿桥线冲刷断面见图 4.44 至图 4.52。

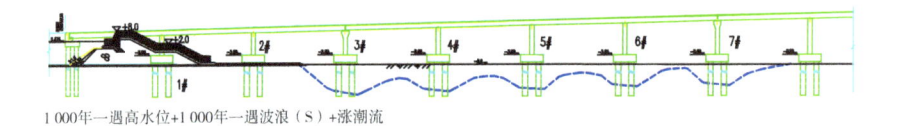

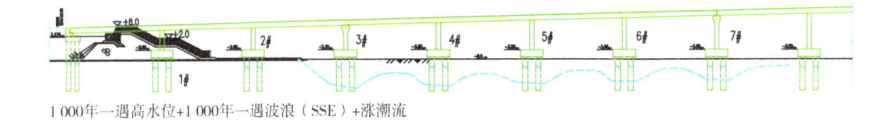

1 000 年一遇高水位+涨潮流

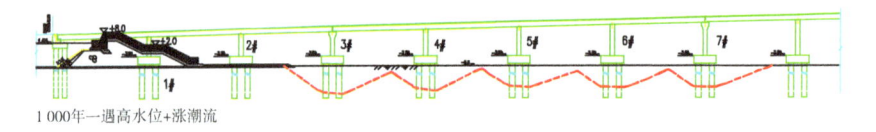

图 4.44　1 000 年一遇高水位＋1 000 年一遇涨潮水流流速作用下西人工岛西部岛桥结合部沿桥线冲刷断面

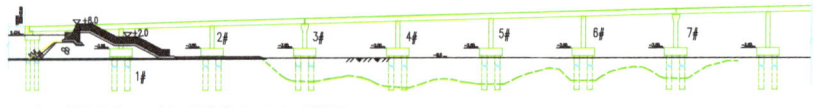

1 000 年一遇高水位+1 000 年一遇波浪(SSW)+涨潮流

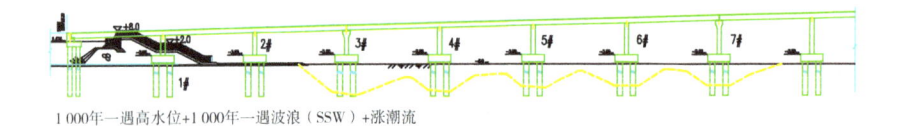

图 4.45　1 000 年一遇高水位＋1 000 年一遇波浪(SSW 向)＋1 000 年一遇涨潮水流流速作用下西人工岛西部岛桥结合部沿桥线冲刷断面

1 000 年一遇高水位+1 000 年一遇波浪(S)+涨潮流

图 4.46　1 000 年一遇高水位＋1 000 年一遇波浪(S 向)＋1 000 年一遇涨潮水流流速作用下西人工岛西部岛桥结合部沿桥线冲刷断面

1 000 年一遇高水位+1 000 年一遇波浪(SSE)+涨潮流

图 4.47　1 000 年一遇高水位＋1 000 年一遇波浪(SSE 向)＋1 000 年一遇涨潮水流流速作用下西人工岛西部岛桥结合部沿桥线冲刷断面

100 年一遇高水位+100 年一遇波浪(SSW)+涨潮流

图 4.48　100 年一遇高水位＋100 年一遇波浪(SSW 向)＋100 年一遇涨潮水流流速作用下西人工岛西部岛桥结合部沿桥线冲刷断面

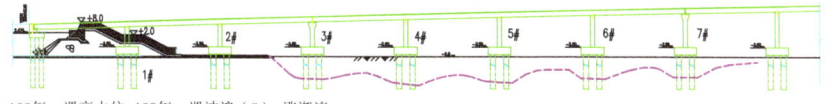

100年一遇高水位+100年一遇波浪（S）+涨潮流

**图 4.49　100 年一遇高水位＋100 年一遇波浪(S 向)＋
100 年一遇涨潮水流流速作用下西人工岛西部岛桥结合部沿桥线冲刷断面**

100年一遇高水位+100年一遇波浪（SSE）+涨潮流

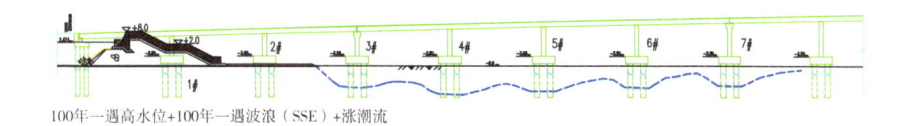

**图 4.50　100 年一遇高水位＋100 年一遇波浪(SSE 向)＋
100 年一遇涨潮水流流速作用下西人工岛西部岛桥结合部沿桥线冲刷断面**

100年一遇低水位+100年一遇波浪（S）+涨潮流

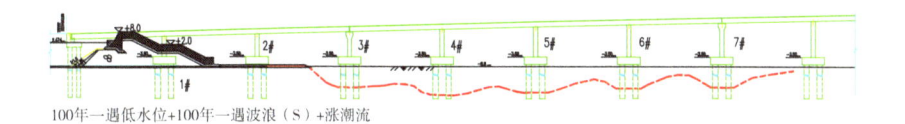

**图 4.51　100 年一遇低水位＋100 年一遇波浪(S 向)＋
100 年一遇涨潮水流流速作用下西人工岛西部岛桥结合部沿桥线冲刷断面**

300年一遇低水位+300年一遇波浪（S）+涨潮流

**图 4.52　300 年一遇低水位＋300 年一遇波浪(S 向)＋
300 年一遇涨潮水流流速作用下西人工岛西部岛桥结合部沿桥线冲刷断面**

由图可见,绕过岛头的水流对桥墩周围产生冲刷,在 1 000 年一遇高水位及相应重现期水流、波流共同作用下,西人工岛岛桥结合部最大冲刷位于 3# 桥墩的西侧,桥跨间冲刷坑使西部岛桥结合部岛头护底有 2～3 m 宽度的塌落(见图 4.53 至图 4.54),最大塌落宽度为 3 m,影响范围为桥轴线前后各 60 m,见图 4.55,但与 43 m 的护底宽度相比,影响较小,因此护底整体保持稳定。

图 4.53　1 000 年一遇高水位+1 000 年一遇涨潮水流流速作用下
西人工岛西部岛头护底塌落

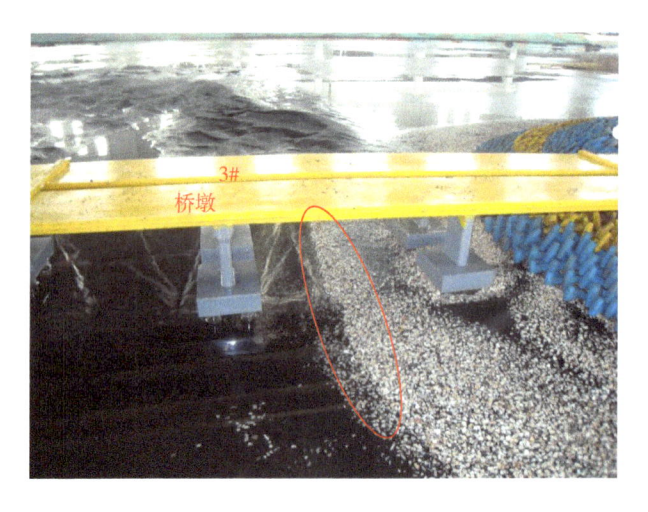

图 4.54　1 000 年一遇高水位+1 000 年一遇波浪(SSW 向)+
1 000 年一遇涨潮水流流速作用下西人工岛西部岛头护底塌落

在 100 年一遇高水位、100 年一遇低水位、300 年一遇低水位及相应重现期波流共同作用下,西人工岛岛桥结合部最大冲刷位于 4#桥墩,靠近岛头的 3#桥墩冲刷深度较 1 000 年一遇条件下的值有所减小,西部岛桥结合部的护底块石只在头部有零星散落冲刷坑,整体保持稳定,见图 4.56 至图 4.58。

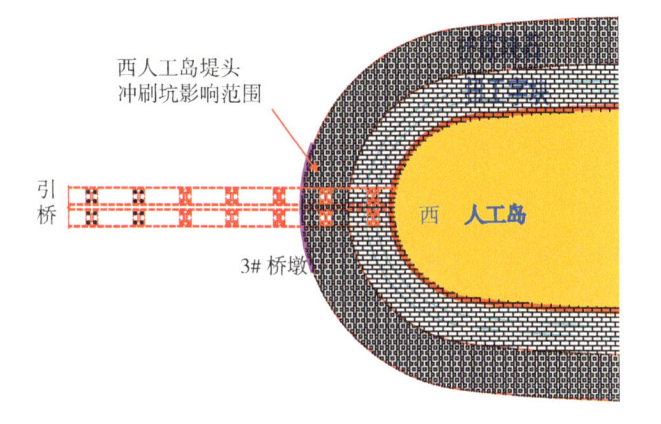

图 4.55　1 000 年一遇高水位及相应重现期波流作用下
西人工岛西部岛头冲刷对护底影响范围

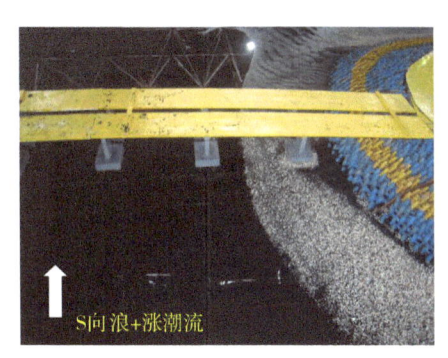

图 4.56　100 年一遇高水位及相应重现期波流作用下西人工岛西部岛头护底情况

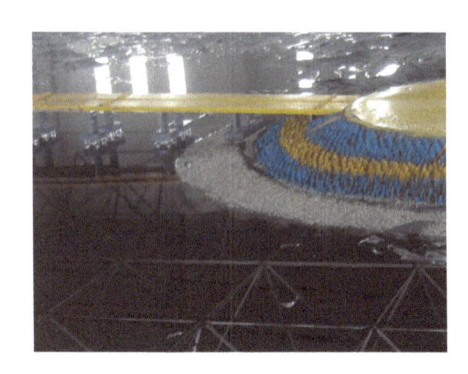

图 4.57　100 年一遇低水位及相应重现期
波流作用下西部岛头护底情况

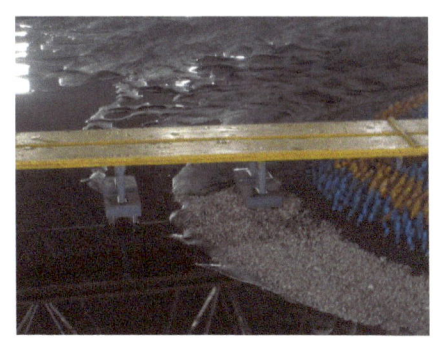

图 4.58　300 年一遇低水位及相应重现期
波流作用下西部岛头护底情况

4.3.1.4 西人工岛周围主要结构物波浪水流条件

在人工岛周围有桥墩、防撞墩等结构物,这些孤立结构物不仅影响到人工岛周围的波浪、水流条件,人工岛也会影响到这些结构周围的波浪、水流条件。本次试验测量了100年一遇高水位及相应重现期水流、波浪条件下,西人工岛西部岛桥结合部3♯至7♯引桥桥墩及东部岛隧结合部1♯至3♯防撞墩处的流速和波高(测点见图4.2),结果列于表4.7,其中水流流速为单独水流作用情况,波高为有流情况。

表 4.7 波浪和水流作用下西人工岛岛桥结合部各桥墩及防撞墩流速和波高测量结果
(原始流速:1.88 m/s;流向:3º;入射波高 SSW:$H_{1/3}$=3.85 m,
S:$H_{1/3}$=3.71 m,SSE:$H_{1/3}$=3.92 m)

位置		重现期	水位(m)	水流 流速(m/s)				波高 $H_{1/3}$(m)			
				0.2 h	0.6 h	0.8 h	平均	流向(°)	SSW	S	SSE
桥墩	3♯	100	3.47	2.82	2.91	3.05	2.93	349	2.96	2.93	3.09
	4♯			2.88	2.96	3.06	2.97	344	3.11	3.01	3.21
	5♯			2.48	2.64	2.69	2.60	343	3.25	3.24	3.57
	6♯			2.36	2.52	2.72	2.54	342	3.29	3.34	3.79
	7♯			2.33	2.54	2.73	2.53	340	3.47	3.38	3.81
防撞墩	1♯			2.41	2.64	2.85	2.63	28	3.65	3.22	3.37
	2♯			2.59	2.62	2.97	2.73	16	3.28	3.12	3.38
	3♯			0.23	0.25	0.87	0.45	52	2.56	2.42	2.52

4.2.2 东人工岛

4.2.2.1 东人工岛周围波浪水流状况

图4.59至图4.62为不同重现期水位及相应涨潮水流流速条件下的东人工岛及其附近结构物周围流态。

受人工岛阻挡,水流在人工岛岛头发生绕流。在东人工岛东堤头,由于有引桥结构,绕岛水流从桥墩中穿过,受引桥桥墩的束水影响,各桥墩间水流流速很大。与西人工岛水流流态相比,东人工岛岛桥结合部岛头较大,并且人工岛中轴线与水流流向交角较大,因此绕过岛头的水流更向外偏。在东人工岛西堤头,水流流态与西人工岛岛隧结合部类似,在水位较高时,绕过堤头

图 4.59　1 000 年一遇高水位涨潮流东人工岛及其附近结构物周围水流流态

图 4.60　100 年一遇高水位涨潮流东人工岛及其附近结构物周围水流流态

图 4.61　100 年一遇低水位涨潮流东人工岛及其附近结构物周围水流流态

图 4.62　300 年一遇低水位涨潮流东人工岛及其附近结构物周围水流流态

的水流一部分从铺有扭工字块护面段表面流过,另一部分从扭工字块护面段末端绕过流向下游;在水位较低时,隧道铺有扭工字块护面段与人工岛一样成为阻水建筑物,水流从扭工字块护面段末端绕过流向下游。

图 4.63 至图 4.66 为不同重现期水位及相应落潮水流流速条件下的人工岛及其附近结构物周围流态。

图 4.63　1 000 年一遇高水位落潮流东人工岛及其附近结构物周围水流流态

落潮流作用下,在东人工岛东堤头,由于人工岛与水流方向存在挑角,与涨潮水流相比,绕过岛头的水流明显靠近堤头岛壁,绕岛水流从桥墩中穿过,各桥墩间水流流速很大。在东人工岛西堤头,水流流态与涨潮流作用类似,只是在细部略有不同。

波流共同作用下,不同重现期水位及相应水流流速和波浪条件下的人工岛及其附近结构物周围波浪水流状况见图 4.67。

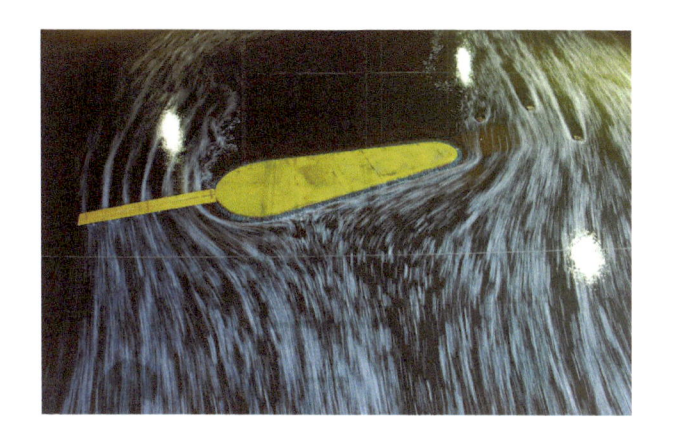

图 4.64　100 年一遇高水位落潮流东人工岛及其附近结构物周围水流流态

图 4.65　100 年一遇低水位落潮流东人工岛及其附近结构物周围水流流态

图 4.66　300 年一遇低水位落潮流东人工岛及其附近结构物周围水流流态

图 4.67　1 000 年一遇高水位及相应涨潮水流流速和波浪条件下
东人工岛周围波浪水流状况

人工岛周围波浪水流条件发生改变：波浪在岛前反射，在其两侧岛头，散射波与入射波叠加，形成波浪绕射区；而在其后方，由于受到结构物的掩护，波高相对较小，形成掩护区。

4.2.2.2　东人工岛周围冲淤形态

考虑到不同重现期的不利组合条件，本次东人工岛周围局部冲刷试验共进行了 8 组，具体试验条件如下：

1 000 年一遇高水位＋1 000 年一遇涨潮水流流速＋1 000 年一遇 SSW 向波浪

1 000 年一遇高水位＋1 000 年一遇涨潮水流流速＋1 000 年一遇 S 向波浪

100 年一遇高水位＋100 年一遇涨潮水流流速＋100 年一遇 SSW 向波浪

100 年一遇高水位＋100 年一遇涨潮水流流速＋100 年一遇 S 向波浪

100 年一遇低水位＋100 年一遇涨潮水流流速＋100 年一遇 SSW 向波浪

300 年一遇低水位＋300 年一遇涨潮水流流速＋300 年一遇 SSW 向波浪

1 000 年一遇高水位＋1 000 年一遇落潮水流流速

100 年一遇高水位＋100 年一遇落潮水流流速

图 4.68 至图 4.75 为不同重现期水位及相应涨落潮水流流速作用下，东人工岛及其附近结构物周围的冲刷地形。各桥墩和防撞墩的最大冲刷深度见表 4.8。

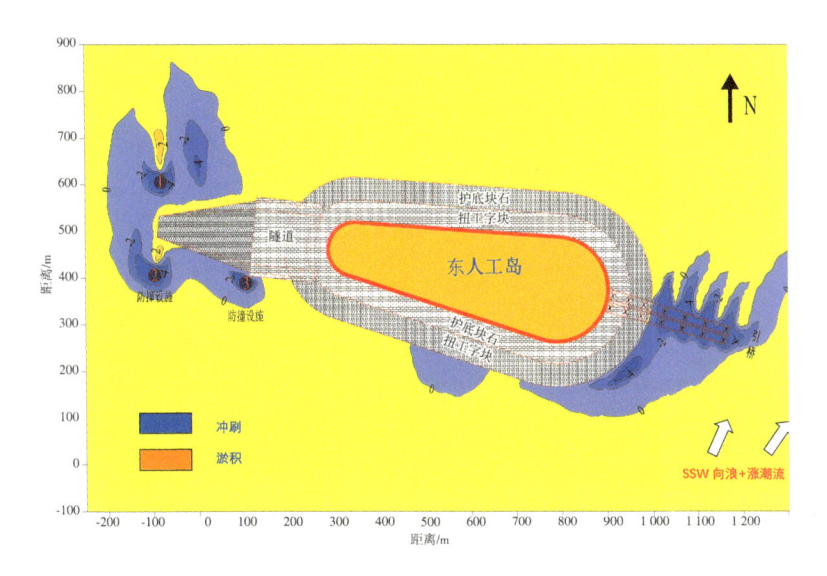

图 4.68　1 000 年一遇高水位＋1 000 年一遇涨潮水流流速＋
1 000 年一遇 SSW 向波浪

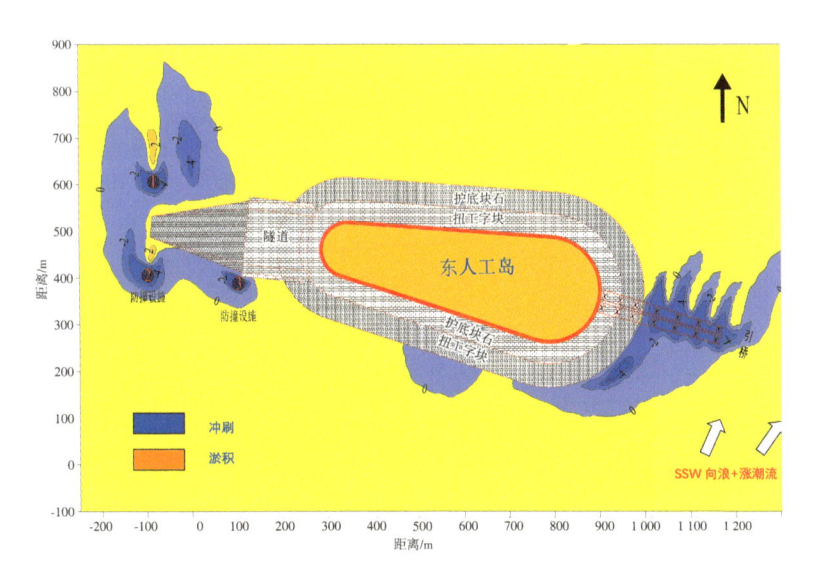

图 4.69　1000 年一遇高水位＋1 000 年一遇涨潮水流流速＋
1 000 年一遇 S 向波浪

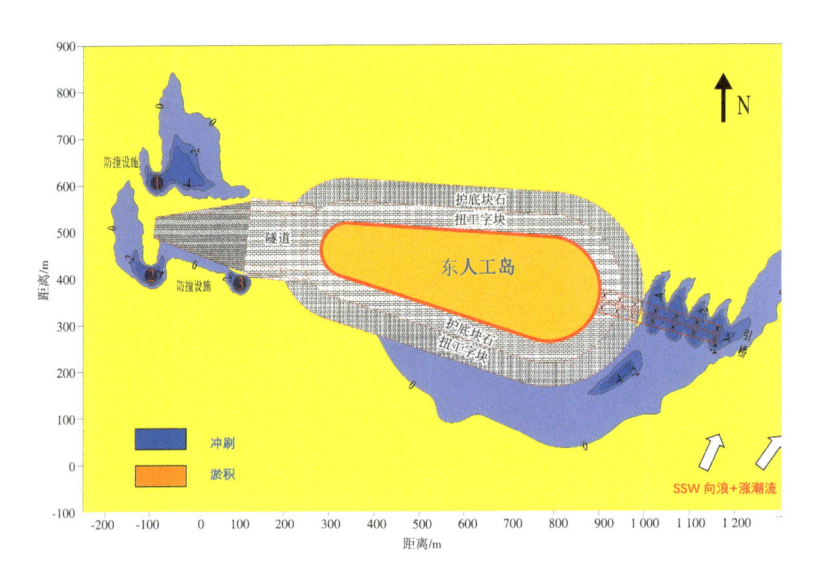

图 4.70　100 年一遇高水位＋100 年一遇涨潮水流流速＋
100 年一遇 SSW 向波浪

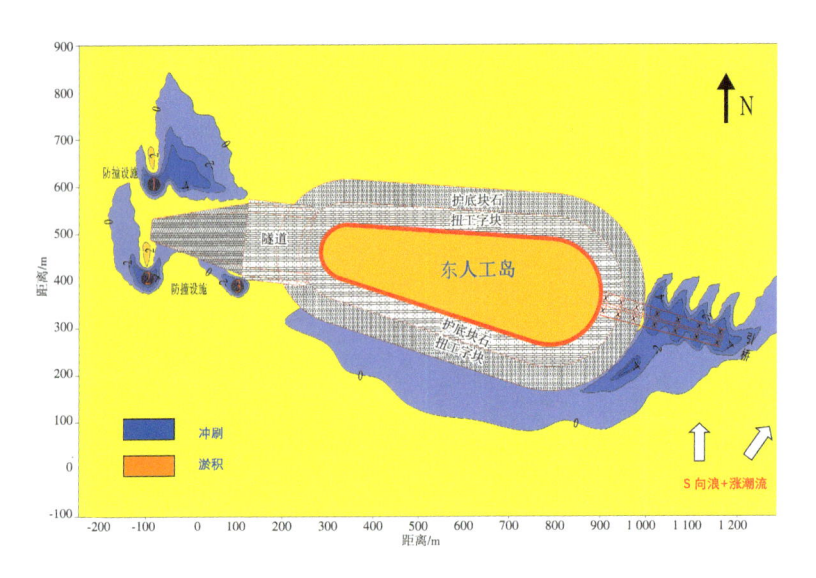

图 4.71　100 年一遇高水位＋100 年一遇涨潮水流流速＋
100 年一遇 S 向波浪

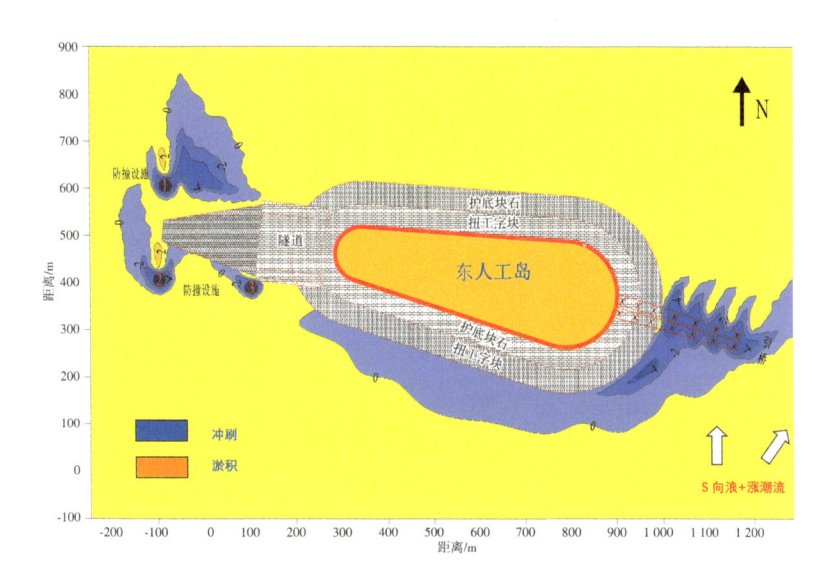

图 4.72　100 年一遇低水位＋100 年一遇涨潮水流流速＋
100 年一遇 SSW 向波浪

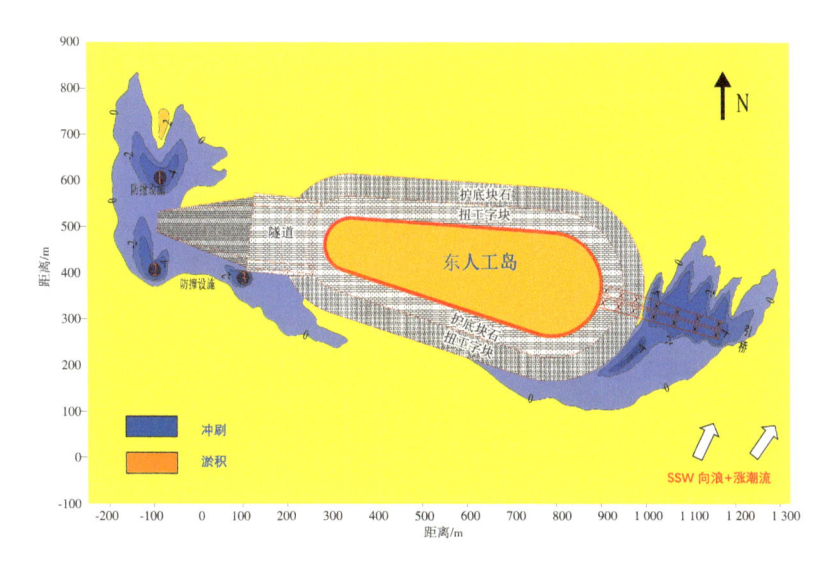

图 4.73　300 年一遇低水位＋300 年一遇涨潮水流流速＋
300 年一遇 SSW 向波浪

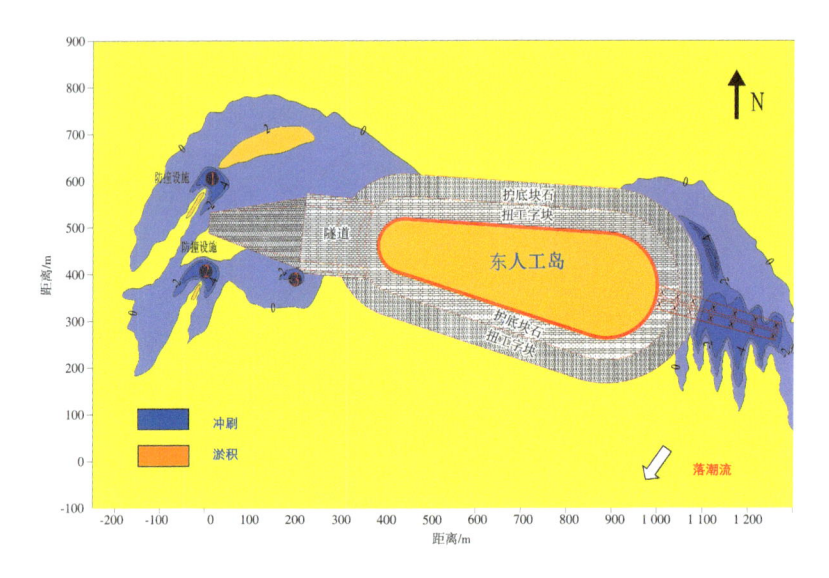

图 4.74　1 000 年一遇高水位＋1 000 年一遇落潮水流流速

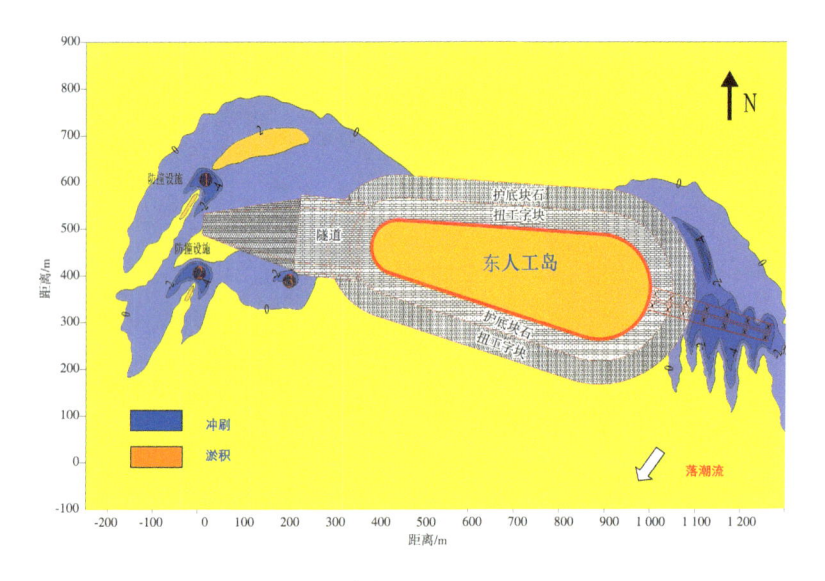

图 4.75　100 年一遇高水位＋100 年一遇落潮水流流速

表 4.8 波浪和水流作用下东人工岛岛桥结合部各桥墩及防撞墩冲刷坑最大冲刷深度

重现期（年）	水位(m)	水流 流速(m/s)	水流 流向(°)	波浪 波向	波浪 波高$H_{1/3}$(m)	波浪 周期(s)	局部最大冲深(m) 桥墩 3#	4#	5#	6#	防撞墩 7#	1#	2#	3#
1000 高	4.19	1.90	31	SSW	3.95	11.1	—	11.7	11.8	10.0	9.9	11.1	10.1	6.5
		1.90	31	S	3.30	11.1	—	12.0	12.2	10.8	10.5	11.3	9.8	6.5
		1.92	210	—			11.6	12.4	10.1	10.0	11.0	11.1	2.7	
100 高	3.47	1.80	31	SSW	2.80	10.3	—	11.0	11.2	9.6	8.9	10.0	8.9	6.4
		1.80	31	S	2.42	10.2	—	11.6	11.5	10.5	10.2	9.8	9.0	6.0
		1.76	211	—			11.5	11.8	8.9	8.5	10.7	10.5	2.0	
100 低	−1.33	1.80	31	SSW	2.59	10.3	—	9.4	11.0	10.0	8.7	12.5	8.7	6.0
300 低	−1.63	1.83	31	SSW	3.06	10.8	—	9.5	11.3	10.2	8.6	15.0	8.5	6.0

在涨潮流和波浪共同作用下，受人工岛阻挡，波浪在人工岛前反射。人工岛前出现冲刷，但冲刷深度较小（小于 2 m，见图 4.76），较大冲刷位置仍然在其东部的岛桥结合部，但最大冲深位置较西人工岛更向外偏（见图 4.77），岛头上游侧也有冲刷坑产生，冲深小于岛桥间冲坑深度。东人工岛西部岛隧结合部与西人工岛情况类似，隧道高程较低段上下游海床出现冲刷，外围隧道防撞墩（1#和2#）周围局部冲刷较大，靠近人工岛的 3#墩由于后部有隧

图 4.76 1 000 年一遇高水位＋1 000 年一遇波浪（SSW 向）＋1 000 年一遇涨潮水流流速作用下东人工岛前冲淤地形

图 4.77　1 000 年一遇高水位＋1 000 年一遇波浪(SSW 向)＋1 000 年一遇涨潮水流流速作用下东人工岛东部岛桥结合部冲淤地形

图 4.78　1 000 年一遇高水位＋1 000 年一遇波浪(S 向)＋1 000 年一遇涨潮水流流速作用下东人工岛西部岛隧结合部冲淤地形

道扭工字块护面段阻挡,局部冲刷较小,见图 4.78。

在不同波浪方向的波流共同作用下,人工岛周围局部冲淤形态相似(见图 4.77 和图 4.79),这主要是由于波浪的作用仅在于掀动人工岛周围较大范围海床泥沙,在岛头附近,水流对冲刷深度起主导作用。

在不同水位波流共同作用下,东人工岛东部岛桥结合部的局部冲淤形态呈现出相似的特征。与西人工岛类似,在水位较低时,岛桥间最大冲刷深度向外偏移。岛头上游侧的冲刷坑最大冲深随水位降低而增大,在 300 年一遇低水位及相应波流作用下,该处冲刷坑最大冲刷深度达到 8.7 m。在东人工

图 4.79　1 000 年一遇高水位＋1 000 年一遇波浪(S 向)＋1 000 年
一遇涨潮水流流速作用下东人工岛东部岛桥结合部冲淤地形

岛西部岛隧结合部，水位对防撞墩及其周围局部冲刷影响较大，与西人工岛类似，隧道高程较低段上下游海床出现冲刷，高水位时冲刷范围较大，低水位时冲刷范围较小，但下游冲刷范围比西人工岛大，这主要是由于东人工岛海床高程比西人工岛低(水深大)，因此低水较位时越过隧道高程较低段的水流仍然较大。不同水位下的人工岛西部岛隧结合部冲淤地形见图 4.80 至图 4.82。

图 4.80　100 年一遇高水位＋100 年一遇波浪(SSW 向)＋100 年
一遇涨潮水流流速作用下东人工岛西部岛隧结合部冲淤地形

在偏北向来流（落潮流）作用下，由于东人工岛与水流方向有一挑角，因此与涨潮水流流态相比，绕过岛头的水流明显靠近堤头岛壁，靠近岛头上游侧的冲刷坑最大冲深较涨潮流时略大，其周围冲淤状况见图4.83。东人工岛西部岛隧结合部周围局部冲淤状况见图4.84。

图4.81　100年一遇低水位＋100年一遇波浪（SSW向）＋100年一遇涨潮水流流速作用下东人工岛西部岛隧结合部冲淤地形

图4.82　300年一遇低水位＋300年一遇波浪（SSW向）＋300年一遇涨潮水流流速作用下东人工岛西部岛隧结合部冲淤地形

图 4.83 1 000 年一遇高水位＋1 000 年一遇落潮水流流速作用下东人工岛东部岛桥结合部冲淤地形

图 4.84 1 000 年一遇高水位＋1 000 年一遇落潮水流流速作用下东人工岛西部岛隧结合部冲淤地形

4.2.2.3 东人工岛周围局部冲刷对人工岛防护的影响

与西人工岛类似，东人工岛西部有隧道连接，因此岛头不存在冲刷和防护问题。在波浪和水流作用下，人工岛局部冲刷主要发生在岛前部和东部岛桥结合部。

（1）岛前局部冲刷对人工岛防护的影响

由局部冲刷试验结果可知，在波流共同作用下，由于岛前防护范围较宽（距堤脚约 49 m），约为平均波长的一半，护底前的冲刷深度较小，因此冲刷对人工岛防护的影响较小；同时，人工岛波浪整体物理模型和断面物理模型试验结果表明，设计采用的护底块石也满足稳定要求，因此，现有设计断面可以满足人工岛防护要求。

（2）东部岛桥结合部局部冲刷对人工岛防护的影响

由局部冲刷试验结果可知,在波流共同作用下,东人工岛东部局部冲刷主要发生在岛桥间及岛头上游侧,后者冲深通常小于前者,并且距人工岛护底有一定距离,因此,对人工岛防护有影响的主要是岛桥间的冲刷。各组试验的沿桥线冲刷断面见图4.85至图4.92。

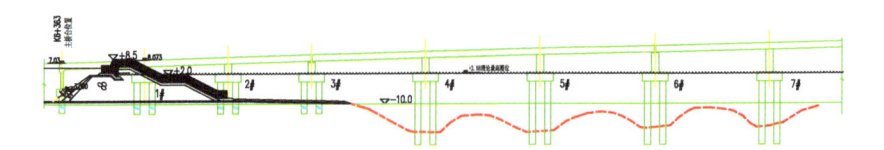

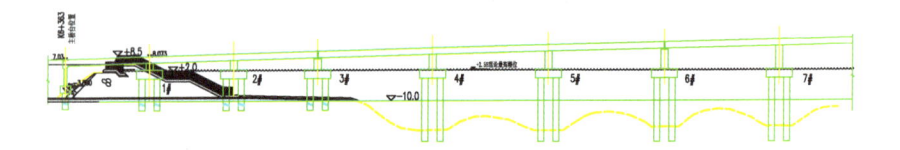

图4.85　1 000年一遇高水位＋1 000年一遇波浪(SSW向)＋
1 000年一遇涨潮水流流速作用下东人工岛东部岛桥结合部沿桥线冲刷断面

图4.86　1 000年一遇高水位＋1 000年一遇波浪(S向)＋
1 000年一遇涨潮水流流速作用下东人工岛东部岛桥结合部沿桥线冲刷断面

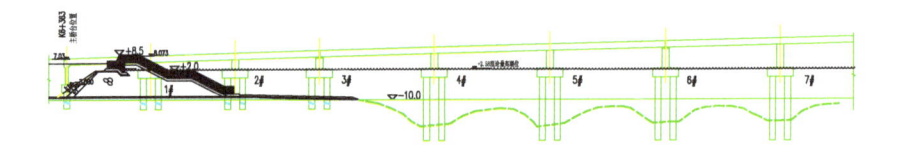

图4.87　100年一遇高水位＋100年一遇波浪(SSW向)＋
100年一遇涨潮水流流速作用下东人工岛东部岛桥结合部沿桥线冲刷断面

图4.88　100年一遇高水位＋100年一遇波浪(S向)＋
100年一遇涨潮水流流速作用下东人工岛东部岛桥结合部沿桥线冲刷断面

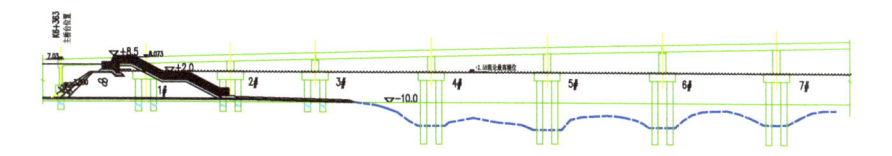

图 4.89　100 年一遇低水位＋100 年一遇波浪(SSW 向)＋
100 年一遇涨潮水流流速作用下东人工岛东部岛桥结合部沿桥线冲刷断面

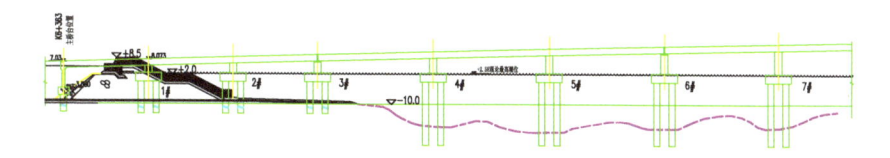

图 4.90　300 年一遇低水位＋300 年一遇波浪(SSW 向)＋
300 年一遇涨潮水流流速作用下东人工岛东部岛桥结合部沿桥线冲刷断面

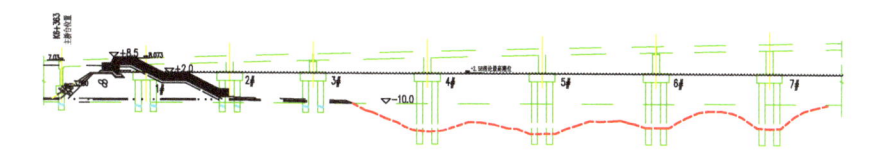

图 4.91　1 000 年一遇高水位＋1 000 年一遇落潮水流流速作用下
东人工岛东部岛桥结合部沿桥线冲刷断面

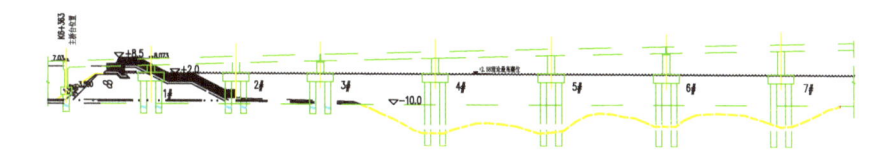

图 4.92　100 年一遇高水位＋100 年一遇落潮水流流速作用下
东人工岛东部岛桥结合部沿桥线冲刷断面

绕过岛头的水流使桥墩周围产生冲刷,在涨潮流条件下,由于岛头将水流外挑,因此尽管临近东人工岛护底外的第一个未防护桥墩(4♯桥墩)最大冲刷深度较大,但在护底边缘与该桥墩间的冲刷范围内仍存在一冲深较小(<2 m)的平台;在 1 000 年一遇高水位、100 年一遇高低水位、300 年一遇低水位及相应重现期波流(涨潮流)共同作用下,东人工岛东部岛桥结合部的护底块石只在头部有零星散落,整体保持稳定,见图 4.93 至图 4.94。

图 4.93　1 000 年一遇高水位及相应重现期波流(涨潮)作用下东人工岛东部岛头护底情况

图 4.94　100 年一遇高水位及相应重现期波流(涨潮)作用下东人工岛东部岛头护底情况

在落潮流条件下,尽管绕过岛头的水流较涨潮流更靠近堤头岛壁、临近东人工岛护底外的第一个未防护桥墩(4#桥墩)最大冲刷深度较涨潮流时大,但还是比西人工岛小;在 1 000 年一遇高水位、100 年一遇高水位及相应重现期落潮流作用下,东人工岛东部岛桥结合部的护底块石只在头部有零星散落,整体保持稳定,见图 4.95 至图 4.96。

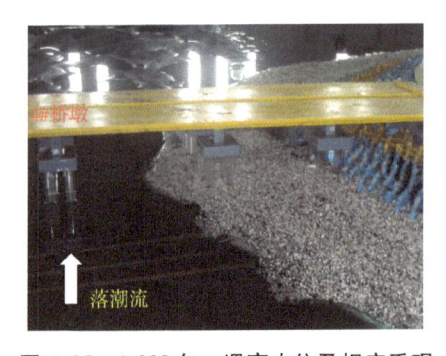

图 4.95　1 000 年一遇高水位及相应重现期落潮流作用下东部岛头护底情况

图 4.96　100 年一遇高水位及相应重现期落潮流作用下东部岛头护底情况

4.2.2.4 东人工岛周围主要结构物波浪水流条件

与西人工岛相同,本次试验测量了100年一遇高水位及相应重现期涨潮流、落潮流、波浪条件下,东人工岛东部岛桥结合部3♯至7♯引桥桥墩及西部岛隧结合部1♯至3♯防撞墩处的流速和波高(测点见图4.1),结果列于表4.8至表4.9,其中水流流速为单独水流作用情况,波高为有流情况。

表4.8 波浪和水流作用下东人工岛岛桥结合部各桥墩及防撞墩流速和波高测量结果(涨潮流)(原始流速:1.80 m/s;流向:31°;入射波高 SSW:$H_{1/3}=2.80$ m,S:$H_{1/3}=2.42$ m)

位置	重现期	水位(m)	水流 流速(m/s) 0.2 h	0.6 h	0.8 h	平均	流向(°)	波高 $H_{1/3}$(m) SSW	S
桥墩	2♯	100	3.47	—	—	—	—	—	2.23	2.12
	3♯			1.28	1.30	1.61	1.40	56	2.58	2.33
	4♯			2.65	2.76	2.85	2.75	58	2.74	2.41
	5♯			2.26	2.57	2.67	2.50	60	2.69	2.30
	6♯			2.55	2.63	2.87	2.68	62	2.58	2.34
	7♯			2.46	2.65	2.77	2.63	56	2.54	2.39
防撞墩	1♯			2.20	2.40	2.57	2.39	20	2.80	2.37
	2♯			2.01	2.19	2.47	2.26	3	2.82	2.40
	3♯			1.21	1.21	1.17	1.20	352	2.79	2.45

表4.9 波浪和水流作用下东人工岛岛桥结合部各桥墩及防撞墩流速和波高测量结果(落潮流)(原始流速:1.76 m/s;流向:211°)

位置	重现期	水位(m)	水流 流速(m/s) 0.2 h	0.6 h	0.8 h	平均	流向(°)	波高 $H_{1/3}$(m) SSW	S
桥墩	2♯	100	3.47	—	—	—	—	—	—	—
	3♯			2.31	2.46	2.57	2.45	202	—	—
	4♯			2.27	2.40	2.85	2.51	205	—	—
	5♯			2.68	2.89	3.01	2.86	206	—	—
	6♯			2.27	2.38	2.68	2.44	208	—	—
	7♯			2.24	2.28	2.39	2.30	210	—	—
防撞墩	1♯			2.08	2.61	2.39	2.30	249	—	—
	2♯			2.13	2.62	2.46	2.40	232	—	—
	3♯			0.46	0.51	0.71	0.56	218	—	—

4.3 桥墩基础局部冲刷试验

4.3.1 墩型方案

4.3.1.1 墩型方案概况

本次试验采用的墩型方案分为以下五部分。

(1) 青州航道桥:索塔基础、辅助墩及过渡墩基础。

(2) 江海直达船航道桥:索塔基础、过渡墩基础。

(3) 九洲航道桥:索塔基础、辅助墩及过渡墩基础。

(4) 非通航孔桥深水区引桥方案:分墩方案和整墩方案。

(5) 非通航孔桥浅水区引桥方案:分墩方案和整墩方案。

4.3.1.2 各墩型方案具体尺度

(1) 青州航道桥

① 索塔基础

桥墩基础为桩承台墩型,平面呈长八边形。迎水面宽32.50 m,长53.50 m(均不包括边侧的防撞消能设施宽度3.0 m×2)。自顶面标高+3.8 m向下的承台厚6.0 m(不包括封底混凝土厚度2.0 m)。承台底布置36根圆桩,桩径按高程的不同分为两种:承台底部至-42.2 m深度之间的桩径$\phi=2.8$ m(钢护筒);标高-42.2 m向下的桩径$\phi=2.5$ m。

② 辅助墩及过渡墩基础

桥墩基础为桩承台墩型,平面呈长八边形。迎水面宽18.50 m,长39.50 m(均不包括边侧的防撞消能设施宽度2.0 m×2)。自顶面标高+3.8 m向下的承台厚3.0 m(不包括封底混凝土厚度1.5 m)。承台底布置16根圆桩,桩径按高程的不同分为两种:承台底部至-46.2 m深度之间的桩径$\phi=2.8$ m(钢护筒);标高-46.2 m向下的桩径$\phi=2.5$ m。由于辅助墩及过渡墩基础的墩型、尺度均一致,故试验中以辅助墩作为代表墩型。

(2) 江海直达船航道桥

① 索塔基础

桥墩基础为桩承台墩型,平面近似矩形。迎水面宽26.00 m,长42.50 m(均不包括边侧的防撞消能设施宽度2.5 m×2)。自顶面标高+3.8 m向下的承台厚 5.0 m(不包括封底混凝土厚度 1.8 m)。承台底布置 24 根圆桩,桩径按高程的不同分为两种:承台底部至 -40.2 m 深度之间的桩径 $\phi=2.8$ m (钢护筒); -40.2 m 向下桩径 $\phi=2.5$ m。

② 过渡墩基础

桥墩基础为桩承台墩型,平面呈长八边形。迎水面宽 19.00 m,长 33.0 m(均不包括边侧的防撞消能设施宽度 2.0 m×2)。自顶面标高 $+3.8$ m 向下的承台厚 4.5 m(不包括封底混凝土厚度 1.6 m)。承台底布置 13 根圆桩,桩径按高程的不同分为两种:承台底部至 -39.7 m 深度之间的桩径 $\phi=2.8$ m(钢护筒); -39.7 m 向下桩径 $\phi=2.5$ m。

(3) 九洲航道桥处桥墩基础

① 索塔基础

桥墩基础为桩承台墩型,平面呈长八边形。迎水面宽 25.70 m,长 48.25 m(均不包括边侧的防撞消能设施宽度 2.5 m×2)。自顶面标高 $+3.8$ m 向下的承台厚 5.0 m(不包括封底混凝土厚度 2.0 m)。承台底布置 22 根圆桩,桩径按高程的不同分为两种:承台底部至 -41.2 m 深度之间的桩径 $\phi=2.8$ m(钢护筒); -41.2 m 向下桩径 $\phi=2.5$ m。

② 辅助墩基础

桥墩基础为桩承台墩型,平面呈长八边形。迎水面宽 17.00 m,长 34.15 m(均不包括边侧的防撞消能设施宽度 2.0 m×2)。自顶面标高 $+3.8$ m 向下的承台厚 4.5 m(不包括封底混凝土厚度 1.5 m)。承台底布置 16 根圆桩,桩径按高程的不同分为两种:承台底部至 -40.7 m 深度之间的桩径 $\phi=2.8$ m(钢护筒); -40.7 m 向下桩径 $\phi=2.5$ m。

③ 过渡墩基础

桥墩基础为桩承台墩型,平面呈矩形。迎水面宽 12.00 m,长 19.50 m(均不包括边侧的防撞消能设施宽度 1.5 m×2)。自顶面标高 $+3.8$ m 向下的承台厚 4.0 m(不包括封底混凝土厚度 1.5 m)。承台底布置 6 根圆桩,桩径 $\phi=2.5$ m。

(4) 非通航孔深水区引桥方案

深水区引桥试验方案又细分为 A、B 两个方案。

① A 方案为分墩方案

桥墩基础为桩承台墩型,平面呈矩形。按照低墩区和高墩区平面尺寸分为：低墩区迎水面宽 10.00 m,长 16.00 m;高墩区迎水面宽 10.75 m,长 17.50 m。承台顶面与海床面齐平,承台总厚 5.0 m(包括桩插入平台的高度 1.5 m)。承台底布置 6 根圆桩,其中 L_2 之间的桩径 $\phi=2.0$ m(填芯混凝土);L_3 之间的桩径 $\phi=1.8$ m。

② B 方案为整墩方案

桥墩基础为桩承台墩型,平面呈矩形。迎水面宽 14.00 m,长 22.00 m。承台顶面与海床面齐平,承台总厚 5.5 m(包括桩插入平台的高度 1.5 m)。承台底布置 9 根圆桩,其中 L_2 之间的桩径 $\phi=2.0$ m(填芯混凝土);L_3 之间的桩径 $\phi=1.8$ m。

(5) 非通航孔浅水区引桥方案

浅水区引桥试验方案又细分为 A、B 两个方案。

① A 方案为分墩方案

桥墩基础为桩承台墩型,平面呈矩形。迎水面宽 10.75 m,长 12.75 m。承台顶面与海床面齐平,承台总厚 7.0 m(包括桩插入平台的高度 1.0 m)。承台底布置 4 根圆形钻孔桩,桩径 $\phi=2.5$ m。

② B 方案为整墩方案

桥墩基础为桩承台墩型,平面呈矩形。迎水面宽 10.50 m,长 16.50 m。承台顶面与海床面齐平,承台总厚 7.5 m(包括桩插入平台的高度 3.5 m)。承台底布置 6 根圆形钻孔桩,桩径 $\phi=2.2$ m。

4.3.2 试验条件的确定

4.3.2.1 设计水文要素

《港珠澳大桥主体工程初步设计阶段设计波要素和水流分析计算专题研究报告》进行了不同重现期设计流速水动力计算,包括如下水情条件:

(1) 重现期为 1 000 年、300 年、100 年、50 年、20 年、10 年的外海风暴潮潮型与上游一般洪水组合;

(2) 重现期为 300 年、100 年、20 年、10 年的上游设计洪水与外海大潮潮型组合。

根据外海五组频率的风暴潮潮型与上游一般洪水的组合,进行了潮动力的数值模拟。各水情工况大桥线位附近采样点最大流速及对应流向的计算结果如表 4.10 和表 4.11 所列。

表 4.10　不同重现期风暴潮水情涨潮流垂线平均流速极值统计

单位:m・s^{-1}/度

风暴潮采样点	$P=0.1\%$	$P=0.33\%$	$P=1.0\%$	$P=5.0\%$	$P=10.0\%$
CW-1	1.90/031	1.83/031	1.80/031	1.70/032	1.67/032
SD-4	2.15/023	2.07/023	2.02/024	1.89/024	1.85/024
SD-3	2.12/016	2.03/017	1.98/017	1.86/017	1.82/017
SD-2	2.08/006	1.99/006	1.94/006	1.82/006	1.79/006
SD-1	2.04/003	1.96/003	1.91/003	1.80/003	1.77/003
CW-2	2.00/003	1.92/003	1.88/003	1.77/003	1.73/003
CW-3	1.88/003	1.79/004	1.73/004	1.61/004	1.57/004
CW-4	1.82/004	1.74/004	1.68/004	1.57/004	1.53/004
CW-5	1.62/006	1.55/005	1.51/005	1.42/004	1.38/004
CW-6	1.49/005	1.43/004	1.38/004	1.29/004	1.27/004
CW-7	1.49/320	1.37/320	1.23/003	1.15/003	1.12/003
CW-8	1.39/316	1.25/316	1.04/317	0.83/010	0.81/010
CW-9	1.46/314	1.22/315	0.96/316	0.66/317	0.55/341

表 4.11　不同重现期风暴潮水情落潮流垂线平均流速极值统计

单位:m・s^{-1}/度

风暴潮采样点	$P=0.1\%$	$P=0.33\%$	$P=1.0\%$	$P=5.0\%$	$P=10.0\%$
CW-1	1.92/210	1.83/211	1.76/211	1.66/211	1.62/211
SD-4	1.94/203	1.84/203	1.74/203	1.65/204	1.60/204
SD-3	1.81/195	1.72/195	1.63/195	1.51/195	1.46/195
SD-2	2.05/181	1.97/181	1.88/181	1.78/181	1.75/181
SD-1	2.02/178	1.93/178	1.87/178	1.78/178	1.75/178
CW-2	1.96/176	1.87/176	1.80/176	1.71/176	1.66/175
CW-3	1.64/174	1.56/174	1.47/174	1.37/175	1.33/174
CW-4	1.61/177	1.54/177	1.46/177	1.36/178	1.33/178
CW-5	1.38/181	1.32/181	1.25/181	1.14/181	1.10/181
CW-6	1.28/181	1.22/181	1.15/181	1.05/181	1.01/181
CW-7	1.14/180	1.08/180	1.02/180	0.93/179	0.89/178
CW-8	0.96/190	0.91/190	0.86/190	0.77/189	0.73/188
CW-9	0.45/186	0.42/185	0.40/186	0.35/182	0.33/179

根据上游四组频率的洪水过程与下游大潮的组合，分别计算了相应洪水水情下桥区的潮流运动，四组洪水水情下大桥线位附近采样点的最大流速及对应流向的统计结果见表 4.12 和表 4.13。

表 4.12　设计洪水涨潮流极大值统计表　　　　单位：m·s^{-1}/度

洪水频率采样点	$P=0.33\%$	$P=1.0\%$	$P=5.0\%$	$P=10.0\%$
CW-1	0.69/028	0.70/029	0.74/029	0.81/029
SD-4	0.68/021	0.70/021	0.74/021	0.84/201
SD-3	0.58/014	0.61/014	0.67/013	0.81/191
SD-2	0.55/002	0.59/002	0.66/001	0.82/178
SD-1	0.58/358	0.62/358	0.67/358	0.82/175
CW-2	0.63/356	0.65/356	0.69/356	0.82/356
CW-3	0.72/359	0.73/358	0.75/357	0.81/355
CW-4	0.72/360	0.74/359	0.76/359	0.83/358
CW-5	0.74/360	0.74/359	0.75/359	0.78/358
CW-6	0.72/358	0.72/357	0.73/357	0.75/357
CW-7	0.69/002	0.68/002	0.67/355	0.69/000
CW-8	0.68/314	0.66/312	0.63/310	0.58/013
CW-9	1.34/328	1.30/327	1.23/327	1.06/326

表 4.13　设计洪水落潮流极大值统计表　　　　单位：m·s^{-1}/度

洪水频率采样点	$P=0.33\%$	$P=1.0\%$	$P=5.0\%$	$P=10.0\%$
CW-1	1.47/210	1.44/209	1.41/209	1.33/210
SD-4	1.52/210	1.49/200	1.47/200	1.37/201
SD-3	1.43/190	1.41/190	1.38/190	1.27/191
SD-2	1.90/177	1.87/177	1.83/177	1.66/178
SD-1	1.82/175	1.78/175	1.75/175	1.60/175
CW-2	1.65/170	1.62/170	1.59/170	1.46/170
CW-3	1.28/165	1.35/165	1.33/165	1.20/166
CW-4	1.38/170	1.36/170	1.34/170	1.21/170
CW-5	1.12/173	1.10/173	1.08/172	0.98/172
CW-6	1.02/174	1.01/174	0.99/173	0.91/173
CW-7	0.87/171	0.86/170	0.85/170	0.78/170

(续表)

洪水频率采样点	$P=0.33\%$	$P=1.0\%$	$P=5.0\%$	$P=10.0\%$
CW-8	0.67/180	0.66/180	0.66/180	0.60/180
CW-9	0.33/150	0.33/150	0.33/150	0.31/150

比较表 4.12 和表 4.13 可见,外海风暴潮潮型与上游一般洪水组合水情的涨落潮最大流速相差不大,上游设计洪水与外海大潮潮型组合水情的落潮最大流速普遍大于涨潮最大流速(除 CW-8 和 CW-9 计算点);外海风暴潮潮型与上游一般洪水组合水情的最大流速计算结果明显大于上游设计洪水与外海大潮潮型组合水情的值。因此,对于桥墩局部冲刷,设计流速均选用外海风暴潮潮型与上游一般洪水组合水情的计算结果。

以往进行的波、流局部冲刷试验表明:除了某些呈现强波弱流的海区,通常情况下,在桥墩基础的局部冲刷中潮流起着主导作用,波浪对改变冲刷形态和加快冲深起着辅助作用。因此在确定波、流共同作用下的波、流试验条件时,应着重关注潮流与墩轴之间的夹角(即迎流角,在涨落潮夹角中选择数值较大的夹角),在此方位角的基础上再选择同方向的特征年的波浪要素作为波、流共同作用下局部冲刷试验的基本条件。

表 4.14 和表 4.15 为根据潮流较大夹角(方位角)确定的同方向特征年的波浪要素(由数模计算得到)。

表 4.14　桥址计算点 NNW 向特征年波浪要素

水位	100 年一遇高水位				20 年一遇高水位			
计算点	$H_{4\%}$ (m)	H_s (m)	$\overline{T}$ (s)	$\overline{L}$ (m)	$H_{4\%}$ (m)	H_s (m)	$\overline{T}$ (s)	$\overline{L}$ (m)
CW-1	3.57	2.94	5.41	43.7	2.81	2.30	4.88	36.3
CW-2	3.75	3.08	5.51	45.6	2.96	2.42	4.98	38.0
CW-3	3.33	2.77	5.27	39.2	2.65	2.19	4.78	33.2
CW-4	3.27	2.72	5.23	38.8	2.59	2.14	4.73	32.7
CW-5	2.99	2.49	5.04	35.6	2.35	1.94	4.54	29.8
CW-6	2.89	2.41	4.97	34.6	2.25	1.86	4.46	28.8
CW-7	2.73	2.27	4.85	33.3	2.10	1.73	4.33	27.4
CW-8	2.34	1.93	4.53	29.8	1.72	1.41	3.97	23.7
CW-9	1.87	1.54	4.12	24.5	1.36	1.11	3.59	19.2

表 4.15　桥址计算点 SSE 向特征年波浪要素

水位	100 年一遇高水位					20 年一遇高水位				
计算点	$H_{4\%}$ (m)	H_s (m)	$\overline{T}$ (s)	$\overline{L}$ (m)	波向 (°)	$H_{4\%}$ (m)	H_s (m)	$\overline{T}$ (s)	$\overline{L}$ (m)	波向 (°)
CW-1	2.41	1.96	10.2	106.7	158	1.73	1.40	9.3	94	158
CW-2	4.73	3.92	10.2	109.5	157	3.60	2.96	9.3	96.5	157
CW-3	4.50	3.82	10.2	91.5	158	3.49	2.92	9.3	80.4	158
CW-4	4.59	3.90	10.2	91.9	158	4.11	3.48	9.3	80.8	157
CW-5	4.13	3.51	10.2	87	157	3.91	3.33	9.3	76.3	156
CW-6	3.44	2.90	10.2	85.6	157	2.79	2.33	9.3	75	157
CW-7	3.79	3.21	10.2	85.6	158	2.96	2.48	9.3	75	158
CW-8	3.80	3.22	10.2	85.1	158	2.97	2.49	9.3	74.6	159
CW-9	3.62	3.12	10.2	76.8	158	2.61	2.20	9.3	66.9	158

4.3.2.2　水文条件的确定

根据研究合同和技术要求,由数模计算得到的表 4.10 至表 4.15 确定出本次桥墩基础局部冲刷的水流条件和波浪要素(见表 4.16 至表 4.17)。

表 4.16　水流试验条件(高程为 85 国家高程)

计算点	对应桥位	编号	重现期 (年)	水位 (m)	底高程 (m)	平均流速极值(m/s)
1	东人工岛	CW-1	300	3.76	−8.5	1.83
			100	3.44		1.80
			20	2.98		1.70
2	西人工岛	CW-2	300	3.73	−7.9	1.92
			100	3.40		1.88
			20	2.94		1.77
3	K15+850 非通航深水引桥	CW-3	300	3.72	−6.0	1.79
			100	3.41		1.73
			20	2.95		1.61
4	青州航道桥	CW-4	300	3.73	−6.2	1.74
			100	3.42		1.68
			20	2.96		1.57

(续表)

计算点	对应桥位	编号	重现期（年）	水位（m）	底高程（m）	平均流速极值(m/s)
5	K23+80非通航深水引桥	CW-5	300	3.72	-5.0	1.55
			100	3.41		1.51
			20	2.95		1.42
6	江海直达船航道桥	CW-6	300	3.69	-5.0	1.43
			100	3.39		1.38
			20	2.94		1.29
7	K31非通航浅水引桥	CW-7	300	3.69	-4.8	1.37
			100	3.39		1.23
			20	2.95		1.15
8	九洲港航道桥	CW-8	300	3.67	-4.5	1.25
			100	3.38		1.04
			20	2.94		0.83
9	珠澳口岸人工岛	CW-9	300	3.66	—	1.22
			100	3.37		0.96
			20	2.94		0.66

注：表内坐标为1954年北京坐标系。

表 4.17(a)　波、流共同作用下局部冲刷试验的基本条件(100年一遇)

编号	桥墩名称	涨潮主流向	涨潮夹角	落潮主流向	落潮夹角	高水位 $H_{4\%}$/m	$\overline{T}$/s	$\overline{L}$/m
CW-4	青州航道桥索塔基础	SSE	9°	NNW	14°	3.27	5.23	38.8
	青州辅助代表墩	SSE	9°	NNW	14°	3.27	5.23	38.8
CW-6	江海直达船航道桥索塔基础	SSE	11°	NNW	2.4°	3.44	10.2	85.6
	江海过渡墩	SSE	11°	NNW	2.4°	3.44	10.2	85.6
CW-8	九洲航道索塔基础	SSE	21°	NNW	26°	2.34	4.53	29.8
	九洲港辅助代表墩	SSE	21°	NNW	26°	2.34	4.53	29.8
CW-5	非通航孔深水引桥墩	SSE	38°	NNW	31°	4.13	10.2	87.0
CW-7	非通航孔浅水引桥墩	SSE	24°	NNW	24°	3.79	10.2	85.6

表 4.17(b)　波、流共同作用下局部冲刷试验的基本条件(20 年一遇)

编号	桥墩名称	涨潮主流向	涨潮夹角	落潮主流向	落潮夹角	高水位 $H_{4\%}$/m	$\overline{T}$/s	$\overline{L}$/m
CW-4	青州航道桥索塔基础	SSE	9°	NNW	14°	2.59	4.73	32.7
	青州辅助代表墩	SSE	9°	NNW	14°	2.59	4.73	32.7
CW-6	江海直达船航道桥索塔基础	SSE	11°	NNW	2.4°	2.79	9.3	75.0
	江海过渡墩	SSE	11°	NNW	2.4°	2.79	9.3	75.0
CW-8	九洲航道索塔基础	SSE	21°	NNW	26°	1.72	3.97	23.7
	九洲港辅助代表墩	SSE	21°	NNW	26°	1.72	3.97	23.7
CW-5	非通航孔深水引桥墩	SSE	38°	NNW	31°	3.97	9.3	76.3
CW-7	非通航孔浅水引桥墩	SSE	24°	NNW	24°	2.96	9.3	75.0

4.3.2.3　试验波形的确定

(1) 概述

在海域投建跨海大桥,其庞大的墩体基础将使其周围的波浪和水流条件发生改变,对海床产生局部冲刷,从而引起墩体基础的失稳。因此,海洋结构物周围的局部冲刷及防护问题,已引起国内外工程界的高度重视。本研究在前人的研究基础上,通过系统的模型试验,考虑波高、周期、潮流、水深、泥沙粒径、墩体尺度以及波流交角等影响要素,对港珠澳大桥桥墩基础的局部冲刷进行研究。

涉及波浪、水流方面的研究,行业规范中已有较为详尽的条文和规定,但对涉及波流作用下的泥沙方面的研究,行业规范目前没有明确规定和依据标准。一些较重要的海工建筑物的研究,目前常采用试验方法来解决。在确定本次桥墩基础局部冲刷试验波型时,分别采用不规则波和 $H_{1\%}$、$H_{4\%}$、$H_{13\%}$ 三组规则波与潮流(顺流)共同对墩体作用,并对试验结果进行对比。在相同墩基情况下,选取在不规则波条件下局部冲刷形态和最大冲深相近的规则波形作为后续试验的试验波形。

(2) 试验方法

① 试验概况

本次试验研究在南京水利科学研究院河港所波浪港池内进行,港池长 52 m,宽 17.5 m,高 1.2 m。港池的一端为美国 MTS 公司生产的摇摆式造波机,可产生规则波和不规则波,造波信号由计算机自动控制。港池侧壁采用网孔塑料消浪栅消除结构物的侧向反射波。为了进行波流共同作用下桥墩冲刷试验,在港池中部隔出一个长 30 m×宽 5.0 m 的矩形水槽,尾部安装水泵,可产生与波浪同向或逆向的水流,见图 4.97 和图 4.98。

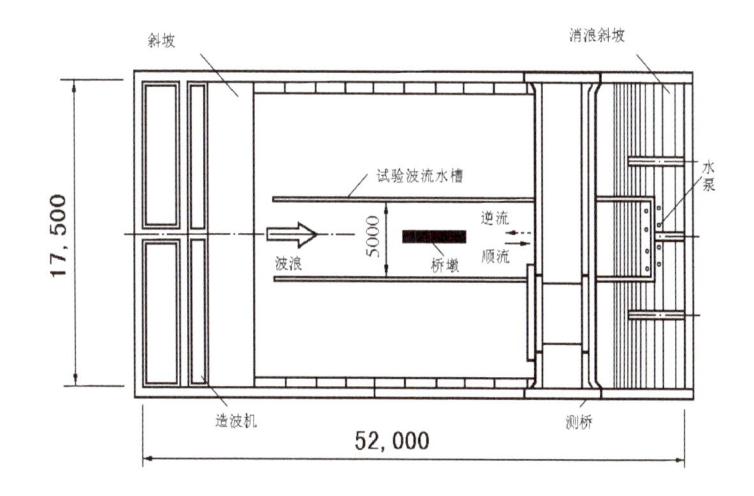

图 4.97 波浪港池布置示意图

图 4.98 波浪港池布置示意图

动床段为一长 3.0 m×宽 3.0 m×高 0.53 m 的方形坑,里面铺有模型沙,位于港池中部,距推波板约 24 m。在试验段中部垂直放置不同比尺的桥墩模型,并在其周围布置纵横向测桥,以随时测量墩柱周围的冲淤地形。

本次试验采用MTS公司生产的电容式波高仪量测波高,由配套的计算机系统自动采集和分析处理。墩型采用青州航道索塔基础(CW-4),模型比尺为1∶50。

② 试验方法

冲刷试验开始前,首先在试验段周围布置波高仪,率定港池内无结构物时的试验要求波要素,将率定系数存入计算机系统,供正式试验时采用。

进行局部冲刷试验时,放水前先在试验段的中部分别放置不同桥墩结构物,将试验沙平铺于试验段。进行波流共同作用下桥墩局部冲刷试验时,先调试水流条件,当水流平均流速达到要求值时,再叠加波浪。试验过程中,监测桥墩周围局部地形,在前后两次的地形测量值基本不变时,可以认为冲刷基本达到平衡,测量整个冲坑地形。

③ 试验条件

本次试验分别采用不规则波和 $H_{1\%}$、$H_{4\%}$、$H_{13\%}$ 三组规则波与潮流(顺流)共同作用下墩体产生的局部冲刷。为使冲刷具有可比性,在相同水槽内,还进行了无波浪作用下的潮流局部冲刷试验。具体数据见表4.13。

表4.13(a)　波流试验水文条件(100年一遇高潮位)

墩名	波浪要素			
	$H_{1\%}$/m	$H_{4\%}$/m	$H_{13\%}$/m	T/s	L/m
青州航道索塔基础CW-4	5.22	4.59	3.90	6.3	50.8

表4.13(b)　波流试验水文条件

墩名	水文要素				
	100年一遇		水深/m	迎流方向	顺、逆流情况
	设计高潮位/m	设计流速/(m/s)			
青州航道索塔基础CW-4	3.47	1.95	9.67	0°	顺流

试验采用的不规则波浪谱为JONSWAP谱,谱密度函数如式(4.9)。

将换算后的各组试验波浪要素的特征值输入计算机,由计算机自动迭代计算,在波浪池内产生所需的波列。

(3) 试验成果

表4.14为本次波、流局部冲刷试验成果。表中显示:在 $H_{1\%}$ 规则波叠加

顺流、$H_{4\%}$ 规则波叠加顺流和 $H_{13\%}$ 规则波叠加顺流三组试验中,在桩内最大冲深、最深点位置,桩外最大冲深、最深点位置以及冲深 10 cm 范围等方面,以 $H_{4\%}$ 规则波叠加顺流的试验数值与不规则波叠加顺流的数值相当(见图 4.99 至图 4.102),因此后续试验均采用 $H_{4\%}$ 规则波的波浪要素叠加顺流进行。

4.3.2.4 控制水文条件的确定

根据试验要求和工作大纲,冲刷试验首先按以下试验条件进行。

(1) 洪水和潮汐共同作用下

设计条件:采用 300 年一遇设计水流。

施工期:采用 20 年一遇设计水流。

(2) 波流共同作用下

① 设计条件:采用 100 年一遇波浪和水流。

② 施工期:20 年一遇波浪和水流。

进行初步试验后,后续试验依据控制水文条件,进行相应研究。

表 4.14 波浪水槽局部冲刷试验结果

项目		波流情况				
		不规则波叠加顺流	$H_{1\%}$ 规则波叠加顺流	$H_{4\%}$ 规则波叠加顺流	$H_{13\%}$ 规则波叠加顺流	潮流(无波浪)
模型最大冲深(cm,桩内)		22.4	24.1	22.4	21.3	20.3
桩内最深点位置		第 5 列右桩前侧	第 5 列右桩左侧	第 4 列右桩左侧	第 5 列左桩左侧	第 5 列右桩右侧
模型最大冲深(cm,桩外)		19.70	20.30	19.70	18.40	17.80
桩外最深点位置		上 1# 断面近墩右侧	上 1# 断面近墩右侧	上 1# 断面近墩右侧	上 1# 断面近墩右侧	上 1# 断面近墩右侧
模型冲深 10 cm 范围	桥墩迎水面	3~8 cm	3 cm 以内	3~8 cm	3~8 cm	3~8 cm
	墩轴线断面 左侧	12.5~15.0 cm	15~17.5 cm	12.5~15.0 cm	12.5~15.0 cm	10 cm 左右
	墩轴线断面 右侧	12.5~15.0 cm	12.5 cm	15 cm	12.5~15.0 cm	10 cm 左右

图 4.99 波、流共同作用下的局部冲刷形态（$H_{4\%}$规则波，顺流）

图 4.100 波、流共同作用下的局部冲刷形态（不规则波，顺流）

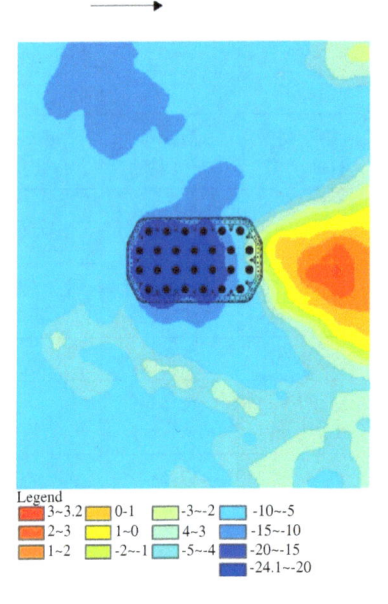

图 4.101 波、流共同作用下的局部冲刷形态（$H_{1\%}$规则波，顺流）

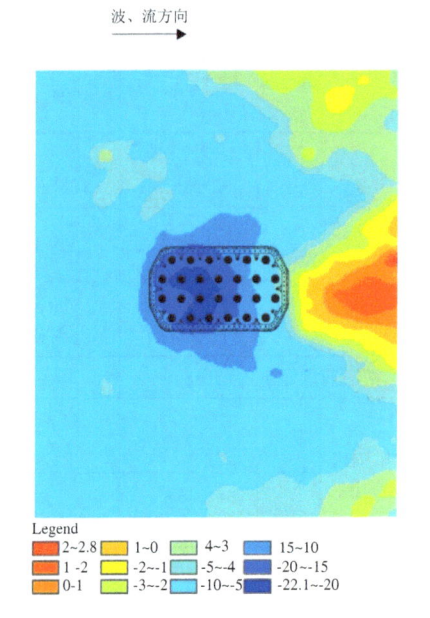

图 4.102 波、流共同作用下的局部冲刷形态（$H_{13\%}$规则波，顺流）

本项试验选取青州索塔基础作为代表墩,先后进行了洪水作用下300年一遇、20年一遇和波流共同作用下100年一遇、20年一遇的对比试验。试验结果显示:相同的桥墩在波流共同作用下100年一遇、20年一遇的最大冲深均大于洪水作用下300年一遇、20年一遇时的冲深(见表4.15),为使冲刷结果具有安全性,在以后的局部冲刷中均采用波流共同作用下100年一遇、20年一遇的水流波流条件。

表4.15 桥墩模型最大冲深的对比(青州索塔基础)　　　　单位:m

桥墩比尺	洪水单向流作用 300年一遇	波流共同作用 100年一遇	桥墩比尺	洪水单向流作用 20年一遇	波流共同作用 20年一遇
1:50	20.0	22.0	1:50	15.8	18.0
1:70	10.8	11.7	1:70	8.3	9.6
1:100	5.5	5.8	1:100	4.4	4.7

根据数模计算成果和以上对波流水文要素的试验对比,最终确定出本次试验的控制水文条件(见表4.16)。

表4.16 冲刷试验控制水文条件

桥位名称	编号	重现期/年	潮流条件 水位/m	潮流条件 流速/(m/s)	潮流条件 主流向	潮流条件 夹角/°	波浪条件 100年一遇 $H_{4\%}$/m	波浪条件 100年一遇 T/s	波浪条件 100年一遇 L/m	波浪条件 20年一遇 $H_{4\%}$/m	波浪条件 20年一遇 T/s	波浪条件 20年一遇 L/m	底高程(m)
青州航道桥	CW-4	300	3.73	1.74	NNW	14	—	—	—	—	—	—	-6.2
		100	3.42	1.68			3.27	5.23	38.8	—	—	—	
		20	2.96	1.57			—	—	—	2.59	4.73	32.7	
江海直达船航道桥	CW-6	300	3.69	1.43	SSE	11	—	—	—	—	—	—	-5.0
		100	3.39	1.38			3.44	10.2	85.6	—	—	—	
		20	2.94	1.29			—	—	—	2.79	9.3	75.0	
九洲港航道桥	CW-8	300	3.67	1.25	NNW	26	—	—	—	—	—	—	-4.5
		100	3.38	1.04			2.34	4.53	29.8	—	—	—	
		20	2.94	0.83			—	—	—	1.72	3.97	23.7	
非通航深水墩	CW-3	300	3.72	1.79	NNW	18	—	—	—	—	—	—	-6.0
		100	3.41	1.73			3.33	5.27	39.2	—	—	—	
		20	2.95	1.61			—	—	—	2.65	4.78	33.2	

(续表)

桥位名称	编号	重现期/年	潮流条件				波浪条件						底高程(m)
			水位/m	流速/(m/s)	主流向	夹角/°	100年一遇			20年一遇			
							$H_{4\%}$/m	T/s	L/m	$H_{4\%}$/m	T/s	L/m	
非通航浅水墩	CW-7	300	3.69	1.37	SSE	24	—	—	—	—	—	—	−4.8
		100	3.39	1.23			3.79	10.2	85.6	—	—	—	
		20	2.95	1.15			—	—	—	2.96	9.3	75.0	

4.3.3 洪水和潮流共同作用下的局部冲刷

4.3.3.1 洪水单向流作用下的冲刷形态

图 4.103 为青州航道桥索塔基础在洪水单向流作用下的冲刷形态。

试验显示：在洪水作用下，水流受到桥墩基础阻碍后形成绕流向两侧构成表面漩滚；中部以下水流遇桩群边壁转而向下，与下层水平方向行进水流构成底部的向下漩滚，该漩滚是产生局部冲刷的主要动力。局部冲刷达到相对平衡后，索塔基础周围的地形呈现机翼状的冲刷形态，两侧冲刷地形基本对称，明显冲刷区位于桥基承台迎水面底部桩群间，最大冲深点处于迎水面的前三排桩群之间。索塔基础中部、紧靠承台边壁处的水流受到多重桩群的

图 4.103-1　青州航道桥索塔基础水流流态(洪水作用，300 年一遇)

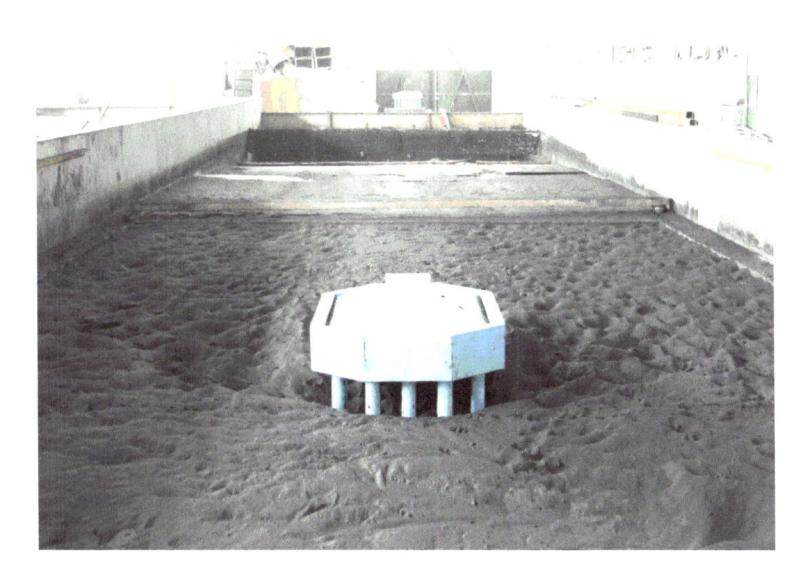

注：照片正下方为迎水面

图 4.103-2　青州航道桥索塔基础冲刷形态（洪水作用，300 年一遇）

阻水消能，冲刷能力和挟沙能力同时递减，形成类似蟹螯状的淤积带；桥基的背水面则呈现与桥基迎水宽度基本等宽、淤厚渐次递减的长条形淤积带。

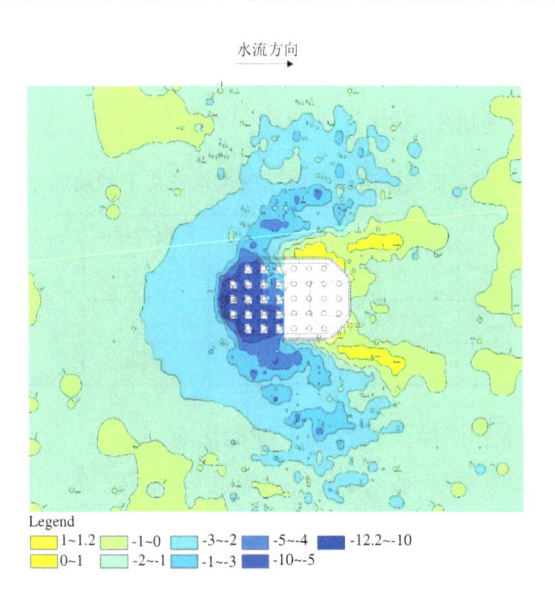

图 4.103-3　青州航道桥索塔基础冲刷形态（洪水作用下，300 年一遇）

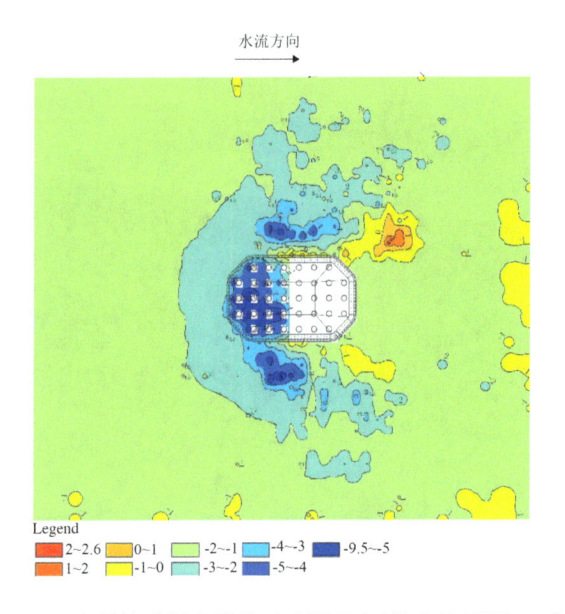

图 4.103-4　青州航道桥索塔基础冲刷形态(洪水作用下,20 年一遇)

大量试验显示:如果墩型、桩径、桥基迎水宽度、泥沙粒径及组成等条件不变,那么水文条件的改变(主要指墩前行近流速和水深条件的改变),只会在冲刷深度和范围的量值上有所变化,局部冲刷形态的基本形状不会发生明显的变化。遭遇 300 年一遇和 20 年一遇水文条件下的局部冲刷的差别主要体现在冲深和范围的量值大小上(见表 4.17)。

表 4.17　青州航道桥索塔基础洪水作用下的局部冲刷　　　单位:m

水文条件	潮位/m	流速/(m/s)	最大冲深/m	冲刷范围(-2 m 等深线) 迎水面	冲刷范围(-2 m 等深线) 两侧	最深点位置
300 年一遇	3.73	1.74	12.2	28.0	58.0	第 2 排桩前
20 年一遇	2.96	1.57	9.50	20.0	48.0	第 2 排桩前

4.3.3.2　洪水和潮流共同作用下冲刷形态

为探讨本桥区桥墩基础在洪水和潮流共同作用下的冲刷形态,建造了比尺为 1∶100 的正态潮流冲刷宽水槽。该水槽总长 40 m,其中动床有效段长 30 m,宽 4.2 m,铺沙厚度 0.6 m,桥墩位于动床段的中央(见图 4.104)。水槽两端口呈喇叭形,以平顺涨落水流的出入。

潮流水槽采用自动控制:根据计算机运行确定的潮型过程线,由配套的

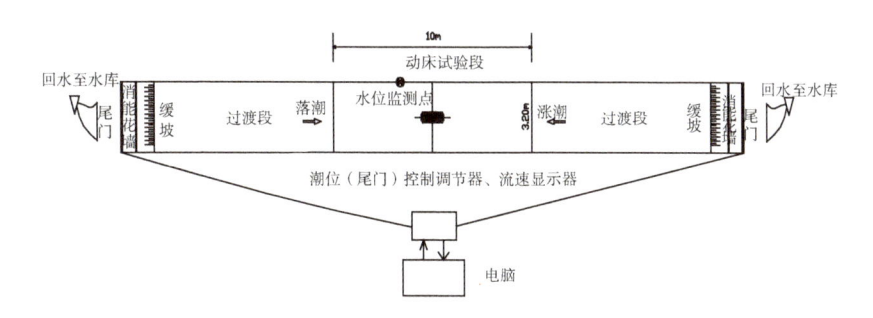

图 4.104　潮流冲刷正态宽水槽（比尺 1∶100）

潮汐控制仪自动控制旋转式平板尾门的升降和双向泵的转速来产生涨落潮流；数据传输接口装置通过跟踪式流速仪自动采集流速脉冲信号并传输到计算机内，经程序处理后输出数据。动床范围内用跟踪式水位仪跟踪和监测潮位，用直读式旋桨流速仪监测墩前流速。地形测量采用直读式地形测量仪和测针结合进行，为反映冲刷坑形态，每组试验还运用数码照相等辅助工具。

（1）潮流冲刷的潮位、流速过程验证

潮流试验选取青州航道桥索塔基础、九洲航道桥索塔基础、九洲航道桥过渡墩和深水非通航孔引桥墩基础四种代表墩型；水文条件重现期选取 300 年一遇风暴潮潮位和流速过程（数模计算成果），具体数值见表 4.18。

表 4.18　300 年一遇风暴潮潮位和流速过程

时间/h	青州航道桥索塔墩 潮位/m	流速/(m/s)	九洲航道桥索塔墩 潮位/m	流速/(m/s)	九洲航道桥过渡墩 潮位/m	流速/(m/s)	深水引桥墩 潮位/m	流速/(m/s)
1	1.28	0.85	1.63	1.25	1.63	1.25	1.19	0.80
2	0.88	0.46	0.82	0.15	0.82	0.15	0.98	0.44
3	0.62	0.08	0.62	0.05	0.62	0.05	0.63	0.07
4	0.66	0.26	0.65	0.13	0.65	0.13	0.66	0.26
5	0.46	0.43	0.47	0.42	0.47	0.42	0.46	0.43
6	0.40	0.24	0.27	0.16	0.27	0.16	0.43	0.24
7	0.95	0.31	1.06	0.15	1.06	0.15	0.95	0.38
8	1.72	1.05	1.76	0.60	1.76	0.60	1.73	1.11
9	2.51	1.57	2.55	0.93	2.55	0.93	2.53	1.63

（续表）

时间/h	青州航道桥索塔墩 潮位/m	青州航道桥索塔墩 流速/(m/s)	九洲航道桥索塔墩 潮位/m	九洲航道桥索塔墩 流速/(m/s)	九洲航道桥过渡墩 潮位/m	九洲航道桥过渡墩 流速/(m/s)	深水引桥墩 潮位/m	深水引桥墩 流速/(m/s)
10	3.49	1.74	3.55	0.89	3.55	0.89	3.52	1.79
11	3.73	1.17	3.67	0.43	3.67	0.43	3.72	1.18
12	3.32	0.18	3.20	0.28	3.20	0.28	3.30	0.17
13	2.62	0.47	2.60	0.46	2.60	0.46	2.59	0.51
14	1.76	0.85	1.72	0.62	1.72	0.62	1.75	0.88
15	1.49	1.03	1.47	0.66	1.47	0.66	1.46	1.04
16	1.08	1.24	1.10	0.72	1.10	0.72	1.05	1.27
17	0.64	1.54	0.61	0.91	0.61	0.91	0.60	1.56
18	0.28	1.50	0.33	0.81	0.33	0.81	0.25	1.51
19	0.23	1.05	0.30	0.49	0.30	0.49	0.25	1.04
20	0.78	0.25	0.93	0.07	0.93	0.07	0.77	0.25
21	1.23	0.43	1.31	0.44	1.31	0.44	1.23	0.40
22	1.45	0.56	1.46	0.46	1.46	0.46	1.46	0.52
23	1.67	0.41	1.63	0.31	1.63	0.31	1.67	0.35
24	1.64	0.16	1.66	0.06	1.66	0.06	1.63	0.09
25	1.34	0.12	1.30	0.06	1.30	0.06	1.34	0.20
26	1.06	0.44	1.07	0.25	1.07	0.25	1.04	0.50

图4.105和图4.106显示：物理模型中的潮位和潮流速的过程、相位以及峰值大小，模型值均与数学模型计算值吻合较好，模型与数模计算值间的误差小于10%，符合《海岸与河口潮流泥沙模拟技术规程》中的精度要求。由此可认为该模型的潮汐水流运动达到了与天然基本相似，因此在此潮汐水槽上进行试验得出的成果应能较真实反映特征水文年情况下的实际状态。

（2）潮流冲刷平衡历时试验

在单向恒定流试验中，由于墩前流速稳定在某一特征值上，因此从形成冲刷坑到基本冲刷平衡往往有一个大致固定的冲刷所需时间。潮流在特定水域的涨落潮时间比和流速比会因地而异，需进行特征水文年长系列潮周期的循环试验，直至桥墩周围的冲刷达到基本平衡，以此求得所需的潮周期循环次数(即冲刷所需时间)。本试验采用300年一遇水文年潮型进行了较长系列的循环试验,先求得达到冲刷基本平衡时所需的潮周期循环次数(冲刷所需时间),在后续的冲刷试验中,以此时间为依据进行试验。

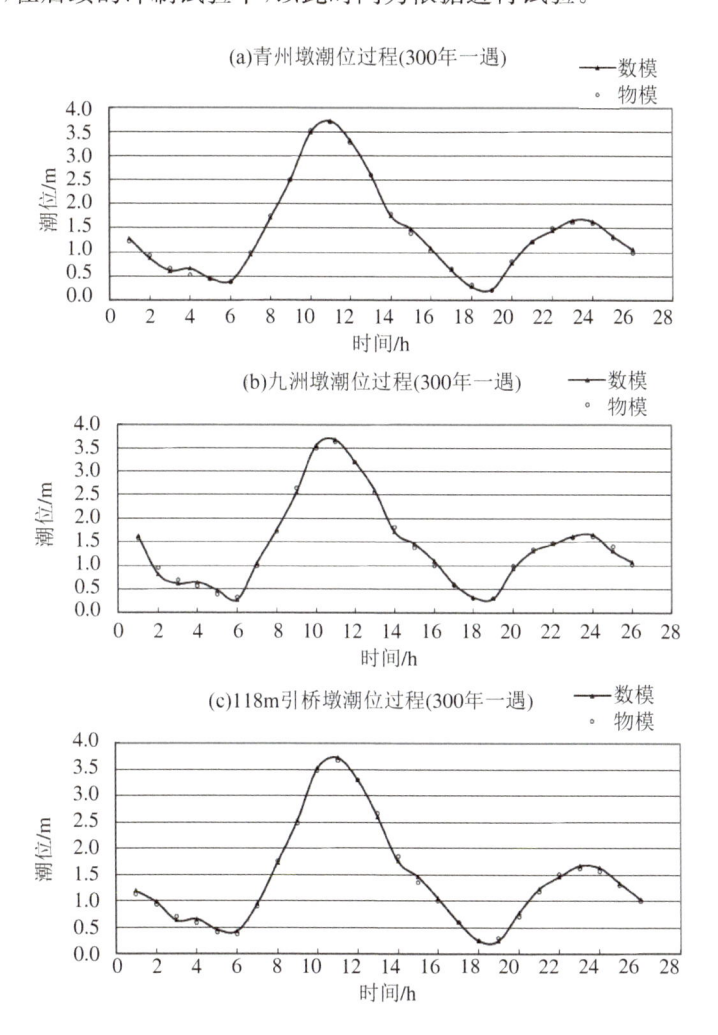

图 4.105　潮位验证

试验结果见表 4.19 和图 4.107。由表可知,潮流冲刷历经 8 h(模型时间)后最大冲深渐趋稳定,以后不同组次的冲刷时间均以 10 h 进行,以求达到稳定的最大冲深值。

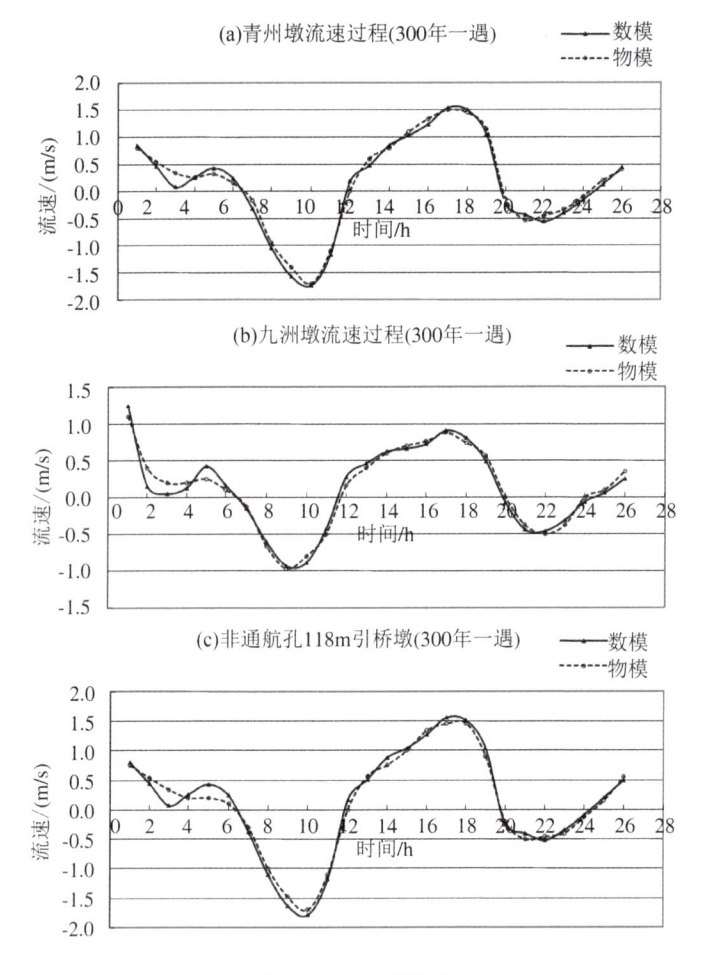

图 4.106　流速验证

表 4.19　不同冲刷历时下的最大冲深比较(300 年一遇)

冲刷坑位置	最大冲刷深度/cm								
	冲刷前	1 h	2 h	3 h	4 h	6 h	8 h	10 h	14 h
涨潮冲坑	0	−2.10	−3.90	−4.70	−5.20	−5.60	−5.80	−5.80	−5.80
落潮冲坑	0	−1.80	−3.10	−3.90	−4.20	−4.50	−4.70	−4.70	−4.70

（3）潮流冲刷形态

图 4.108 至图 4.111 为各桥墩基础的潮流冲刷形态。

从图中可以看出,潮流与洪水共同作用下的局部冲刷形态具有洪水单向流作用时的基本形态:近桥基处形成局部冲坑,最大冲深点发生在迎水面的桩群内,背水面形成与承台基本等宽,堆高随距离渐次递减的淤积带。局部冲刷形态还具备与洪水单向流作用不同的特点:局部冲坑由单向流的仅一个发展为涨落潮两端各有一个;冲刷形态由单向流的勺形变为潮流冲刷时承台首尾两端深、中间浅的马鞍形;在涨落潮两端分别形成较长的带状淤积带。

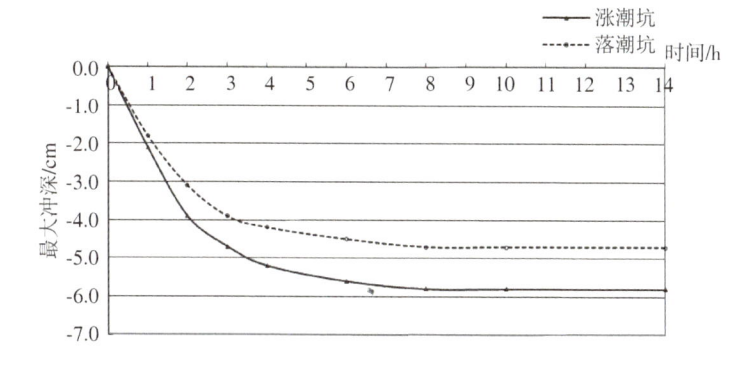

图 4.107 潮流冲刷平衡历时过程线

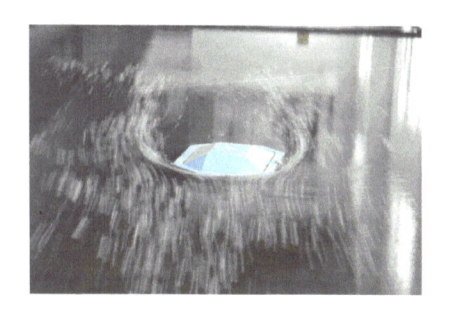

涨潮方向由下而上
(a) 潮流流态(涨潮)

落潮方向由下而上
(b) 潮流流态(落潮)

涨潮方向由下而上
(c) 冲刷地形(涨潮)

落潮方向由下而上
(d) 冲刷地形(落潮)

图 4.108-1 青州航道桥索塔基础潮流流态及冲刷形态(300 年一遇)

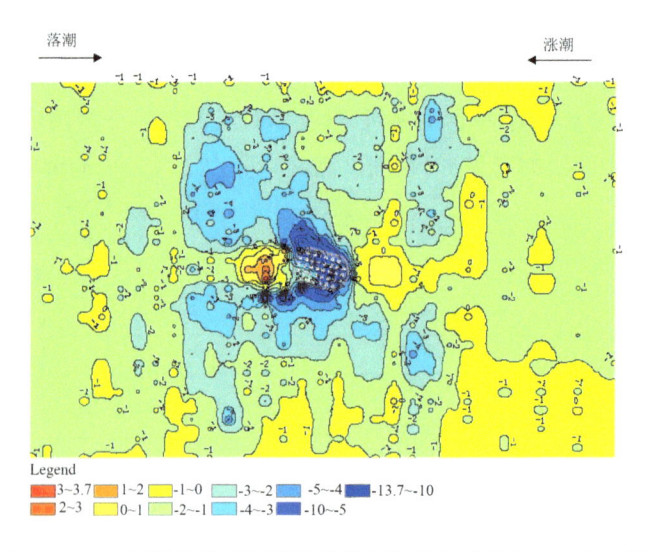

图 4.108-2　青州航道桥索塔基础潮流作用冲刷形态（300 年一遇）

涨潮方向由下而上
（a）潮流流态（涨潮）

落潮方向由下而上
（b）潮流流态（落潮）

涨潮方向由下而上
（c）冲刷地形（涨潮）

落潮方向由下而上
（d）冲刷地形（落潮）

图 4.109-1　九洲航道桥索塔基础潮流流态及冲刷形态（300 年一遇）

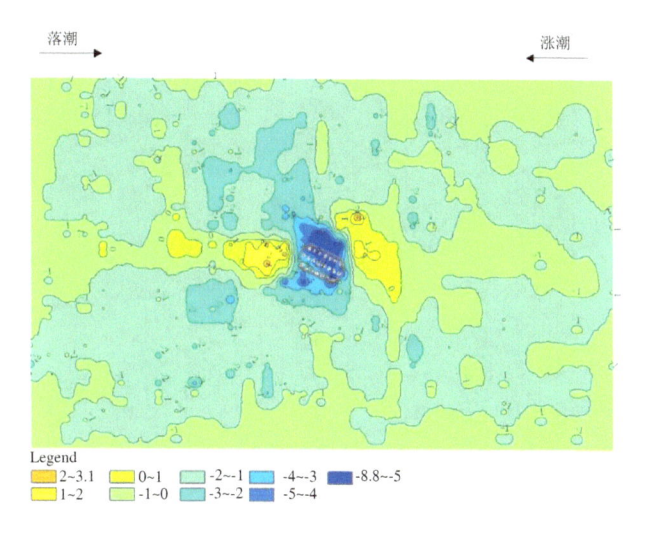

图 4.109-2　九洲航道桥索塔基础潮流作用冲刷形态（300 年一遇）

涨潮方向由下而上
(a) 水流流态（涨潮）

落潮方向由下而上
(b) 水流流态（落潮）

涨潮方向由下而上
(c) 冲刷形态（涨潮）

落潮方向由下而上
(d) 冲刷形态（落潮）

图 4.110-1　九洲航道桥过渡墩基础潮流流态与冲刷地形（300 年一遇）

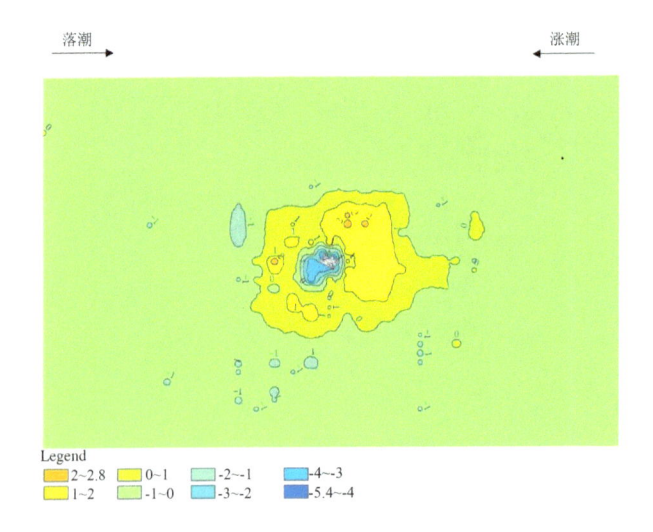

图 4.110-2 九洲航道桥过渡墩基础潮流作用冲刷地形(300年一遇)

涨潮方向由下而上
(a) 水流流态(涨潮)

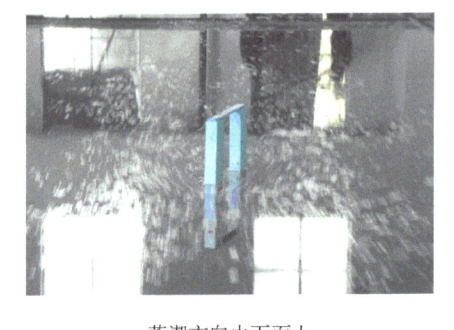

落潮方向由下而上
(b) 水流流态(落潮)

涨潮方向由下而上
(c) 冲刷地形(涨潮)

落潮方向由下而上
(d) 冲刷地形(落潮)

图 4.111-1 非通航孔深水引桥墩潮流流态及冲刷地形(300年一遇)

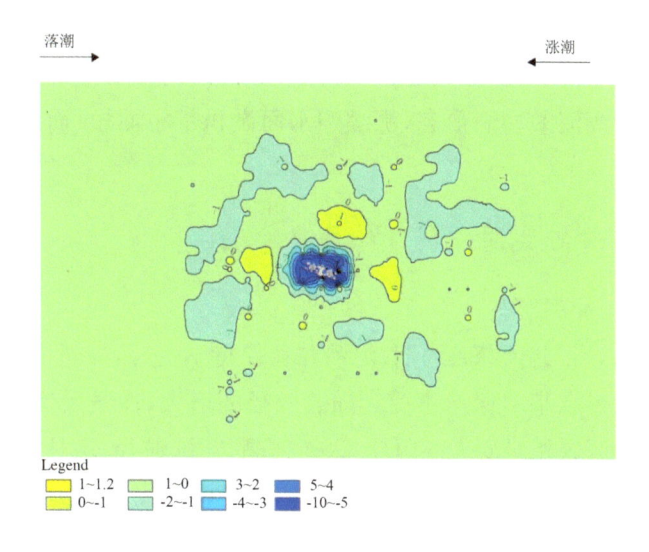

图 4.111-2　非通航孔深水引桥墩潮流作用冲刷地形(300 年一遇)

在潮流和洪水共同作用下各桥墩基础的冲刷形态基本相近,但各桥基的形状、布桩密度和桩径等方面的差别使得冲刷形态有所区别:对于类似青州索塔基础平面尺度较大、布桩较密的桥墩,分居其两端的涨落潮冲刷坑形状较明显,背水面的带状淤积带长而明显;两侧绕流所致的机翼状冲坑的张角较大。对于类似九洲港过渡墩、非通航孔深水引桥墩等基础迎水宽度较小、布桩较少的桥墩,涨落潮冲刷坑基本相连,两侧绕流所致的机翼状冲坑的张角较小。

试验表明:在单向恒定流冲刷时,水流始终以某个特定值对桥基附近海床面进行淘刷;而在潮流试验过程中达到这个特定值仅在某一时段内,大部分时间内水流流速接近或小于该特定值,加上涨落潮时在若干时段内水流相互顶托,受憩流、转流等因素影响,使得床面泥沙处于起动、输移的有效时间短于单向流试验,因此潮流作用下桥墩基础达到冲刷平衡所需要的时间明显长于单向流情况;当潮流作用下的局部冲刷达到冲刷平衡时,其最大冲深与单向流情况一致。

在墩型、迎水宽度、桩径等条件相同情况下,致使潮流冲刷形态有别于单向流冲刷形态的原因主要有二:一是桥基承台及底部桩群的两端迎流,既为迎水面,又互为背水面;二是桥位海域涨落潮的流速量值和历时。流速量值较大的潮型的潮流就对局部冲刷起到主导作用;流速量值稍弱潮型的潮流则在延缓冲刷深度和调整冲刷区形态中能起到一定的作用。在港珠澳大桥设计水文年水流条件中,涨潮流速大于落潮流速,因此各桥基的潮流冲刷形态呈现趋同于涨潮流的冲刷形态(涨潮迎水面淤积带小而短,而背水面淤积带大而长)。

4.3.4 波流共同作用下的局部冲刷

4.3.4.1 冲刷形态

试验显示:当入射波高、周期、泥沙粒径保持不变时,虽然墩径不同,但其墩柱前的冲淤形态基本保持不变。随着墩径的增大,冲淤尺度缓慢增加,墩体后面的掩护区域相对变大。因此,入射波高、泥沙粒径、墩柱直径等因素均对墩柱周围的地形变化起着不同程度的影响。墩柱周围的地形变化大致可分为三个区域:墩柱前的波浪反射区、墩侧面的波浪散射区和墩后面的波浪掩护区。

墩柱前反射区的冲淤形态不仅与波高、泥沙粒径、墩柱直径有关,而且与水深、波长等因素密切相关,随着诸因素的变化,其冲淤形态将随之发生相应的变化,但仍具有较好的规律性,基本呈二维性。墩柱侧面散射区的地形变化较散乱,呈三维性,泥沙冲刷主要出现在墩柱斜前方和斜后方,泥沙淤积主要发生在墩柱前面、侧面及斜后方。墩柱后面的掩护区,波高相对较小,地形变化也较小,掩护区域的大小由墩柱直径和入射波波长决定。

波流共同作用下的冲刷形态见图4.112至图4.124。图中可以看出:桩承台结构、承台顶面高出水面的桥基的冲刷形态基本相近,冲深范围呈机翼状向墩基两侧伸展,其伸展的角度与桥墩的迎水宽度、流速大小和与水流的交角有关。青州航道桥、江海直达船航道桥的迎水宽度较大,九洲航道桥索塔基础的水流交角较大,因此两翼伸展较开。与水流正交的墩基的冲刷形态有所不同的是,有水流交角的墩基的冲刷形态两侧不对称,冲刷范围和最大冲深点偏向墩基与水流产生夹角的那个方位;正交时基本处于浅淤的墩基中后部迎水侧同时产生了次冲深区。

非通航孔深水和浅水引桥墩的承台顶面与海床面平齐,整个承台处于事先开挖好的基坑内,墩型分为分幅和整幅两种。试验照片和冲刷形态显示:墩型为分幅时,在桥墩附近形成明显的冲刷坑,墩基两侧的冲刷形态不对称,最大冲深点仍位于迎流的承台底部,浅水引桥墩承台底部虽有厚1.0 m的砂卵石垫层,但在波流的作用下,该垫层随底部床面的淘刷而下降,冲刷坑外呈现较规则的条状沙波。墩型为整幅时,局部冲坑的范围随墩基长度的增加而加长,桥墩附近冲刷坑明显,迎面对着波流的两个墩基中,较前一个墩基承台底部受冲较小,基本与挖坑底部平齐,冲刷较明显区域和最大冲深处发生在较前墩基的后侧和较后墩基承台的迎水前部桩间。在前后两个墩基的背水侧不同程度存在着淤积,某些区域的淤积甚至高过了承台底部。

注:照片正下方为迎流面

图 4.112-1　青州航道桥索塔基础波流共同作用下水流流态(100 年一遇,夹角 14°)

注:照片正下方为迎流面

图 4.112-2　青州航道桥索塔基础波流共同作用下冲刷模型形态(100 年一遇,夹角 14°)

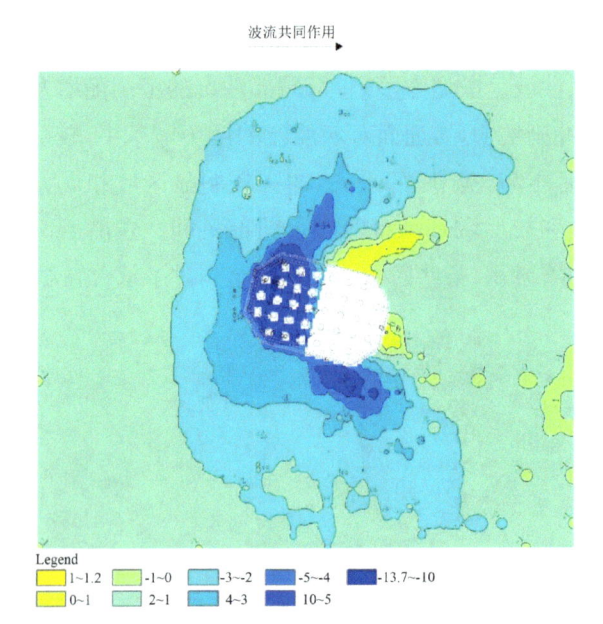

图 4.112-3　青州航道桥索塔基础波流共同作用下冲刷地形形态
（100 年一遇，夹角 14°）

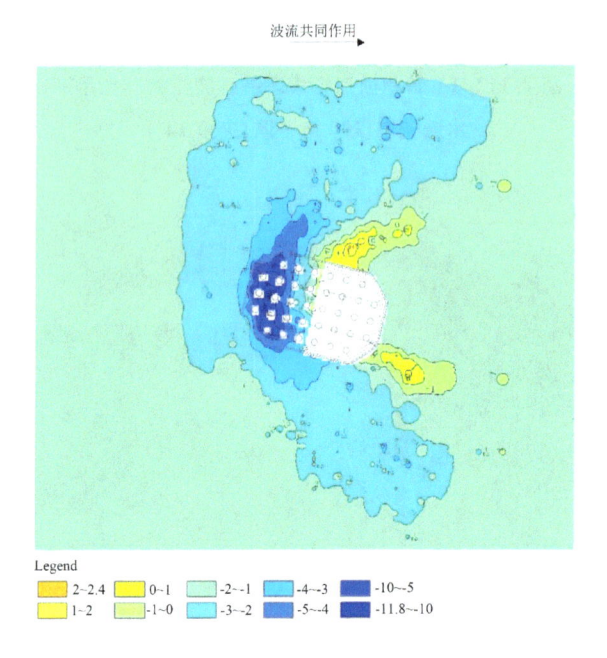

图 4.112-4　青州航道桥索塔基础波流共同作用下冲刷地形形态
（20 年一遇，夹角 14°）

注：照片正下方为迎流面

图 4.113-1　青州航道桥辅助代表墩基础波流共同作用下水流流态
(100 年一遇，夹角 14°)

注：照片正下方为迎流面

图 4.113-2　青州航道桥辅助代表墩基础波流共同作用下冲刷模型形态
(100 年一遇，夹角 14°)

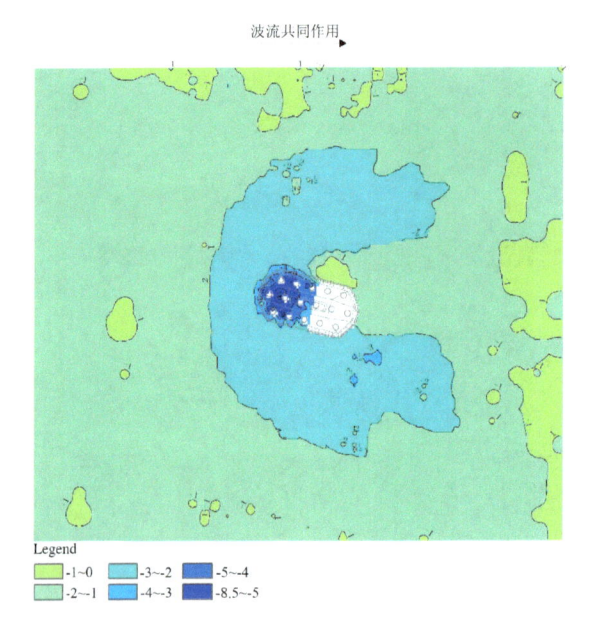

图 4.113-3　青州航道桥辅助代表墩基础波流共同作用下冲刷地形形态
（100 年一遇，夹角 14°）

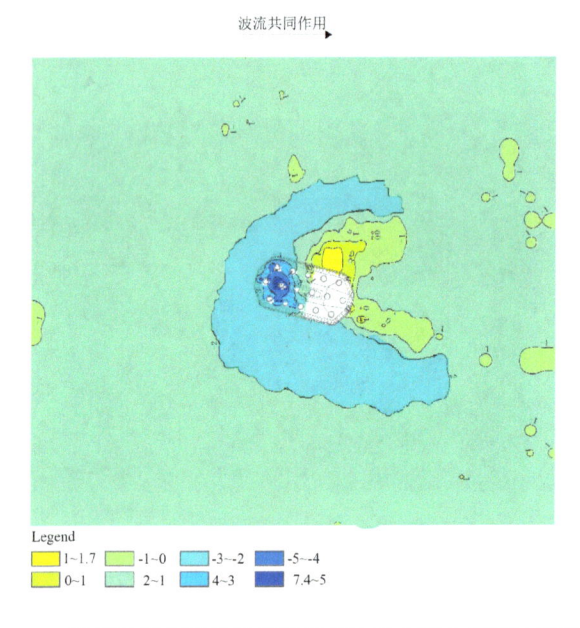

图 4.113-4　青州航道桥辅助代表墩基础波流共同作用下冲刷地形形态
（20 年一遇，夹角 14°）

注:照片正下方为迎流面

**图 4.114-1　江海直达船航道桥索塔基础波流共同作用下水流流态
（100 年一遇,夹角 11°）**

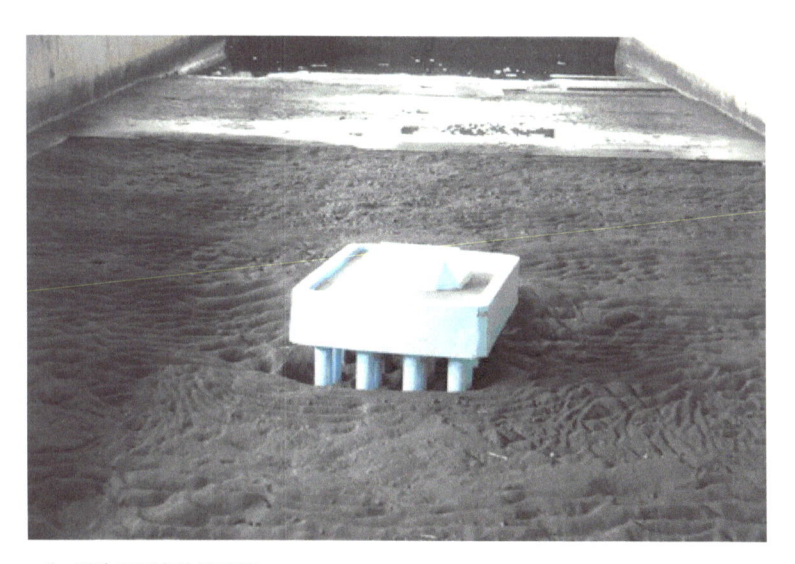

注:照片正下方为迎流面

**图 4.114-2　江海直达船航道桥索塔基础波流共同作用下冲刷模型形态
（100 年一遇,夹角 11°）**

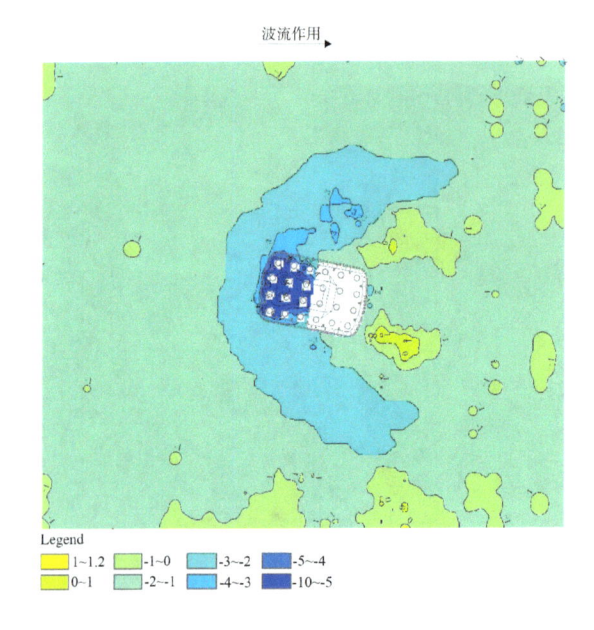

图 4.114-3 江海直达船航道桥索塔基础波流共同作用下冲刷地形形态
（100 年一遇，夹角 11°）

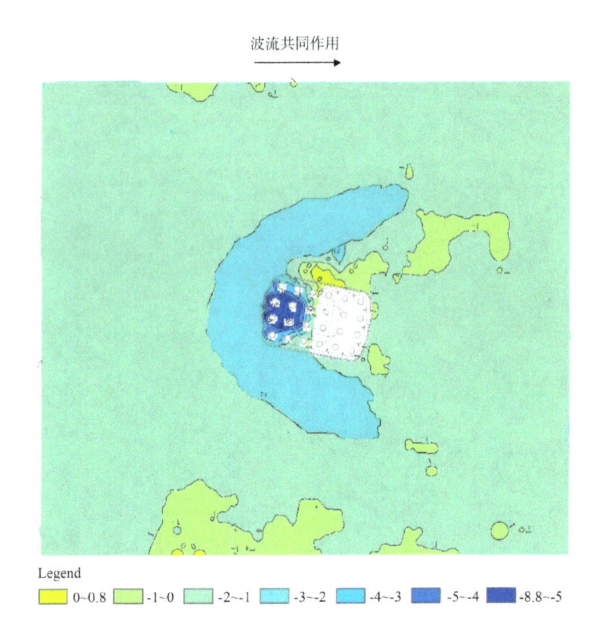

图 4.114-4 江海直达船航道桥索塔基础波流共同作用下冲刷地形形态
（20 年一遇，夹角 11°）

注：照片正下方为迎流面

图 4.115-1　江海直达船航道桥过渡墩基础波流共同作用下水流流态
（100 年一遇，夹角 11°）

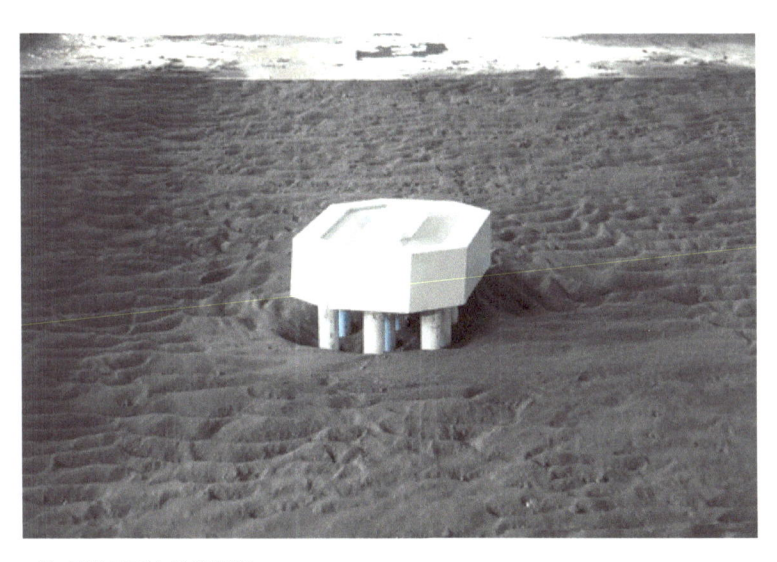

注：照片正下方为迎流面

图 4.115-2　江海直达船航道桥过渡墩基础波流共同作用下
冲刷模型形态（100 年一遇，夹角 11°）

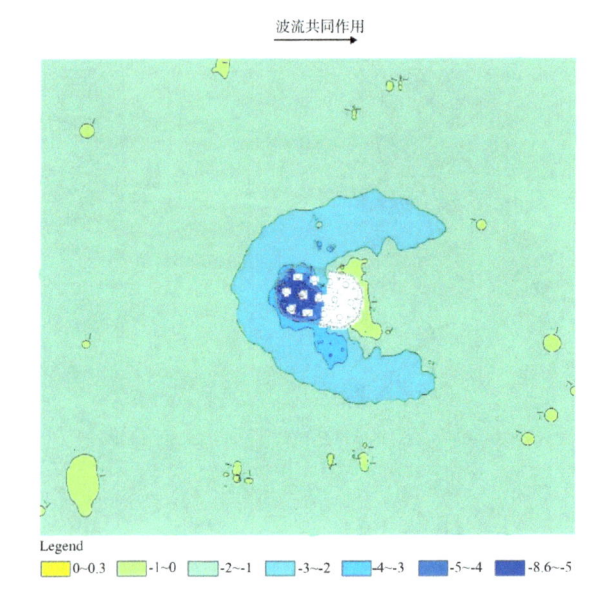

图 4.115-3 江海直达船航道桥过渡墩基础波流共同作用下冲刷地形形态
（100 年一遇，夹角 11°）

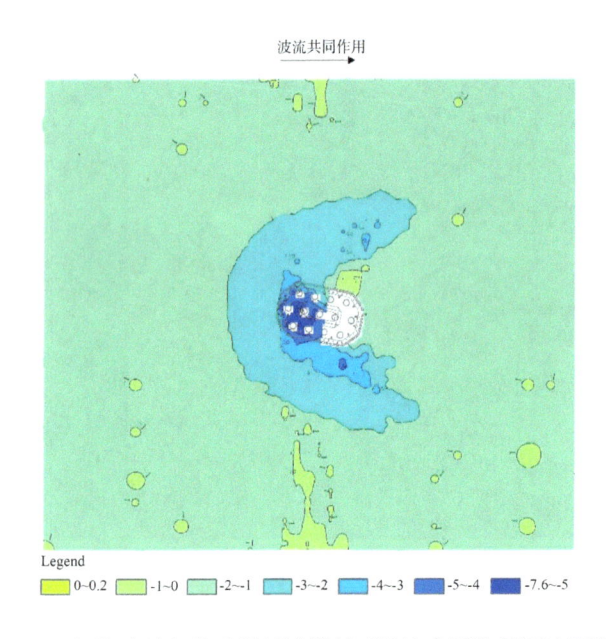

图 4.115-4 江海直达船航道桥过渡墩基础波流共同作用下冲刷地形形态
（20 年一遇，夹角 11°）

注:照片正下方为迎流面

图 4.116-1　九洲航道桥索塔基础波流共同作用下水流流态

(100 年一遇,夹角 26°)

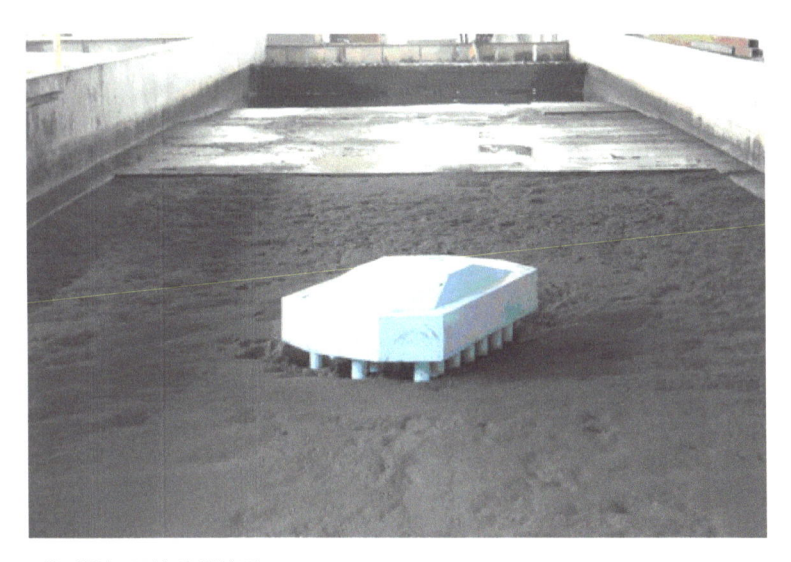

注:照片正下方为迎流面

图 4.116-2　九洲航道桥索塔基础波流共同作用下冲刷模型形态

(100 年一遇,夹角 26°)

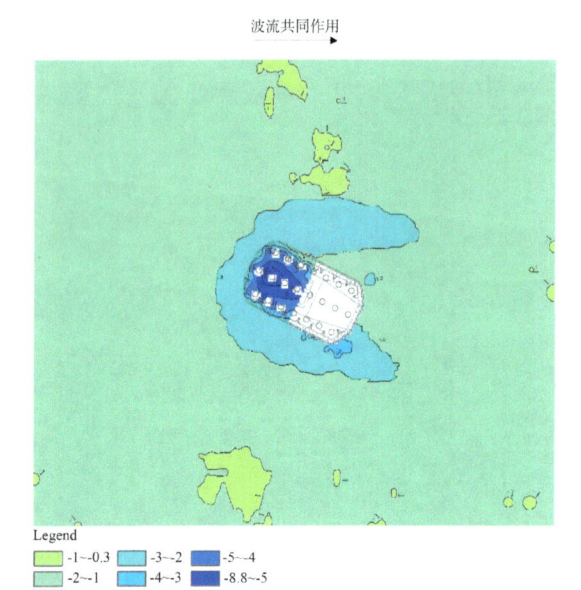

图 4.116-3　九洲航道桥索塔基础波流共同作用下冲刷地形形态
（100 年一遇，夹角 26°）

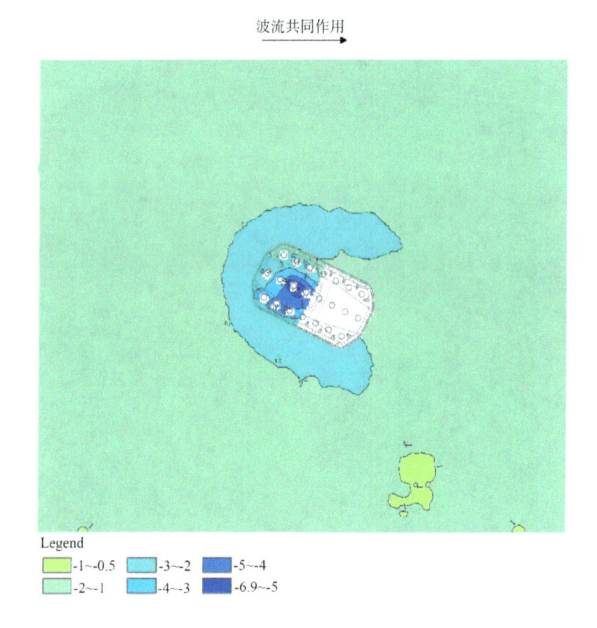

图 4.116-4　九洲航道桥索塔基础波流共同作用下冲刷地形形态
（20 年一遇，夹角 26°）

注：照片正下方为迎流面

图 4.117-1　九洲航道桥辅助墩波流共同作用下水流流态

（100 年一遇，夹角 26°）

注：照片正下方为迎流面

图 4.117-2　九洲航道桥辅助墩波流冲刷模型形态

（100 年一遇，夹角 26°）

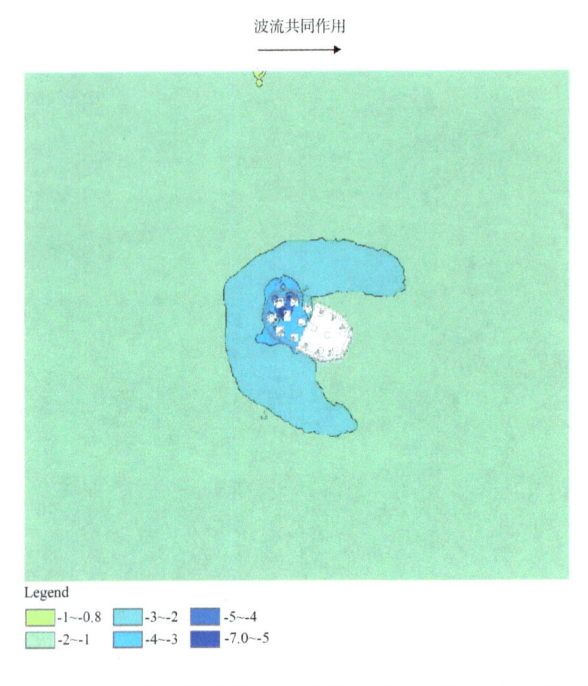

图 4.117-3　九洲航道桥辅助墩波流冲刷地形形态（100 年一遇，夹角 26°）

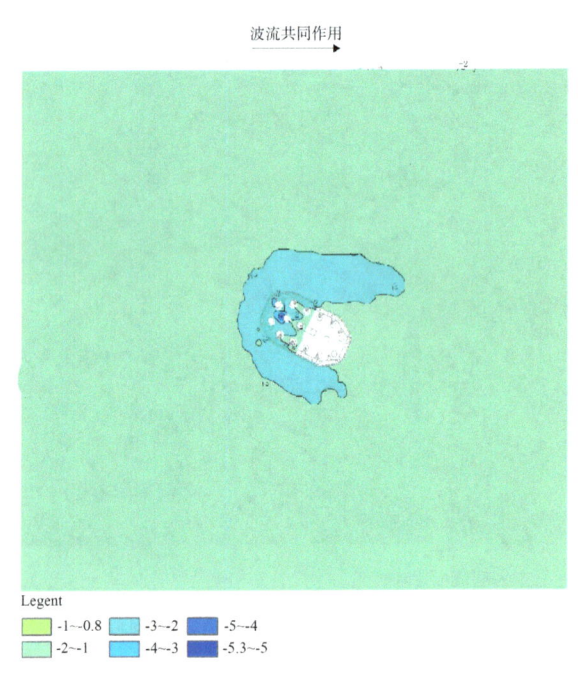

图 4.117-4　九洲航道桥辅助墩波流冲刷地形形态（20 年一遇，夹角 26°）

注：照片正下方为迎流面

图 4.118-1　九洲航道桥过渡墩波流共同作用下水流流态

(100 年一遇，夹角 26°)

注：照片正下方为迎流面

图 4.118-2　九洲航道桥过渡墩基础波流共同作用下冲刷模型形态

(100 年一遇，夹角 26°)

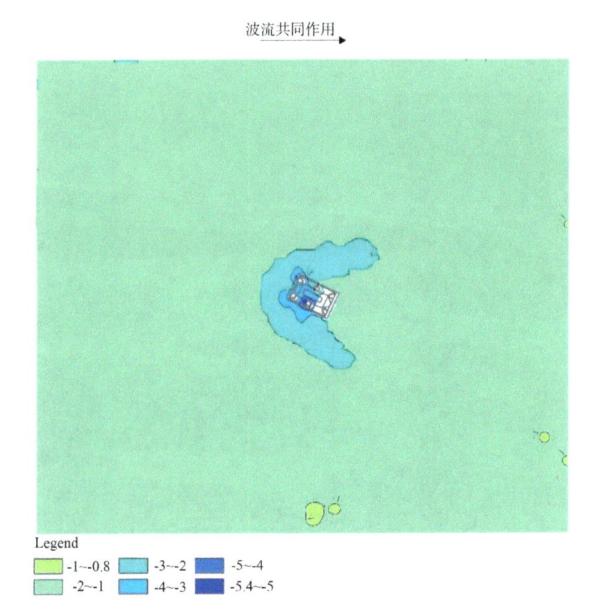

图 4.118-3　九洲航道桥过渡墩基础波流共同作用下冲刷地形形态
（100 年一遇，夹角 26°）

图 4.118-4　九洲航道桥过渡墩基础波流共同作用下冲刷地形形态（20 年一遇，夹角 26°）

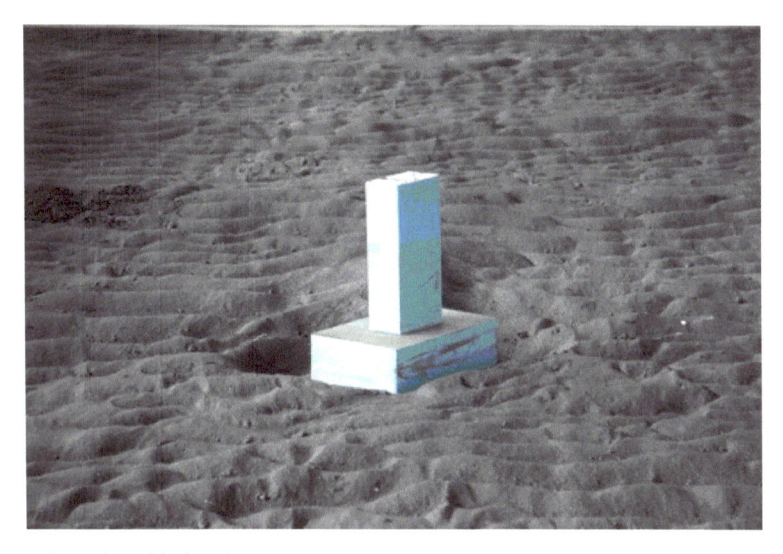

注:照片正下方为迎流面

图 4.119-1　非通航孔深水引桥墩波流作用冲刷模型形态 1

（整墩方案，100 年一遇）

注:照片正下方为迎流面

图 4.119-2　非通航孔深水引桥墩波流作用冲刷模型形态 2

（整墩方案，100 年一遇）

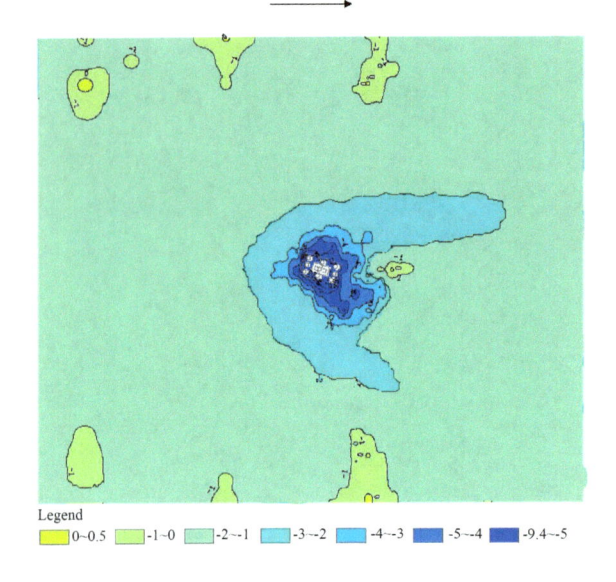

图 4.119-3　非通航孔深水引桥墩波流作用冲刷地形形态
（整墩方案，100 年一遇）

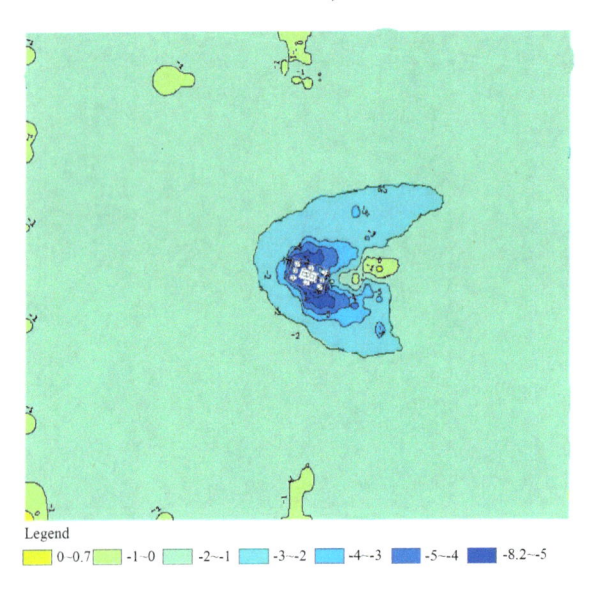

图 4.119-4　非通航孔深水引桥墩波流作用冲刷地形形态
（整墩方案，20 年一遇）

注:照片正下方为迎流面

图 4.120-1　非通航孔深水引桥墩波流共同作用下水流流态
（分墩方案：高墩、高水位，100 年一遇）

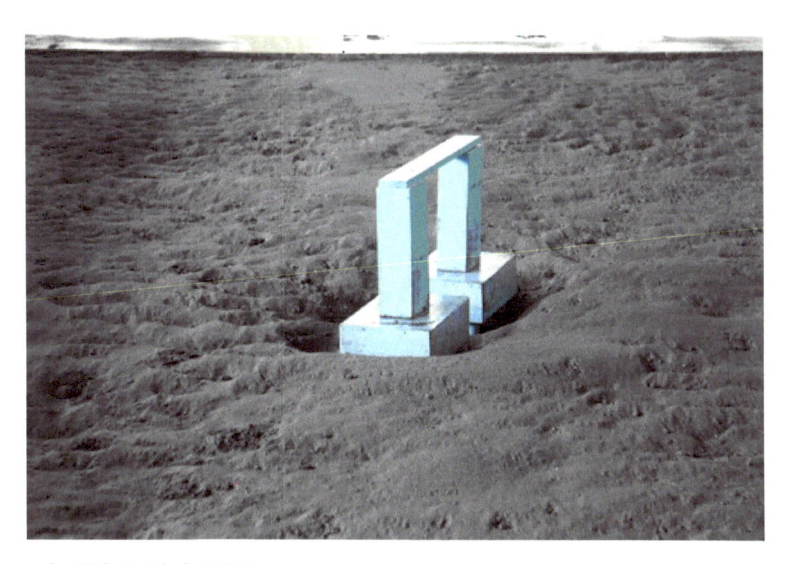

注:照片正下方为迎流面

图 4.120-2　非通航孔深水引桥墩波流作用冲刷模型形态
（分墩方案：高墩、高水位，100 年一遇）

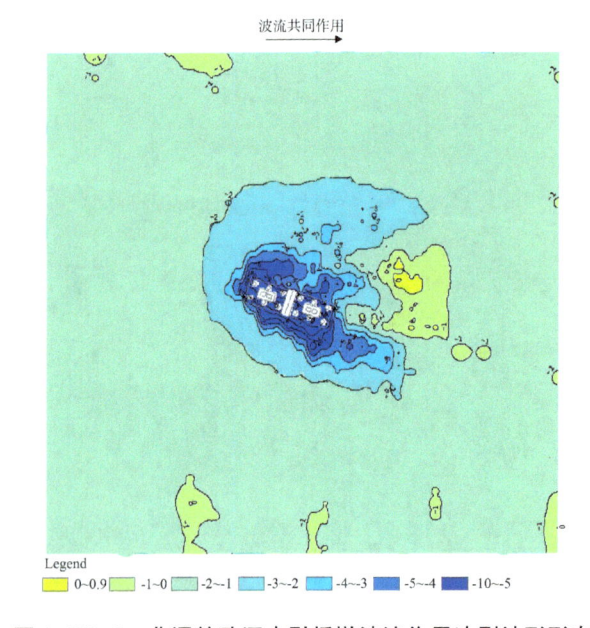

图 4.120-3　非通航孔深水引桥墩波流作用冲刷地形形态
（分墩方案：高墩、高水位，100 年一遇）

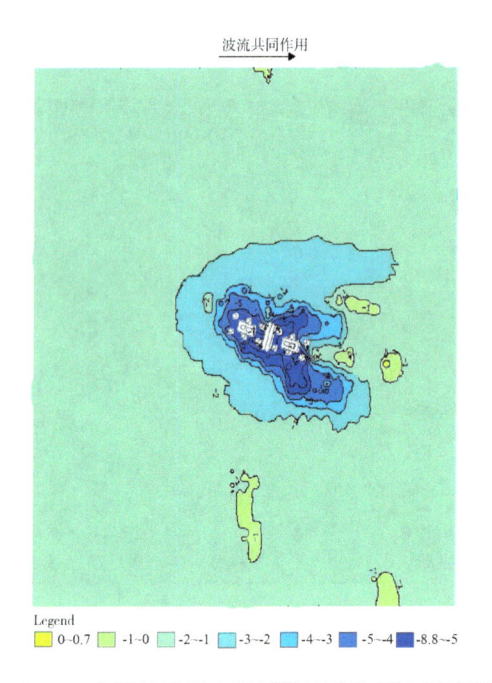

图 4.120-4　非通航孔深水引桥墩波流作用冲刷地形形态
（分墩方案：高墩、高水位，20 年一遇）

注:照片正下方为迎流面

图 4.121-1　非通航孔深水引桥墩波流共同作用下水流流态
（分墩方案:高墩、低水位,100 年一遇）

注:照片正下方为迎流面

图 4.121-2　非通航孔深水引桥墩波流作用冲刷模型形态
（分墩方案:高墩、低水位,100 年一遇）

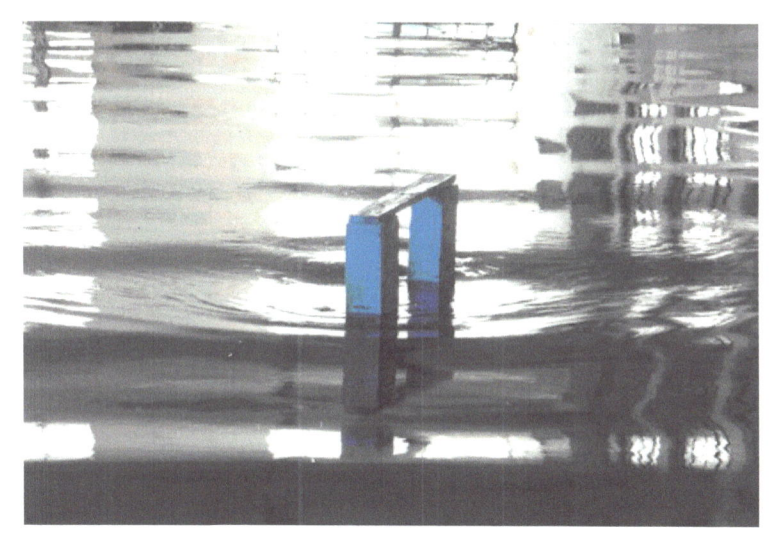

图 4.121-3　非通航孔深水引桥墩波流作用冲刷地形形态
（分墩方案：高墩、低水位，100 年一遇）

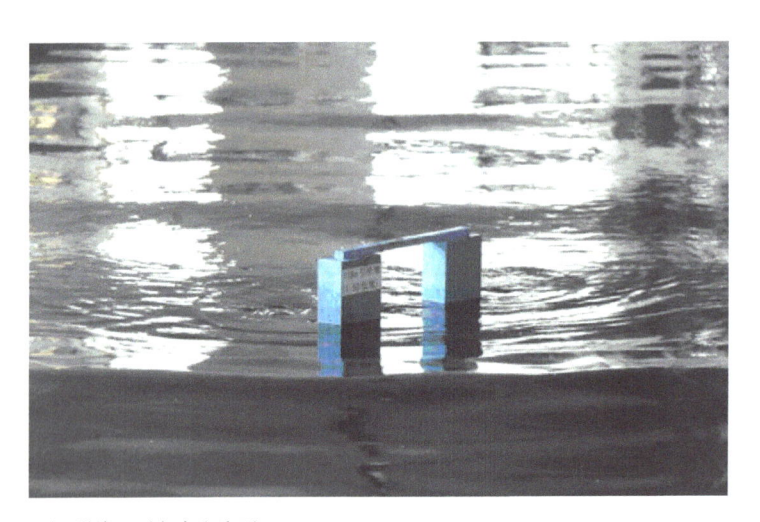

注：照片正下方为迎流面

图 4.122-1　非通航孔深水引桥墩波流共同作用下水流流态
（分墩方案：低墩、高水位，100 年一遇）

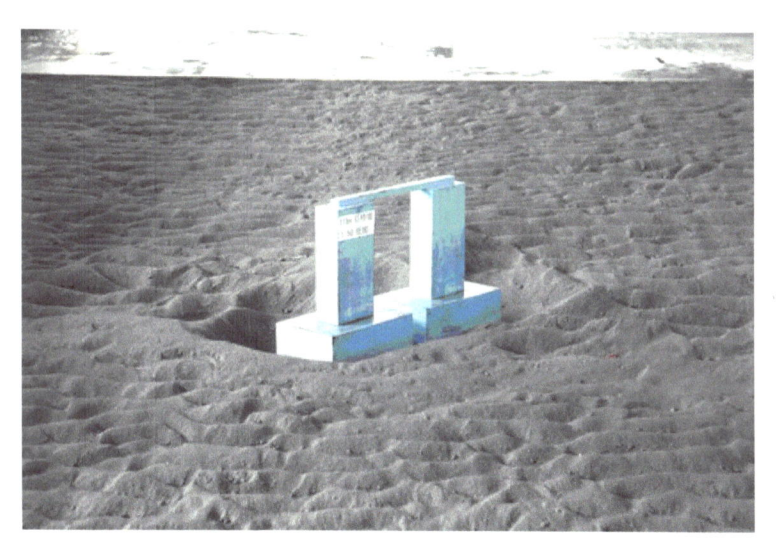

注：照片正下方为迎流面

图 4.122-2　非通航孔深水引桥墩波流共同作用冲刷模型形态 1
（分墩方案：低墩、高水位，100 年一遇）

注：照片左下侧为迎流面

图 4.122-3　非通航孔深水引桥墩波流作用冲刷模型形态 2
（分墩方案：低墩、高水位，100 年一遇）

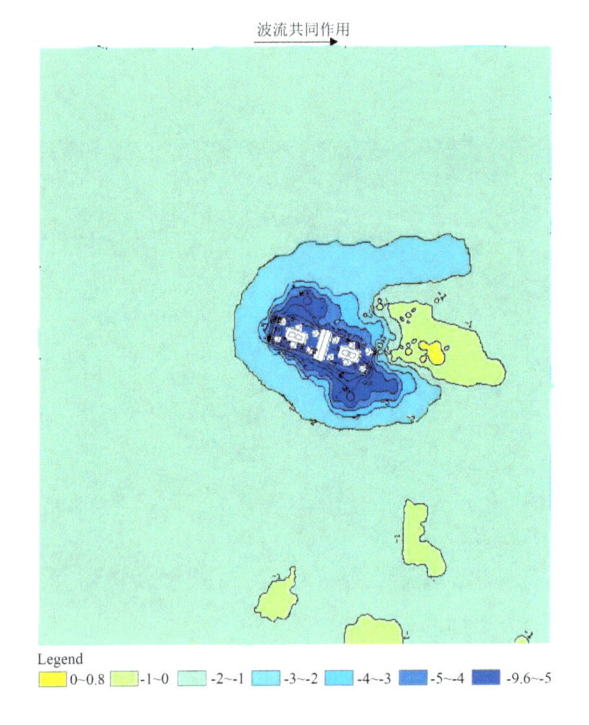

图 4.122-4　非通航孔深水引桥墩波流作用冲刷地形形态
（分墩方案：低墩、高水位，100 年一遇）

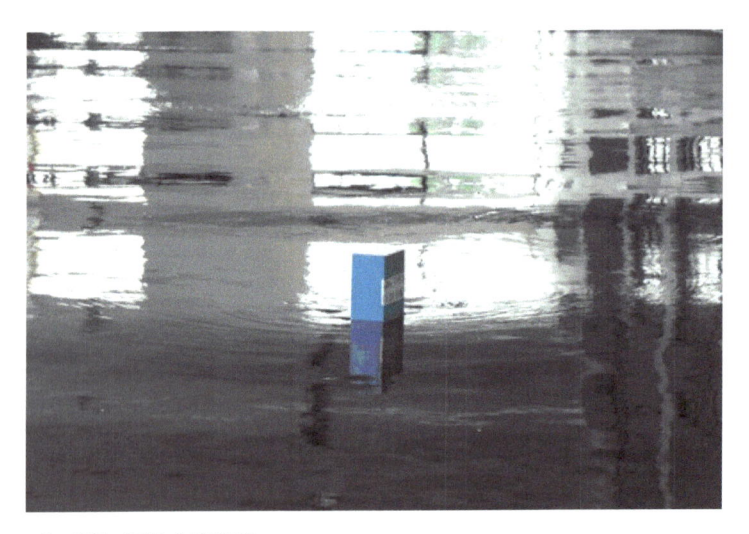

注：照片正下方为迎流面

图 4.123-1　非通航孔浅水引桥墩波流共同作用下水流流态
（分墩方案，100 年一遇）

注：照片正下方为迎流面

图 4.123-2　非通航孔浅水引桥墩波流作用冲刷模型形态
（分墩方案，100 年一遇）

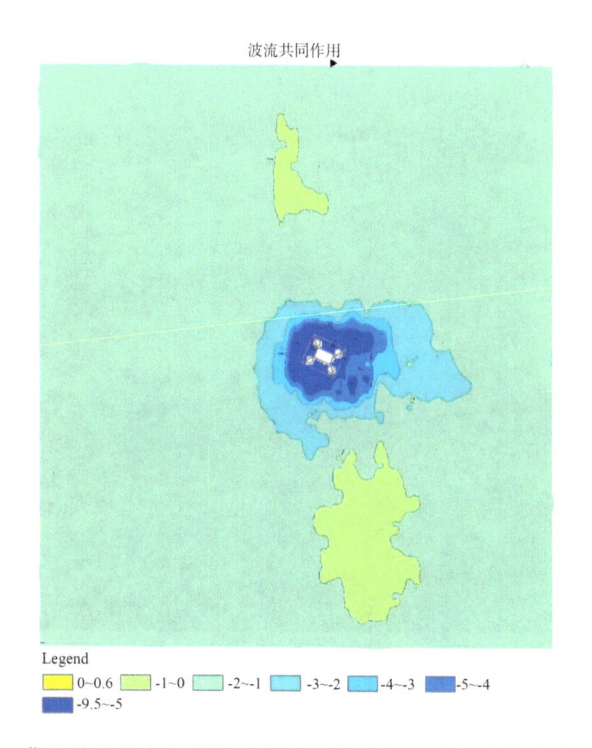

图 4.123-3　非通航孔浅水引桥墩波流作用冲刷地形形态（分墩方案，100 年一遇）

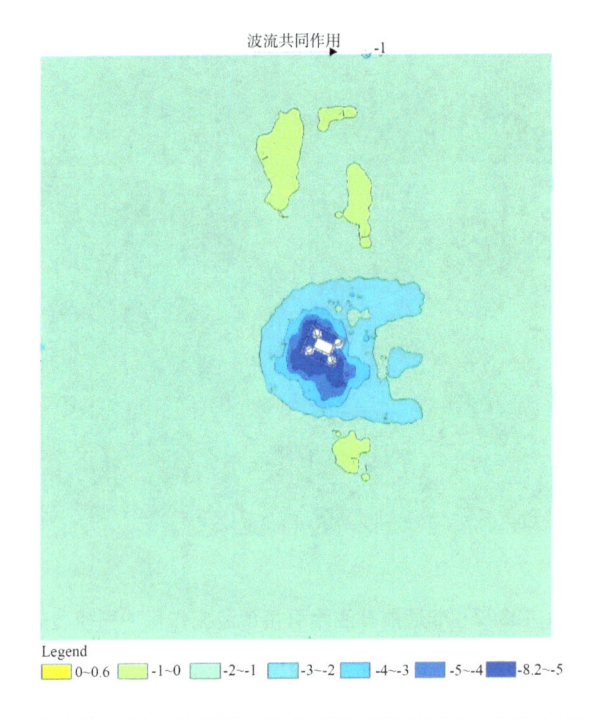

图 4.123-4　非通航孔浅水引桥墩波流作用冲刷地形形态(分墩方案,20 年一遇)

注:照片正下方为迎流面

图 4.124-1　非通航孔浅水引桥墩波流共同作用下水流流态
(整墩方案,100 年一遇)

注：照片正下方为迎流面

**图 4.124-2　非通航孔浅水引桥墩波流作用冲刷模型形态 1
（整墩方案，100 年一遇）**

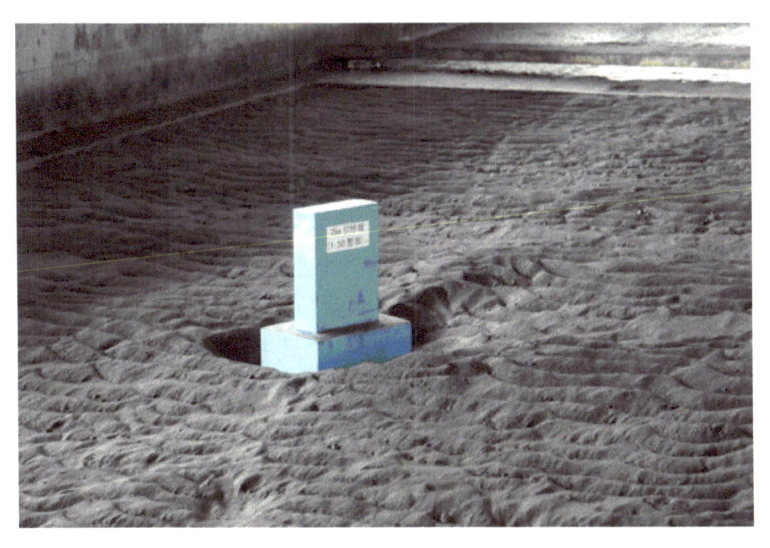

注：照片正左下方为迎流面

**图 4.124-3　非通航孔浅水引桥墩波流作用冲刷模型形态 2
（整墩方案，100 年一遇）**

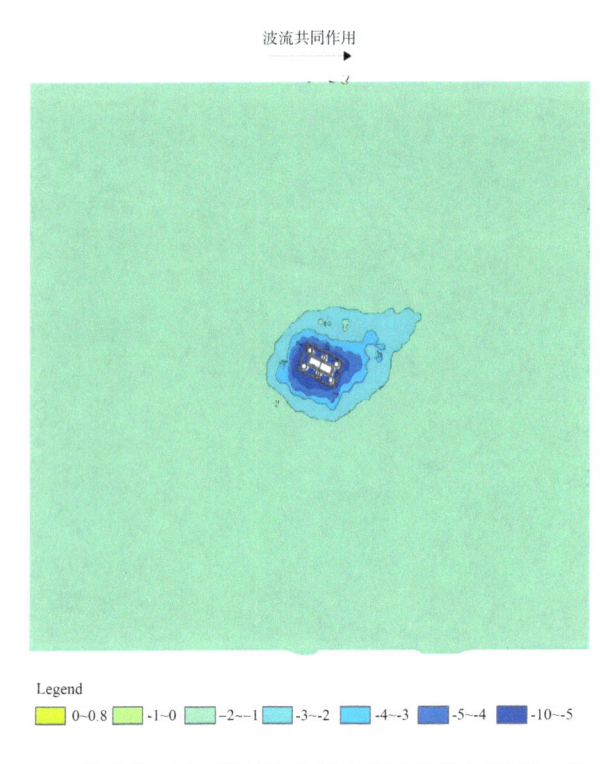

图 4.124-4 非通航孔浅水引桥墩波流作用冲刷地形形态(整墩方案,100 年一遇)

4.3.4.2 最大冲刷深度

由于桥墩的存在,波浪和水流在桥墩周围发生较大变化,对床面进行淘刷,形成局部冲刷坑。随着冲刷坑地不断加深和扩大,波浪和水流对坑底的作用逐渐减弱,上游进入冲刷坑的泥沙与水流挟带走的泥沙趋于平衡;同时,随着较易冲刷挟带的细颗粒泥沙不断冲走,冲刷坑底部的泥沙逐渐粗化,较粗颗粒泥沙覆盖在冲刷坑表层,使坑底表面抗冲能力增强,冲刷坑深度逐渐停止发展而达到平衡。冲刷坑外缘与底部的最大高差即为最大局部冲刷深度。试验表明:桩承台结构墩柱基础最大冲刷深度基本发生在迎浪方向的承台底桩群内前部。由各桥墩不同比尺的系列正态模型冲刷试验结果,可得模型冲刷深度 h_m 和相应的模型比尺 λ_h 之间的相互关系,即:

$$h_p = h_m \lambda_h \left(\frac{\lambda_{h0}}{\lambda_h}\right)^n \quad (4.10)$$

式中:h_p 为原型冲淤深度;n 由各墩型试验结果给出,见表 4.20。根据式(4.10)

和 n 值以及采用各种墩型不同比尺的模型冲刷深度进行延伸,可分别得出各桥墩基础原型最大冲刷深度(见图 4.125 至图 4.129)。波浪和水流共同作用下各桥墩冲刷坑的最大冲刷深度和冲深 2 m 的等深线范围分别见表 4.21 和表 4.22。

表 4.20 各桥墩 n 值

编号	墩型	n 值
1	青州航道桥索塔基础	−0.92
2	青州航道桥辅助墩及过渡墩基础	−0.50
3	江海直达船航道桥索塔基础	−0.60
4	江海直达船航道桥过渡墩基础	−0.51
5	九洲航道桥索塔基础	−0.51
6	九洲航道桥辅助墩基础	−0.47
7	九洲航道桥过渡墩基础	−0.29
8	非通航孔深水桥墩(分墩方案,高墩,高水位)	−0.13
9	非通航孔深水桥墩(整墩方案,高墩,高水位)	−0.14
10	非通航孔深水桥墩(整墩方案,高墩,低水位)	−0.14
11	非通航孔深水桥墩(整墩方案,低墩,高水位)	−0.14
12	非通航孔浅水桥墩基础(分墩方案,高水位)	−0.16
13	非通航孔浅水桥墩基础(整墩方案,高水位)	−0.18

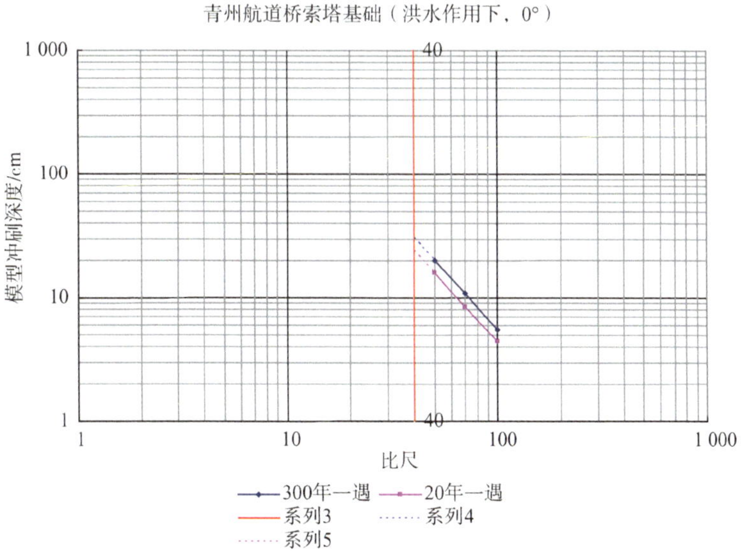

图 4.125-1 青州航道桥索塔基础系列模型延伸图(洪水作用)

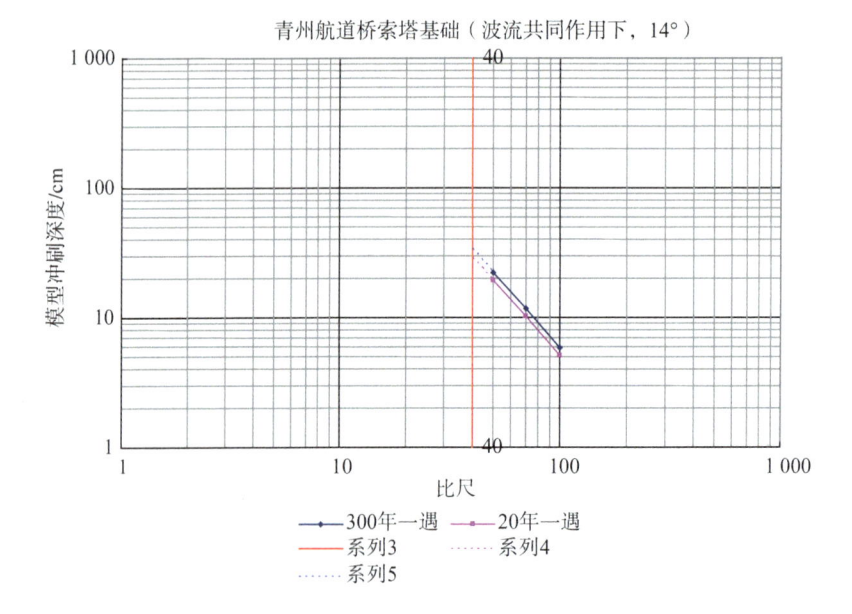

图 4.125-2　青州航道桥索塔基础系列模型延伸图(波流共同作用,夹角 14°)

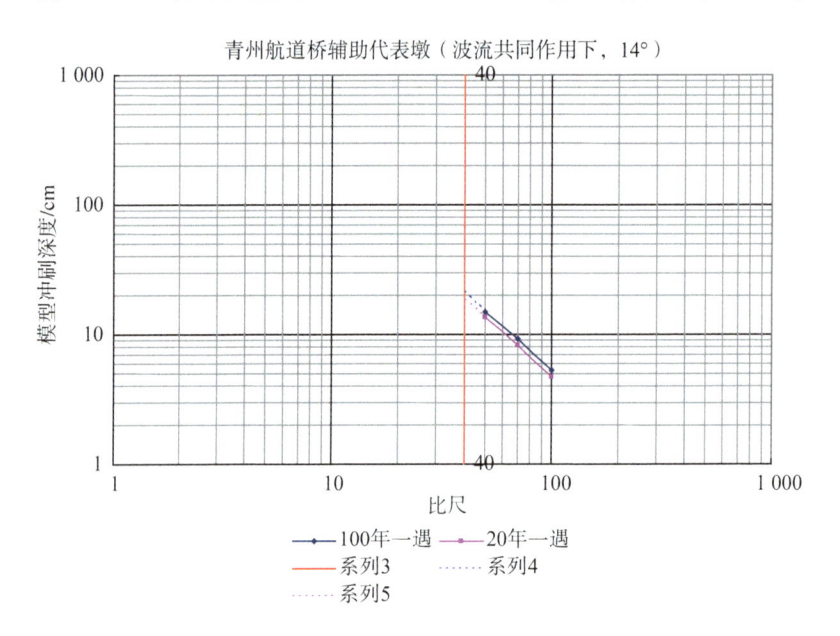

图 4.125-3　青州航道桥辅助墩系列模型延伸图(波流共同作用,夹角 14°)

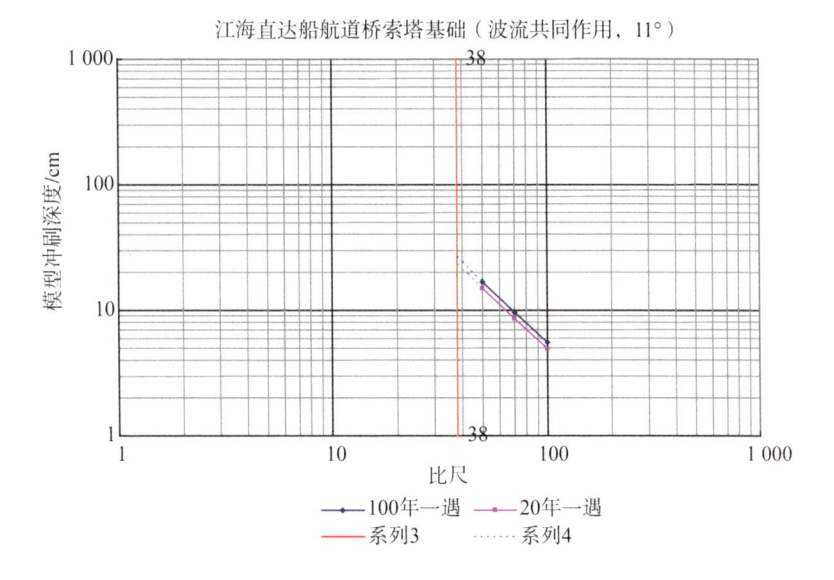

图 4.126-1　江海直达船航道桥索塔基础系列模型延伸图(波流共同作用,夹角11°)

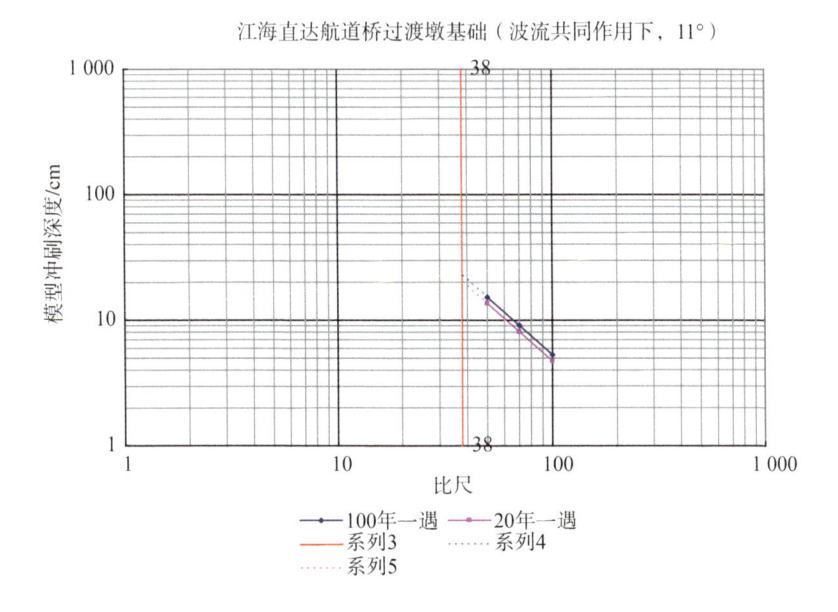

图 4.126-2　江海直达船航道桥过渡墩系列模型延伸图(波流共同作用,夹角11°)

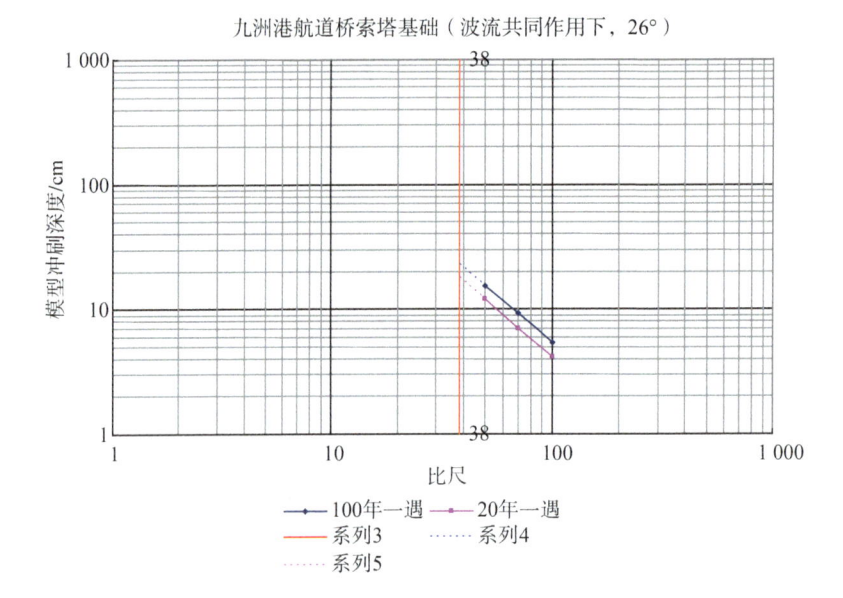

图 4.127-1　九洲航道桥索塔基础系列模型延伸图(波流共同作用,夹角 26°)

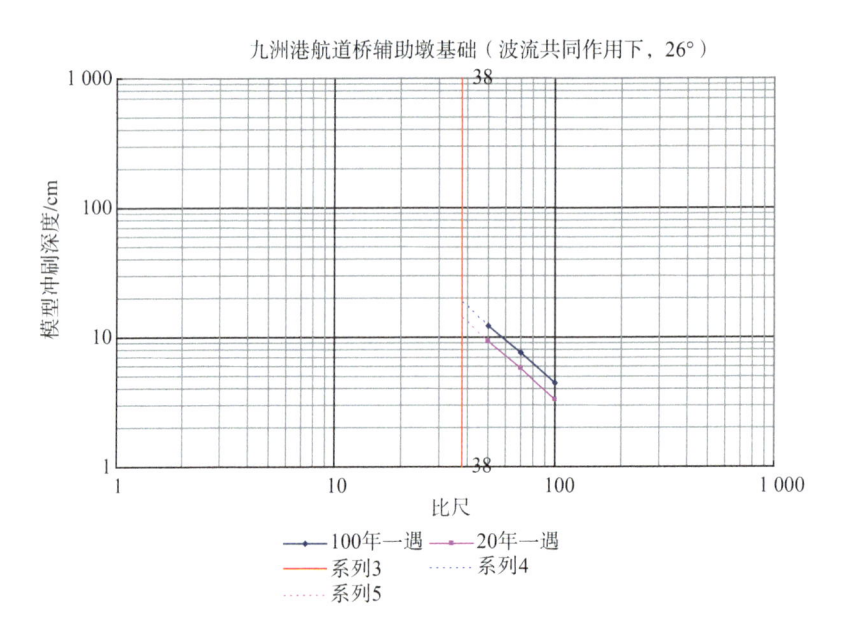

图 4.127-2　九洲航道桥辅助墩系列模型延伸图(波流共同作用,夹角 26°)

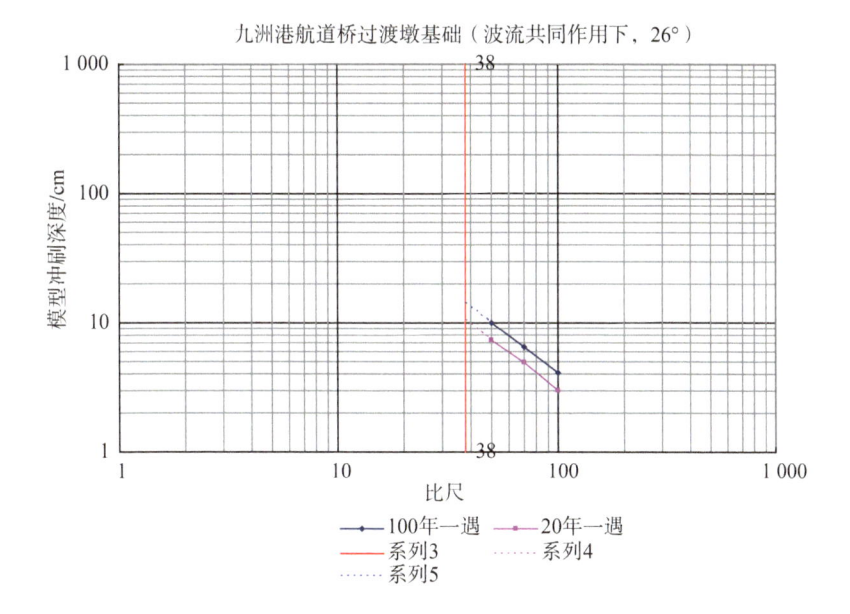

图 4.127-3　九洲航道桥过渡墩系列模型延伸图(波流共同作用,夹角 26°)

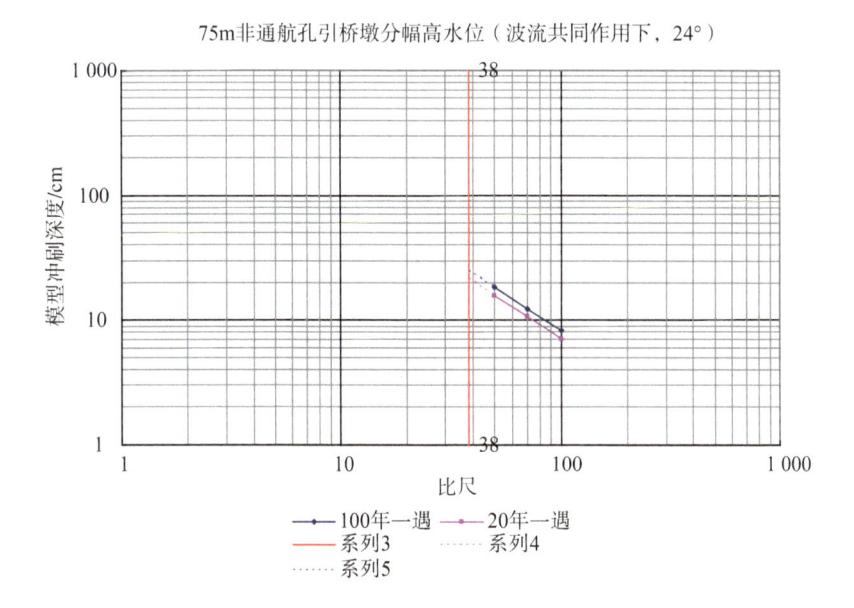

图 4.128-1　非通航孔浅水引桥墩系列模型延伸图(波流共同作用,分墩方案,夹角 24°)

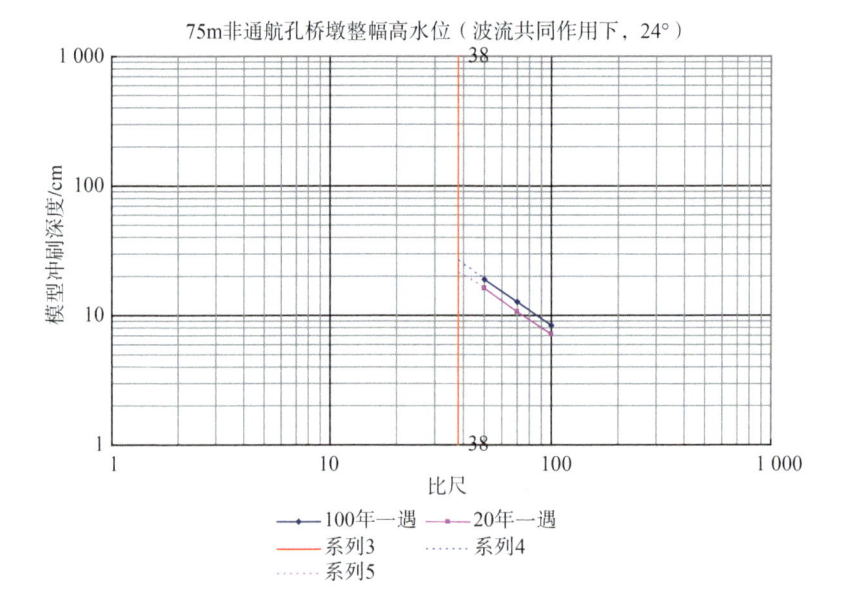

75m非通航孔桥墩整幅高水位（波流共同作用下，24°）

图 4.128-2　非通航孔浅水引桥墩系列模型延伸图
（波流共同作用，整墩方案，夹角 24°）

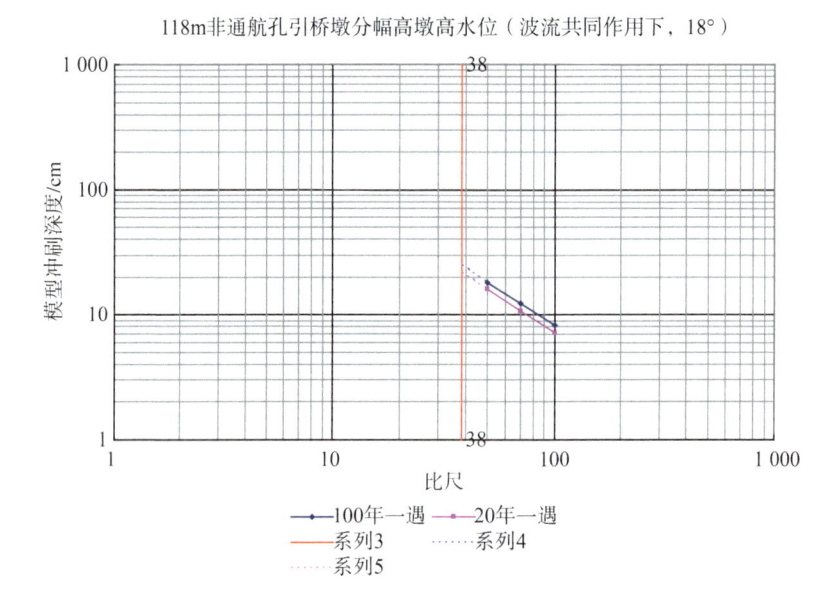

118m非通航孔引桥墩分幅高墩高水位（波流共同作用下，18°）

图 4.129-1　非通航孔深水引桥墩系列模型延伸图
（波流共同作用，分墩方案，夹角 18°）

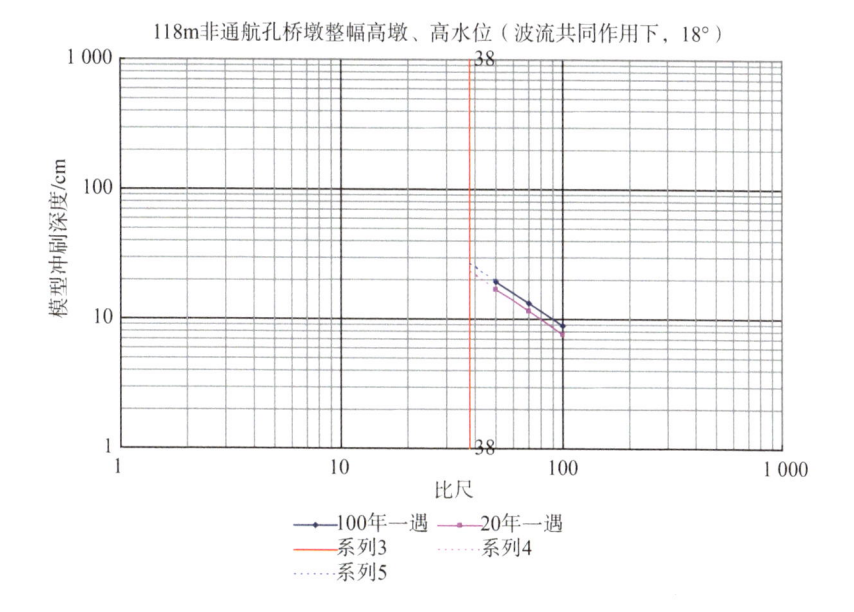

图 4.129-2 非通航孔深水引桥墩系列模型延伸图
（波流共同作用,整墩方案,高墩,高水位,夹角 18°）

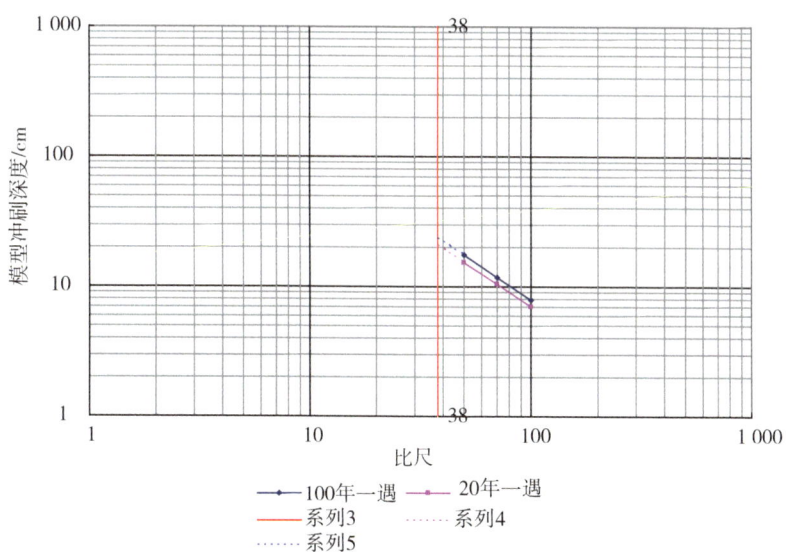

图 4.129-3 非通航孔深水引桥墩系列模型延伸图
（波流共同作用,整墩方案,高墩,低水位,18°）

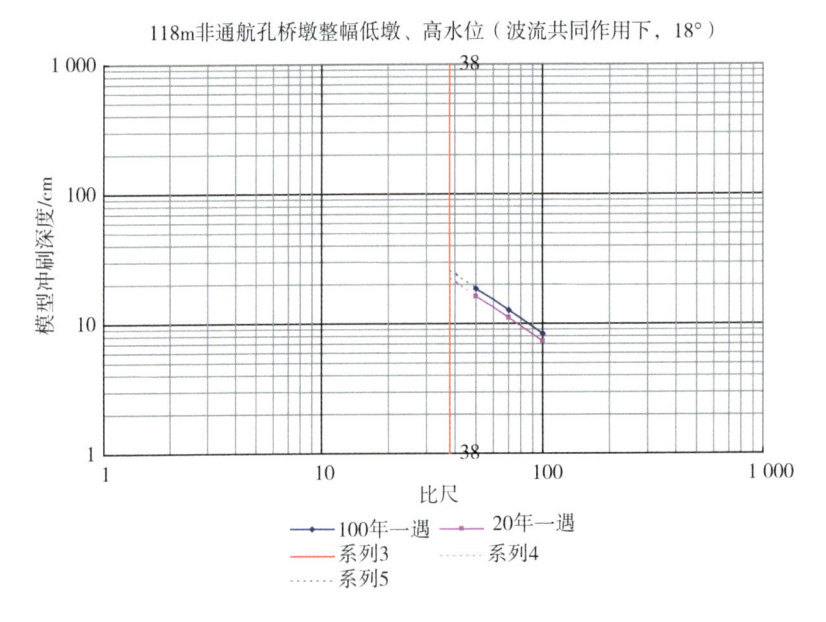

图 4.129-4 非通航孔深水引桥墩系列模型延伸图
（波流共同作用，整墩方案，低墩，高水位，18°）

表 4.21 各桥墩基础冲刷坑最大冲刷深度

编号	桥墩基础名称	床面高程/m	100年一遇波流条件 行近流速/(m/s)	100年一遇波流条件 波高$H_{4\%}$/m	100年一遇波流条件 周期/s	20年一遇波流条件 行近流速/(m/s)	20年一遇波流条件 波高$H_{4\%}$/m	20年一遇波流条件 周期/s	100年一遇最大冲深/m 波浪+顺流	20年一遇最大冲深/m 波浪+顺流
1	青州航道桥索塔基础	−6.2	1.68	3.27	5.23	1.57	2.81	4.88	13.70	11.80
2	青州辅助墩及过渡墩	−6.2	1.68	3.27	5.23	1.57	2.81	4.88	8.50	7.40
3	江海直达船航道桥索塔基础	−5.0	1.38	3.44	10.2	1.29	2.79	9.30	10.0	8.80
4	江海直达船航道过渡墩基础	−5.0	1.38	3.44	10.2	1.29	2.79	9.30	8.60	7.60
5	九洲航道桥索塔基础	−4.5	1.04	2.34	4.53	0.83	1.72	3.97	8.80	6.90
6	九洲航道桥辅助墩基础	−4.5	1.04	2.34	4.53	0.83	1.72	3.97	7.00	5.30

(续表)

编号	桥墩基础名称	床面高程/m	100年一遇波流条件 行近流速/(m/s)	100年一遇波流条件 波高 $H_{4\%}$/m	100年一遇波流条件 周期/s	20年一遇波流条件 行近流速/(m/s)	20年一遇波流条件 波高 $H_{4\%}$/m	20年一遇波流条件 周期/s	100年一遇最大冲深/m 波浪+顺流	20年一遇最大冲深/m 波浪+顺流
7	九洲航道桥过渡墩基础	−4.5	1.04	2.34	4.53	0.83	1.72	3.97	5.40	4.00
8	浅水引桥墩(分墩)	−4.8	1.23	3.79	10.2	1.15	2.96	9.30	9.50	8.20
9	浅水引桥墩(整墩)	−4.8	1.23	3.79	10.2	1.15	2.96	9.30	10.0	8.50
10	深水引桥墩(分墩)	−6.0	1.73	3.33	5.27	1.61	2.65	4.78	9.40	8.20
11	深水引桥墩(整墩、高墩、高水位)	−6.0	1.73	3.33	5.27	1.61	2.65	4.78	10.00	8.80
12	深水引桥墩(整墩、高墩、低水位)	−6.0	1.73	3.33	5.27	16.1	2.65	4.78	9.00	8.00
13	深水引桥墩(整墩、低墩、高水位)	−6.0	1.73	3.33	5.27	1.61	2.65	4.78	9.60	8.40

*注①：表中桥基迎水宽度为桥墩设计宽度，试验时模型桥墩的迎水宽度均考虑了防撞设施宽度。
*注②：表中的最大冲刷深度未含一般冲刷的深度数值。

表4.22 各桥墩基础冲深2 m等深线范围

编号	桥墩基础名称	床面高程/m	100年一遇波流条件 行近流速/(m/s)	100年一遇波流条件 波高 $H_{4\%}$/m	100年一遇波流条件 周期/s	20年一遇波流条件 行近流速/(m/s)	20年一遇波流条件 波高 $H_{4\%}$/m	20年一遇波流条件 周期/s	100年一遇冲刷范围/m 迎水面	100年一遇冲刷范围/m 两侧	20年一遇冲刷范围/m 迎水面	20年一遇冲刷范围/m 两侧
1	青州航道桥索塔基础	−6.2	1.68	3.27	5.23	1.57	2.81	4.88	30	60~65	25	50~55
2	青州辅助墩及过渡墩	−6.2	1.68	3.27	5.23	1.57	2.81	4.88	22	40~45	18	30~36
3	江海直达船航道桥索塔基础	−5.0	1.38	3.44	10.2	1.29	2.79	9.30	25	46~50	20	38~44
4	江海直达船航道过渡墩基础	−5.0	1.38	3.44	10.2	1.29	2.79	9.30	23	42~46	19	33~38
5	九洲航道桥索塔基础	−4.5	1.04	2.34	4.53	0.83	1.72	3.97	20	30~36	13	18~22
6	九洲航道桥辅助墩基础	−4.5	1.04	2.34	4.53	0.83	1.72	3.97	14	22~26	8	12~16

（续表）

编号	桥墩基础名称	床面高程/m	100年一遇波流条件			20年一遇波流条件			100年一遇冲刷范围/m		20年一遇冲刷范围/m	
			行近流速/(m/s)	波高$H_{4\%}$/m	周期/s	行近流速/(m/s)	波高$H_{4\%}$/m	周期/s	迎水面	两侧	迎水面	两侧
7	九洲航道桥过渡墩基础	−4.5	1.04	2.34	4.53	0.83	1.72	3.97	10	14～18	5	10～12
8	浅水引桥墩（分墩）	−4.8	1.23	3.79	10.2	1.15	2.96	9.30	14	20～24	12	18～20
9	浅水引桥墩（整墩）	−4.8	1.23	3.79	10.2	1.15	2.96	9.30	14	24～30	12	22～26
10	深水引桥墩（分墩）	−6.0	1.73	3.33	5.27	1.61	2.65	4.78	16	28～34	14	24～30
11	深水引桥墩（整墩、高墩、高水位）	−6.0	1.73	3.33	5.27	1.61	2.65	4.78	16	32～40	14	30～36
12	深水引桥墩（整墩、高墩、低水位）	−6.0	1.73	3.33	5.27	16.1	2.65	4.78	12	26～32	12	22～28
13	深水引桥墩（整墩、低墩、高水位）	−6.0	1.73	3.33	5.27	1.61	2.65	4.78	15	30～36	13	27～32

4.3.5 桥墩基础局部冲刷的规律研究

4.3.5.1 单向水流作用下的局部冲刷特性

（1）冲刷机理

当水流行进至桥墩时，由于桥墩的阻挡，一部分水流绕墩侧而过，另一部分水流冲击桥墩，将动能转化成压能。墩前的冲击水流在能量转化的同时，水面壅起，并与上层水平方向行进水流构成表面漩滚，其下层水流转而向下，与下层水平方向行进水流构成底部的向下漩滚。底部的向下漩滚是产生局部冲刷的主要动力。因此，引起桥墩局部冲刷的主要原因有二：一是桩柱及承台阻水在墩前形成局部壅水，产生的垂向水流下切床面；二是侧向绕流产生马蹄形漩涡和尾流漩涡淘刷两侧和后部地形。与波浪情况类似，桥墩附近的水流流态与桥墩基础的外部形状和结构形式关系很大，在较大程度上影响了桥墩周围冲刷坑的深度和形态（图4.130）。

（2）冲刷形态

在洪水作用下，水流受到桥墩基础阻碍后形成绕流向两侧构成表面漩滚；中部以下水流遇上部承台和桩群边壁转而向下，与下层水平方向行进水流构成底部的向下漩滚。底部的向下漩滚是产生局部冲刷的主要动力。局

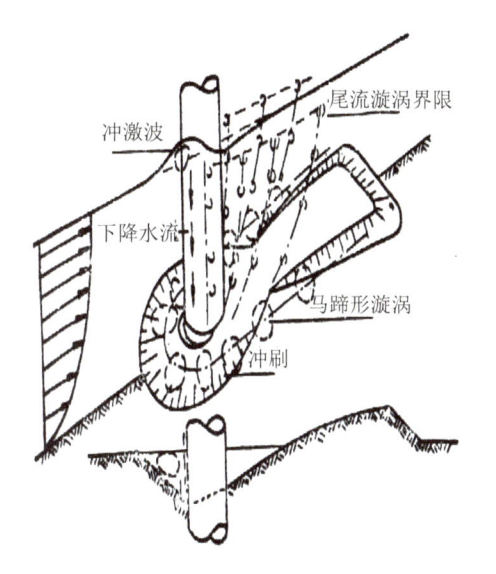

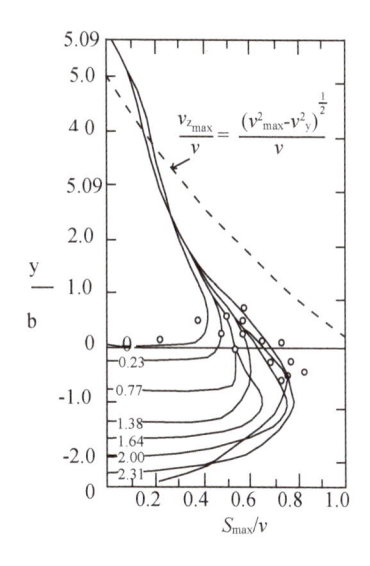

图 4.130-1　桥墩基础周围的水流结构　　图 4.130-2　迎水面向下流速沿水深的变化

部冲刷达到相对平衡后,桥墩基础周围的地形呈现机翼状的冲刷形态,两侧冲刷地形基本对称,明显冲刷区位于桥基承台迎水面底部桩群间,最大冲深点通常位于迎水面的前三排桩群之间。桥墩基础中部、紧靠承台边壁处的水流受到多重桩群的阻水消能,冲刷能力和挟沙能力同时递减,形成类似蟹螯状的淤积带;桥基的背水面则呈现与桥基迎水宽度基本等宽、淤厚渐次递减的长条形淤积带。桥墩基础所在的局部冲坑呈迎水面深、背水面浅的勺状冲刷形态(图 4.131)。

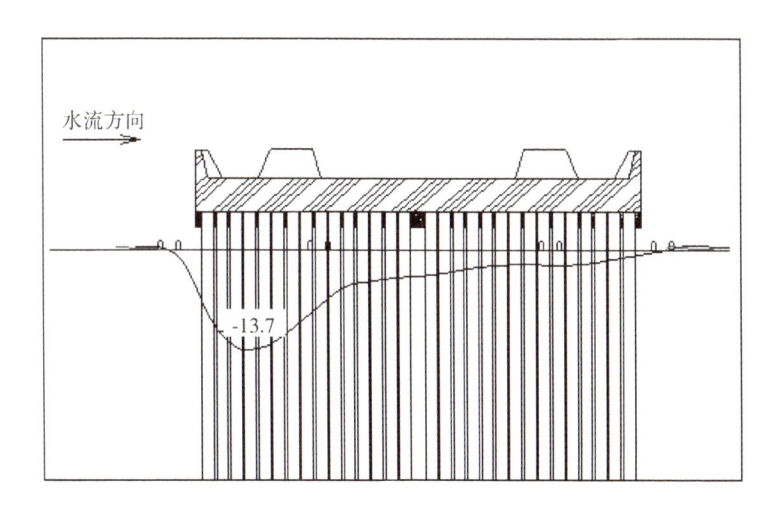

图 4.131　单向水流作用下桩承台基础的局部冲刷形态剖面图

4.3.5.2 洪水和潮流共同作用下的局部冲刷特性

（1）冲刷机理

洪水和潮流共同作用时，桥墩基础迎向落潮一端的水流向下形成漩流，在承台迎流面的前半部，各桩间由于桩体的挤压水流趋于集中，水流紊动强度有所增强，形成整个桥墩基础局部冲刷的最强区域，向后由于群桩效应，水流不断受阻，水流紊动强度迅速减弱。两侧亦由于水流动能增加产生冲刷并向后方延伸，随着冲刷坑深度加大，水流挟沙能力逐渐减弱直至达到冲淤相对平衡。在涨潮期，上述流态则方向相反。桩承台基础两端迎水是使洪水和潮流共同作用下的冲刷形态有别于单向流冲刷形态的重要因素。

（2）冲刷形态

洪水和潮流共同作用下的局部冲刷形态具有洪水单向流作用时的基本形态：近桥基处形成局部冲坑，最大冲深点发生在迎水面的桩群内，背水面形成与承台基本等宽、堆高随距离渐次递减的淤积带。同时又具备与洪水单向流作用不同的特点：局部冲坑由单向流的仅一个发展为涨落潮两端各有一个；冲刷形态由单向流的勺形变为潮流冲刷时承台首尾两端深、中间浅的马鞍形；在涨落潮两端分别形成较长的带状淤积带。

（3）与单向水流冲刷的区别

本次和以往的试验表明，洪水和潮流共同作用下与单向水流作用下的桥墩局部冲刷机理存在两个明显差别：

① 冲刷形态上：从单向流迎水面形成一侧冲刷坑变化为在涨落潮迎水面两端均有冲刷坑。由于承台群桩的消能作用，涨落潮水流流至承台中部能量消散较快而产生泥沙堆积，导致承台下群桩间的冲刷形态形成首尾两端较深、中间较浅的马鞍形，与单向流试验中迎水面较深背水面较浅的勺状形态形成对比。

② 冲刷平衡所需时间上：潮汐水流呈往复双向涨落，为承台下的涨落潮冲刷坑双向供沙，受流速绝对值和作用历时影响，潮流作用下桥墩基础达到冲刷平衡所需要的时间明显长于单向流情况；涨落潮形成的两个冲刷坑中的最大冲深和冲刷形态趋同于动力条件（即受冲流速）较大的一侧（图4.132）。

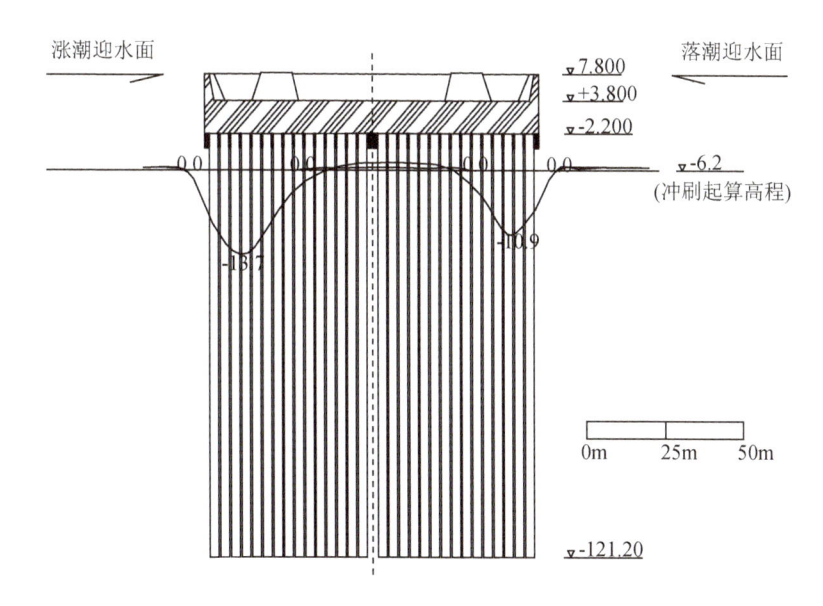

图 4.132 洪水和潮流共同作用下桥墩基础局部冲刷纵剖面图

4.3.5.3 波流共同作用下的局部冲刷特性

(1) 冲刷机理

由于影响因素多且复杂及测试手段的局限,波、流共同作用下的桥墩冲刷研究成果目前较少。Eadie 和 Herbich 的研究表明,对于直径相对较小的桩柱,波浪的作用主要是加快冲刷的进程,波流共同作用下的最大冲刷深度比单独水流作用的值约大 10%,冲刷形态大致相同。对于直径较大的圆柱体在波流共同作用下的局部冲刷,国内近年来进行过一些试验研究结果表明:波流共同作用下直立大直径圆柱($D/L>0.2$)周围床面冲刷形态与小直径圆柱情况有明显不同,圆柱周边床面大部分为冲刷区,最大冲刷点在圆柱侧前方范围内,后方小部分为淤积区,呈明显"羊角"状堆积,在圆柱正前方床面立波冲淤状态明显。显然,在这些试验中,潮流速较小而波浪较大,形成了强波弱流的冲刷形态。在实际情况中,单向水流流速远大于波浪传质速度,因此波浪在冲刷过程中主要起掀沙的作用,而水流不仅对床面进行冲刷,还将波浪掀起的泥沙向后输移。波浪底部速度与水深关系较大,水深较小时波浪将发生破碎,因此当水流流速较大导致冲刷深度较大时,波浪对冲刷坑的下切作用将明显减弱,此时水流起控制作用,波浪的加入主要是加快冲刷的进程;只有当水流流速较小时,波浪才起控制作用。本次试验研究的是特征水文年的极限情况,而根据实测资料中波浪要素显示,由于珠江口有万山列岛、佳蓬列岛等一系列星罗棋布的岛屿掩护,波浪传入本工程附近水域时波高显著减小,因此特征水文年情况下桥区的波流属于"强流弱波"形态,"流"在冲刷中起主导作用。

以往的研究表明:当结构物尺度较大时,向前推进的波浪受到结构物的阻挡,在结构物前发生反射,其与入射波叠加后形成部分立波,使得结构物前的波高增大,同时,结构物的存在还使周围波浪运动的对称性受到影响,使波浪掀起的泥沙产生较大的净输移,从而形成冲刷坑;在其两侧,由于散射波与入射波叠加,形成波浪绕射区;而在其后方,由于受到结构物的掩护,波高相对较小,形成掩护区。上述各区域随着结构物相对尺度的改变,其对波动场的影响也发生改变。波浪作用下的大型墩柱结构周围的旋涡强度较弱,旋涡运动在冲刷过程中只起很小的作用,发生冲刷的主要原因是波浪反射后底部速度增大,反射和绕射引起的墩柱周围水流会将波浪掀起的泥沙带走,导致墩柱周围形成冲刷坑。

(2) 影响波、流局部冲刷的因素

① 波浪对潮流冲刷的影响

波浪的作用主要是加快冲刷的进程,试验显示:波流共同作用下的最大冲刷深度比没有波浪作用的水流冲深增加 10% 左右,两者的冲刷形态相近。该增幅与以往进行的类似海湾大桥的试验结果相近。

② 顺、逆流对冲刷的影响

试验显示:在三种情况中,顺流叠加波浪条件下各桥墩周围冲刷坑的冲深最大,对冲刷起到控制作用。因此本次波流共同作用下的桥墩基础局部冲刷均以波浪要素叠加顺流进行试验。

4.3.5.4 迎流角对局部冲刷的影响分析

(1) 水流交角对实体墩体冲刷的影响

除单独圆柱形柱体外,其他形状柱体的局部冲刷,与该柱体在水流中的方向关系极大,其冲刷深度是柱体投影宽度即垂直于水流方向宽度的函数。不与水流平行的长形柱体,事实上存在一个大于其实际宽度的作用宽度。Laursen 和 Toch 在大量实验室试验基础上,得出了不同长宽比矩形实体情况下不同迎流角对局部冲刷深度的增大系数 k_a,并指出 k_a 是迎流角 α 及柱体长宽比 L/B 的函数,该增大系数在局部冲刷计算中采用的较多。Laursen 和 Toch 通过试验得到图 4.133 中曲线。

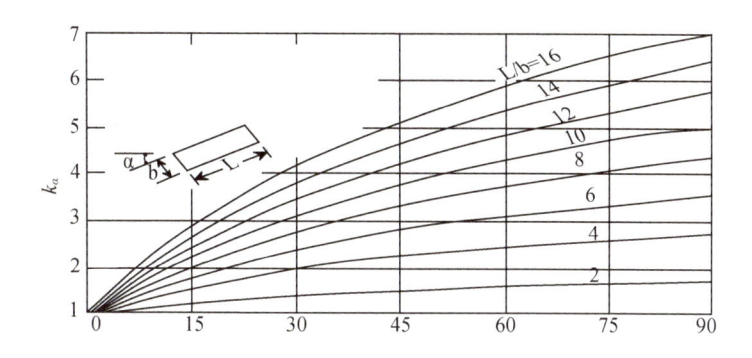

图 4.133　实体墩体的冲击角系数 k_a

（2）水流交角对桩承台墩体冲刷的影响

目前随着国内外通道建设的迅速发展，大型、特大型桩承台基础的使用已形成相当规模，水流交角对类似桩承台底部过水墩体的冲刷影响的研究也逐渐提上日程。南京水利科学研究院在 20 世纪初为配合跨江、跨海大桥的建设，进行了大量、系统的研究，目前已得出有关桩群为梅花形布置和常规形布置的初步成果。表 4.23 为梅花形桩群基础长宽比的情况。图 4.134 至图 4.135 为不同水流冲击角时的桩群最大冲刷深度变化。

表 4.23　不同迎流角情况下梅花形桩群长宽比冲刷试验概况

纵向长度 L 与迎水宽度 B 之比	水流与桥轴线法向的夹角（水流冲击角）							
	0°	10°	20°	30°	45°	60°	75°	90°
$L/B=2.4$	迎水总宽：48.0 m，纵向总长 114.0 m，桩径 2.8 m 迎水面横向 9 排桩，纵向 31 列，梅花形布置，共 131 根桩							
$L/B=4.4$	迎水总宽：25.9 m，纵向总长 114.0 m，桩径 2.8 m 迎水面横向 5 排桩，纵向 31 列，梅花形布置，共 79 根桩							

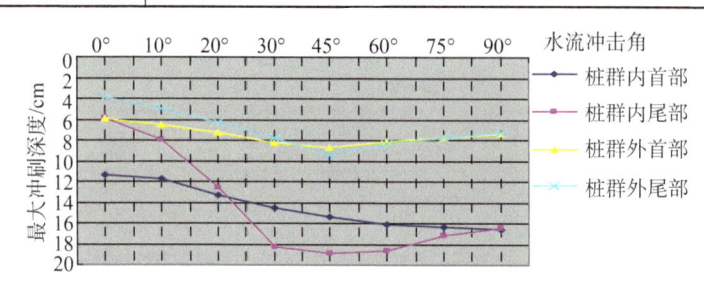

图 4.134　不同水流冲击角时的桩群最大冲刷深度变化（$L/B=2.4$）

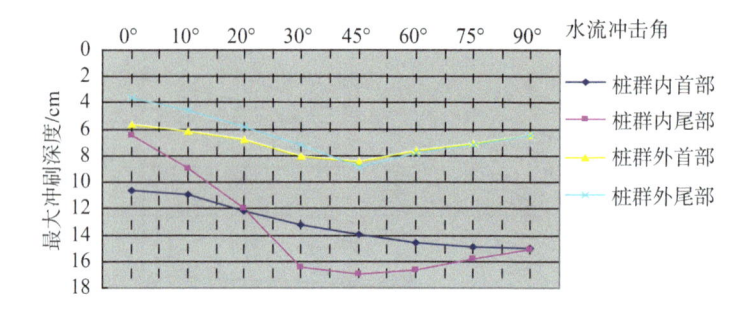

图 4.135　不同水流冲击角时的桩群最大冲刷深度变化($L/B=4.4$)

（3）水流交角对实体、群桩墩体冲刷影响的区别

根据试验,得出梅花形桩群两种长宽比情况下不同迎流角的增大系数k_α,并与矩形实柱体水流迎流角系数进行对比(图 4.136 和图 4.137)。图中显示：对于大型梅花形桩群而言,$0<\alpha\leqslant10°$区间为冲深渐增区;$10°<\alpha\leqslant45°$区间

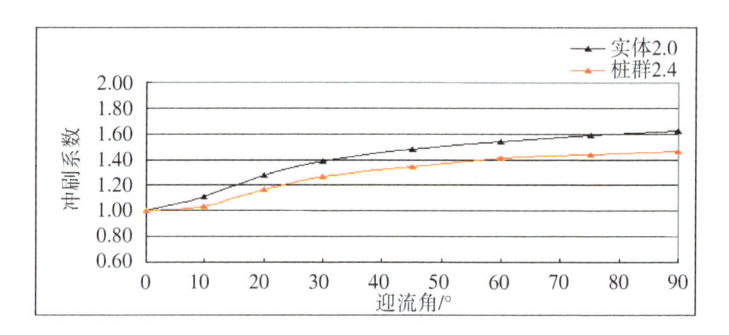

图 4.136　矩形实体与桩群的水流冲刷系数比较($L/B=2.4$)

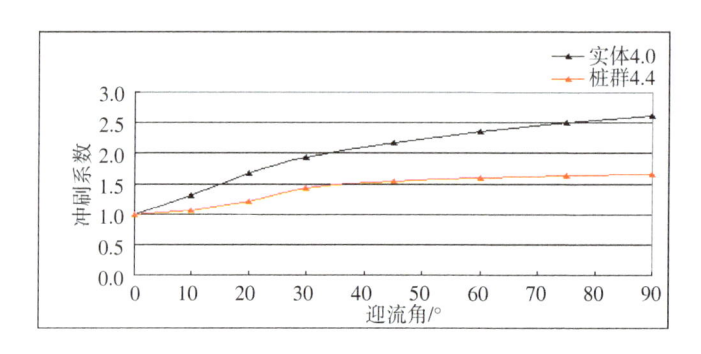

图 4.137　矩形实体与桩群的水流冲刷系数比较(梅花形布桩,$L/B=4.4$)

为冲深加大区,其中 $10°<\alpha\leqslant30°$ 区间为明显冲深区;$45°<\alpha\leqslant75°$ 区间为冲深缓增区;$75°<\alpha\leqslant90°$ 区间为冲深微增区。纵向长度一定时,面临相同的迎流角迎水宽度较窄的 k_a 值大于迎流角迎水宽度较宽的情况,即迎流宽度越窄(在桩群条件下),其最大冲深对迎流角的偏转反应越敏感(表4.24)。

梅花形桩群 k_a 值曲线分布趋势与矩形实柱体 k_a 值曲线类似,不同之处在于面临相同迎水角,实体柱体 k_a 值总是大于桩群 k_a 值。在 $10°\leqslant\alpha\leqslant30°$ 的明显冲深区,依长宽比的不同,实体 k_a 值与桩群 k_a 值的比值增幅有所差别:当长宽比为 $L/B=2\sim2.4$ 时,实体 k_a 值比桩群 k_a 值增大约 $7\%\sim10\%$;当长宽比为 $L/B=4\sim4.4$ 时,实体 k_a 值比桩群 k_a 值增大 $23\%\sim57\%$(表4.25)。图4.138为通过试验得出的梅花形桩群水流冲击角系数 k_a。

表4.24 梅花形桩群与实体柱体的不同水流冲击角系数比较

冲击角	Laursen曲线(矩形实体)				梅花形桩群			
	$L/B=2$	间隔增幅/%	$L/B=4$	间隔增幅/%	$L/B=2.4$	间隔增幅/%	$L/B=4.4$	间隔增幅/%
0°	1.0	0	1.0	0	1.0	0	1.0	0
10°	1.111	11.1	1.311	31.1	1.037	3.7	1.065	6.5
20°	1.278	16.7	1.672	36.1	1.168	13.1	1.222	15.7
30°	1.39	11.2	1.934	26.2	1.27	10.2	1.43	20.8
45°	1.478	8.8	2.172	23.8	1.35	8.0	1.55	12.0
60°	1.54	6.2	2.359	18.7	1.41	6.0	1.60	7.0
75°	1.59	5.0	2.511	15.2	1.44	3.0	1.64	3.5
90°	1.622	3.2	2.612	10.1	1.46	2.0	1.665	2.5

表4.25 实体柱体与梅花形桩群的水流冲击角系数比较

长宽比 $L/B=2\sim2.4$			长宽比 $L/B=4\sim4.4$		
矩形实体	桩群	矩形实体/桩群(%)	矩形实体	桩群	矩形实体/桩群(%)
1.0	1.0	0	1.0	1.0	0
1.111	1.037	7.1	1.311	1.065	23.1
1.278	1.168	9.4	1.672	1.222	36.8
1.39	1.27	9.5	1.934	1.43	35.2

(续表)

长宽比 L/B=2～2.4			长宽比 L/B=4～4.4		
矩形实体	桩群	矩形实体/桩群(%)	矩形实体	桩群	矩形实体/桩群(%)
1.478	1.35	9.5	2.172	1.55	40.1
1.54	1.41	9.2	2.359	1.60	47.4
1.59	1.44	10.4	2.511	1.64	53.1
1.622	1.46	11.1	2.612	1.665	56.8

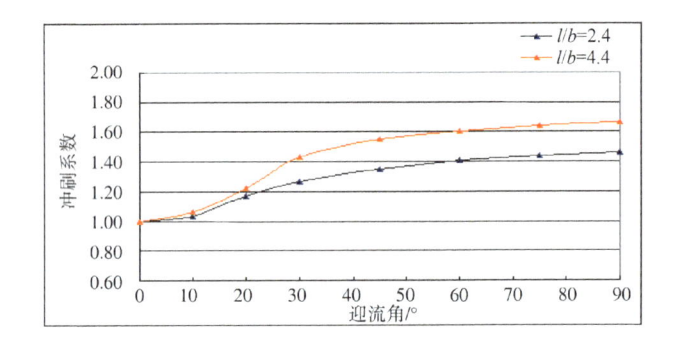

图 4.138 梅花形桩群水流迎流角系数

为探讨桩群常规布置情况下的迎流角影响，采用不同长宽比的规则桩群进行了试验，具体内容见表 4.26。

表 4.26 不同迎流角情况下长宽比冲刷试验概况

迎水角/°	桩径/cm	水深/cm	流速/(cm/s)	模型沙/mm	试验时间/h
0,10,20,30,45,90	2.5	15	25	0.8	2.5
0,10,20,30,45,90	2.5	15	25	0.8	2.5
0,10,20,30,45,90	2.5	15	25	0.8	2.5
0,10,20,30,45,90	2.5	15	25	0.8	2.5
0,10,20,30,45,90	2.5	15	25	0.8	2.5

图 4.139 为规则桩群在长宽比 $L/B=3$、迎水角 $\alpha=45°$ 时的冲刷形态图。图 4.140 为规则布置桩群不同长宽比情况下的水流迎流角系数曲线。

参照图 4.138 和图 4.140，就能得出桩群在不同迎流角时局部最大冲深的增大系数。

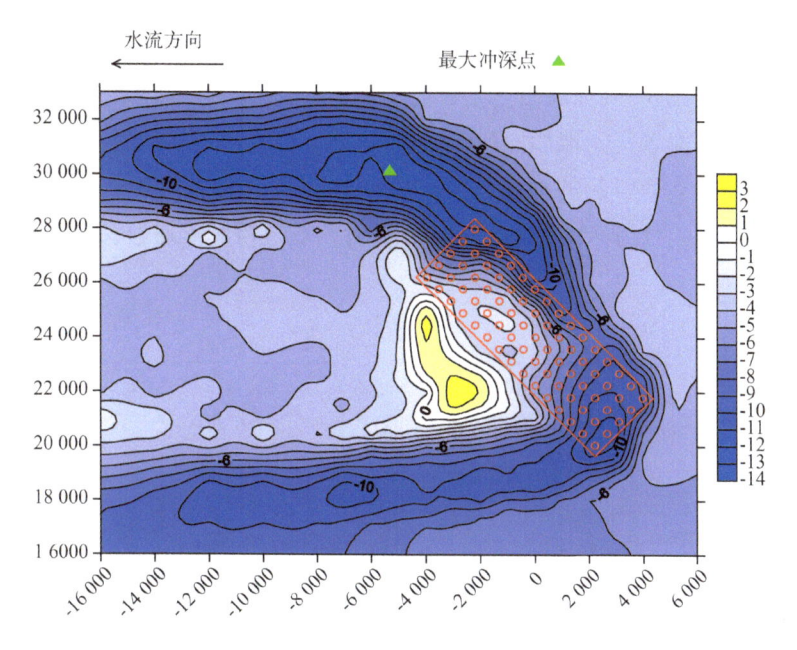

图 4.139　迎水角 $\alpha=45°$ 时 $(L/B=3)$ 规则桩群冲刷形态图及最大冲深点

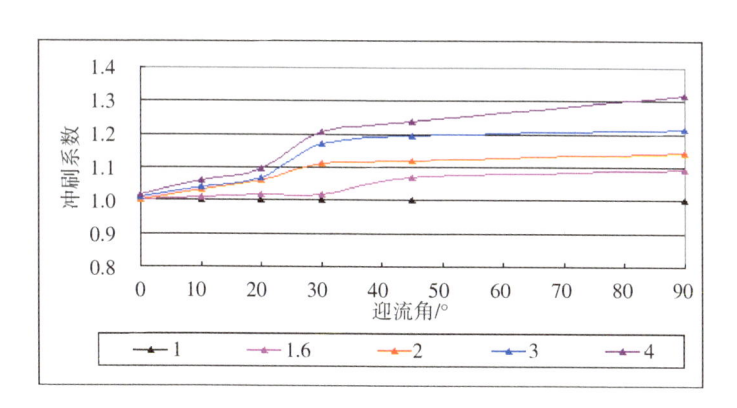

图 4.140　规则布置桩群的水流迎流角系数

4.3.5.5　海床自然演变和一般冲刷深度的确定

（1）海床自然演变的冲刷深度

港珠澳大桥拟建桥区水域内涨落潮以往复流为主，且与所在的航槽走向一致，反映了地形与水流的相互作用关系；桥区水域垂线流速分布呈上小下大（或中间大），这种流速分布可有效阻止泥沙在海床上的淤积。海床演变分析和试挖槽回淤资料表明，桥区海域以淤积为主，但强度很小；桥位附近航道在 20 世纪下半叶（1954—1998 年），断面变化均很小，航道所在海床属于稳定的状态。而在近期(1998—2009年),以青州航道淤积较大,伶仃航道、江海直达船航道略有淤积,九洲航道基本没有变化。

根据桥区海域实测地形图(图4.141),2004—2008年期间各桥墩所处海域的海床自然演变引起的冲深幅度:九洲航道桥、江海直达船航道桥和非通航孔浅水引桥三处海床的冲深为0.10 m;青州航道桥和非通航孔深水引桥处海床的冲深为0。

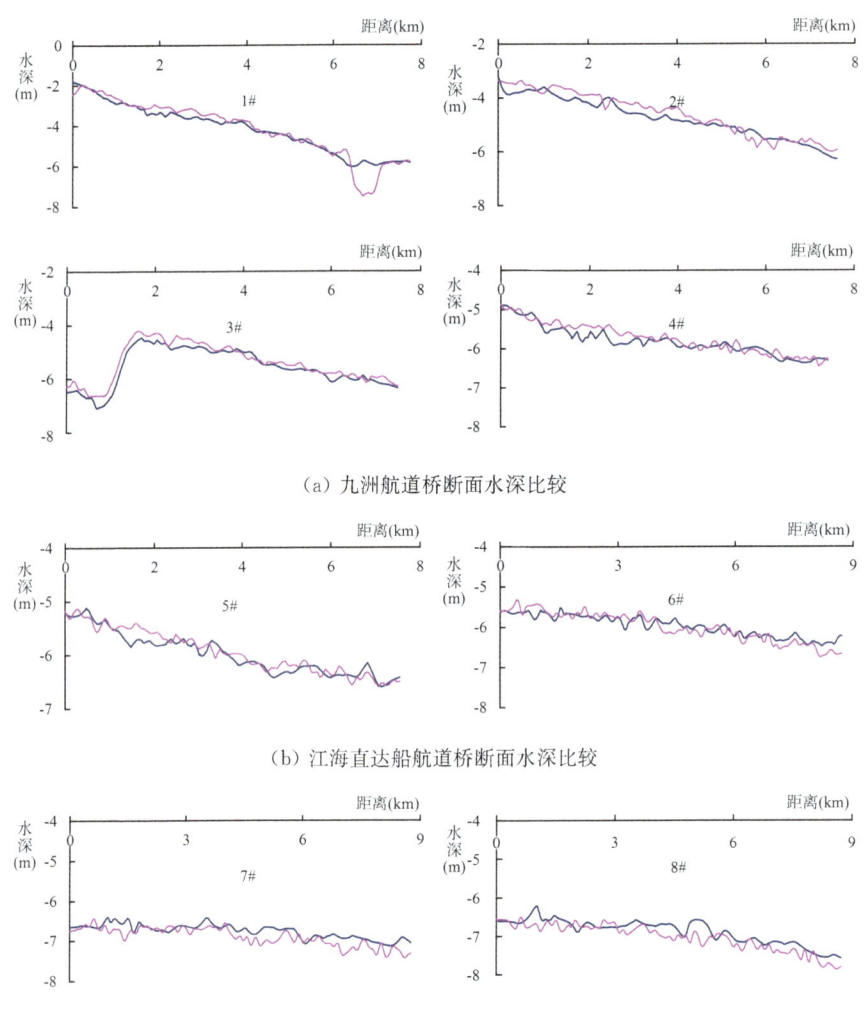

(a) 九洲航道桥断面水深比较

(b) 江海直达船航道桥断面水深比较

(c) 青州航道桥断面水深比较

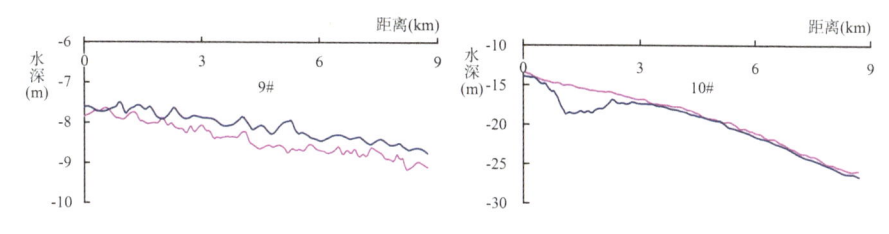

(d) 浅水引桥墩断面水深比较

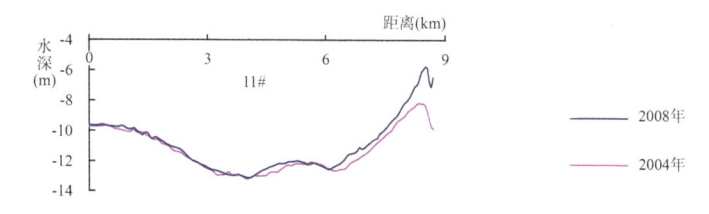

(e) 深水引桥墩断面水深比较

图 4.141　各桥墩所处海域的海床断面水深比较

桥区所在海域的演变受制于伶仃洋的总体演变,许多学者对伶仃洋的演变进行了研究,虽然所得的淤积速率有所不同,但对于伶仃洋处于缓慢淤积过程的观点基本是一致的。因此,虽然从近期桥位附近海区的演变趋势分析来看海床冲淤变化不大,但从长远来看,桥位处海床总的发展趋势应是以缓慢淤积为主。

图 4.141 中显示:各桥墩所处海域的海床自然演变所引起的年际冲深幅度很小;某些航道桥(CW-4、CW-3)处海床甚至处于不冲反淤状态,因此在正常水文年条件下的桥区海床自然演变所引起的冲深十分有限。

(2) 一般冲刷深度的确定

行业规范《公路工程水文勘测设计规范》(JTG C30—2002)在论及桥墩冲刷计算时规定:桥梁墩台冲刷应包括床面的自然演变冲刷、一般冲刷和局部冲刷三部分。为此对港珠澳大桥桥区的一般冲刷深度进行确定。

在前期进行的海床演变研究成果中,未开展设计水文年条件下桥区海床一般冲刷深度的计算,为此本次桥区的一般冲刷深度采用行业规范《公路工程水文勘测设计规范》(JTG C30—2002)中有关黏性土床面一般冲刷公式进行计算:

$$h_p = \left[\frac{A_d \dfrac{Q_2}{\mu B_{cj}}\left(\dfrac{h_{cm}}{h_{cq}}\right)^{5/3}}{0.33\left(\dfrac{1}{I_L}\right)}\right]^{5/8} \quad (4.11)$$

式中：h_p——桥下一般冲刷后的最大水深(m)；

A_d——单宽流量集中系数，取 1.0～1.2；

Q_2——桥下航槽部分通过的设计流量(m^3/s)，当航槽能扩展至全桥时取用 Q_p；

Q_p——频率为 P% 的设计流量(m^3/s)；

μ——桥墩水流侧向压缩系数，按规范内表 7.3.1-1 确定；

B_{cj}——航槽部分桥孔过水净宽(m)；

h_{an}——航槽最大水深(m)；

h_{aq}——桥下航槽平均水深(m)；

I_L——冲刷坑范围内黏土液性指数，适用范围为 0.16～1.19，本次计算采用桥区勘探成果中液性指数的均值 $I_L=1.08$。

经采用 300 年一遇水文条件计算，港珠澳大桥桥区各航道桥附近的一般冲刷深度见表 4.27。

表 4.27 桥区各航道桥附近的一般冲刷深度(300 年一遇水文条件)

编号	航道桥名称	300 年一遇流速/(m/s)	一般冲刷深度/m
CW-4	青州航道桥桥基附近	1.74	0.90
CW-6	江海直达船航道桥桥基附近	1.43	0.80
CW-8	九洲航道桥桥基附近	1.25	0.60
CW-3	非通航孔深水 m 引桥附近	1.79	0.90
CW-7	非通航孔浅水引桥附近	1.37	0.70

4.3.5.6 各桥墩基础最大冲刷深度的确定

本次研究提供的局部冲刷最大深度是在采用恒定流叠加波浪，床面泥沙选用桥区海域中起动流速最小的土层所对应的泥沙粒径的基础上得出的。潮流冲刷试验显示，潮流正反向供沙后，潮流作用下桥墩基础达到冲刷平衡所需要的时间明显长于单向流情况。由于各桥位的土层地质条件不尽相同，还需对试验结果进行综合分析。

(1) 潮流影响

本次潮流冲刷试验研究结果表明，潮流与洪水共同作用下的局部冲刷形态具有洪水单向流作用时的基本形态，流速较大的潮流对局部冲刷起到主导作用，决定着冲刷坑的最大冲深和冲刷的平面形态；流速较小的潮流在延缓冲刷深度和调整冲刷区形态中起到一定的作用。本次冲刷试验采用恒定流控制,所得最大冲刷深度结果应该是偏于安全的。

(2) 波浪作用影响

波浪的作用主要是加快冲刷的进程,试验显示:波流共同作用下的最大冲刷深度比没有波浪作用的水流冲深增加 10% 左右,两者的冲刷形态相近。该增幅与类似海湾大桥的试验结果相近。试验全部采用顺流叠加波浪条件进行,试验成果考虑了波浪作用影响。

(3) 桥位地质条件影响

青州、江海直达船和九洲航道桥海域中的土样起动流速试验表明,桥区内土层起动流速相差较大,分别在 1.01 m/s~3.35 m/s。试验时选取青州、江海直达船和九洲航道桥海域中土样起动流速最小的一组所对应的中值粒径作为原型的代表粒径,使得冲刷试验得出的结果偏于安全,有利于工程的长期安全运行。

(4) 水流交角

除某些呈现强波弱流的海区外,潮流在桥墩基础的局部冲刷中起着主导作用。试验时考虑了潮流与墩轴之间的夹角(即迎流角,在涨落潮夹角中选择数值较大的夹角),因此得出的结果能较真实反映特征水文年情况下的冲淤形态。

(5) 桥区海床自然演变

多年实测水下地形资料分析表明:1954—2009 年的 50 多年来,青州航道变化很小,且无单向冲淤的发展趋势,2001—2009 年期间的海床高程有明显的淤高趋势,青州航道在桥位附近呈淤积趋势。江海直达船航道在 1954 年到 1998 年间各断面基本上没有变化,进入 21 世纪后,江海直达船航道在桥位附近呈淤积趋势。九洲航道各断面间冲淤变化不大,从 1998 年到 2009 年间,断面间有冲有淤,冲淤幅度都非常有限,可以认为没有变化。从长远来看,桥位处海床总的发展趋势应是以缓慢淤积为主。

(6) 一般冲刷

根据行业规范要求,在计算涉水桥墩局部冲刷深度时,应该考虑桥墩周围的一般冲刷。本次研究采用根据原交通部行业规范相关公式计算得出的一般冲刷深度加上从物模试验得出的局部冲刷最大深度,来确定各桥墩的最大冲刷深度。

综合考虑洪水、波浪、水流交角、海床自然冲刷和一般冲刷等因素后,港珠澳大桥各桥墩的局部冲刷成果分别见表4.28和表4.29。

表4.28 港珠澳大桥各桥墩基础局部冲刷成果汇总表(100年一遇)

桥墩基础名称	床面高程/m	自然演变冲深/m	一般冲刷/m	行近流速/(m/s)	局部冲深/m	冲刷后高程/m
青州航道桥索塔基础	−6.2	0	0.9	1.68	13.7	−20.8
青州辅助墩及过渡墩基础	−6.2	0	0.9	1.68	8.5	−15.6
江海直达船航道桥索塔基础	−5.0	0.10	0.8	1.38	10.0	−15.9
江海直达船航道过渡墩基础	−5.0	0.10	0.8	1.38	8.6	−14.5
九洲航道桥索塔基础	−4.5	0	0.6	1.04	8.8	−14.0
九洲航道桥辅助墩基础	−4.5	0.10	0.6	1.04	7.0	−12.2
九洲航道桥过渡墩基础	−4.5	0.10	0.6	1.04	5.4	−10.6
非通航孔浅水引桥墩基础(分墩方案)	−4.8	0.10	0.7	1.23	9.5	−15.1
非通航孔浅水引桥墩基础(整墩方案)	−4.8	0.10	0.7	1.23	10.0	−15.6
非通航孔深水引桥墩基础(分墩方案)	−6.0	0	0.9	1.73	9.4	−16.3
非通航孔深水引桥墩(整墩方案、高墩、高水位)	−6.0	0	0.9	1.73	10.0	−16.9
非通航孔深水引桥墩(整墩方案、高墩、低水位)	−6.0	0	0.9	1.73	9.0	−15.9
非通航孔深水引桥墩(整墩方案、低墩、高水位)	−6.0	0	0.9	1.73	9.6	−16.5

表4.29 港珠澳大桥各桥墩基础局部冲刷成果汇总表(20年一遇)

桥墩基础名称	床面高程/m	自然演变冲深/m	一般冲刷/m	行近流速/(m/s)	局部冲深/m	冲刷后高程/m
青州航道桥索塔基础	−6.2	0	0.9	1.57	11.80	−18.9
青州辅助墩及过渡墩基础	−6.2	0	0.9	1.57	7.40	−14.5
江海直达船航道桥索塔基础	−5.0	0.10	0.8	1.29	8.80	−14.7
江海直达船航道过渡墩基础	−5.0	0.10	0.8	1.29	7.60	−13.5
九洲航道桥索塔基础	−4.5	0	0.6	0.83	6.90	−12.1
九洲航道桥辅助墩基础	−4.5	0.10	0.6	0.83	5.30	−10.5
九洲航道桥过渡墩基础	−4.5	0.10	0.6	0.83	4.00	−9.2

(续表)

桥墩基础名称	床面高程/m	自然演变冲深/m	一般冲刷/m	行近流速/(m/s)	局部冲深/m	冲刷后高程/m
非通航孔浅水引桥墩基础（分墩方案）	−4.8	0.10	0.7	1.15	8.20	−13.8
非通航孔浅水引桥墩基础（整墩方案）	−4.8	0.10	0.7	1.15	8.50	−14.1
非通航孔深水引桥墩基础（分墩方案）	−6.0	0	0.9	1.61	8.20	−15.1
非通航孔深水引桥墩（整墩方案、高墩、高水位）	−6.0	0	0.9	1.61	8.80	−15.7
非通航孔深水引桥墩（整墩方案、高墩、低水位）	−6.0	0	0.9	16.1	8.00	−14.9
非通航孔深水引桥墩（整墩方案、低墩、高水位）	−6.0	0	0.9	1.61	8.40	−15.3

第五章

工程效应检验与实践

5.1 伶仃洋滩槽近期实际变化

（1）总体变化

伶仃洋海床容积总量在1985年前呈减小的趋势，之后由于采砂和航道疏浚导致海床容积不断增加，1999—2019年间增加了11.4亿 m³，增幅约为7.8%。

1999年以来内外伶仃洋海床容积有增有减。1999—2011年间内伶仃洋容积增加5.1亿 m³，增幅为13%。外伶仃洋容积减少3.2亿 m³，减幅为3%。2011—2019年内、外伶仃洋容积分别增加6.1亿 m³、3.4亿 m³，增幅为13%、3.3%，内伶仃洋容积增加幅度大于外伶仃洋，如图5.1所示。

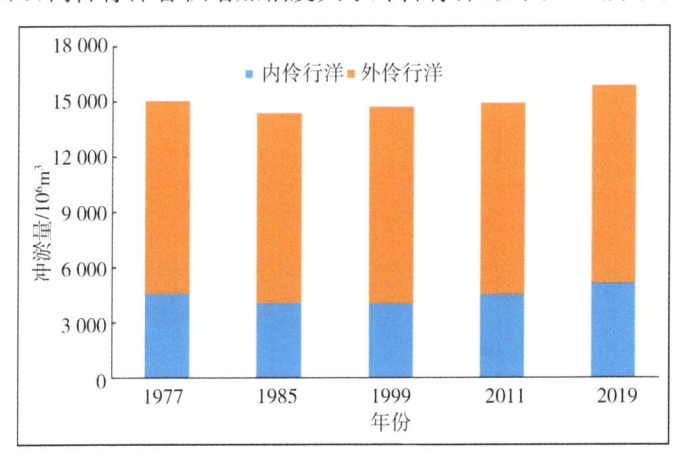

图 5.1　内外伶仃洋 1977—2019 年间的冲淤量统计

(2) 西滩变化

西滩在 1985 年前整体处于淤积状态。1999 年后西滩北部和中部整体冲刷，局部淤积，主要表现为高滩冲刷低滩淤积，但淇澳岛以南的西滩南部仍以淤积为主。

1999 年以来，西滩北部和中部的孖沙尾间浅滩和万顷沙尾间、横门尾间整体呈现冲刷的态势，冲刷量分别为 75 万 m^3、1 489 万 m^3、475 万 m^3，相应的强度为 0.02 m/a、0.003 m/a、0.007 m/a。在空间分布上，冲刷区主要位于 -3 m 以浅的高滩区，-3 m 以深的低滩区以淤积为主(见图 5.2)。西滩南部保持淤积的态势，1999 年后淇澳岛南和西滩南浅滩分别淤积 2 331 万 m^3、4 153 万 m^3，淤积强度分别为 0.02 m/a、0.03 m/a。

(3) 中滩变化

在 1999 年以前，中滩整体呈淤积态势，后发生采砂活动，产生大范围采砂深坑，并向南扩展，河床呈不均匀下切。1999—2011 年和 2011—2019 年河床容积分别增加 2 133 万 m^3、58 902 万 m^3，河床平均下切 0.2 m、3.7 m。

(4) 东滩变化

1977—1999 年间，东滩处于相对平衡状态，冲淤变化幅度在 ± 0.01 m/a 之间；1999 年后东滩呈轻微淤积状态，1999—2011 年平均淤积速率为 0.01 m/a，2011 年后基本保持冲淤平衡。近期由于西部口门开展了整治工程，凫洲水道分沙比增加，更多水沙经凫洲水道排入川鼻水道再流入伶仃洋东部水域并沉积落淤，导致东滩的淤积量增加。

(5) 东槽和西槽变化

东西槽均为下切加深状态，近期有所淤积，此与中滩采砂活动有关。东西槽在 1985 年前有冲有淤，之后由于航道开挖槽道下切加深明显。

1985—1999 年西槽平均冲刷速率为 0.15 m/a；1999—2011 年西槽进一步下切，年均加深速率在 0.30 m/a 以上，2011—2019 年间西槽呈现中上段淤积下段冲刷的态势。东槽 1999 年前呈冲刷状态，冲刷速率 0.03~0.10 m/a，1999 年后东槽局部因挖砂工程出现明显下切，下切深度为 4.50~7.50 m；2011 年后东槽下段呈淤积态势。2011 年后东西槽的淤积可能与中滩采砂活动有关，采砂主要取粗去细，河床细颗粒泥沙再悬浮后在潮流作用下淤积于深槽。

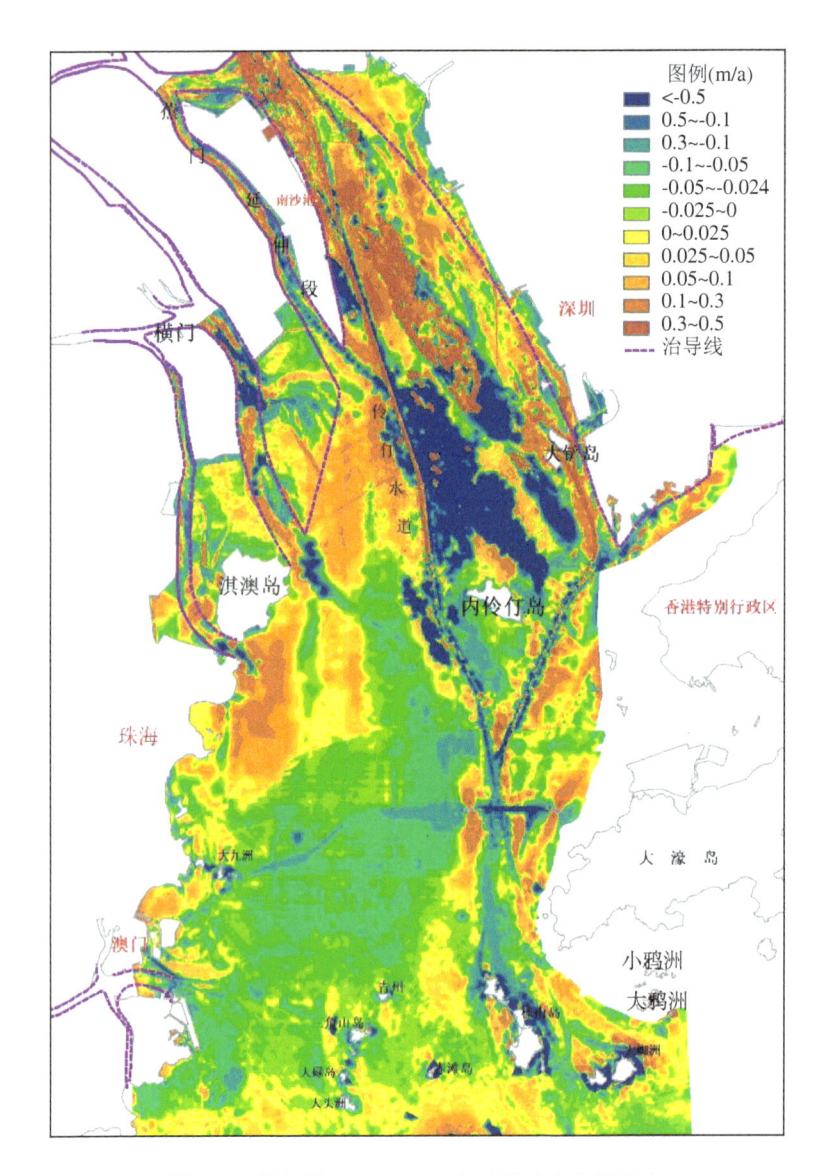

图 5.2　伶仃洋 2011—2019 年冲淤速率空间分布

(6) 工程局部变化

人工岛上下游淤积显著,桥区沿线则普遍冲刷。港珠澳大桥修建后,由于人工岛对涨落潮流的阻流作用,人工岛上下游均发生淤积:东西人工岛上下游淤积速率在 0.2 m/a 左右,珠澳口岸人工岛淤积速率在 0.1 m/a(图 5.3)。由于桥墩间流势集中,流速加大,桥沿线以冲刷为主,平均速率在

0.1 m/a 左右。隧道沉管段开挖导致河床普遍下切 10 m 以上。

5.2 工程周边地形变化

（1）珠澳口岸人工岛周边地形变化

珠澳口岸人工岛对伶仃洋西滩涨落潮流阻流作用明显，周边发生淤积的水域范围和强度较工程建设前均显著增加（图 5.3）。1984—2009 年工程建设前，珠澳口岸人工岛所在的拱北湾水域以缓慢淤积为主，速率小于 0.01 m/a，局部区域冲刷。2009 年工程建设完成，人工岛对西滩涨落潮流均产生显著阻流，流速减缓导致泥沙淤积，2009—2019 年淤积范围显著扩大，人工岛北侧已北延至九洲岛以北，南侧由于防波堤阻挡，淤积带转而向东扩展；淤积速率在 0.05～0.1 m/a，较 2009 年前增加显著。

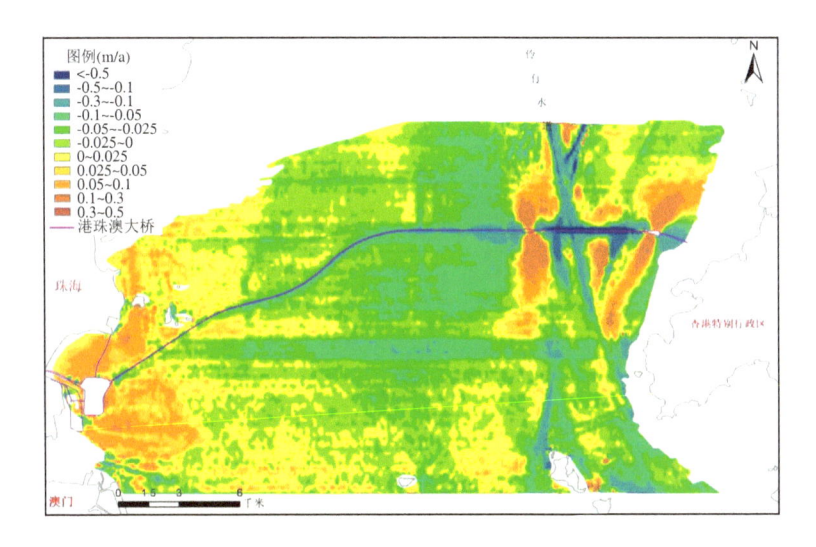

图 5.3 工程水域 2009—2019 年海床冲淤速率分布情况

（2）桥梁西段沿程地形变化

由于工程建设时，开挖的河床以及桥墩间流势更为集中，使得桥梁西段（−7 m 以浅）沿线由淤积转变为冲刷。1984—2009 年，桥梁西段沿线呈缓慢淤积的状态，大部分水域速率小于 0.01 m/a，局部区域速率在 0.03 m/a 左右；在之后工程建设中开挖桥墩周边水域使得河床下切，同时工程建成后桥墩间涨落潮流流势更为集中，桥墩间水域发生冲刷。根据图 5.4 显示的大桥沿程地形变化可以看出，桥梁沿线冲刷速率在 0.1 m/a，南侧两侧速率相对较小。

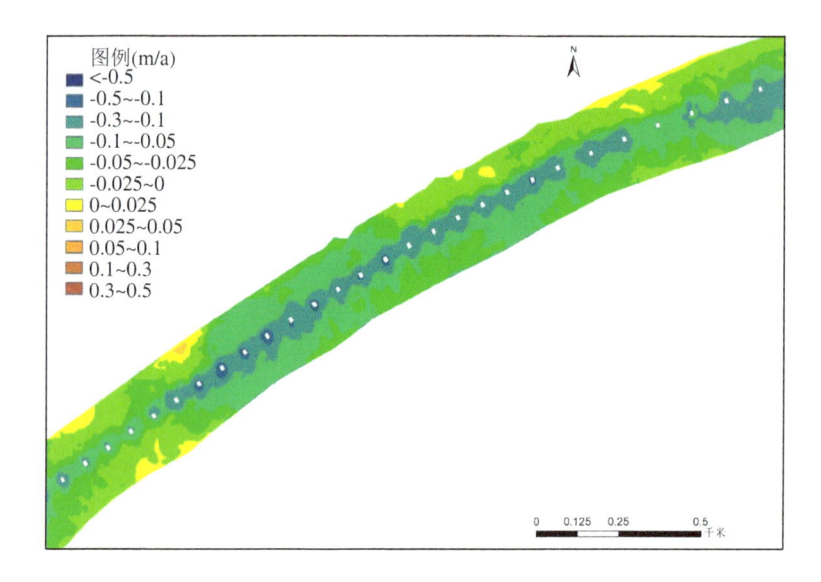

图 5.4(a)　非通航桥段(2009—2019 年)沿线冲淤分布
(九洲港—江海直达船航道桥)

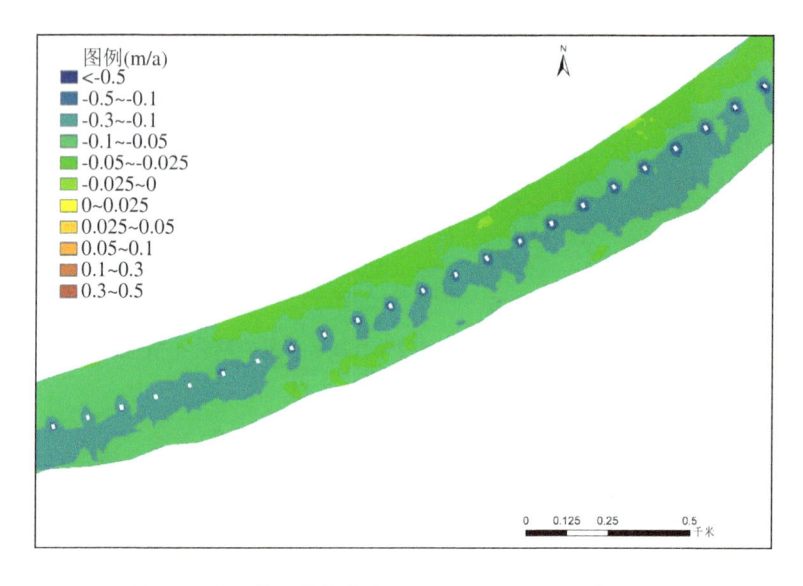

图 5.4(b)　非通航桥段(2009—2019 年)沿线冲淤分布
(江海直达船—青州航道桥)

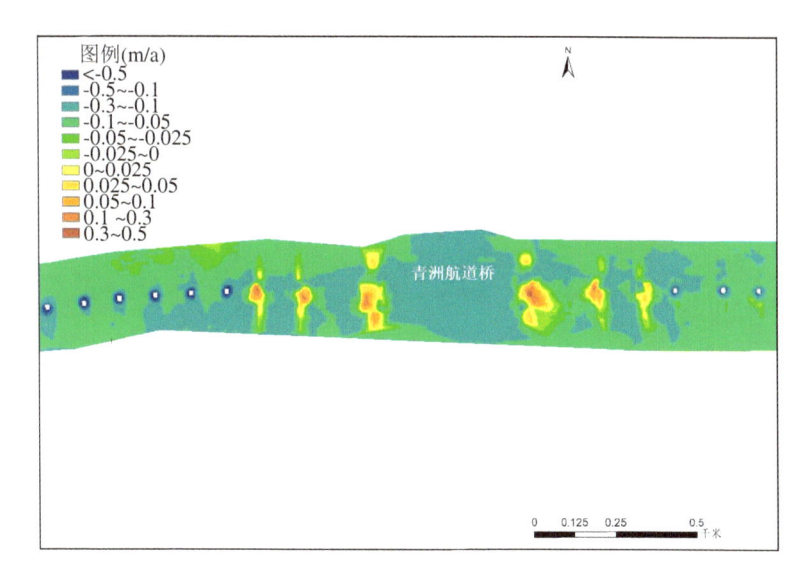

图 5.4(c)　青州航道桥(2009—2019 年)地形冲淤分布

(3) 江海直达船航道桥至青州航道桥段地形变化

在江海直达船航道桥青州航道桥段内，由于索塔承台较大，对涨落潮流阻流作用明显，在上下游产生淤积带，且下游淤积范围大于上游。如图 5.4(c)所示，在大桥江海直达船航道桥以及青州航道桥段，索塔承台占用水域较大，对涨落潮流均产生显著阻流作用，并在大桥南北两侧产生显著淤积，淤积速率在 0.05 m/a，桥梁南侧淤积范围大于北侧。

(4) 人工岛地形冲淤变化

东西人工岛以及隧道中段两侧产生南北向条状淤积带，淤积范围南侧大于北侧。由图 5.3 可知，在西人工岛南北两侧的淤积带长度分别约为 5.2 km 和 4.5 km，东西向宽度约 1.5 km，淤积速率在 0.1 m/a，其中北侧淤积区已接近伶仃航道，会对航道的稳定产生不利影响；东人工岛南北两侧淤积带呈 NE-SW 向，分别长约 5.5 km 和 4.2 km，宽度略小于西人工岛淤积带。在人工岛对涨落潮的阻挡作用下，岛体南北两侧区域的流速减弱，从而形成以人工岛为中心呈现南北走向的泥沙淤积区。

(5) 大桥线位断面地形变化

港珠澳大桥线位断面地形变化如图 5.5 所示。在 2011 年工程建设完工前，桥线位西侧浅滩区以缓慢淤积为主，东侧深槽冲刷下切明显，断面过水面积较 1977 年减少 9%。港珠澳大桥建成后，桥墩阻水效应增加，桥墩间流势集中，流速加大，导致桥位沿线普遍冲刷。东侧深槽受沉管隧道施工影响，河床普遍下切约 15 m，隧道断面过水面积增加约 38%。因此，大桥线位断面过水面积较大桥建设前有所增加。

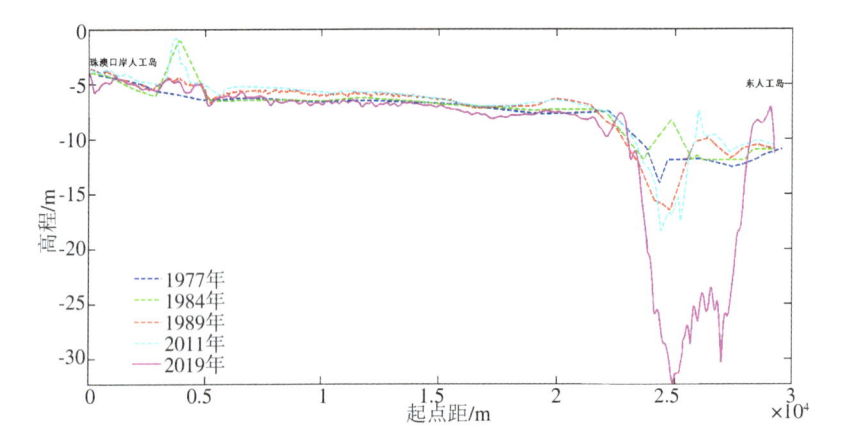

图 5.5　大桥线位断面 1977—2019 年间变化对比

综上所述，工程建设后珠澳口岸人工岛附近水域淤积范围和强度均有所增加，桥梁西段线位附近由淤积转变为冲刷，东西人工岛和隧道段南侧两侧均产生淤积。整体来看，工程附近区域的河床冲淤变化不大，基本保持稳定，河床变化剧烈的地方多为工程施工造成的直接影响。大桥工程对伶仃洋滩槽变化的影响主要集中在大桥附近的局部水域。目前，大桥工程对伶仃洋滩槽变化的影响仍处于工程建设后的动态调整过程中。

5.3　隧道区地形冲淤变化

5.3.1　数据来源

港珠澳大桥岛隧工程沉管护面回填于 2017 年 7 月 2 日结束。为了对回填后滩面回淤变化规律进行分析，截至 2019 年 11 月 9 日岛隧工程总经理部共进行了 17 次全隧道回淤监测，各测次外业扫测时间节点见表 5.1。回淤监测区域为 E5 至 E30 管节区域及东西岛、引桥南北两侧区域，基槽回淤监测南北两侧各测量至原泥面外扩 30 m，扫测面积 1.67 km²，东西岛及引桥南北两侧长 1 000 m,宽 100 m,扫测面积 0.4 km²,范围见图 5.6。下面将根据隧道回淤监测资料,对隧道建设后隧道上部的地形冲淤变化进行分析。

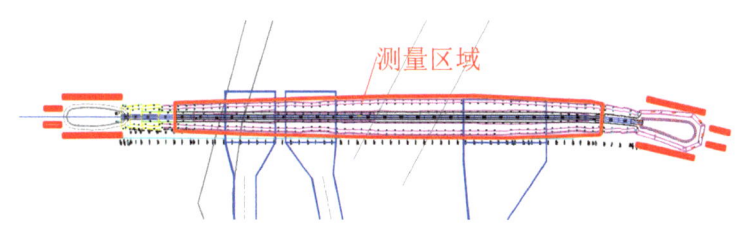

图 5.6 岛隧工程区水深扫测范围

表 5.1 隧道回淤监测时间表

扫测日期	扫测内容
2017 年 7 月 3 日—7 月 5 日	第一次回淤监测
2017 年 7 月 29 日—7 月 31 日	第二次回淤监测
2017 年 9 月 17 日—9 月 19 日	第三次回淤监测
2017 年 9 月 26 日—9 月 28 日	第四次回淤监测
2017 年 9 月 21 日—10 月 29 日	第五次回淤监测
2017 年 11 月 21 日—11 月 25 日	第六次回淤监测
2017 年 12 月 23 日—12 月 25 日	第七次回淤监测
2018 年 1 月 23 日—1 月 25 日	第八次回淤监测
2018 年 3 月 11 日—3 月 13 日	第九次回淤监测
2018 年 4 月 11 日—4 月 13 日	第十次回淤监测
2018 年 5 月 13 日—5 月 15 日	第十一次回淤监测
2018 年 7 月 10 日—7 月 12 日	第十二次回淤监测
2018 年 9 月 08 日—9 月 11 日	第十三次回淤监测
2018 年 12 月 28 日—12 月 31 日	第十四次回淤监测
2019 年 4 月 10 日—4 月 12 日	第十五次回淤监测
2019 年 7 月 11 日—7 月 13 日	第十六次回淤监测
2019 年 11 月 07 日—11 月 9 日	第十七次回淤监测

5.3.2 监测部位

为精准分析岛隧区的回淤特征,将回淤监测数据分析区域分为如下部位:管顶回填区域、管节回填区域、北侧1∶5边坡、南侧1∶5边坡、基槽南北侧原泥面、人工岛南北侧原泥面、引桥南北侧原泥面,具体回填区域范围见表5.2。根据各分区的监测数据统计分析各区域的回淤数据。

表5.2　岛隧工程区监测数据分区情况

序号	分析区域	备注
1	管顶回填区域	管节中轴线两侧各22.5 m(共45 m区域)
2	管节回填区域	管节中轴线两侧各50 m(共100 m区域)
3	北侧1∶5边坡	基槽北侧1∶5边坡
4	南侧1∶5边坡	基槽南侧1∶5边坡
5	基槽北侧原泥面	北侧原泥面30 m区域
6	基槽南侧原泥面	南侧原泥面30 m区域
7	人工岛南北两侧原泥面	东西岛南北两侧长800 m,宽100 m区域
8	引桥南北两侧原泥面	引桥两侧长200 m,宽100 m区域

5.3.3　隧道区域冲淤趋势

对2017年7月3日至2019年11月7日两次多波束扫测高程进行对比分析,高程差值分布情况如图5.7所示。隧道区地形变化总体呈现出隧道上部和两侧回填区淤积、南北两侧边坡冲刷的态势;E5—E14管节回淤和冲刷均存在,回淤主要在坡底区域;E15—E30管节边坡及管顶区域均有回淤,且北边坡回淤大于南边坡;E26管节南侧边坡有边坡坍塌现象。

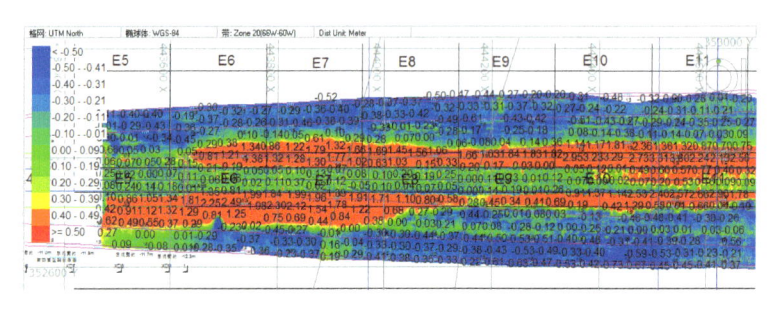

(a) E5—E11

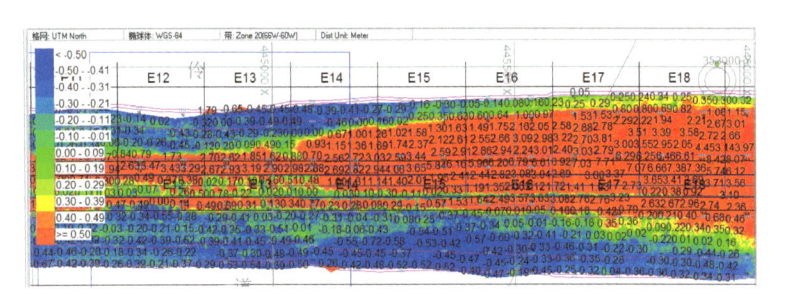

(b) E12—E18

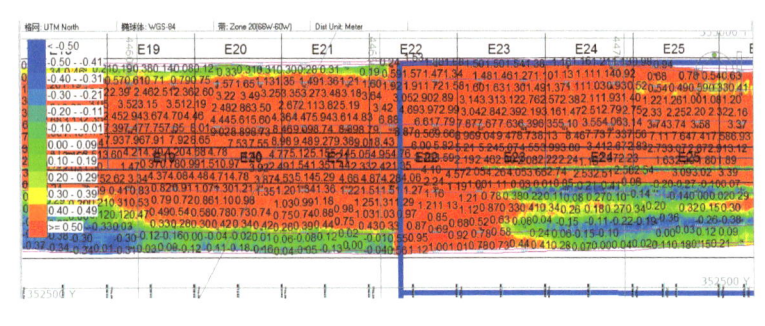

(c) E19—E25

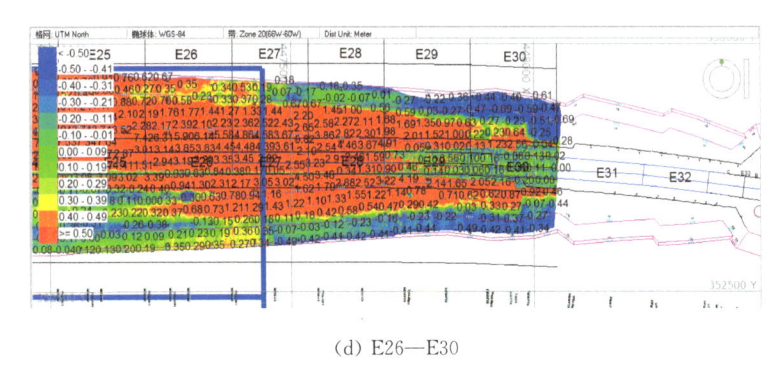

(d) E26—E30

图 5.7　隧道上部地形冲淤变化(2017 年 7 月 3 日—2019 年 11 月 7 日)

表 5.3 统计了 2017 年 7 月 3 日至 2019 年 11 月 7 日间各管节区域的地形冲淤情况,结合图 5.8 给出的 E5—E30 管节冲淤分布情况,通过对比可以看出:(1)回淤主要发生在管节和管顶的护面回填区,南北两侧边坡有冲有淤,冲刷主要发生在南侧边坡,淤积则主要发生在北侧边坡。(2)管节顶部回淤相对较大,回淤超过 2 m 管节主要分布在 E15—E28 区间。(3)南侧 1∶5 边坡最大回淤厚度为 1.24 m,发生在 E22 管节;北侧 1∶5 边坡最大回淤厚度为 4.07 m,位于 E21 管节。(4)管节顶部回淤从 E15 开始显著增加,至 E21

表 5.3(a)　E5—E13 管节区地形冲淤统计　　　　　　　　　　　　单位：m

分析区域	管节								
	E5	E6	E7	E8	E9	E10	E11	E12	E13
管顶护面回填	−0.02	0.00	0.03	−0.03	0.00	0.17	0.52	0.52	0.35
管节护面回填	0.17	0.68	0.89	0.61	0.54	1.14	1.29	1.27	1.19
北侧 1∶5 边坡	−0.29	0.09	0.30	0.03	−0.12	0.26	0.06	0.03	0.19
南侧 1∶5 边坡	0.89	0.90	0.76	0.09	−0.22	−0.20	−0.23	−0.31	−0.23

表 5.3(b)　E14—E22 管节区地形冲淤统计　　　　　　　　　　　　单位：m

分析区域	管节								
	E14	E15	E16	E17	E18	E19	E20	E21	E22
管顶护面回填	0.67	1.35	2.10	2.48	2.92	3.46	4.09	4.32	4.03
管节护面回填	1.41	2.18	2.99	3.58	4.09	4.74	5.50	5.85	5.41
北侧 1∶5 边坡	0.68	1.61	2.33	2.91	3.06	3.58	2.87	4.07	4.03
南侧 1∶5 边坡	−0.25	−0.39	−0.28	0.00	0.27	0.71	1.07	1.21	1.24

表 5.3(c)　E23—E30 管节区地形冲淤统计　　　　　　　　　　　　单位：m

分析区域	管节							
	E23	E24	E25	E26	E27	E28	E29	E30
管顶护面回填	3.05	2.52	2.24	2.38	2.28	1.99	2.25	−0.03
管节护面回填	4.82	3.62	3.30	3.44	3.20	2.69	1.12	0..32
北侧 1∶5 边坡	3.54	2.60	1.88	1.84	1.80	1.69	0.81	−0.11
南侧 1∶5 边坡	0.64	0.04	−0.03	0.38	0.93	0.97	0.61	0.27

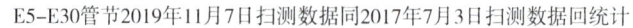

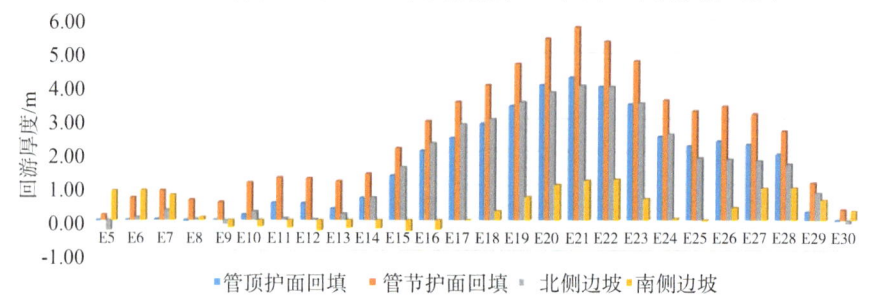

图 5.8　E5—E30 管节回淤分布对比（2017 年 7 月 3 日至 2019 年 11 月 7 日）

管节回淤厚度最大,随后至 E30 管节回淤厚度逐渐变小;管顶护面回填区域最大回淤厚度为 4.32 m,位于 E21 管节;管节护面回填区域最大回淤厚度为 5.85 m,发生在 E21 管节。

5.3.4 两侧泥面高程变化

根据表 5.4 统计了 2017 年 9 月 19 日至 2019 年 11 月 7 日时间段隧道两侧泥面冲淤情况,通过对比可以看出:(1)隧道两侧泥面高程大部分处于冲刷趋势,部分区域存在淤积态势。(2)基槽北侧原泥面冲刷发生在 E5—E22 和 E28—E30 段,最大冲刷深度为 44 cm,位于 E30;淤积发生在 E23—E27 段,管节最大回淤厚度 0.64 m,发生在 E23 管节。(3)基槽南侧原泥面回淤冲刷同样存在,淤积段发生在 E23—E26,最大回淤厚度为 0.79 m,位于 E23 管节;冲刷发生在 E5—E22 和 E27—E30 段两段,最大冲刷深度 45 cm,发生在 E30 管节。

表 5.4 隧道两侧泥面冲淤变化统计　　　　　　　　　　　单位:m

分析区域	管节								
	E5	E6	E7	E8	E9	E10	E11	E12	E13
北原泥面	−0.37	−0.36	−0.41	−0.30	−0.24	−0.26	−0.17	−0.23	−0.34
南原泥面	−0.18	−0.39	−0.18	−0.27	−0.39	−0.48	−0.34	−0.26	−0.36

分析区域	管节								
	E14	E15	E16	E17	E18	E19	E20	E21	E22
北原泥面	−0.37	−0.31	−0.12	−0.09	−0.07	−0.03	−0.05	−0.04	−0.52
南原泥面	−0.40	−0.35	−0.28	−0.25	−0.23	−0.18	−0.10	−0.15	−0.74

分析区域	管节							
	E23	E24	E25	E26	E27	E28	E29	E30
北原泥面	0.64	0.47	0.51	0.53	0.03	−0.34	−0.36	−0.44
南原泥面	0.79	0.33	0.30	0.37	−0.05	−0.36	−0.45	−0.45

5.4 工程效应与数学模型试验结果对比

5.4.1 人工岛水域冲淤预测结果分析

根据图 5.9 显示的人工岛工程实施一年后的海床冲淤变化数值模拟结

果,人工岛上下游均有梭状淤积体形成。对比人工岛上下游的淤积体分布形态可以看出,人工岛对伶仃洋水域的水沙环境影响集中在人工岛上下游各 5 km 水域,呈现出人工岛两端冲刷、上下游形成以岛为中心的带状淤积体。岛南侧的带状淤积体较长、范围较大,岛北侧的淤积体范围较小,淤积体范围的大小和人工岛南北两侧的回流范围有一定关系。人工岛北侧淤积体的淤积厚度相对岛南侧要大一些,淤积强最大超过 2.0 m/a。东西两人工岛相比较而言,西岛南北两侧形成的淤积体无论范围还是强度都要比东岛大一些。两人工岛南北侧形成的带状淤积体范围并没有波及通航区的伶仃航道、铜鼓航道和榕树头航道。人工岛两侧的挑流作用使得岛两侧均出现不同程度的冲刷,西岛的西侧和东岛的两侧形成的冲刷范围较大,冲刷强度超过 0.80 m/a。两人工岛的束水作用使得通航区的潮流动力增强,铜鼓航道(西线)的部分航道出现冲刷,伶仃航道穿过主通航区一段航道的航槽淤积呈减小趋势。

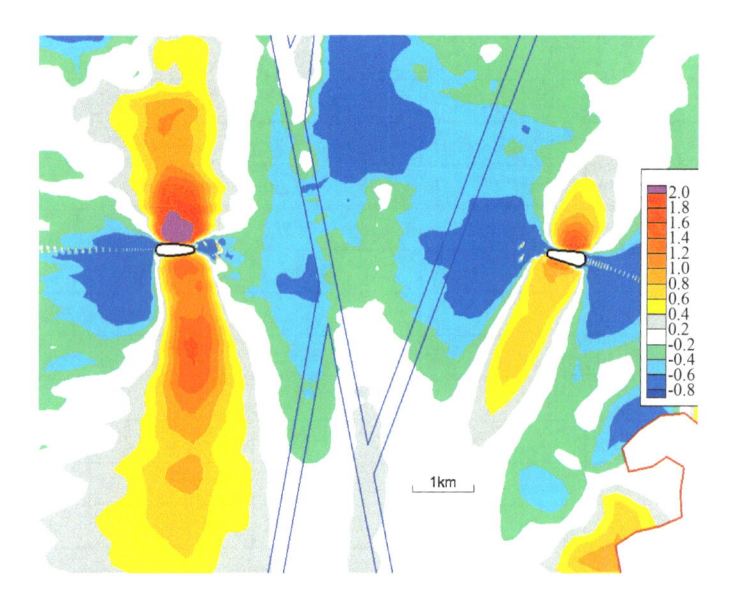

图 5.9　人工岛工程实施一年后,人工岛水域海床冲淤平面分布
("一"表示冲刷,"十"表示淤积;单位:m/a)

人工岛上下游梭状淤积体的形成,主要是由于人工岛改变了原有的流场,如图 5.10 所示,人工岛上下游成为流速减小区,两侧成为流速增加区;人工岛背水面的回流区成为流速减小的主要水域,迎水面一侧也有较小范围的

流速减小区。人工岛的流速减小区范围和形状同人工岛的回流范围和形状基本相似,西人工岛涨急时刻流速减小区正北向、落急时刻南偏东向;东人工岛涨急时刻流速减小区北偏东,落潮时刻南偏西。人工岛迎水面和背水面形成的弱流区为泥沙回淤提供了良好的环境,因此人工岛形成的泥沙冲淤部位和强度与人工岛周边的水流条件密切相关。

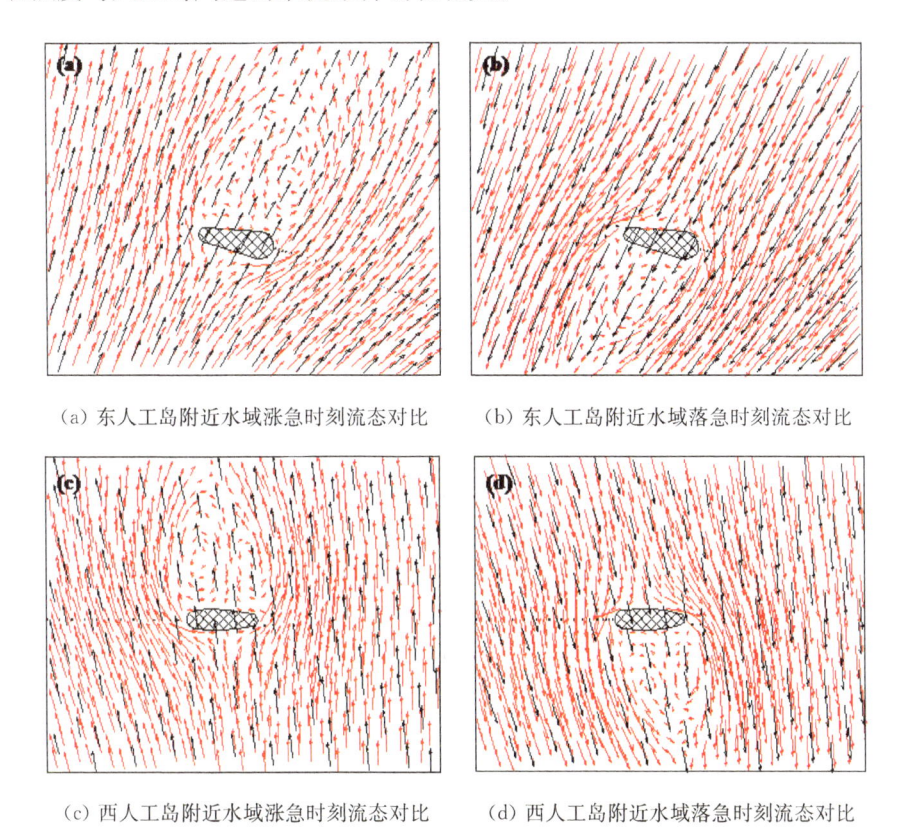

(a) 东人工岛附近水域涨急时刻流态对比

(b) 东人工岛附近水域落急时刻流态对比

(c) 西人工岛附近水域涨急时刻流态对比

(d) 西人工岛附近水域落急时刻流态对比

图 5.10 人工岛工程前后人工岛附近水域流态对比(红色表示工程后,黑色表示工程前)

5.4.2 人工岛附近水域工程后实测淤积速率

2019 年对人工岛水域进行了水下地形测量。通过 2009 年至 2019 年间的水下地形实测年平均冲淤速率分布情况(图 5.11)可以看出,东西人工岛和隧道区在大桥沿程产生的水下地形冲淤变化相对明显。隧道沿程水深出现了出现了较大幅度的增加,这是隧道基槽开挖后未完全回填形成的。西人工岛形成以岛为中心、南北走向的淤积带,南北两侧的淤积带长度分别为

5.2 km 和 4.5 km,淤积体东西向最大宽度为 1.5 km,最大淤厚区域的淤积速率在 0.3 m/a 左右;东人工岛同样形成以岛为中心的淤积体,南北两侧的淤积带则呈 NNE-SSW 向,长度分别为 5.5 km 和 4.2 km,淤积体的最大宽度略小于西人工岛。上述两个人工岛形成的淤积区主要是由岛对涨落潮流的阻流作用产生,淤积带的方向与岛所在水域的潮流运动方向一致,这与数学模型预测的人工岛淤积分布形态是一致的。人工岛建设初期,岛体对周边海床产生的工程效应相对较大,但随着工程周边水沙动力环境和滩槽格局的逐步适应,工程产生的水下地形冲淤速率会随时间逐渐较小。2009—2019 年 10 年间人工岛区域淤积体的实测年平均淤积速率约为 0.3 m/a,数值模型预测工程建设后一年的最大淤积速率 2.0 m/a,该淤积速率会随着时间推移幅度逐步减小。总体而言,数学模型预测结果无论从淤积形态还是幅度上都与实际结果比较相符,这为工程设计阶段所采用的数学模型模拟精度和模型适用性都提供了良好的佐证。

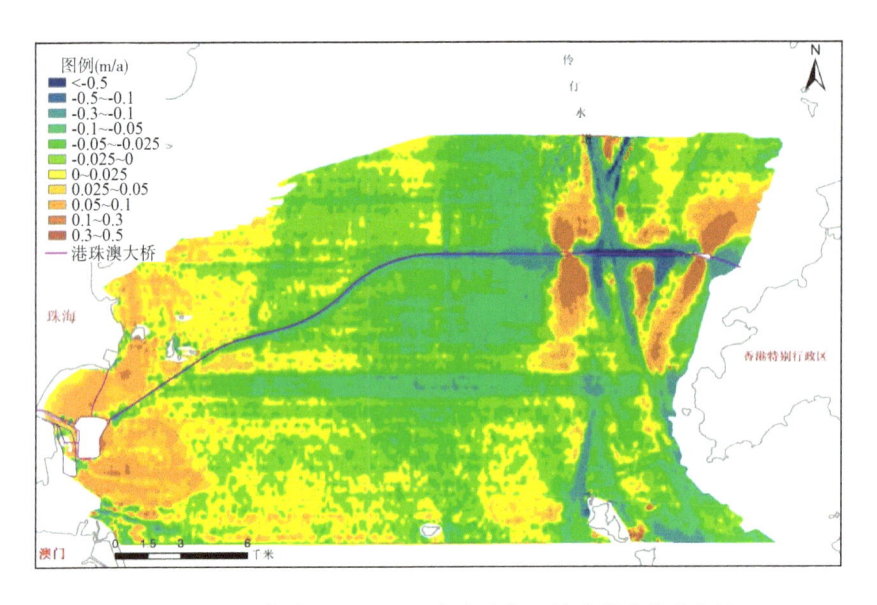

图 5.11　工程水域 2009—2019 年海床年平均冲淤速率分布情况

5.5　模型试验改进设想

由于河口海岸区域水平空间尺度远大于垂向空间尺度,因而基于水深平均的浅水方程被作为模型的控制方程,垂向上的物理过程变化被忽略。较大的涉水工程进行水沙数值模拟时,浅水方程能够很好地重演相关物理过程,比如潮流、波浪在传播过程中的自由水面。然而,工程建设往往是局部问题,垂向上的物理过程均匀性较差,故在以浅水方程为控制方程的平面二维模型中如何考虑垂向上的物理过程是急需该进的地方,主要可细分为两点:垂向上流速的不均匀性与静压假定的不适用。

现场条件下,泥沙的不均匀性强,体现在垂向上的泥沙分层现象与水平向上的泥沙粒径分布不均匀。在研究泥沙输运过程时,由于考虑泥沙不均匀性将会使模型变得十分复杂,因而,从偏向于工程安全性的角度出发,选择某一极端泥沙参数来进行相关数值模拟,会造成相关工程设计的冗余。如何考虑泥沙不均匀性的影响也为需要改进的地方之一。

第六章

结论与展望

6.1 主要结论

本书对港珠澳大桥建设过程中及建成后对当地水沙环境的影响展开了研究,采用了数学模型与物理模型相结合的研究手段,主要结论如下:

(1) 在洪季、中水、大潮水情下,大桥工程实施后,伶仃洋海区的潮位变化总体表现为高潮位降低、低潮位抬高,但潮位变幅很小(一般都在 1 cm 以下)。西滩的潮差减幅比东部深槽略大,体现了非通航段群墩阻力对浅水区潮波传播的影响;洪水和潮流共同作用时,桥墩基础两端迎流,是导致其冲刷形态有别于单向流冲刷形态的重要因素。单向流冲刷坑呈迎水面较深,背水面较浅的勺状形态;洪水和潮流共同作用下的局部冲刷坑呈首尾两端较深,中间较浅的马鞍形。潮流往复涨落过程中,流速较大的潮流对局部冲刷起到主导作用,决定着冲刷坑的最大冲深和冲刷的平面形态;流速较小的潮流在延缓冲刷深度和调整冲刷区形态中起到一定的作用。受流速绝对值和作用历时影响,涨落潮形成的两个冲刷坑中的最大冲深和冲刷形态趋同于动力条件(即受冲流速)较大的一侧;当潮流作用下的局部冲刷达到冲刷平衡后,其最大冲深与单向流情况一致。

(2) 波浪和潮流共同作用时,墩柱周围的地形变化大致可分为三个区域:墩柱前的波浪反射区、墩侧面的波浪散射区和墩后面的波浪掩护区。在冲刷过程中,波浪主要起掀沙的作用,潮流不仅对海床面进行冲刷,并将波浪掀起的泥沙向后输移。当潮流流速较大导致冲坑深度较大时,波浪对冲刷坑的下切作用将明显减弱,特征水文年情况下桥区的波流属"强流弱波","流"在冲刷中起主导作用。试验显示:波流共同作用下的最大冲刷深度比没有波浪作用的水流冲深增加10%左右,两者的冲刷形态相近。

(3) 工程后在非通航桥段上下1 km范围内潮流流态略有调整,东西两人工岛对局部潮流场的改变比较显著,无论涨潮还是落潮,在其背水面都会形成回流区,影响范围大约在1.5 km以内,初期方案四因人工岛较短,回流范围相对最小。东西人工岛之间水域的涨落潮流均有所增强,各方案流速增幅不等但差别不大,桥区段主槽流速平均增幅在0.05 m/s左右。

(4) 伶仃洋西滩的潮流动力本来就比较弱,工程后,桥区附近流速流向有所变化,总体略趋减弱,离桥稍远处,潮流场基本保持不变;工程后,主通航区潮流增强范围纵向距桥一般不超过5 km,再远处的潮流场在工程后的变化已十分微小;工程后,西槽作为主流区的基本格局没有明显改变,伶仃洋潮动力的横向分布态势也没有大的调整。

(5) 大桥沿线流速变化主要集中在主通航区两侧的人工岛水域和澳门口岸的人工岛水域,东西人工岛对水流的影响范围在其上下游5 km以内,非通航孔的影响范围仅在桥轴线上下游的1 km之内;香港侧桥墩对潮流的影响范围和程度相对西人工岛以西桥墩要稍大一些。南沙港区、深圳大铲湾、赤湾及蛇口港区和澳门国际机场水域的潮流动力分布基本不受大桥工程的影响。大桥下游断面SE1工程后的潮量减少1.00%;桥上游断面SE2方案后潮量减少0.87%,其中淇澳岛至内伶仃岛断面(SE21)潮量减少0.59%,内伶仃岛至赤湾断面(SE22)的潮量减幅为1.38%,这种差异与香港侧桥墩阻水比较大有一定关系;桥上游较远的南沙港断面(SE3),方案后的潮量减小了0.66%。

(6) 从大桥建成前后伶仃洋海床泥沙回淤强度的变化来看,淇澳岛至内伶仃岛一线以北水域的海床冲淤变化受大桥工程影响很微弱,广州港南沙港区以及深圳的大铲湾、赤湾和蛇口港区的泥沙回淤基本不受大桥工程影响;大桥线位附近水域的海床冲淤变化受大桥工程影响较大,各通航孔航道的沿程泥沙回淤与建桥前相比均有减小的趋势,其中通航孔间航道的泥沙回淤减小幅度最大。

(7) 人工岛周围水流流态试验表明:受人工岛阻挡,水流在人工岛岛头发生绕流。在人工岛岛桥结合部堤头,由于有引桥结构,绕岛水流从桥墩中穿过,受引桥桥墩的束水影响,各桥墩间水流流速很大。在人工岛岛隧结合部,由于有隧道结构,并且铺有扭工字块护面段顶高程较高,在水位较高时,绕过堤头的水流一部分从其表面流过,另一部分从扭工字块护面段末端绕过流向下游;在水位较低时,隧道铺有扭工字块护面段与人工岛一样成为阻水建筑物,水流从扭工字块护面段末端绕过流向下游。受人工岛挑流作用,在其两侧局部流速明显增大;人工岛发生较大冲刷的位置主要在岛桥结合部,岛头上游侧也有一冲刷坑,但冲深小于岛桥间冲坑深度;单独波浪作用下,人工岛护底前存在一定范围的冲刷,但冲刷深度较小,冲深都在 2 m 以下;波流共同作用下,人工岛前发生冲刷,但冲刷深度较小($<$2 m),发生较大冲刷的位置仍然在岛桥结合部,由于波浪作用,冲刷范围比单向水流情况更大,最大冲深也有所增大。非通航桥段桥孔间流速略趋增强,桥墩背水面一侧局部流速有所减小,但增减幅度都不大。人工岛及桥墩的迎水面和背水面均出现不同程度的淤积,两侧出现不同程度的冲刷,其中人工岛南北侧形成的梭状淤积体最为显著,且人工岛南侧形成的淤积体范围要比北侧大,但淤积厚度小于北侧,西人工岛形成的淤积体无论范围还是厚度都比东岛大一些,但两人工岛形成的淤积体范围并没有波及主通航区的伶仃航道、铜鼓航道和榕树头航道。人工岛两侧在挑流作用下均出现不同程度的冲刷,主通航区的海床在两岛束水的作用下出现了淤积减轻和局部冲刷的现象。

(8) 伶仃航道主通航区段的沿程回淤分布在建桥后呈减轻趋势,桥线位附近航段的泥沙淤积减少比较明显,大桥工程对伶仃航道回淤的影响主要集中在桥位上下游各 4.0 km 范围内。铜鼓航道沿程淤积分布受大桥工程的影响程度比较轻微,仅在与伶仃航道交汇处 4.0 km 航段的泥沙回淤略有增加。伶仃三期航道浚深到 17.0 m 后,建桥后桥区段航道泥沙回淤与建桥前相比仍有小幅度的减轻,但大桥工程对三期航道的泥沙回淤影响也主要集中在桥轴线上下游 4.0 km 范围以内。

(9) 从桥轴线沿程地形在工程前后的变化来看,桥墩间以及两人工岛间的桥轴线沿程地形均出现不同程度的冲深,主通航区桥轴线沿程地形平均冲深 0.32 m/a,青州航道通航孔平均冲刷 0.22 m/a,江海直达船航道和九洲航道通航孔分别冲深 0.24 m/a 和 0.07 m/a。非通航孔桥桥墩间地形也出现了 0.28~0.43 m/a 的冲刷深度。伴随着桥墩间水深增加、过水断面加大,相应的桥墩阻水比也出现不同程度的减小,大桥建成后沿桥轴线的阻水面积比较建桥时有所减小。

（10）桥位附近海区的海床演变趋势分析表明：21世纪以来，桥区海床冲淤变化不大，主深槽稳定性较好，各桥墩所处海域的海床自然演变所引起的年际冲深幅度很小；某些航道桥（CW-4、CW-3）处海床处于不冲反淤状态，因此在正常水文年条件下的桥区海床自然演变所引起的冲深十分有限；从长远来看，桥位处海床总的发展趋势以缓慢淤积为主。通过对大桥工程建成三年间的海床冲淤变化模拟分析表明，因大桥工程引起的海床冲淤变化幅度在逐年缩小，随着时间推移由大桥工程引起海床冲淤的累积性影响将趋于弱化和消失。

6.2 后期展望

港珠澳大桥采用"桥-岛-隧"相结合的方式跨越珠江口伶仃洋海域，是连接香港特别行政区、广东省珠海市、澳门特别行政区的大型跨海通道，对粤港澳大湾区的一体化发展具有战略性支撑作用。目前对港珠澳大桥海域水沙环境与工程效应试验已进行了充分的研究，取得了丰硕的成果，但仍有不足之处：①国内外对波流共同作用下的大型人工岛局部冲刷试验研究成果较少，建议在以后加强这方面的研究工作，对不同冲刷深度下波流所起作用进行分析研究，为工程防护设计及后期的工程维养提供参考依据；②作用于港珠澳大桥的常规动力的影响已得到充分的研究，但对极端天气的影响研究相对较少，对建筑物产生致命破坏的往往是极端情况，因而急需相应的研究；③工程建设期间开展的往往是工程对当地水沙环境的短历时影响，港珠澳大桥的设计使用寿命长达120年，因而需要对港珠澳大桥对当地水沙环境的长期影响开展持续性的追踪研究。

参考文献

[1] 严恺. 海岸工程[M]. 北京:海洋出版社,2002.

[2] ZHOU Y R,CHEN G P. Analysis on wave characteristics around a large circular cylinder[C]// XXIX Biennial Congress of the International Association of Hydraulic Engineering and Research (IAHR), 29th, September 16-21, 2001, Beijing, China, 2001:698-703.

[3] ZHOU Y R,CHEN G P. Experimental study on local scour around a large circular cylinder under irregular waves[J]. China Ocean Engineering,2004,18(2):245-256.

[4] EADIE R W, HERBICH J B. Scour about a single, cylindrical pile due to combined random waves and a current[J]. Coastal Engineering Proceedings,1986,1(20):136.

[5] 李林普,陈士荫,王惟诚,等. 波流共同作用下直立大直径圆柱基础冲刷的试验研究[C]// 中国海洋工程学会. 第七届近海工程学术讨论会论文集,北京:海洋出版社,1994.

[6] 高正荣,黄建维,卢中一. 长江河口跨江大桥桥墩局部冲刷及防护研究[M]. 北京:海洋出版社,2005.

[7] 陈国平,左其华. 波浪作用下圆柱周围局部冲刷研究[R]. 南京:南京水利科学研究院,1998.

[8] 高正荣,周益人. 青岛海湾大桥一期工程施工图阶段桥梁基础局部冲刷试验研究[R]. 南京:南京水利科学研究院,2000.

[9] 中华人民共和国交通运输部. 公路工程水文勘测设计规范(JTG C30—2002)[S]. 北京:人民交通出版社出版,2002.

[10] 杨树森,韩西军,等. 港珠澳大桥海域滩槽演变分析研究[R]. 天津:交通部天津水运工程科学研究所,2009.

[11] 辛文杰,应强,等. 港珠澳大桥深化研究第三部分:海床演变分析[R]. 南京水利科学研究院,2009.

[12] 张聪伟.曹妃甸近海人工岛海床边坡稳定性分析[D].天津:河北工业大学,2018.

[13] 张云飞.海南人工岛对近岸环境影响遥感监测分析[D].赣州:江西理工大学,2019.

[14] 李汉英,张红玉,王霞,等.海洋工程对砂质海岸演变的影响——以海南万宁日月湾人工岛为例[J].海洋环境科学,2019,38(4):575-581.

[15] 陈亮鸿,林国尧,龚文平.岬湾海岸中人工岛建设对岬角涡旋及海湾地形冲淤的影响——以海南岛铺前湾为例[J].海洋学报,2019,41(1):41-50.

[16] 林雪萍.离岸人工岛对沙质海岸岸滩演变影响研究[D].青岛:国家海洋局第一海洋研究所,2017.

[17] 黄泽宪.泉州湾秀涂人工岛建设对周边水沙条件的影响[J].水运工程,2019(12):32-38.

[18] 李松喆.人工岛对沙质海岸动力泥沙环境及岸滩冲淤演变的影响研究[J].海洋工程,2021,39(4):144-153.

[19] 郑阳.人工岛方案对深圳湾水环境影响的数值模拟[D].北京:清华大学,2017.

[20] 盛天航,孙冬梅,张杨.人工岛工程对河口行洪冲淤的影响分析[J].水道港口,2016,37(1):18-26.

[21] 刘星池,王永学,陈静.人工岛群分阶段建设对附近水沙环境影响的数值研究[J].海洋通报,2017,36(3):302-310.

[22] 张刚,彭修强,张晓飞,等.如东阳光岛建设对周边海域地形地貌的影响分析[J].海洋学报,2019,41(1):108-120.

[23] 王艳红.三亚新机场人工岛对红塘湾岸滩的影响研究[C]//中国海洋工程学会.第十八届中国海洋(岸)工程学术讨论会论文集(下).北京:海洋出版社,2017.

[24] 何杰,辛文杰,贾雨少.港珠澳大桥对珠江口水域水动力影响的数值模拟[J].水利水运工程学报,2012(2):84-90.

[25] 何杰,辛文杰.港珠澳大桥沉管隧道基槽异常回淤分析与数值模拟[J].水科学进展,2019,30(6):823-833.

[26] 何杰,高正荣,辛文杰.港珠澳大桥沉管隧道合拢口水动力条件数值模拟研究[J].工程科学与技术,2019,51(6):68-74.

[27] ROE P L. Approximate Riemann solvers, parameter vectors, and difference schemes [J]. Journal of Computational Physics,1981,43(2):357-372.

[28] 何杰,辛文杰.含有紊动黏性项浅水方程的数值求解[J].水利水运工程学报,2010(3):95-100.

[29] HUBBARD M E,GARCIA-NAVARRO P. Flux Difference Splitting and the Balancing of Source Terms and Flux Gradients[J]. Journal of Computational Physics,2000,165(1):89-125.

[30] 陈睿智,杨留柱,等.港珠澳大桥主体工程建设期防洪影响后评估报告[R].广州:珠

江水利委员会珠江水利科学研究院,2020.
[31] 港珠澳大桥主体工程隧道回淤扫测成果报告(第十九期)[R].珠海：港珠澳大桥主体工程结构健康监测系统(三年期)维护服务联合体项目经理部,2022.
[32] 港珠澳大桥主体工程全隧道回淤监测成果报告(第十七期)[R].珠海：中国交通建设股份有限公司联合体港珠澳大桥岛隧工程项目总经理部,2019.